商务数据分析系列丛书

社交电商数据分析与应用

——基于拼多多平台的数据分析策略、方法与应用

主　　编：吕忠民　周　蓉
联合开发：慕研（杭州）数据分析师事务所
　　　　　数字产业学院（杭州）

电子工业出版社
Publishing House of Electronics Industry
北京·BEIJING

内 容 简 介

本书基于社交电商平台拼多多的店铺数据运营业务，撷取了岗位需求分析、数据洞察、数据采集、市场分析、竞争店铺分析、竞品分析、产品分析、客户分析8个常用分析场景，以项目化实战的方式，从数据分析的思路与方法、表格数据的标准与规范、数据透视表的使用基础入手，再到 Excel 中的 Power Query 数据处理、Power BI 的数据建模和可视化，从简单到复杂，循序渐进。读者可以在掌握社交电商平台数据分析操作技巧的过程中，明晰社交电商企业进行数据运营的流程，逐步养成数据运营的思维。

本书既可以作为高等职业院校电子商务专业、移动商务专业、商务数据分析与应用专业、大数据分析与应用专业等学生的专业课教材，又可以作为实务工作者学习社交电商数据分析的基础知识及考取商务数据分析相关资格证书的参考用书。

未经许可，不得以任何方式复制或抄袭本书之部分或全部内容。
版权所有，侵权必究。

图书在版编目（CIP）数据

社交电商数据分析与应用：基于拼多多平台的数据分析策略、方法与应用 / 吕忠民，周蓉主编 . —北京：电子工业出版社，2022.6
ISBN 978-7-121-43262-0

Ⅰ.①社… Ⅱ.①吕… ②周… Ⅲ.①电子商务－数据处理 Ⅳ.① F713.36 ② TP274

中国版本图书馆 CIP 数据核字（2022）第 056279 号

责任编辑：张云怡　　特约编辑：田学清
印　　刷：三河市良远印务有限公司
装　　订：三河市良远印务有限公司
出版发行：电子工业出版社
　　　　　北京市海淀区万寿路 173 信箱　邮编：100036
开　　本：787×1092　1/16　印张：16.25　字数：416 千字
版　　次：2022 年 6 月第 1 版
印　　次：2022 年 6 月第 1 次印刷
定　　价：57.00 元

凡所购买电子工业出版社图书有缺损问题，请向购买书店调换。若书店售缺，请与本社发行部联系，联系及邮购电话：（010）88254888，88258888。
质量投诉请发邮件至 zlts@phei.com.cn，盗版侵权举报请发邮件至 dbqq@phei.com.cn。
本书咨询联系方式：（010）88254573，zyy@phei.com.cn。

前　言

在这个科技飞速变革的时代，互联网用户的生活逐渐被碎片化了。对传统电商而言，就是流量被碎片化了，这意味着获客成本提高了。要想降低流量获取的成本，就需要借助外部的引流渠道。"社交＋电商"的商业新模式渐渐成为备受关注的课题和方向。在信息过载的时代，人们已厌倦各类广告的轮番"轰炸"，明星效应带来的"粉丝经济"也在逐渐下降。在这种情况下，用户既在消费又在进行着社交活动，因此传统电商可以借助社交电商平台让用户自发分享以产生裂变，在提升消费信任度的同时引入并留存大量流量。随着各类社交电商平台变现方式的多元化，社交电商已成为传统电商引流的重要渠道、品牌快速增长的新沃土。其中，拼多多无疑是社交电商平台中的佼佼者。拼多多发布的2020年财报显示，截至2020年底，拼多多的活跃买家数超越淘宝、天猫，成为中国用户规模最大的电商平台。

社交电商与传统电商虽然在运营模式上有所不同，但在运营过程中都会产生大量数据。通过对数据进行解读，商家可以增强对用户的洞察、对市场策略的规划与调整，实现精准营销，从而提高营销收入。这为社交电商数据分析的发展提供了良好的生长土壤。对数据的系统化采集和科学且精细化的分析已经成为行业的重点研究方向之一，数据分析能力成为电子商务从业者必备的重要技能之一。与此同时，数据分析人才缺口也在逐年扩大，社交电商企业普遍反馈很难招聘到既熟悉社交电商平台运营规则又懂数据分析的人才。

在此背景之下，许多高校开设了商务数据分析与应用专业或商务数据分析课程，但针对这些专业或课程的教材大部分是针对传统电商数据分析的教材，鲜有与社交电商数据分析相关的教材。本书是针对社交电商的数据分析实训教材，融入了社交电商企业的应用场景，通过社交电商企业的实战数据帮助学生更好地掌握社交电商数据分析的方法和技巧，也可以帮助社交电商企业的相关从业人员有效地进行数据分析。

本书遵循电子商务数据分析学科建设的教学规律，在内容上既突出了数据分析的基本理论和基本方法，又兼顾了高等职业院校的人才培养目标和培养模式的变革需求。本书秉持理实一体化的理念，围绕企业运营过程中的岗位认知、市场分析、运营诊断等工作流程，采用项目式教学，将内容细化为8个项目，借助Excel和Power BI工具，实现对数据的采集、处理、分析及可视化的操作，引领学生提升数据分析技能。

本书由吕忠民（武汉职业技术学院）、周蓉（武汉职业技术学院）担任主编，由张峰伟(山西金融职业学院)、罗葳(武汉职业技术学院)担任副主编，书中案例由慕研(杭州)数据分析师事务所和数字产业学院(杭州)联合开发，由杨泳波、零一老师负责审稿。其中，吕忠民完成了项目1～项目3和项目5的编写工作，张峰伟完成项目4、项目6和本书的"思政与素质目标"的编写工作，罗葳和周蓉完成项目7和课后习题的编写与设计工作，张小莉（湖南机电职业技术学院）和张萍（黑龙江林业职业技术学院）完成了项目8的编写工作。

由于编者的水平有限，书中的不足之处在所难免，恳请读者批评、指正。

编　者

目　录

项目 1　社交电商数据运营岗位需求分析 ··· 1

　　任务 1　了解社交电商数据运营岗位 ··· 2
　　任务 2　认知社交电商数据运营能力 ·· 19

项目 2　拆解社交电商的数据洞察力 ··· 38

　　任务 1　搭建社交电商店铺流量数据看板 ·· 39
　　任务 2　整理社交电商店铺运营数据 ·· 56

项目 3　社交电商数据采集 ··· 75

　　任务 1　HTML 源码解析及网络抓包 ·· 76
　　任务 2　采集数据，形成产品关键词数据 ·· 84

项目 4　市场分析 ·· 99

　　任务 1　市场规模分析 ··· 100
　　任务 2　市场趋势分析 ··· 108
　　任务 3　市场价格分析 ··· 112

项目 5　社交电商竞争店铺分析 ·· 120

　　任务 1　竞争环境分析 ··· 121

| 任务 2 | 价格带分析和行业集中度分析 | 135 |
| 任务 3 | 竞争对手分析 | 144 |

项目 6　竞品分析　153

任务 1	竞品分析范围和分析维度确定	154
任务 2	竞品价格和 SKU 分析	165
任务 3	竞品信息整理和竞品分析报告撰写	175

项目 7　产品分析　185

任务 1	产品结构分析	186
任务 2	产品生命周期分析	195
任务 3	产品矩阵分析	200

项目 8　客户分析　212

任务 1	客户特征分析	213
任务 2	RFM 模型分析	224
任务 3	客户舆情分析	233

项目 1
社交电商数据运营岗位需求分析

思政与素质目标

"不谋万世者,不足以谋一时;不谋全局者,不足以谋一域。"在工作和学习中,我们要把全局作为观察和处理问题的出发点和落脚点。每个学生都是独一无二的个体,要尊重学生的差异,就要让学生有更多的"选择权"。

社交电商数据运营岗位对学生来说是一个新鲜的岗位,若能让学生从整体的角度全面认识该岗位及该岗位所需的能力,则有利于引导学生充分认识自我、明确学习兴趣、规划好自己的职业生涯、明确自己的奋斗方向。

引例

2021 年 3 月 17 日,社交电商平台的龙头企业拼多多发布了其 2020 年第四季度和年度业绩:到 2020 年年底,拼多多年活跃买家达到 7.884 亿人;第四季度,拼多多 App 的平均月活跃用户为 7.199 亿人,单季增加 7650 万人;拼多多的年营业额达到 16 676 亿元,同比增长 66%;年收入增长了 97%,达到 594.919 亿元。

专注于中国移动互联网数据洞察的 QuestMobile 研究院发布的《2020 中国移动互联网年度大报告》显示,拼多多在 App 和小程序方面的用户总量超过淘宝,如图 1-1 所示。

拼多多以"0 佣金""0 平台服务费"及日益完善的商家发展体系,持续推动优质商家脱颖而出,在提升该群体投入回报率的同时,为消费者提供了更优质的商品和服务。对想进入电商行业的新手来说,拼多多是一个比较好的选择,但新手应在了解人才市场对于该岗位的需求现状后,再做具体的岗位选择。

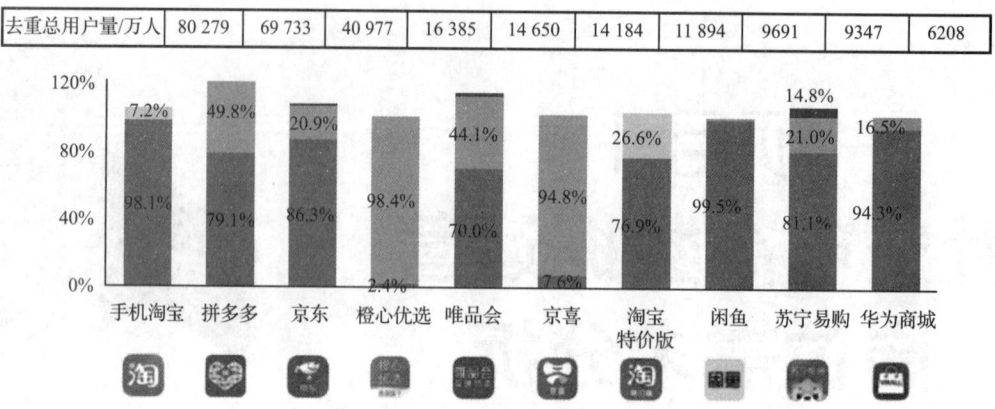

注：①去重总用户量：在统计周期（周/月）内，该应用在各渠道用户量的去重总量（仅对全景流量去重）；②各渠道流量规模占比=该渠道用户量/去重总用户量；③各渠道流量占比低于1%的渠道未显示。

资料来源：QuestMobile TRUTH全景生态流量数据库，2020年12月

图 1-1　2020 年 12 月移动购物行业 Top 10 全景规模占比分布

任务拆解

这是典型的数据分析在个人决策方面的应用场景。数据分析可以让新手了解拼多多运营岗位在人才市场的情况，为其进行岗位选择提供参考。个人在进行岗位选择时，一般会考虑岗位需求状况、薪资待遇、企业分布、能力要求等具体信息，因此围绕拼多多运营岗位需求，本项目可被拆解成两个任务，分别为了解社交电商数据运营岗位和认知社交电商数据运营能力，如表 1-1 所示。

表 1-1　社交电商数据运营岗位需求分析的任务拆解表

项　　目	任　　务	任务需求	核心指标
社交电商数据运营岗位需求分析	了解社交电商数据运营岗位	了解拼多多运营岗位需求状况	需求数量、薪资、基本要求
	认知社交电商数据运营能力	了解企业对社交电商数据运营能力的要求	词云图

任务 1　了解社交电商数据运营岗位

分析思路

对大多数商科学生而言，决定从事什么行业并选择什么岗位是一个需要首先解决的职业规划难题，因为一旦选择了目标岗位，就决定了自己的职业发展方向和未来的成长空间。如果某个岗位的人才需求总量不大、成长空间不大、起薪和待遇也一般，处于该岗位上的个人的成长空间就很有限。因此，学生在踏入社会之前，先了解岗位需求规模

与趋势是十分必要的。学生拥有必要的数据思维能力，可以让自己的决策更科学。

> 知识准备

1. 数据分析

数据分析是将数据转变成有效信息的过程。信息具有指向性，每个人的背景、经验及掌握的信息不同，对于相同的数据会产生不同的看法，也就是说，每个人都有自己认为的有效信息。例如，一家在拼多多平台上经营生鲜水果的企业可能不会关心亚马逊平台上的手机销售情况。

如图 1-2 所示，数据分析的核心工作是建立参考系。所有分析方法论都是直接作用于参考系的，因此我们应充分利用参考系。

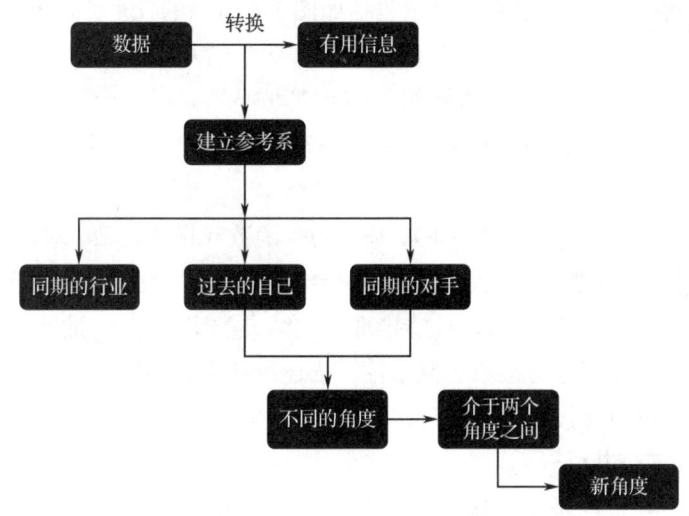

图 1-2 数据分析的参考系

数据分析从另一个角度来讲是用不同的角度对事物进行观察，从而看清事物的全貌。也就是维度和度量之间的不同组合，通过不同的组合、交叉产生不同的视角，从而看清事物的全貌。

2. 数据分析的流程

数据是客观的事实，但是数据本身并不会告诉人们它的价值，数据蕴含的信息需要数据分析人员按照一定的标准化流程进行发掘。数据分析的流程如图 1-3 所示。

（1）提出问题：提出有价值的问题。提出有价值的问题就像瞄准了靶心，能使后续的动作有意义。

（2）采集数据：数据来源可能是丰富多样的，数据的格式也可能不尽相同。

（3）清洗数据：理顺杂乱的数据，并修正数据中的错误。这一步比较繁杂，但它是整个数据分析的基石。

（4）探索数据：进行探索式分析，以便对整个数据

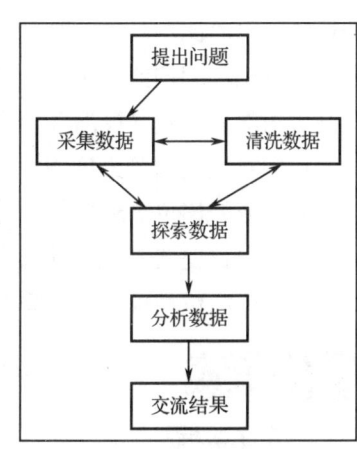

图 1-3 数据分析的流程

集有全面的认识，从而为后续选择分析策略提供依据。

（5）分析数据：常用的数据分析方法有统计方法、机器学习、数据挖掘、深度学习等。

（6）交流结果：得出结果并将结果可视化。数据分析人员可使用报告、图表等形式将结果展示出来，与他人进行交流。

3. 数学知识要求

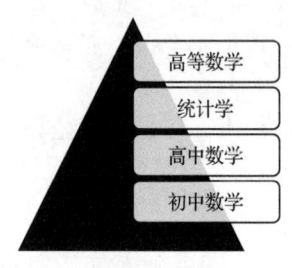

图1-4 数学知识要求

数据分析来自统计学，而统计学来自数学，数学知识是数据分析的理论基础。数据分析人员不仅要会操作软件，还应具备一定的数学知识。普通的商业分析要求数据分析人员的学历在高中及以上；若涉及数学建模，则要求数据分析人员的学历在大学本科及以上。数据分析对数据分析人员的数学知识要求包括如图1-4所示的几个方面。

（1）初中数学：数学运算（基本运算、因式分解）、方程与方程组、不等式与不等式组（简单的线性规划）、初步统计（平均数、众数、中位数、极差、方差、标准差、频数、频率、频率分布直方图）、初步概率（概率计算）。

（2）高中数学：集合（交、并、补）、基本初等函数（指数函数、对数函数、幂函数）、函数的应用（求极值、最值及变化趋势）、算法（结构与语句）、数列（递推逻辑、归纳演绎）、简易逻辑（真假命题、假设逻辑）、合情推理（归纳、类比）、演绎推理（三段论）等。

（3）统计学：抽样调查与推断、概率论、描述统计学、推断统计学。

（4）高等数学：线性代数、微积分、复变函数等。

4. 统计学方法之对比法

数据分析的主要目的是了解现状和问题产生的原因，并对未来做出预测。预测是商业分析的核心。

许多数据分析人员在分析数据时会遇到许多问题：不知从哪方面切入开展分析；不知分析的内容和指标是否合理、完整等。这些问题都是因为数据分析人员的脑中缺少方法论。方法论可以帮助数据分析人员依循某些轨迹顺利地开展数据分析活动。

对比法是基本的统计学方法，也是数据分析的"先锋军"。数据分析人员在进行数据分析时使用对比法，可以快速发现问题。数据分析有3个必备的维度，分别是同期的行业、过去的自己和同期的对手。通过这3个维度的对比，数据分析人员可以了解数据的意义，否则数据就是一座"孤岛"。对比包括横向对比和纵向对比。

横向对比是指跨维度的对比，用于分析不同事物的差异。例如，在进行岗位调研时，将不同行业的岗位需求一起进行对比，这样可以知道该岗位在整个人才市场的地位。

纵向对比是指在同一维度的对比，用于不同阶段的对比。例如，以时间为维度，将这个季度的岗位需求和上个季度的岗位需求进行对比，可以了解不同阶段需求的变化。

任务实施

1. 采集数据

拼多多运营岗位需求分析的解决方案是通过采集招聘网站上关于拼多多运营岗位的

数据，进行拼多多运营岗位需求分析。

完整的数据采集流程包括采集、存储和清洗3个环节。

（1）找到数据来源的网站——前程无忧并登录（未注册的学生可以采用手机验证码方式登录）。

八爪鱼采集岗位需求

（2）搜索"拼多多运营"，根据自己的意愿，确认工作地点，如图1-5所示。

图1-5 在前程无忧网站上搜索"拼多多运营"

（3）在百度上搜索"八爪鱼官网"，免费下载八爪鱼采集器，并进行安装。

> **知识链接**
>
> **数据采集工具**
>
> 网络爬虫在当今的许多领域得到广泛应用。它的作用是从相关网站获取特定的或更新的数据并存储下来。网络爬虫越来越为人们所熟知，因为它简化并自动化了整个爬取过程，使人们可以轻松地访问网站数据资源。网络爬虫可以让人们免于重复打字或进行复制操作，从而轻松地采集网页上的数据。此外，网络爬虫还可以使人们能够有条不紊地快速抓取网页上的数据而无须编程，并将数据格式转换为符合其需求的各种格式。

在安装成功后，我们需要注册并登录才能使用。登录后的八爪鱼的操作界面如图1-6所示。

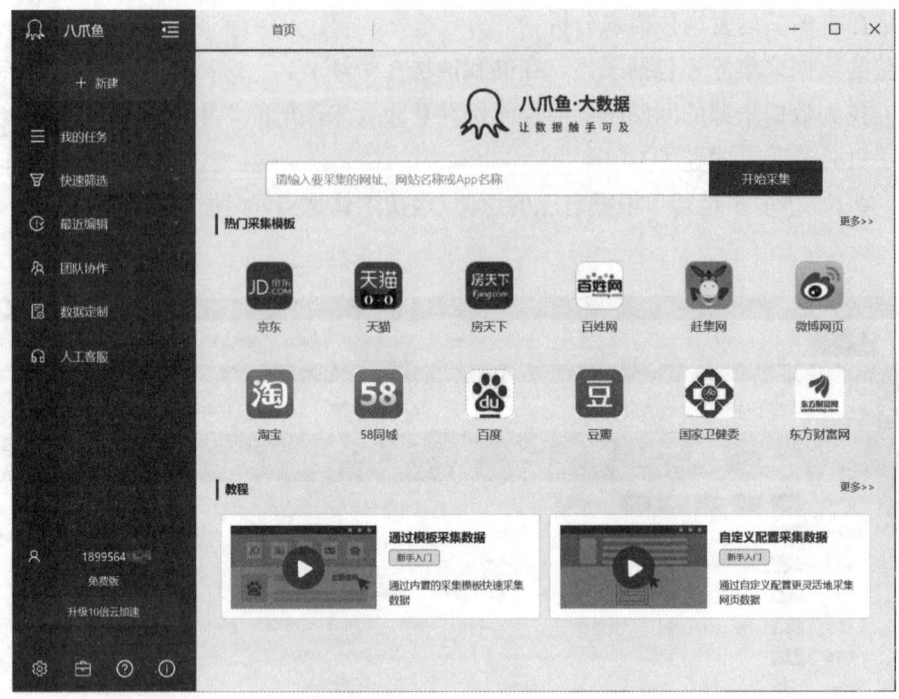

图 1-6 登录后的八爪鱼的操作界面

（4）将在前程无忧上搜索"拼多多运营"后的 URL 地址复制到八爪鱼的操作界面中，单击"开始采集"按钮，如图 1-7 所示。

图 1-7 八爪鱼采集指定 URL 地址数据

(5)使用自定义配置采集数据,使用智能识别功能智能识别网页上的数据,如图1-8所示。

图1-8 八爪鱼智能识别网页上的数据

智能识别成功,一个网页上可能有多组数据,八爪鱼会将所有数据都识别出来。在一般情况下,八爪鱼会智能推荐最常用的那组数据。如果推荐的不是你想要的,那么可自行切换识别结果,如图1-9所示。

(6)勾选"翻页采集"复选框,启动本地采集功能。

八爪鱼可自动识别出网页的滚动和翻页。此示例网址,无须滚动,只需翻页,故只需勾选"翻页采集"复选框并单击"生成采集设置"按钮,如图1-9所示。

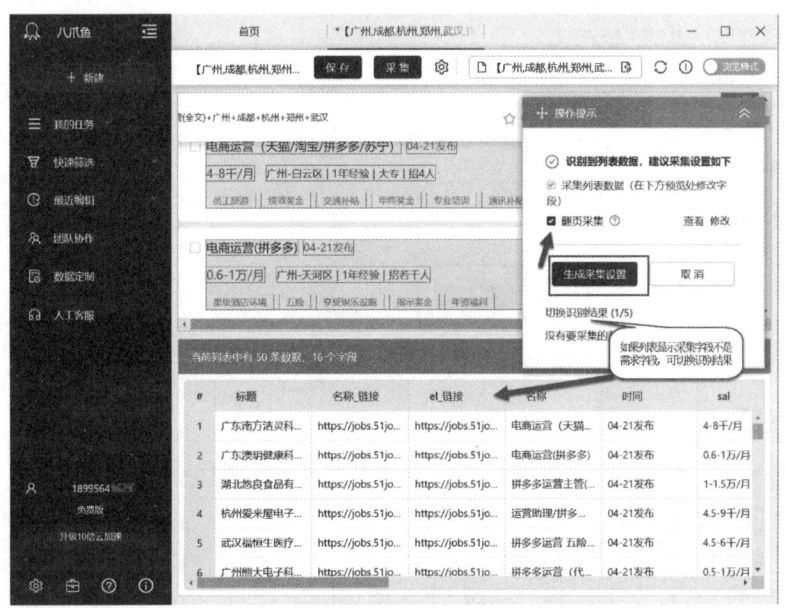

图1-9 生成采集设置

在完成生成采集设置后，单击左上角的"采集"按钮，然后单击"启动本地采集"按钮，八爪鱼就开始自动采集数据，如图1-10所示。

图1-10 启动本地采集功能

（7）导出Excel格式的数据。

八爪鱼的采集速度和采集数量与网速和电脑有关。在数据采集完成后，我们可以自选格式导出数据。在这里我们以Excel格式导出数据，如图1-11所示。

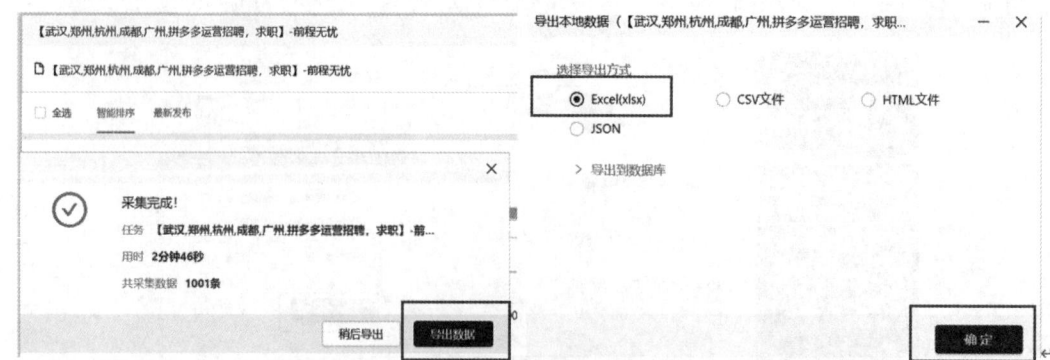

图1-11 数据采集完成及数据导出

2. 清洗数据

利用八爪鱼采集并导出的数据，我们无法直接进行分析，还需要做简单的数据清洗和整理工作。

（1）删除多余列并修改字段名称。

打开导出的Excel文件，将"标题""名称_链接""el_链接""时间"

岗位数据清洗

列删除。分别将"Sal""d""标签1""标签2""标签3""标签4""标签5""标签6""标签7""DC""int"等字段名称修改为"薪水""城市""福利1""福利2""福利3""福利4""福利5""福利6""福利7""公司规模""行业",如图1-12所示。

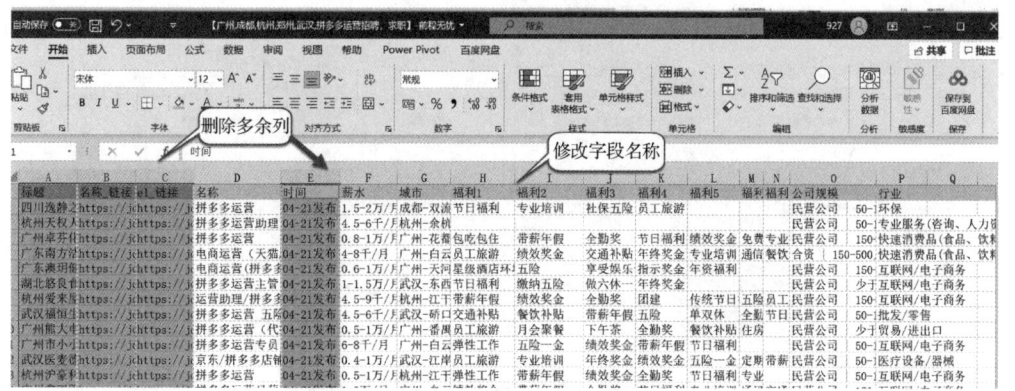

图1-12 删除多余列并修改字段名称

（2）拆分"薪水""城市""公司规模"等列。

步骤1：观察数据，确定需要拆分的列。

采集到的数据中的"薪水""城市""公司规模"列都包含组合数据（见图1-13），我们需要进行分列处理。

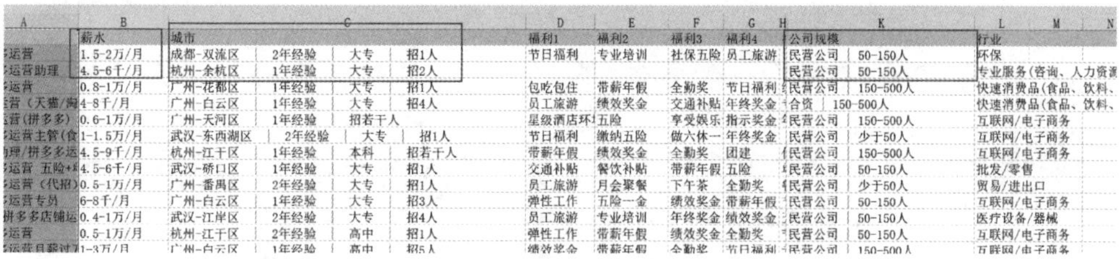

图1-13 确定需要拆分的列

步骤2：在拆分列前，按照要拆分的列数，添加空白列。

例如，在要拆分的"薪水"和"城市"列之间新增一个空白列，在"城市"后新增4个空白列，如图1-14所示。

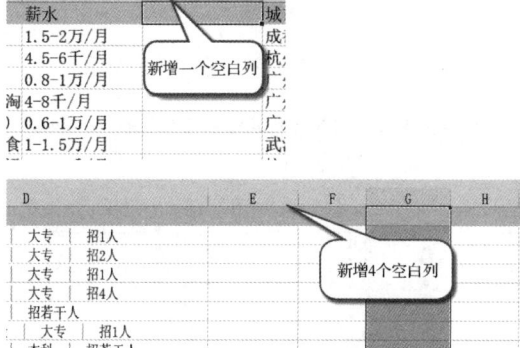

图1-14 新增空白列

步骤 3：根据数据组合的特点，选择不同的分列方式。

"薪水"列的分列操作步骤如图 1-15 所示。

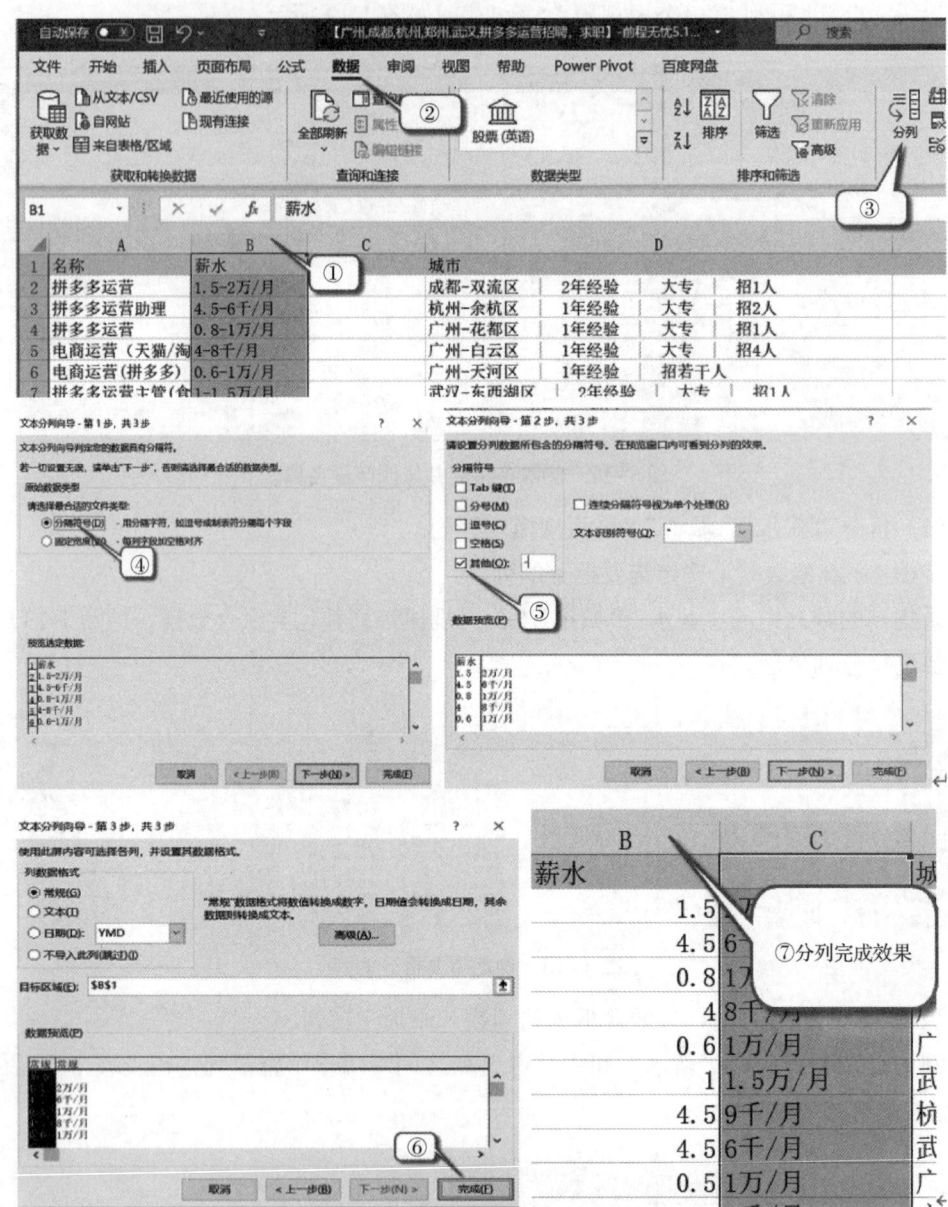

图 1-15　"薪水"列的分列操作步骤

同理，我们对"城市""公司规模"等列进行分列处理，处理后的结果如图 1-16 所示。

图 1-16　"城市""公司规模"列的分列处理结果

（3）数据检查和替换。

步骤1：通过筛选，检查错误属性。

在拆分列后，我们发现"经验"和"学历"列中出现很多招人需求属性。这是因为在采集到的原始数据中，个别岗位没有注明学历要求，造成该字段属性缺少，在经过Excel分列处理后，"人数"列的值就会被放在"学历"列中（见图1-17），所以我们需要对这些数据进行处理。

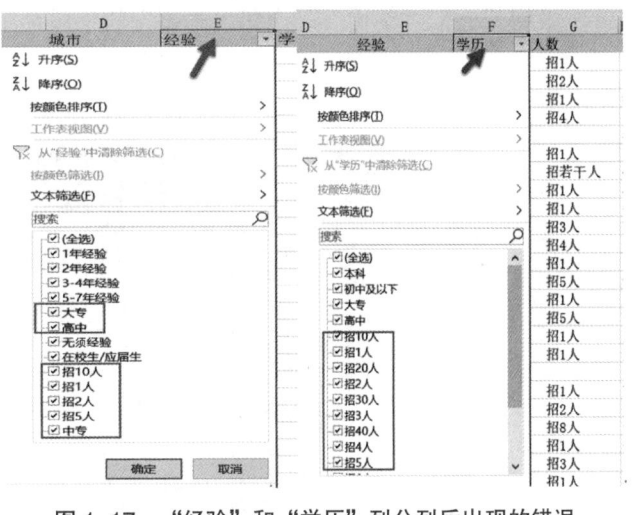

图1-17 "经验"和"学历"列分列后出现的错误

步骤2：筛选错误数据。

选中"学历"列，单击"排序和筛选"按钮，在弹出的下拉列表中选择"筛选"选项，此时"学历"列右侧出现下拉按钮；单击该下拉按钮，在弹出的下拉列表中选择"文本筛选"→"包含"选项；在弹出的"自定义自动筛选方式"对话框中输入文本"招"，单击"确定"按钮，如图1-18所示。

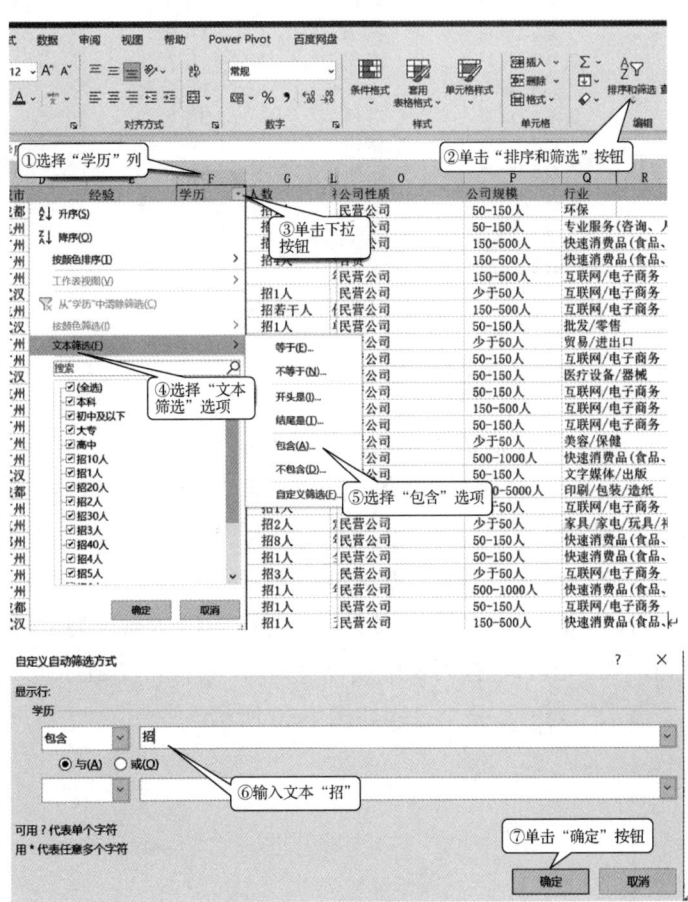

图1-18 文本筛选设置

这样就能把"学历"列中包含"招"的字段都筛选出来，筛选结果如图1-19所示。

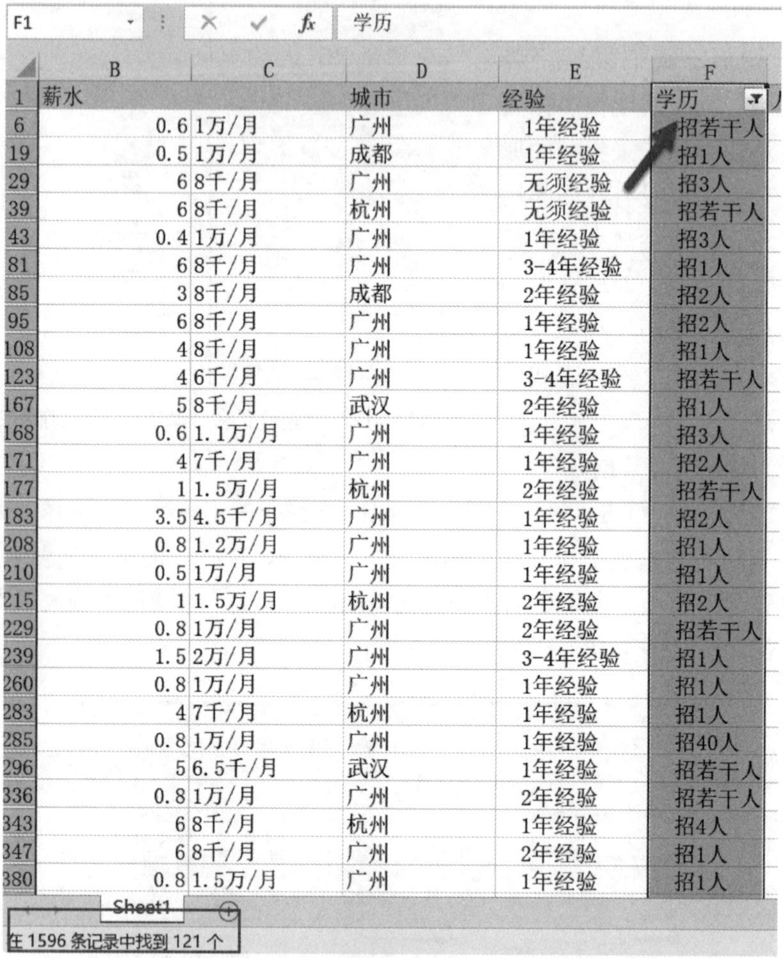

	B	C	D	E	F
1	薪水		城市	经验	学历
6	0.6	1万/月	广州	1年经验	招若干人
19	0.5	1万/月	成都	1年经验	招1人
29	6	8千/月	广州	无须经验	招3人
39	6	8千/月	杭州	无须经验	招若干人
43	0.4	1万/月	广州	1年经验	招3人
81	6	8千/月	广州	3-4年经验	招1人
85	3	8千/月	成都	2年经验	招2人
95	6	8千/月	广州	1年经验	招2人
108	4	8千/月	广州	1年经验	招1人
123	4	6千/月	广州	3-4年经验	招若干人
167	5	8千/月	武汉	2年经验	招1人
168	0.6	1.1万/月	广州	1年经验	招3人
171	4	7千/月	广州	1年经验	招2人
177	1	1.5万/月	杭州	2年经验	招若干人
183	3.5	4.5千/月	广州	1年经验	招2人
208	0.8	1.2万/月	广州	1年经验	招1人
210	0.5	1万/月	广州	1年经验	招1人
215	1	1.5万/月	杭州	2年经验	招2人
229	0.8	1万/月	广州	2年经验	招若干人
239	1.5	2万/月	广州	3-4年经验	招1人
260	0.8	1万/月	广州	1年经验	招1人
283	4	7千/月	杭州	1年经验	招1人
285	0.8	1万/月	广州	1年经验	招40人
296	5	6.5千/月	武汉	1年经验	招若干人
336	0.8	1万/月	广州	2年经验	招若干人
343	6	8千/月	杭州	1年经验	招4人
347	6	8千/月	广州	2年经验	招1人
380	0.8	1.5万/月	广州	1年经验	招1人

在1596条记录中找到121个

图1-19 筛选结果

步骤3：清洗字段中的错误数据。

接下来，我们需要把筛选后的"学历"列的数据粘贴到"人数"列。但在Excel文件的筛选状态下粘贴数据，会粘贴隐藏的部分（一部分复制的数据被隐藏起来了），造成无法粘贴。具体解决办法如下：选中"学历"和"人数"列，单击"查找和选择"按钮，在弹出的下拉列表中选择"定位条件"选项；在弹出的"定位条件"对话框中选中"可见单元格"单选按钮，单击"确定"按钮，此时"学历"和"人数"列呈现带白框的效果；单击"填充"按钮，在弹出的下拉列表中选择"向右"选项（Ctrl+R），将"学历"列中的错误值填充到"需求"列中。整个过程如图1-20所示。

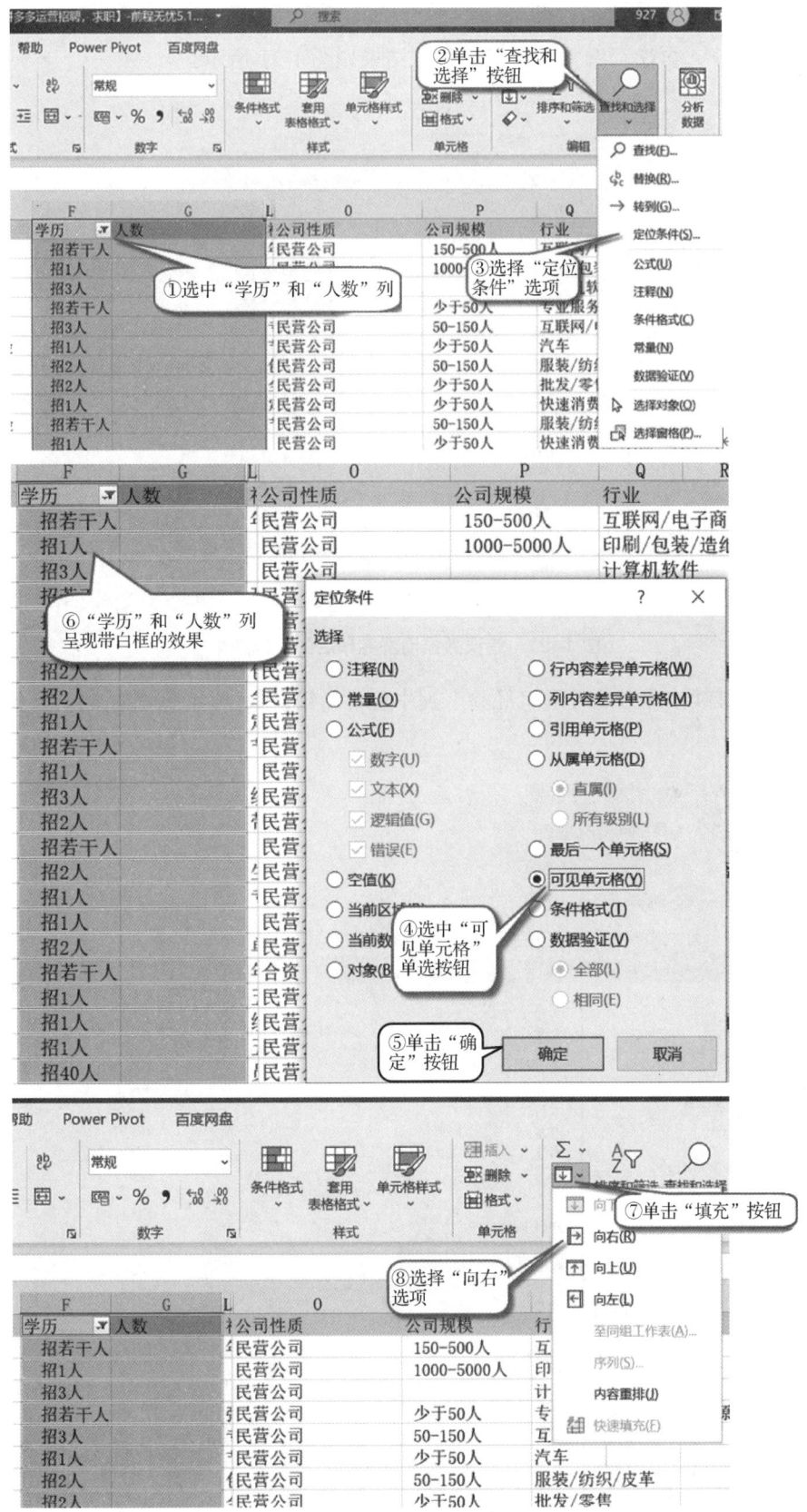

图 1-20 清洗"学历"列中的错误数据

在"向右"填充完成后,我们需要把"学历"列中的错误数据删除。至此,整个错误数据处理完毕,再次筛选"学历"字段,结果如图1-21所示。

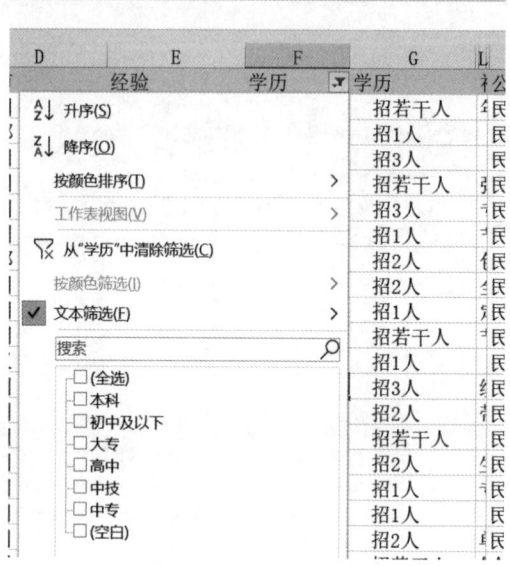

图1-21 错误数据清洗完毕后的筛选结果

步骤4:继续按此方法处理"经验"列中包含的错误数据,处理前后的对比如图1-22所示。

图1-22 处理前后的对比

（4）字段数字提取与字段类型转换。

步骤1：观察字段属性，确定需要计算的字段。

我们可以将"人数"列中的招聘人数作为数值型字段，以方便统计岗位的总需求人数。因此，我们需要将"招×人"中的数字提取出来，并需要把"招若干人"中的"若干"统一定义为"4"，如图1-23所示。

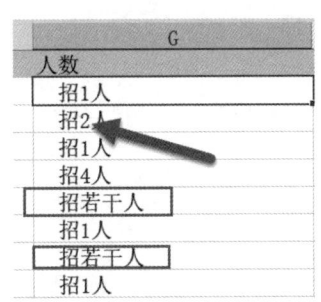

图1-23　确定需要提取的字段

步骤2：利用查找和替换功能，将"若干"替换为"4"，如图1-24所示。

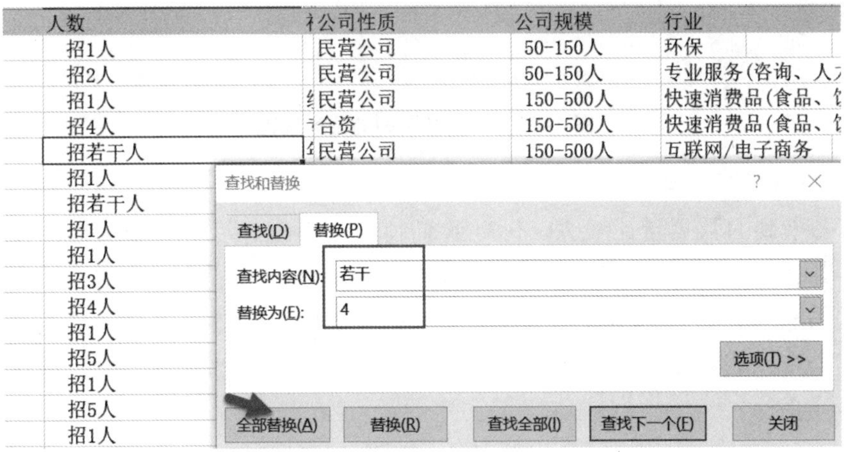

图1-24　将"若干"替换为"4"

步骤3：利用分列功能将"人数"列中包含的数字单独提取出来。

先在"人数"列后添加两个空白列，再选中"人数"列，按照如图1-25所示的步骤完成分列设置。

在分列完成后，将多余列删除。

3. 探索和分析数据

在清洗完数据后，就要探索数据和分析数据了。由于本任务比较简单，我们把这两个流程合并为一个。我们可以利用数据分析工具（如Excel）进行数据分析和数据可视化展现。

结合背景资料，想要从事拼多多运营岗位的新人需要了解以下几个方面的内容：①拼多多运营岗位在各城市的需求状况；②岗位需求学历和经验要求；③需求企业所属行业的规模和行业背景。

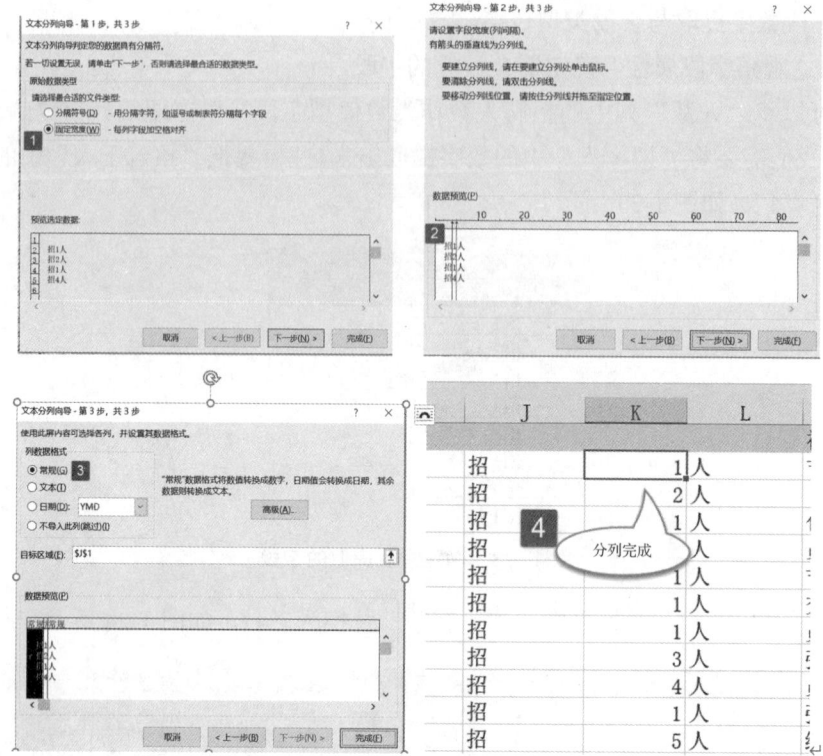

图 1-25 "人数"列的分列设置

（1）插入数据透视表。

由于采集到的数据量比较大，因此我们使用快捷键，以快速全选数据。按"Ctrl+Shift+→"组合键选中所有列，按"Ctrl+Shift+↓"组合键选中所有行，单击"插入"选项卡中的"数据透视表"按钮，在弹出的"创建数据透视表"对话框中确认数据选择区域，建立新工作表，单击"确定"按钮，如图 1-26 所示。

岗位需求分析
数据可视化

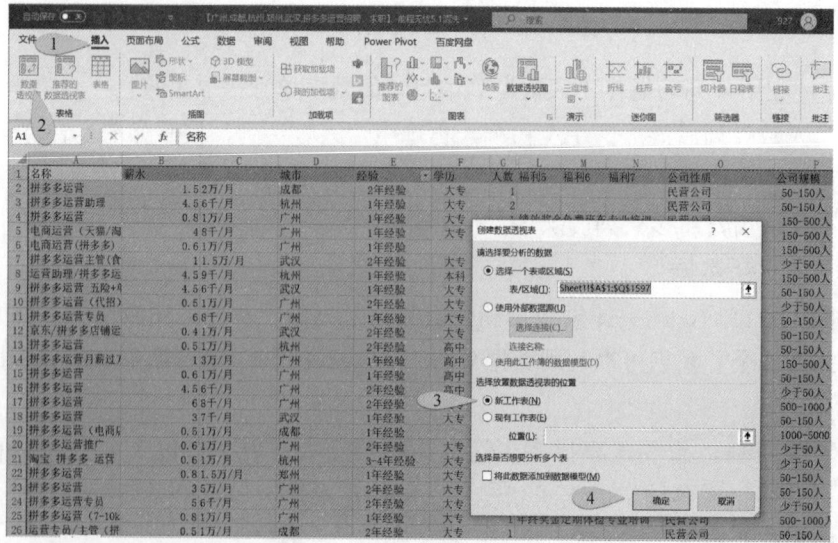

图 1-26 插入数据透视表

(2)设置数据透视表字段。

在"数据透视表字段"窗格中,将"城市"字段拖动到"行"区域中,并将"人数"字段拖动到"值"区域中,如图1-27所示。

图1-27 设置数据透视表字段

(3)选择合适的数据透视图。

在制作完数据透视表后,单击"数据透视图"按钮,在弹出的"插入图表"对话框中选择"柱形图"中的第一个图形"簇状柱形图",如图1-28所示。

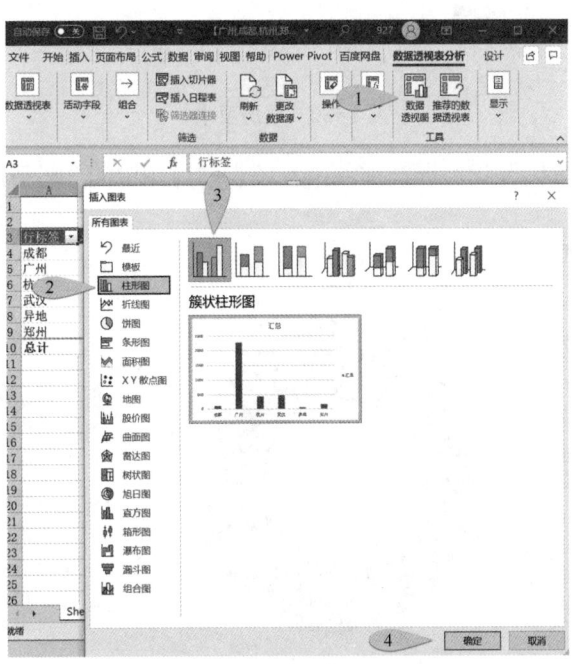

图1-28 选择合适的数据透视图

插入成功的城市需求分布柱形图如图1-29所示。

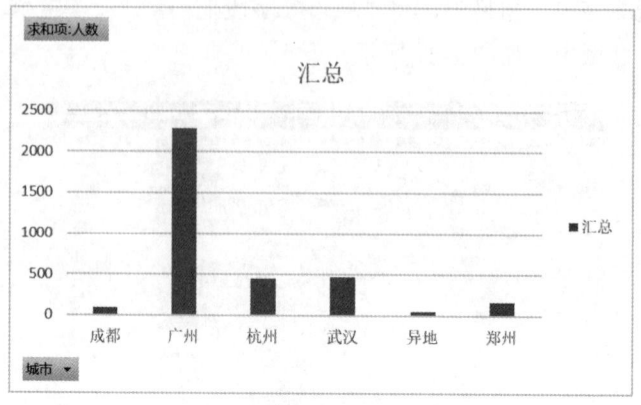

图1-29 城市需求分布柱形图

（4）重复步骤（1）～（3），依次制作"学历要求""经验需求对比""公司规模占比"数据透视图。

对于"学历要求"，我们选择插入"条形图"，如图1-30所示。

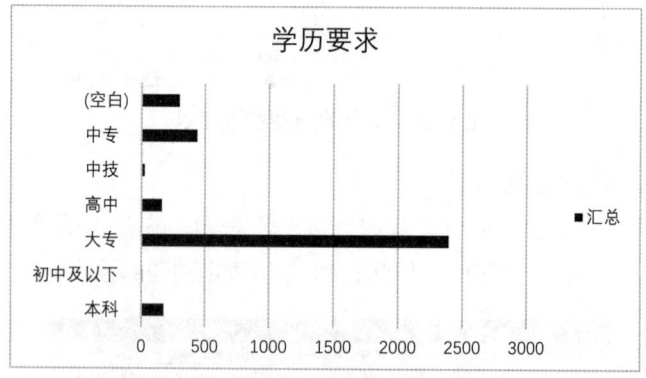

图1-30 学历要求

对于"经验要求对比"，我们选择插入推荐图表的饼图中的"环形图"，如图1-31所示。

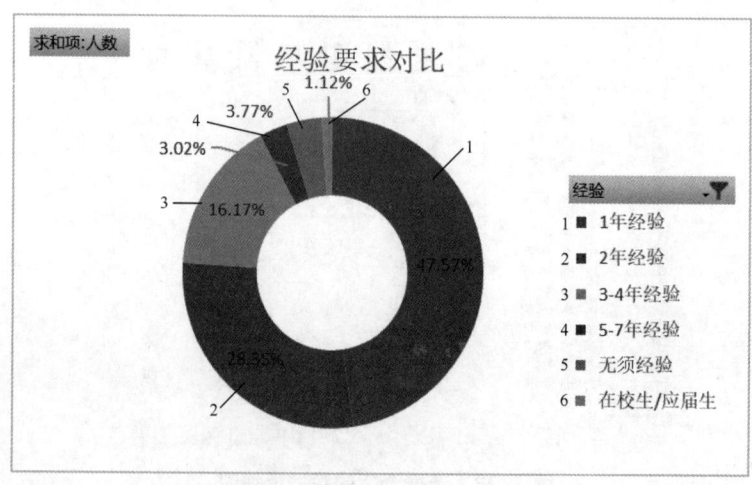

图1-31 经验要求对比

对于"公司规模占比",我们选择插入"饼图",如图 1-32 所示。

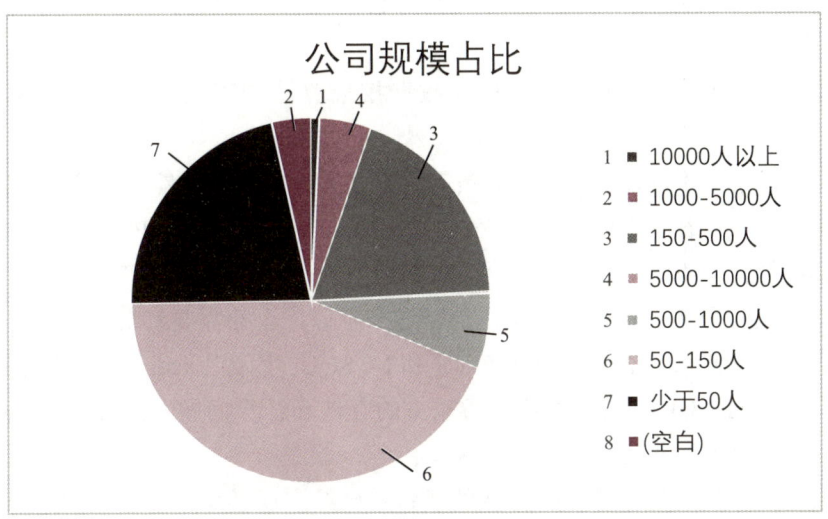

图 1-32 公司规模占比

至此,我们完成了简单的数据采集、数据探索和数据分析的工作。

4. 交流结果

我们可以根据前面完成的几个可视化图表,得出以下结果,并与他人进行交流。

(1)拼多多运营岗位需求最旺盛的城市为广州。

(2)拼多多运营岗位的学历要求以专科学历为主。

(3)企业对于拼多多运营岗位的要求还包括求职者要具有一定的实践经验。

(4)有拼多多运营岗位需求的企业以中小型企业为主。

任务 2　认知社交电商数据运营能力

分析思路

在本项目的任务 1 中,我们采集并分析了拼多多运营岗位需求信息,不仅了解了拼多多运营岗位在人才市场的旺盛需求,还了解了拼多多运营岗位需求的特征。但是,我们对于拼多多运营岗位的专业能力要求并没有明确的认知,所以我们需要继续采集拼多多运营岗位的岗位描述信息,并对岗位描述中的专业能力指标进行分析。

知识准备

1. 数据分析工具

"工欲善其事,必先利其器。"数据分析人员要进行数据分析,必须掌握两个及以上的数据分析工具。数据分析工具大致包括以下 3 类。

数据库:按照数据结构来组织、存储和管理数据的仓库,常见的有 Access、

MSSQL、MySQL、Oracle、DB2 等。

数据分析与可视化：用于组织数据进行分析和可视化呈现的工具，常见的有 Excel、Power BI、Tableau 等。

统计&数据挖掘：用于统计分析和数据挖掘算法的工具，常见的有 R、Python、SPSS、SAS 等。

企业的需求阶段不同，数据分析人员需要掌握的数据分析工具就不同。

（1）第一阶段。在这个阶段，企业的现状是数据用 Excel 或 WPS 文件存储，数据文件多而杂乱，经营多年的电商企业甚至会有超过 10 万张历史数据的表格，企业无法对庞大的历史数据进行分析，数据管理杂乱。在这个阶段，企业需要解决数据的统一管理及分析问题。在这个阶段，企业可选用 Excel 和 MySQL，因为 Excel 可用于解决分析层和应用层的问题，MySQL 可用于解决大数据量的存储和计算问题，而且 Excel 和 MySQL 在国内企业的占有率和普及率都相对较高。

（2）第二阶段。在这个阶段，企业的现状是已经实现了统一管理和数据分析，但随着企业数据量和数据应用能力的提升，原有的 Excel 已经满足不了在大数据量下进行多表建模联合分析的需求，刷新一个分析模型文件所需的时间太长。此时，企业需要使用 BI（Business Intelligence，商业智能）产品来满足其复杂的业务建模需求。企业可选用微软的 Power BI，Power BI 有免费的个人版，若需要权限管理，则可升级版本。部分企业在这个阶段会有专业统计方法和数据挖掘的需求，这时企业可选择 SPSS，SPSS 的掌握难度也不大。SPSS 有两个工具：一个是 Statistics，用于统计分析；另一个是 Modeler，用于商业数据分析与挖掘。

（3）第三阶段。在这个阶段，企业已经发展成数据驱动型企业，数据应用需要在生产、流通、销售和管理等各环节渗透。随着数据种类的复杂化，原有的数据采集、清洗及算法应用的效率满足不了需求，企业要运用 IT 技术和算法解决商业问题，真正地将数据转变成生产力。企业可以在 R 和 Python 之间选择一个，二者的应用都非常广泛。

（4）第四阶段。在这个阶段，企业已经发展成深度的数据驱动型企业。进入这个阶段的企业只有少数的龙头企业，它们可以通过技术手段极大地提高工作效率和商业收益，运用大数据和人工智能升级和改造其所有环节。在这个阶段，企业需要应用大数据框架（如 Hadoop）及人工智能框架（TensorFlow）。

2. 数据可视化

数据可视化是指将相对隐晦的数据使用可视的、交互的图表方式展示出来，进而形象地、直观地将数据背后隐藏的信息和规律展示出来。在步入大数据时代后，各行各业对数据越来越重视，随之而来的就是对数据进行一系列的整合、挖掘、可视化分析，这为数据可视化注入了无限的活力，也使得视觉元素越来越多样化，从简单的柱形图、条形图、折线图、饼图扩展到散点图、雷达图、漏斗图、词云图、矩形树图等各种各样丰富的图形。

1）柱形图

（1）适用场景：二维数据集（每个数据点都包括两个值，即 x 和 y），但只有一个维度要比较，用于显示一段时间内的数据变化或各项之间的比较情况。

（2）优势：柱形图利用柱子的高度反映数据的差异（见图1-33），因为人眼对高度差异很敏感。

（3）劣势：只适用中小规模的数据集。

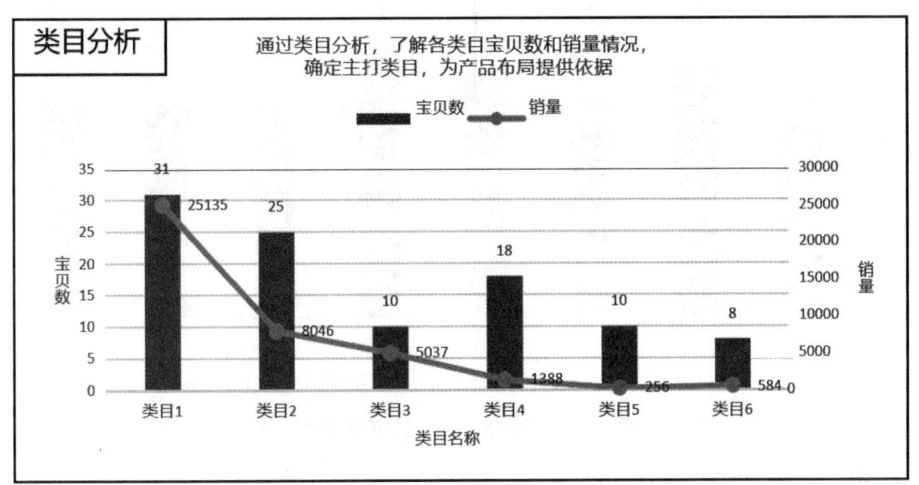

图1-33 柱形图示例

（4）延伸图表：堆积柱形图（见图1-34）、百分比堆积柱形图（见图1-35），不仅可以直观地显示每个系列的值，还能反映系列的总和。当需要查看某一单位的综合及各系列值的比例时，柱形图最合适。

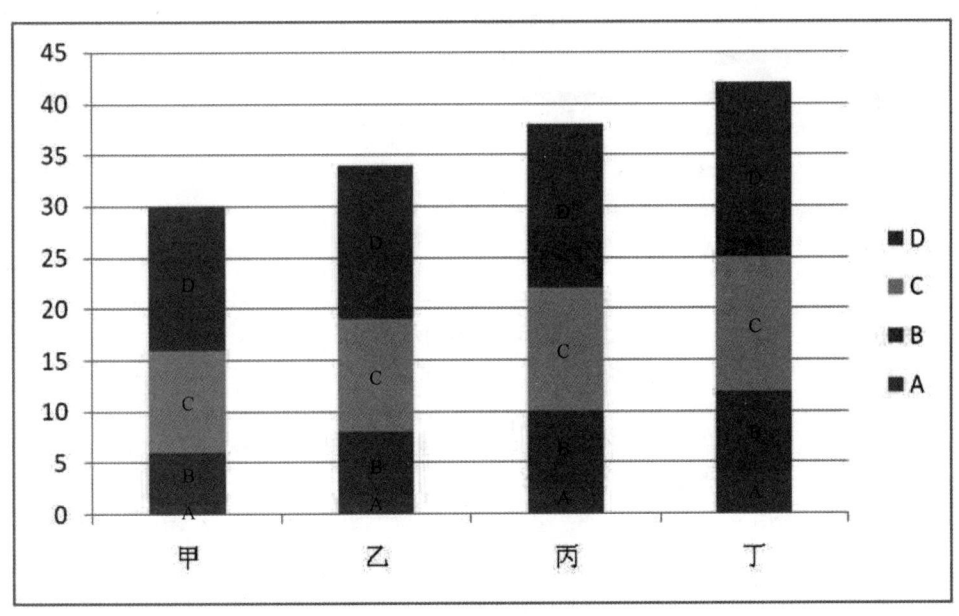

图1-34 堆积柱形图示例

2）条形图

（1）适用场景：显示各项目之间的比较情况，可参考柱形图。

（2）优势：每个条形都清晰地表示数据，直观。

条形图示例如图1-36所示。

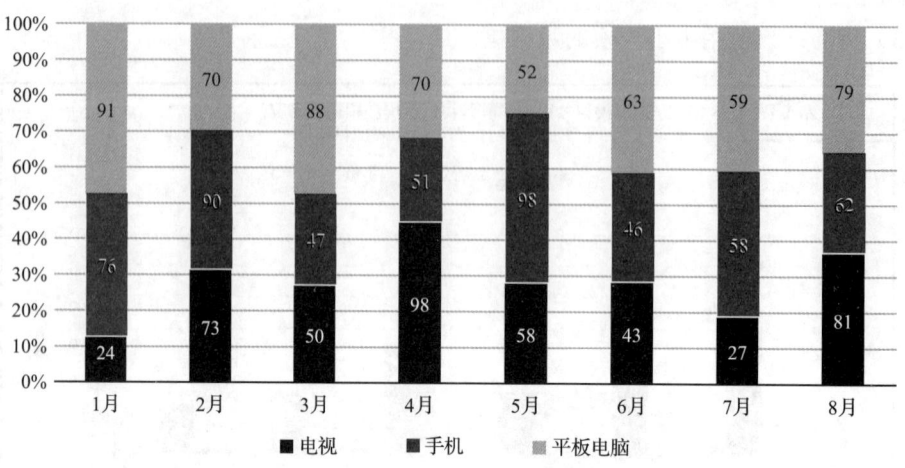

图 1-35 百分比堆积柱形图示例

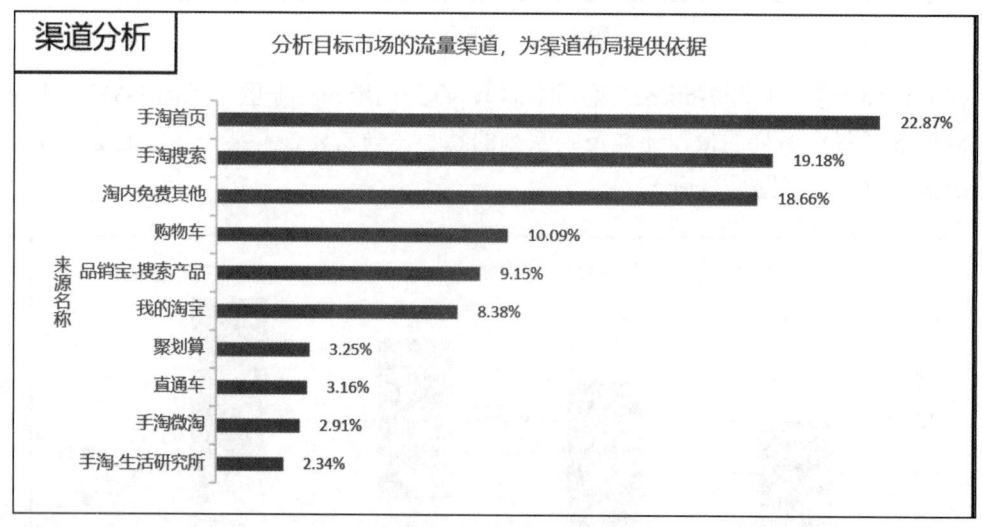

图 1-36 条形图示例

3）折线图

（1）适用场景：二维的大数据集，以及多个二维数据集的比较。

（2）优势：容易反映数据变化的趋势。

折线图示例如图 1-37 所示。

4）饼图

（1）适用场景：显示各项的大小与各项总和的比例，适用于简单的占比比例图，在不要求数据精细的情况下适用。

（2）优势：明确显示数据的比例情况，尤其适合渠道来源等场景。

（3）劣势：人眼对面积大小不敏感。

饼图示例如图 1-38 所示。

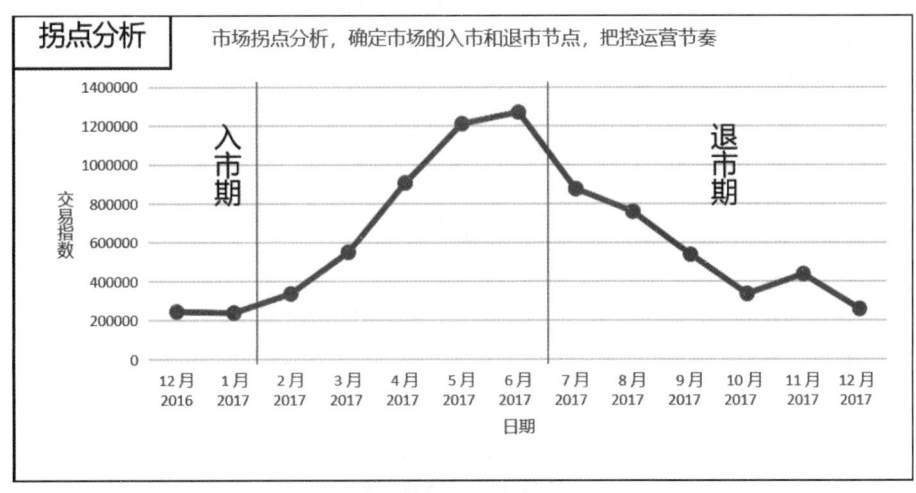

图 1-37　折线图示例

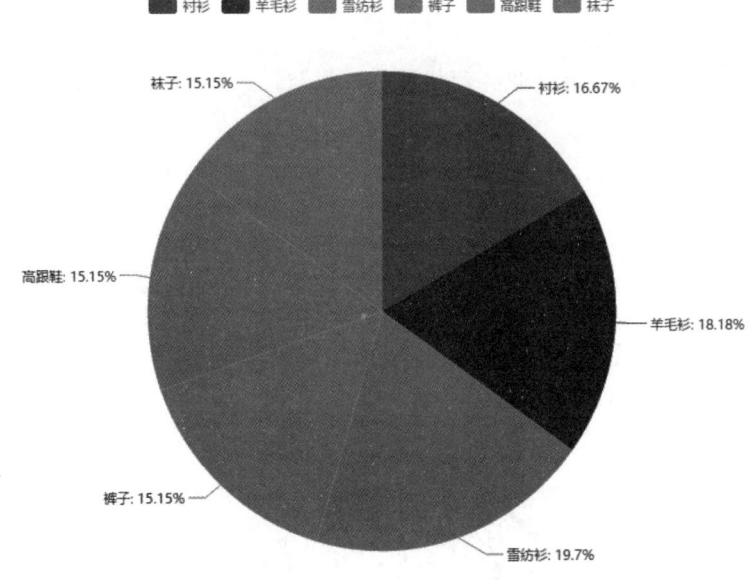

图 1-38　饼图示例

5）散点图

（1）适用场景：显示若干数据系列中各数值之间的关系，用于判断两个变量之间是否存在某种关联，适用于三维数据集，但其中只有两维需要比较的情况。

（2）优势：对于处理值的分布和数据点的分簇，散点图都很理想。如果数据集中包含非常多的点，那么散点图便是最佳图表类型。

（3）劣势：在点状图中显示多个序列看上去比较混乱。

散点图示例如图 1-39 所示。

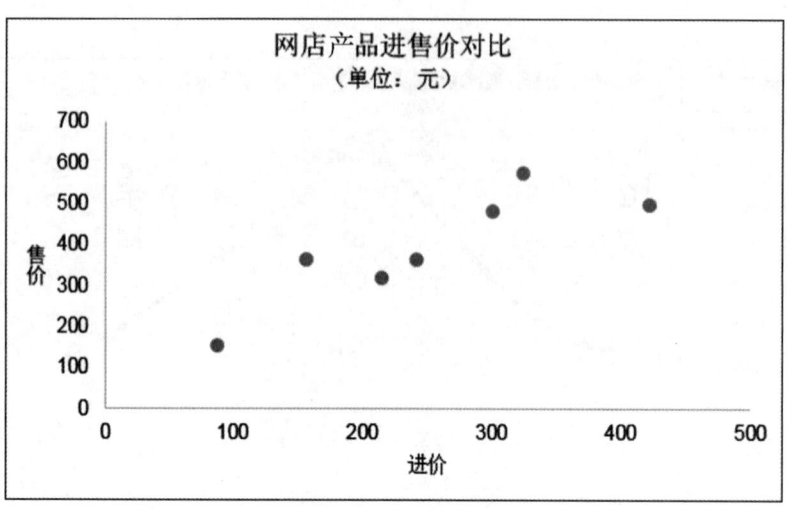

图 1-39 散点图示例

6）雷达图

（1）适用场景：多维数据（四维以上），且每个维度必须可以排序。数据点一般为 6 个左右，太多则辨别起来有困难。

（2）优势：可以形象地展示企业经营状况——收益性、生产性、流动性、安全性和成长性的评价。

雷达图示例如图 1-40 所示。

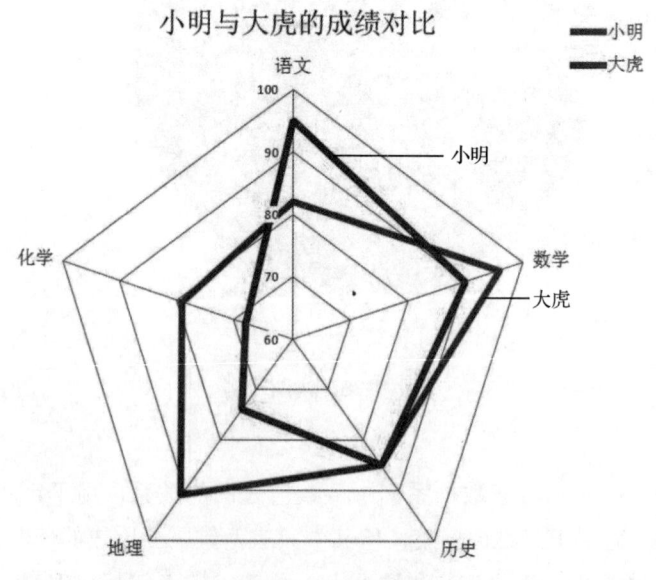

图 1-40 雷达图示例

7）漏斗图

（1）适用场景：业务流程多的流程分析，显示各流程的转化率。

（2）优势：在网站分析中，通常用于分析转化率，不仅能展示用户从进入网站到完成购买的最终转化率,还可以展示每个步骤的转化率,能够直观地让企业发现问题所在。

(3)劣势:单一的漏斗图无法用于评价网站某个关键流程中各步骤转化率的好坏。

漏斗图示例如图 1-41 所示。

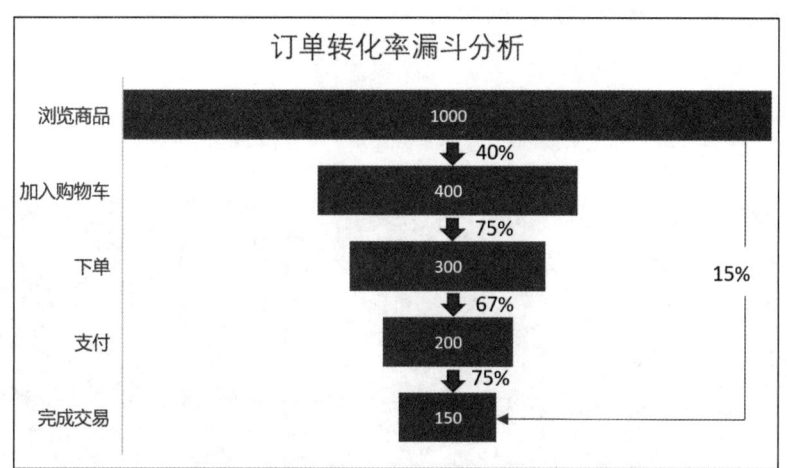

图 1-41 漏斗图示例

8)词云图

词云图也叫文字云,是对文本中出现频率较高的关键词予以的视觉化展现。词云图过滤掉大量低频、低质的文本信息,使得浏览者只要一眼扫过文本就可以领略文本的主旨。

词云图的适用场景:显示词频,可以用于制作用户画像、用户标签等。词云图示例如图 1-42 所示。

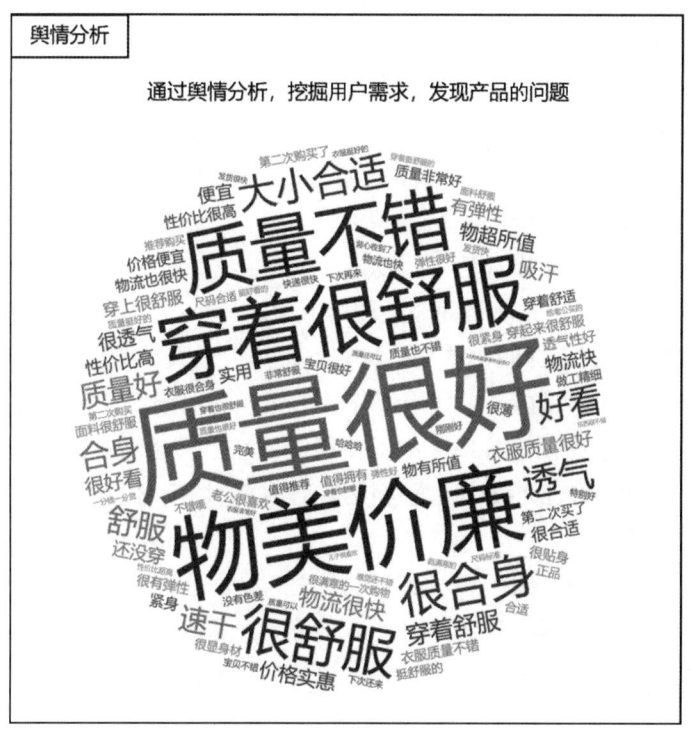

图 1-42 词云图示例

9）矩形树图

在矩形树图中，每个小矩形的面积表示每个子节点的大小，矩形面积越大，表示子节点在父节点中的占比越大，整个矩形的面积之和表示整个父节点。通过钻取情况，企业可以清晰地知道数据的全局层级结构和每个层级的详情。矩形树图示例如图1-43所示。

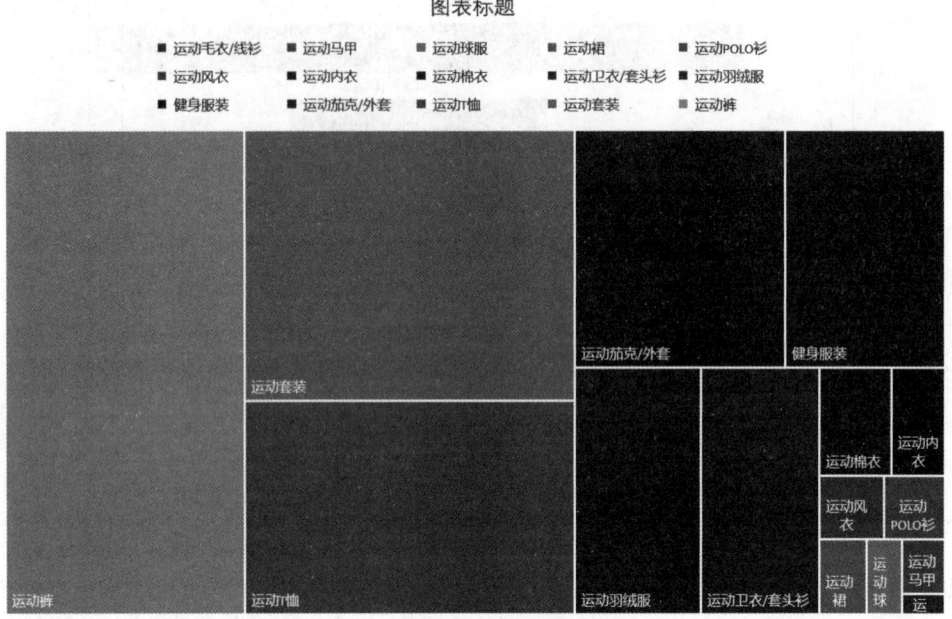

图1-43　矩形树图示例

企业在使用图表时，需要注意以下事项。

柱形图：同一数据序列使用相同的颜色；不使用倾斜的标签；纵坐标轴的刻度一般从0开始。一般来说，柱形图最好添加数据标签，若添加了数据标签，则可删除纵坐标的刻度线和网格线。

条形图：同一数据序列使用相同的颜色；不使用倾斜的标签，最好添加数据标签；尽量让数据由大到小排列，方便阅读。

折线图：选用的线条要相对粗些，线条一般不超过5条；不使用倾斜的标签；纵坐标轴的刻度一般从0开始；预测值的线条使用虚线。

饼图：把数据从12点钟的位置开始排列，最重要的成分紧靠12点钟的位置；数据项不要太多，保持在6项以内；不使用爆炸式的饼图分离扇区，可以将某一片扇区分离出来，但前提是你希望强调这片扇区；不使用图例；不使用3D效果；当扇区使用颜色填充时，推荐使用白色的边框线，因为这样具有较好的切割感。

3.图表标注规范

数据图表有画图空间、图形和图注3个要素。画图空间是图形的容器，图形呈现在画图空间之中，如二维空间、三维空间。图形是要表达的信息可视化的结果。图注是帮助读者理解图形的标注。如图1-44所示，图注包含图标题、数据标签、坐标轴、坐标轴标题、图例。

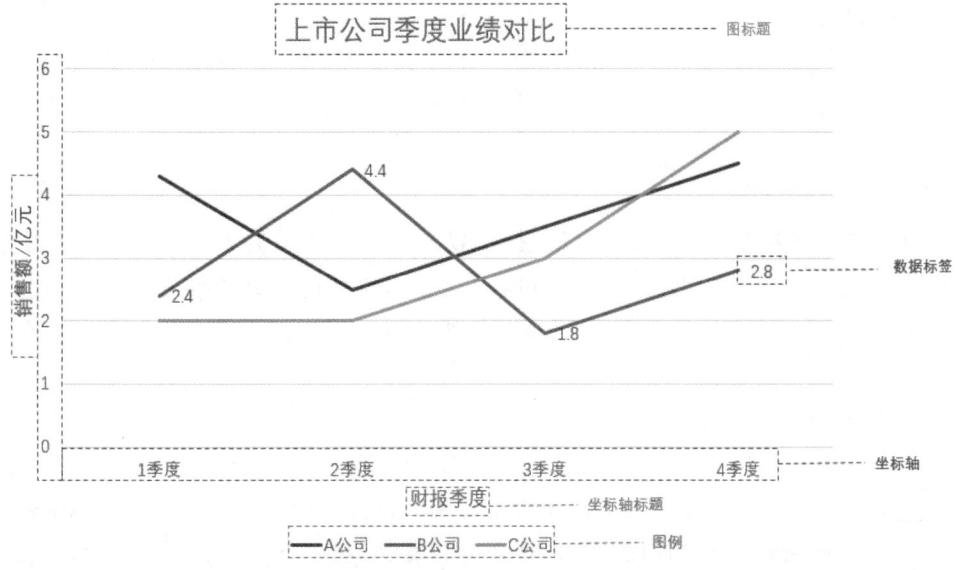

图 1-44 图形的图注示例

一般来讲，可视化图表需要满足下列基本要求。

（1）根据资料的性质和分析目的决定适当的图形。

（2）标题应说明资料的内容、时间和地点，一般位于图的下方。

（3）图的纵、横轴应注明标目及对应的单位，尺度应等距或具有规律性，一般为自左而右、自上而下、由小到大。

（4）为使图形美观并便于比较，统计图的长宽比例一般为7∶5，有时为了说明问题也可加以变动。

（5）当比较、说明不同事物时，可用不同颜色或线条表示，并常附图例说明，但不宜过多。

4. 数据分析报告

数据分析报告是一种常用的分析应用文体，是对数据分析项目的目的、方法、过程、结论及可行性建议等内容的完整展示，是数据背后真实的业务水平的客观体现，是管理者做出科学、严谨决策的依据。

针对企业决策服务的数据分析报告按照业务场景划分，可分为4种：一是市场/行业分析报告，是指对某个行业、细分领域的市场现状和发展趋势所做的分析报告；二是客户分析报告（用户画像分析），主要用于了解用户的人群特征、某个产品的不同群体的用户行为差异；三是竞品分析报告，主要用于对同类产品的用户使用情况、市场情况、功能性能进行对比研究；四是运营分析报告，是指企业经营中重大战略决策的分析或针对某具体业务问题进行的专题分析，如营销效果评估等。

数据分析报告的结构一般包含4个方面的内容，如图1-45所示。

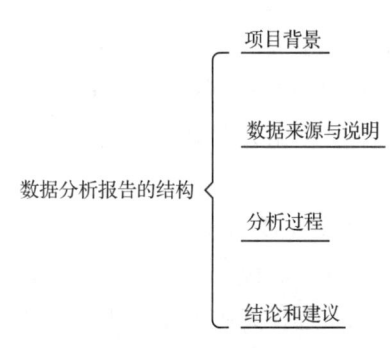

图 1-45 数据分析报告的结构

（1）项目背景。

项目背景要定义数据分析研究的问题，并简述这个问题的重要性。背景说明需要介绍行业背景，行业背景需要引用数据和政策性文件。业务背景介绍需要在理解业务的基础上，由面到点切入问题。

（2）数据来源与说明。

数据来源与说明要说明如何获取数据，以及数据样本量的大小。原始数据往往存在一些缺陷，需要经过数据清洗以剔除噪声，也需要经过部分假设进行数据补全。数据清洗和数据补全的方法需要得到汇报对象的认可，以便汇报对象对于置信度有一个估计。

（3）分析过程。

数据概览需要有重要指标的趋势和变化情况、重要拐点成因解释、关键性指标的定义、为什么这么定义。数据需要被拆分成不同维度的数据，以作为细节补充。核心指标要少而关键，拆分指标要有意义且详细。如果数据分析报告采用 PPT 形式，那么每页说明白一个结论或者解释清楚一个趋势即可。关键性结论要用一句话描述清楚。

（4）结论和建议。

结论是对之前数据分析阶段的数据的汇总。建议则需要在数据分析的结论和问题的基础上，对后续的迭代和改进措施做出方向性的说明。这部分其实在很多时候也是分析的根本目的。

任务实施

本任务的目的主要是在本项目任务 1 的基础上，采集拼多多运营岗位能力要求信息，并利用该信息分析岗位需求图谱，同时结合本项目任务 1 的分析图表，尝试撰写数据分析报告。

1. 利用八爪鱼采集拼多多运营岗位能力要求信息

步骤 1：选择采集数据的对象。

八爪鱼采集岗位明细

根据本项目任务 1 的数据分析结果来看，广州市对于拼多多运营岗位的需求最大。为了更精准地获得企业对拼多多运营岗位的能力要求，我们此次的采集任务城市选择广州。我们依然在岗位搜索框中输入"拼多多运营"，"月薪"选择"4.5-5 千"和"6-8 千"，"工作年限"选择"在校生/应届生"和"1-3 年"，"学历要求"选择"大专"和"本科"，"公司性质"和"公司规模"不限，如图 1-46 所示。

步骤 2：八爪鱼采集列表页面。

将搜索结果页面的 URL 地址复制到八爪鱼的采集地址页面，开始采集。采集结果如图 1-47 所示。

步骤 3：采集列表页面的字段处理。

选择"名称_链接"字段，单击"删除字段"按钮，删除该字段，如图 1-48（a）所示。依次选择其他字段，最后保留如图 1-48（b）所示的几个字段，并修改字段名称，勾选"翻页采集"复选框，单击"生成采集设置"按钮。

图 1-46 采集数据筛选设置

图 1-47 采集结果

(a)

(b)

图 1-48 采集列表页面的字段处理

步骤 4：采集详情页设置。

在"已生成采集设置"界面中，选择"采集下一级网页数据"选项，进入"采集下一级网页数据"界面；选中"从采集字段中选择"单选按钮，在下拉列表中选择"el_链接"（带有链接的字段）选项，单击"确定"按钮，如图 1-49 所示。

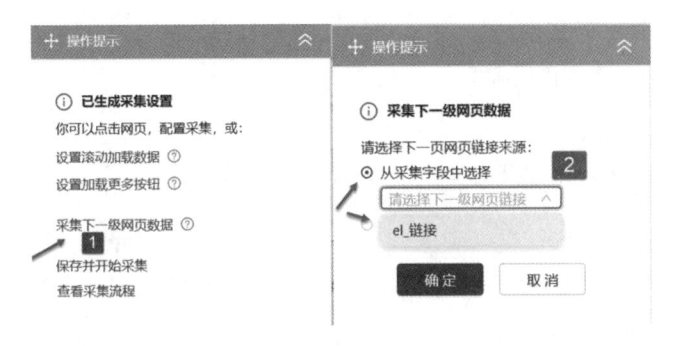

图 1-49 采集详情页设置

在进入岗位（职位）信息详情页后，单击岗位描述区域，整个区域变绿，选择右侧"操作提示"中的"采集该元素的文本"选项，如图 1-50 所示。

图 1-50 选择岗位信息文本

此时，在八爪鱼预览页面下方会显示岗位信息，单击"保存"按钮，再单击"采集"按钮，八爪鱼就启动采集功能，如图 1-51 所示。

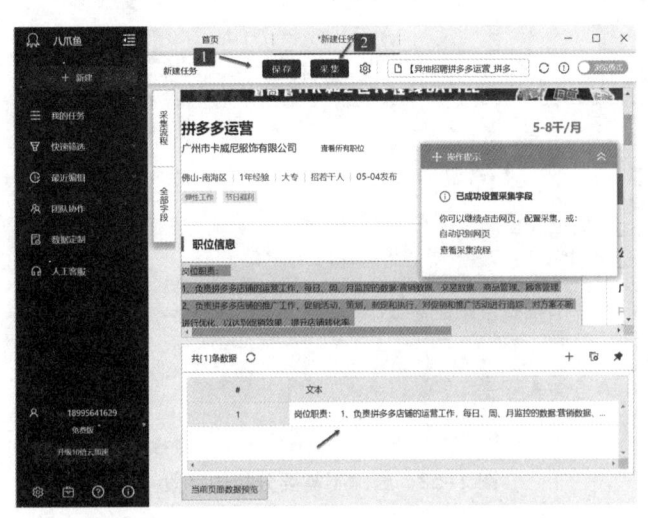

图 1-51 保存岗位信息并启动采集功能

步骤5：导出并保存文件。

在采集完成后，导出并保存文件，如图1-52所示。

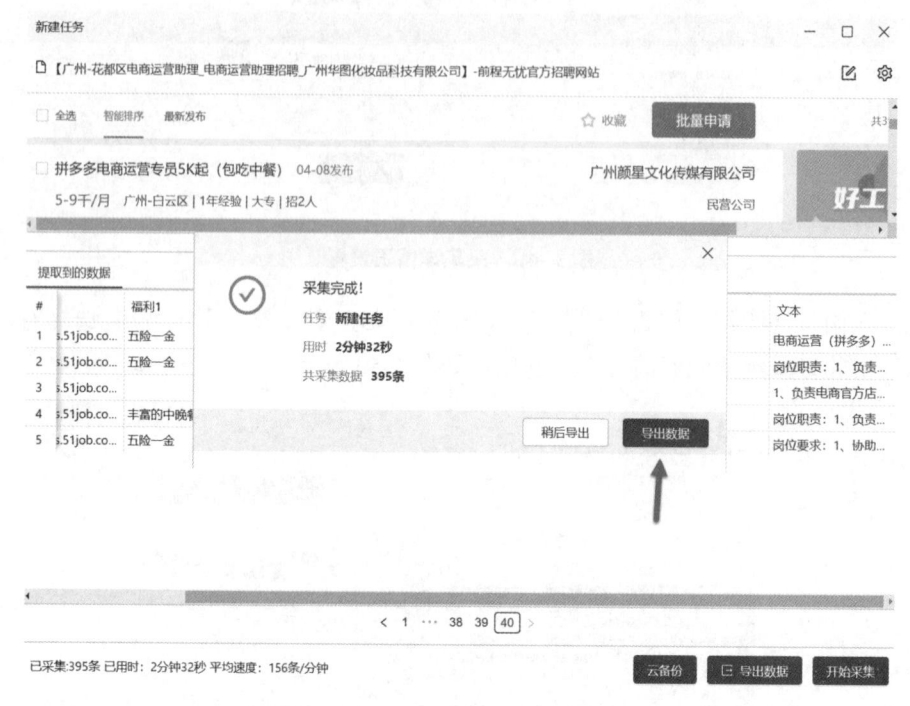

图1-52 导出并保存文件

2. 数据清洗

步骤1：打开文件，删除不需要分析的字段，如"标题""el_链接""福利1"等字段（见图1-53），将"文本"字段修改为"岗位明细"。

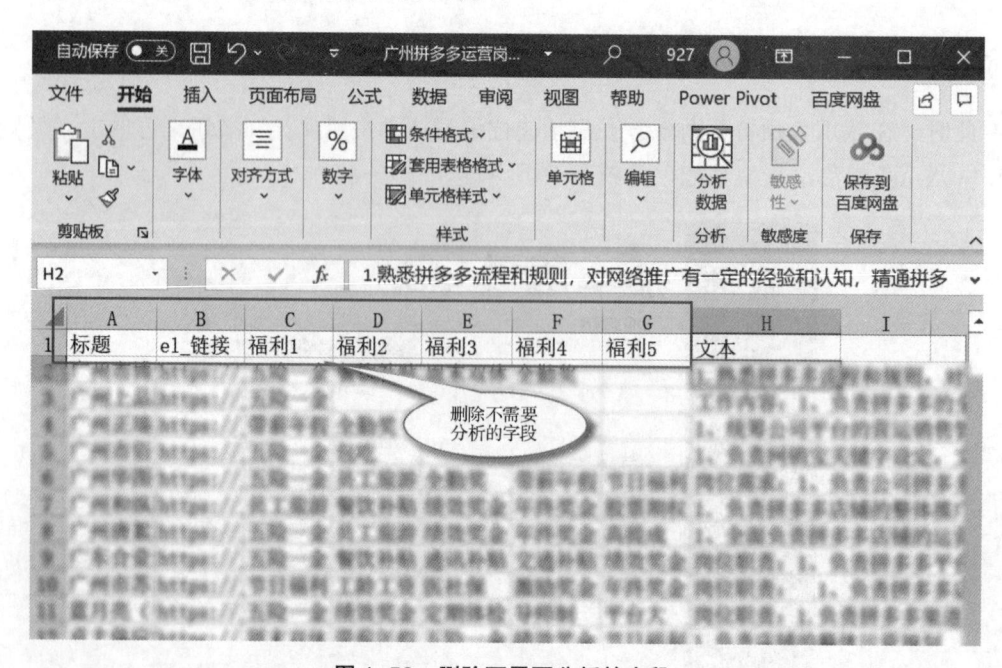

图1-53 删除不需要分析的字段

步骤 2：选中"岗位明细"列，单击"数据"选项卡中的"删除重复值"按钮，删除重复值，如图 1-54 所示。

图 1-54 删除重复值

3. 制作词云图

步骤 1：进入微词云首页，单击"开始创建"按钮，如图 1-55 所示。

职业能力要求
词云图制作

图 1-55 微词云首页

步骤 2：进入创建页面，选择词云图的样式，如图 1-56 所示。

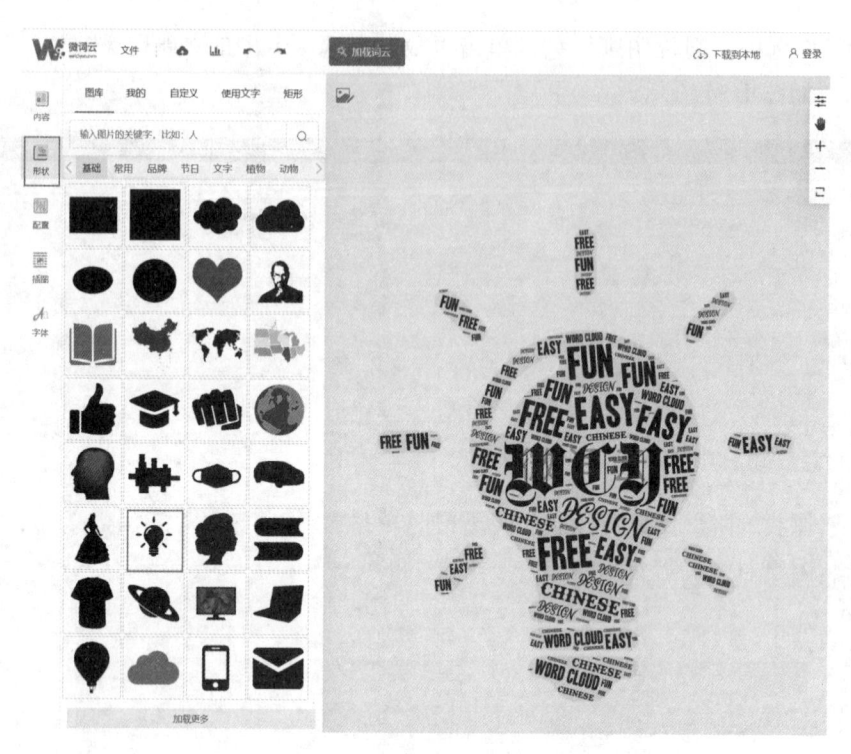

图 1-56 选择词云图的样式

步骤 3：导入文本。

单击"内容"按钮，单击"导入"按钮，选择"分词筛词后导入"选项卡，将 Excel 文件中要分析的文字复制到文本框中，单击"开始分词"按钮，如图 1-57 所示。

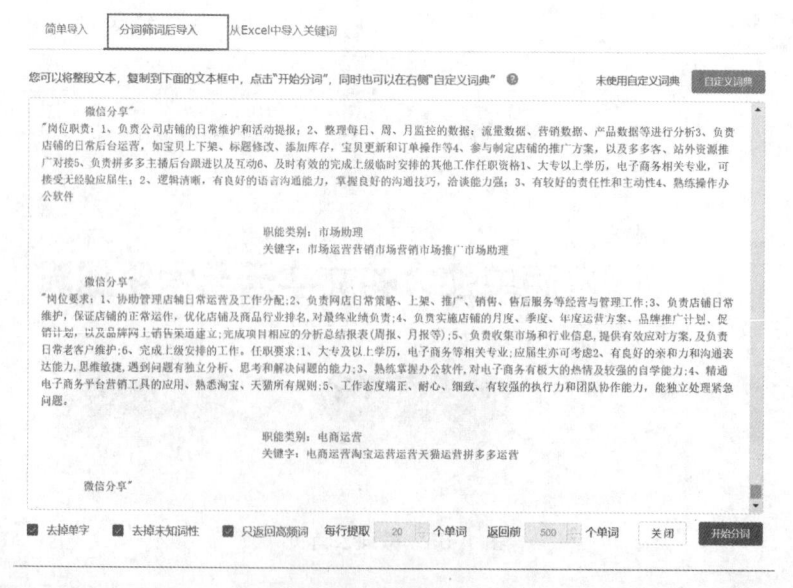

图 1-57 导入文本

步骤 4：筛选分词结果。

单击"分析"按钮，进入选词界面。微词云一般会自动过滤掉数词、代词、副词、方位词、连词、时间词等对于统计分析意义不大的词。

因为此次任务主要是分析岗位需求中的技能相关内容，所以我们根据词性进一步过滤形容词、英文、介词等词，并勾选与岗位要求明显相关的词，如图1-58所示。

图1-58 筛选分词结果

步骤5：自定义配置形状属性。

在确定所选单词后，微词云会加载词云图。因为每个分词任务的单词数量不同，所以微词云在加载词云图后会出现一些错误显示，这时我们需要进行词云图配置，让分词任务满足形状的要求，如图1-59所示。

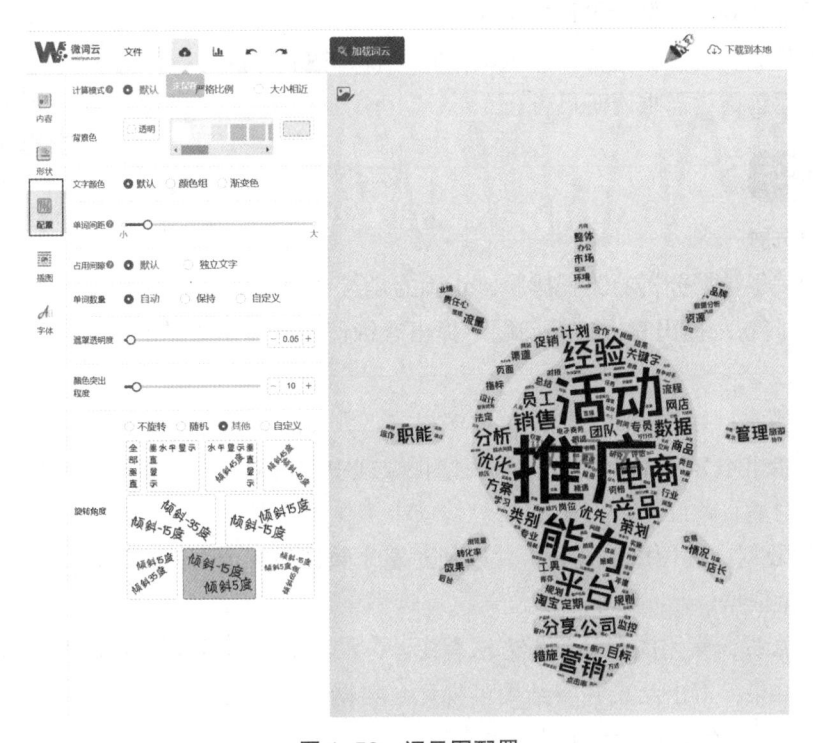

图1-59 词云图配置

步骤6：下载词云图。

单击"下载到本地"按钮，选择背景色、下载类型和质量，如图1-60所示，将词云图下载到指定文件夹。

图1-60 下载词云图

4. 撰写分析报告（附上调研报告）

结合本项目任务1和任务2完成的数据可视化图表，撰写一份简单的拼多多运营岗位需求调研报告。

岗位需求调研报告

课后习题

一、单选题

1. 下列关于数据分析的流程排序，正确的是（　　）。

① 提出问题：提出有价值的问题。提出有价值的问题就像瞄准了靶心，能使后续的动作有意义。

② 采集数据：数据来源可能是丰富多样的，数据的格式也可能不尽相同。

③ 清洗数据：理顺杂乱的数据，并修正数据中的错误。这一步比较繁杂，但它是整个数据分析的基石。

④ 探索数据：进行探索式分析，以便对整个数据集有全面的认识，从而为后续选择分析策略提供依据。

⑤ 分析数据：常用的数据分析方法有统计方法、机器学习、数据挖掘、深度学习等。

⑥ 交流结果：得出结果并将结果可视化。数据分析人员可使用报告、图表等形式将结果展示出来，与他人进行交流。

A. ①②③④⑤⑥ B. ②①③⑤④⑥ C. ①④②⑤③⑥ D. ②①③⑤⑥④

2. 下列关于数据分析的说法，错误的是（　　）。

A. 数据分析是将数据转变成有效信息的过程
B. 一家经营拼多多生鲜水果的企业应该分析亚马逊手机产品的销售市场情况
C. 数据分析是指从不同的角度对事物进行观察，从而看清事物的全貌
D. 数据分析就是维度和度量之间的组合关系

3. 数据分析报告的核心部分是（　　）。

A. 结论　　　　B. 正文　　　　C. 前言　　　　D. 标题

4. （　　）的适用场景是二维数据集（每个数据点都包括两个值，即 x 和 y），但只有一个维度要比较，用于显示一段时间内的数据变化或各项之间的比较情况。

A. 饼图　　　　B. 折线图　　　C. 柱形图　　　D. 散点图

5. （　　）是对文本中出现频率较高的关键词予以的视觉化展现。

A. 饼图　　　　B. 雷达图　　　C. 散点图　　　D. 词云图

二、多选题

1. 下列关于数据可视化的说法，正确的是（　　）。

A. 饼图主要用于表现不同类目的数据在总和中的占比
B. 雷达图可以形象地展示企业经营状况——收益性、生产性、流动性、安全性和成长性的评价
C. 散点图是指在回归分析中，数据点在直角坐标系平面上的分布图，散点图表示因变量随自变量而变化的大致趋势，我们据此可以选择合适的函数对数据点进行拟合
D. 排列在工作表的列或行中的数据可以被绘制到折线图中

2. 下列关于数据分析报告的说法，正确的是（　　）。

A. 数据分析报告是一种常用的分析应用文体，是对数据分析项目的目的、方法、过程、结论及可行性建议等内容的完整展示
B. 数据分析报告并不是模板化的，针对不同的分析内容和阅读习惯，分析报告的结构也不相同
C. 标题是一份报告的文眼，是全篇报告的精华
D. 标题页需要写明报告的题目，题目要精练，根据版面的要求应控制在两行内

三、实训题

岗位：直播电商类岗位。

背景：直播电商最近非常火爆，小明想从事直播领域的相关工作，想请你分析一下直播电商相关岗位需求、薪资待遇、能力需求等基本情况。

目标：做一份简单的岗位需求报告。

数据：利用八爪鱼采集数据。

要求：

（1）Word 文件不少于 5 页（标题页和目录页除外）。
（2）有图形展示（如折线图、柱形图、饼图等）。
（3）有明确的分析结果（可设置分析结果页）。

项目 2
拆解社交电商的数据洞察力

思政与素质目标

系统是由相互作用、相互依赖的若干组成部分结合而成的、具有特定功能的有机体。我们要从事物的总体与全局上、从要素的联系与结合上研究事物的运动与发展,找出规律并建立秩序,实现整个系统的优化。实践表明,系统观念、系统方法是解决问题不可或缺的方法。

社交电商是电商行业的一个分支,社交电商的数据分析也遵循一般电商数据分析的规律和方法。在教学过程中,教师应引导学生学会缘事析理,搭建符合规律的、具体的数据指标体系,以系统化的思维进行数据分析的准备工作,提升数据分析职业素养。

引例

怡和小店是经营食品类商品的拼多多小店,该店铺的运营者晓婷是刚入职的运营"小白",面对商家后台复杂的场景和时刻变化的数据,她觉得很迷茫。晓婷听说数据是"黄金",数据指标是"指示灯",就想从了解店铺数据最基本的数据指标开始,快速为自己的店铺搭建一个数据框架体系。

任务拆解

比起主观臆断,数据是商家最好的朋友,因为数据是买家"用脚投票"投出来的结果,能切实反映商家的每个操作对买家行为的影响,以及帮助商家预测之后的调整可能会达到的效果。只有根据数据分析进行调整,才能做到心中有谱和不再盲目。社交电商的新手运营在制定各种运营策略之前,首要的任务就是理解社交电商平台的业务场景和电商运营的核心指标,并能看懂关键指标之间的相互关系;然后是运用数据分析方法,快速发现店铺的问题。拆解社交电商数据洞察力的任务拆解表如表 2-1 所示。

表 2-1 拆解社交电商数据洞察力的任务拆解表

项目	任务	任务需求	核心指标
拆解社交电商数据洞察力	搭建社交电商店铺流量数据看板	将平台数据整合为店铺流量数据看板	访客数、客单价、转化率
	整理社交电商店铺运营数据	积累社交电商店铺运营数据	交易数据、流量数据、客服数据

任务1 搭建社交电商店铺流量数据看板

分析思路

从运营层面来说，商家应采集的数据包括商品成本、店铺整体访客量、浏览量、商品排名、推广数据（包括搜索、场景、多多进宝等），以及参加活动的数据记录和每次操作调整的数据等。拼多多商家后台给商家提供了丰富的数据资源，如图2-1所示。

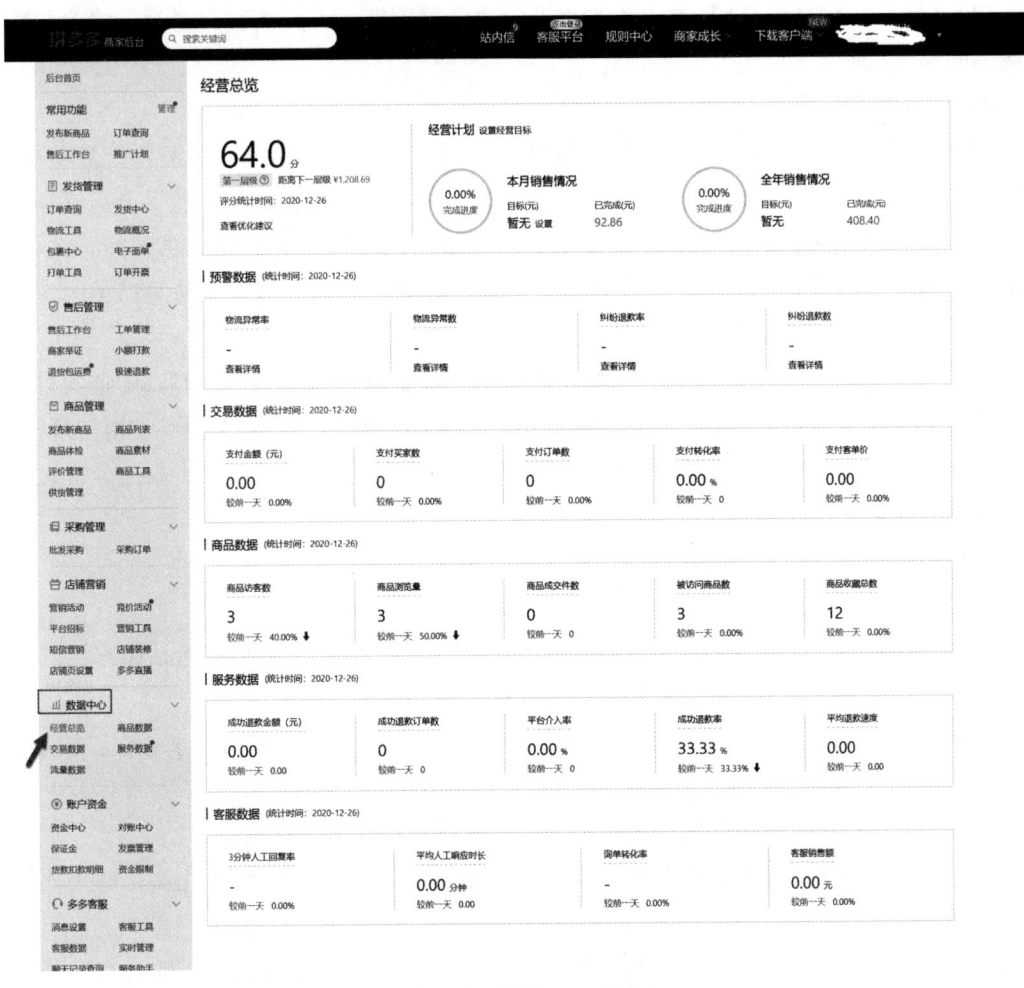

图 2-1 拼多多商家后台

采集这些数据的目的有两个：一是通过横向对比查看近期商品整体表现的变化，对比自身短期运营目标进行主动操作；二是当商品的某些数值突然发生变化时，可以比较方便地找出对应的原因并进行调整，而不至于一头雾水、无从下手。

知识准备

1. 数据来源

社交电商数据分析的主要数据来源有以下几个。

（1）订单数据：小到一个店铺，大到各类社交电商平台，都会产生订单数据，订单数据主要记录订单金额、收货地址及订单状态等。

（2）用户行为数据：社交电商平台拥有用户在社交电商平台上全链路的行为数据，商家拥有用户在自己店铺消费的行为数据。

（3）运营数据：不管是社交电商平台还是商家，都拥有丰富的运营数据，拼多多的商家数据中心、抖音的企业号的数据中心都提供了丰富的数据，如访客数、转化率、主要访问量、粉丝活跃度等。

（4）口碑评价数据：以文本、图片和视频为主的数据，可反映用户对社交电商平台或商品的满意程度。

2. 数据口径

数据口径又称统计口径，是指统计数据所采用的标准，包括统计内涵和统计范围。统计内涵即进行数据统计的具体内涵（项目内容），如店铺的销售金额，包括全店商品的销售金额，但要扣除退款的金额。统计范围是在指标内涵基础之上的汇总区间。例如，店铺销售金额与店铺下单金额之间存在统计内涵的差异，店铺销售金额与某品类的销售金额之间存在统计范围的差异。

数据口径的统一没有对错之分，如 A 企业将下单金额定义为销售金额，B 企业将支付金额定义为销售金额。企业在确定数据口径之时会出于某些目的而采用不常用的规则。统一数据口径是企业开展数据分析事务的前提条件，只有统一数据口径，数据分析人员才可以使用数据开展数据分析工作。

3. 拼多多商家后台的基础数据

1）交易数据

（1）支付金额：在统计周期内，店铺中所有已支付订单的总金额，包括买家实际支付和使用平台优惠券的总金额，未剔除售后订单。

（2）支付买家数：在统计周期内，完成订单支付的去重买家数，即同一买家支付多笔订单，只记一人。

（3）支付订单数：在统计周期内，店铺中所有已支付订单的总数量。

（4）支付客单价：在统计周期内，店铺支付总金额与支付买家数的比值，即平均每个支付买家的支付金额。

（5）支付转化率：在统计周期内，支付买家数与商品访客数的比值，即访客数转化为支付买家的比例。

（6）店铺关注用户数：在统计周期内，店铺被关注的总数量，不考虑取消关注的情况。

（7）成交 UV（Unique Visitor，独立访客）价值：在统计周期内，店铺成团订单的总金额与店铺访客数的比值，即每个访客的价值，包括买家实际支付和平台优惠券金额，未剔除售后订单。

2）商品数据

（1）商品访客数：在统计周期内，店铺内所有商品详情页的被访问去重人数。一个访客在统计周期内访问多次，仅计算一次。

（2）商品浏览量：在统计周期内，店铺内所有商品详情页的被访问累加人次。一个访客在统计周期内访问多次，则计算多次。

3）服务数据

（1）领航员指标：衡量店铺服务能力的综合性指标，涵盖售后服务、商品品质、物流服务、客户咨询、交易纠纷等多个维度，为店铺综合体验星级提供基础数据，也是商家报名大部分活动的重要指标。

（2）成交退款金额：在统计时间内，店铺成功退款订单的实际退款总金额，非申请退款金额。

（3）成功退款订单数：在统计时间内，店铺成功退款的订单总数量。

（4）平台介入率：近 30 天有平台介入的订单数量与近 30 天全部成团的订单数量的比值。

（5）成功退款率：近 30 天退款成功的订单数量与近 30 天已成团的订单数量的比值。

（6）平均退款时长：近 30 天所有退款成功的订单的平均退款时长。

4）客服数据

（1）3 分钟人工回复率：（咨询人数 −3 分钟未人工回复累计数）/ 咨询人数。注意：①仅统计在 8:00—23:00 期间的咨询人数；②若买家有任何一条消息超过 3 分钟未得到人工回复，则该买家被计入 3 分钟未人工回复累计。

（2）平均人工响应时长：在 8:00—23:00 期间，买家从发消息到得到商家客服人工回复所等待的平均时长。

（3）询单转化率：最终成团人数与询单人数的比值。最终成团人数是指在当日询单的买家中，在 3 日内下单并成团，且有订单绩效判定为该客服的买家人数。

（4）客服销售额：当日询单的买家，在 3 日内下单并成团的订单总金额。

（5）消费者服务体验分：衡量消费者服务体验的综合性指标，综合了聊天、售后、介入、求助平台客服、投诉等各渠道的数据，涵盖消费者在下单后反馈的发货、物流、商品、基础服务 4 个维度的问题，是商家报名"百亿补贴"等活动的重要标准，直接影响搜索推荐的流量权重，也为商品领航员提供基础数据。

5）其他数据

（1）物流服务异常率：近 30 天物流服务异常率 = 近 30 天物流服务异常订单 /（近 30 天物流服务异常订单×100+近 30 天店铺成团订单量）。

（2）物流异常订单数：近 30 天虚假发货、物流时效异常、发生有效物流投诉、售后退款原因与物流相关的订单总数（收货地为新疆地区的订单，除虚假发货外，其余类型订单均不计入物流异常订单）。

任务实施

晓婷在运营拼多多店铺 30 天后，通过拼多多商家后台的数据中心，用 Excel 文件积累了店铺基本的运营数据，如图 2-2 所示。

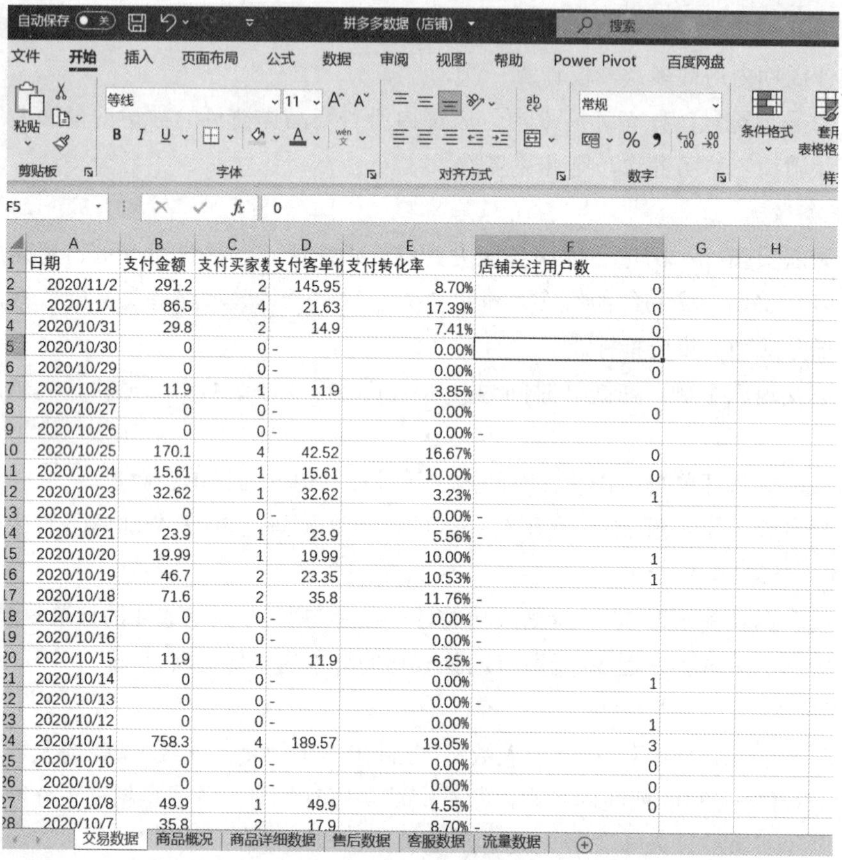

日期	支付金额	支付买家数	支付客单价	支付转化率	店铺关注用户数
2020/11/2	291.2	2	145.95	8.70%	0
2020/11/1	86.5	4	21.63	17.39%	0
2020/10/31	29.8	2	14.9	7.41%	0
2020/10/30	0	0	-	0.00%	0
2020/10/29	0	0	-	0.00%	0
2020/10/28	11.9	1	11.9	3.85%	-
2020/10/27	0	0	-	0.00%	0
2020/10/26	0	0	-	0.00%	-
2020/10/25	170.1	4	42.52	16.67%	0
2020/10/24	15.61	1	15.61	10.00%	0
2020/10/23	32.62	1	32.62	3.23%	1
2020/10/22	0	0	-	0.00%	-
2020/10/21	23.9	1	23.9	5.56%	-
2020/10/20	19.99	1	19.99	10.00%	1
2020/10/19	46.7	2	23.35	10.53%	1
2020/10/18	71.6	2	35.8	11.76%	-
2020/10/17	0	0	-	0.00%	-
2020/10/16	0	0	-	0.00%	-
2020/10/15	11.9	1	11.9	6.25%	-
2020/10/14	0	0	-	0.00%	1
2020/10/13	0	0	-	0.00%	-
2020/10/12	0	0	-	0.00%	1
2020/10/11	758.3	4	189.57	19.05%	3
2020/10/10	0	0	-	0.00%	0
2020/10/9	0	0	-	0.00%	0
2020/10/8	49.9	1	49.9	4.55%	0
2020/10/7	35.8	2	17.9	8.70%	-

图 2-2　店铺基本的运营数据

本任务的目标是帮助晓婷迅速搭建一个店铺流量数据看板，以便她随时了解店铺关键数据的变化情况。

1. 数据清洗和数据处理

1）明确数据清洗对象：修改日期的格式

店铺流量数据清洗

通过数据采集工具下载某拼多多店铺的流量数据，包括店铺访客数、店铺浏览量、商品访客数、商品浏览量、支付买家数、支付订单数、支付金额、支付转化率、支付客单价、成交 UV 价值等。通过观察“日期”列的数据，我们发现“日期”列中的部分数据的格式不正确（见图 2-3），我们需要将其清洗为标准日期格式的数据。

步骤 1：选中“日期”列，选择“数据”选项卡，单击“分列”按钮，如图 2-4 所示。

步骤 2：进入文本分列向导的第一步，单击“下一步”按钮，进入文本分列向导的第二步，取消选中所有复选框，单击“下一步”按钮，如图 2-5 所示。

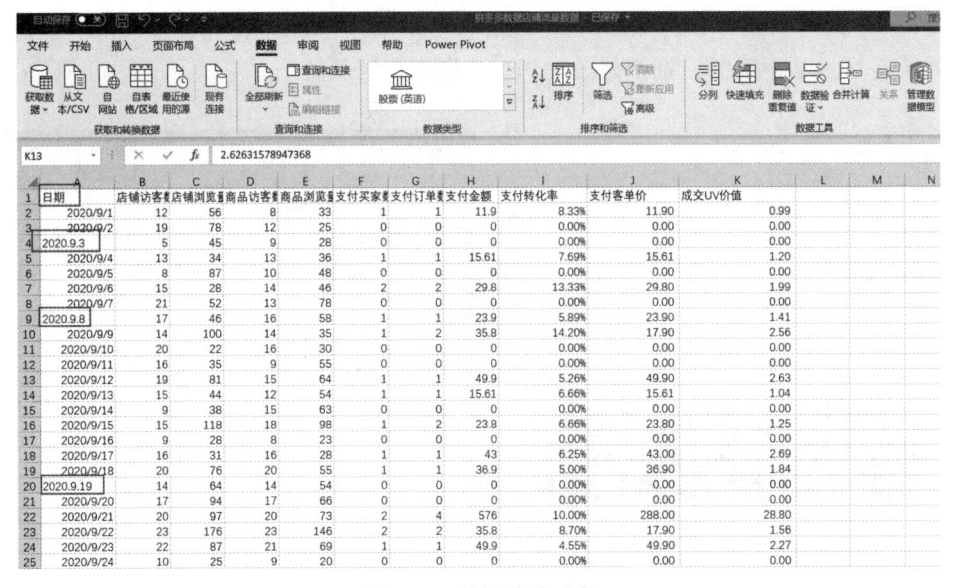

图 2-3　数据清洗对象

图 2-4　单击"分列"按钮

图 2-5　分列设置

步骤3：进入文本分列向导的第三步，选中"日期"单选按钮，单击"完成"按钮，"日期"列所有格式不正确的日期都修改完毕，如图2-6所示。

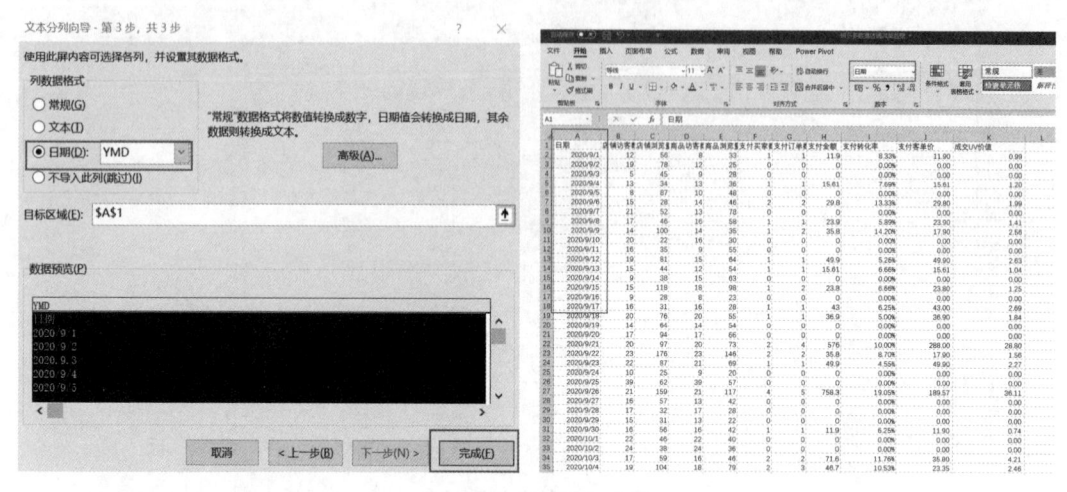

图 2-6 分列完成

2）增加两个时间指标：周数和月份

店铺运营者不仅需要关注每日数据的变化，还应该对比不同周数和月份的运营数据，因此我们需要增加周数和月份这两个时间指标，并将这两个时间指标添加到原有数据表格中。这也是数据分析中常见的增维法。

步骤1：插入两个空白列，第一行的字段名分别为"周数"和"月份"。

步骤2：在B2单元格中输入公式"=WEEKNUM(A2)"，如图2-7所示。

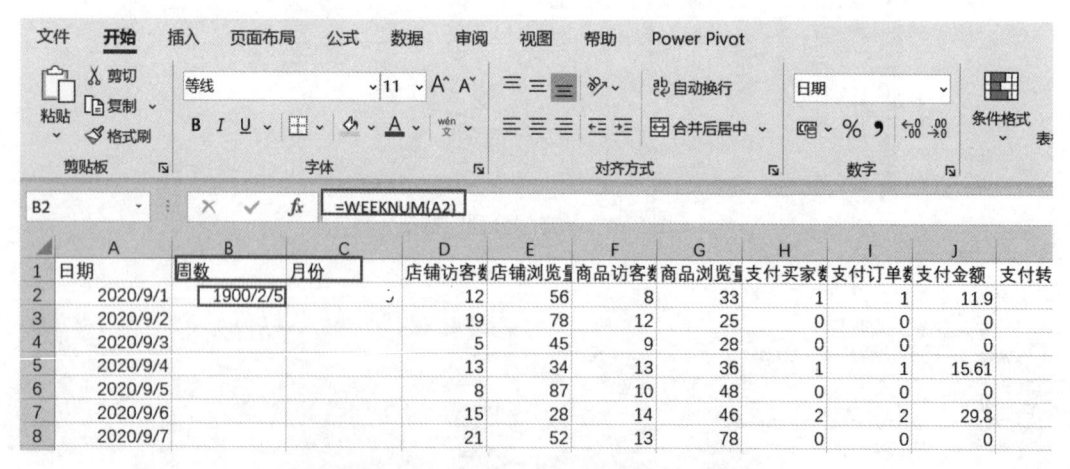

图 2-7 利用 WEEKNUM 函数增加"周数"列

注释：

WEEKNUM 函数用于计算指定的日期属于当年的第几周。

WEEKNUM 函数的语法结构：WEEKNUM(serial_number,[return_type])。

该函数有两种运行机制，运行机制和参数取值有一定的关系。

运行机制1：以1月1日所在的周为该年的第一周。

运行机制2：以该年的第一个星期四所在的周为该年的第一周。此机制是 ISO 8601

《数据存储和交换形式·信息·交换·日期和时间的表示方法》指定的方法，通常被称为欧洲周编号机制。

步骤3：将"周数"列中日期的格式更改为"数值"，如图2-8所示。

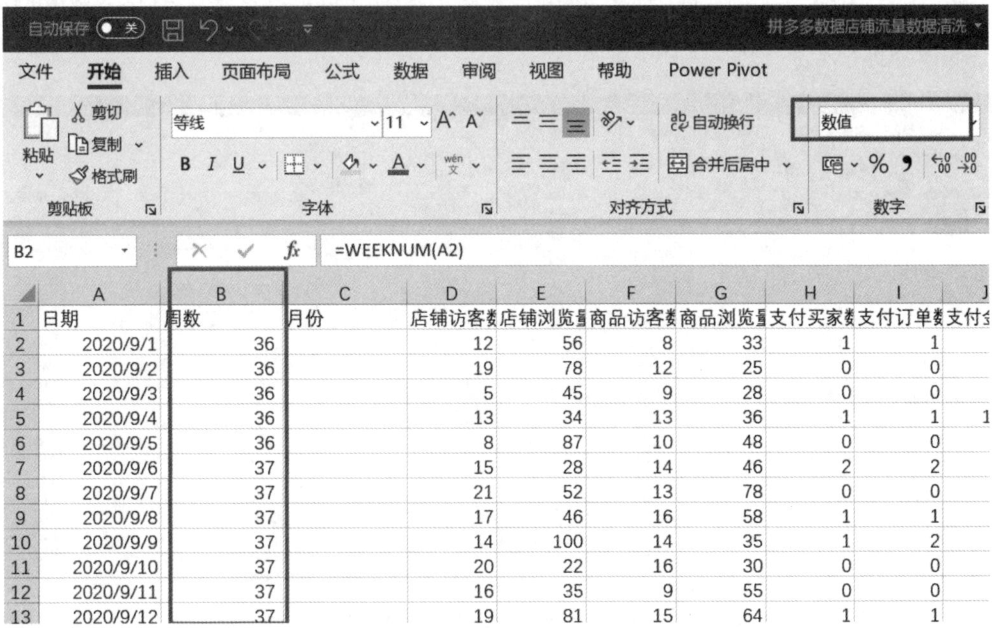

图2-8 将"周数"列中日期的格式更改为"数值"

步骤4：在C2单元格中输入公式"=MONTH(A2)"，如图2-9所示。

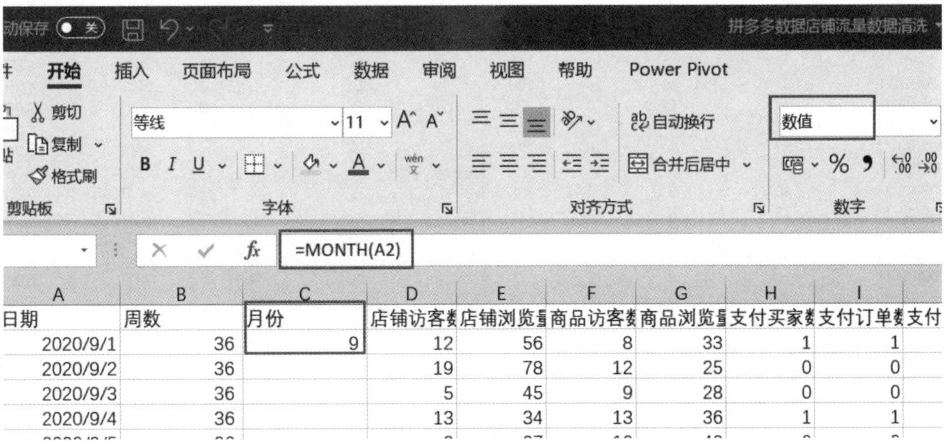

图2-9 利用MONTH函数增加"月份"列

注释：

MONNTH函数用于返回以序列号表示的日期中的月份。月份是介于1和12之间的整数。

MONTH函数的语法结构：MONTH(serial_number)。其中，serial_number表示一个日期值，其中包含要查找的月份。应使用DATE函数来输入日期，或者将日期作为其他公式或函数的结果输入。

步骤5：将"月份"列中日期的格式更改为"数值"。

2. 数据可视化

1）创建店铺访客数趋势图

步骤1：选择"插入"选项卡，单击"表格"按钮，将数据区域改为数据表格，如图2-10所示。

图2-10 将数据区域改为数据表格

步骤2：选中表格，在"插入"选项卡中单击"数据透视表"按钮，在弹出的"创建数据透视表"对话框中勾选"将此数据添加到数据模型"复选框，单击"确定"按钮，如图2-11所示。

步骤3：在"数据透视图字段"窗格中勾选需要分析的字段"日期"和"店铺访客数"，并将"日期"和"店铺访客数"字段分别拖动到"轴（类别）"和"值"区域中，此时表格左侧会出现对应的字段，如图2-12所示。

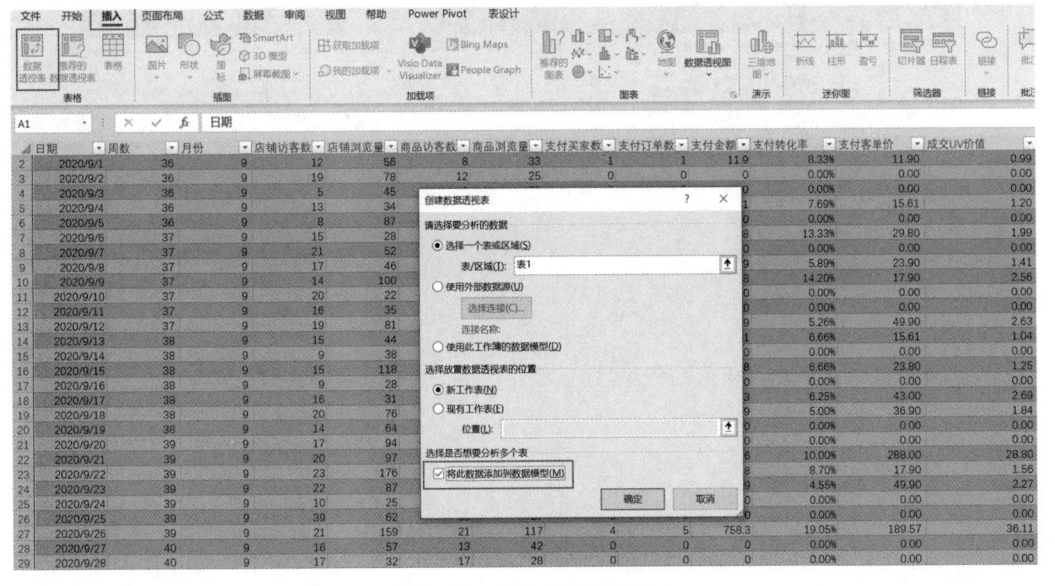

图 2-11 插入数据透视表

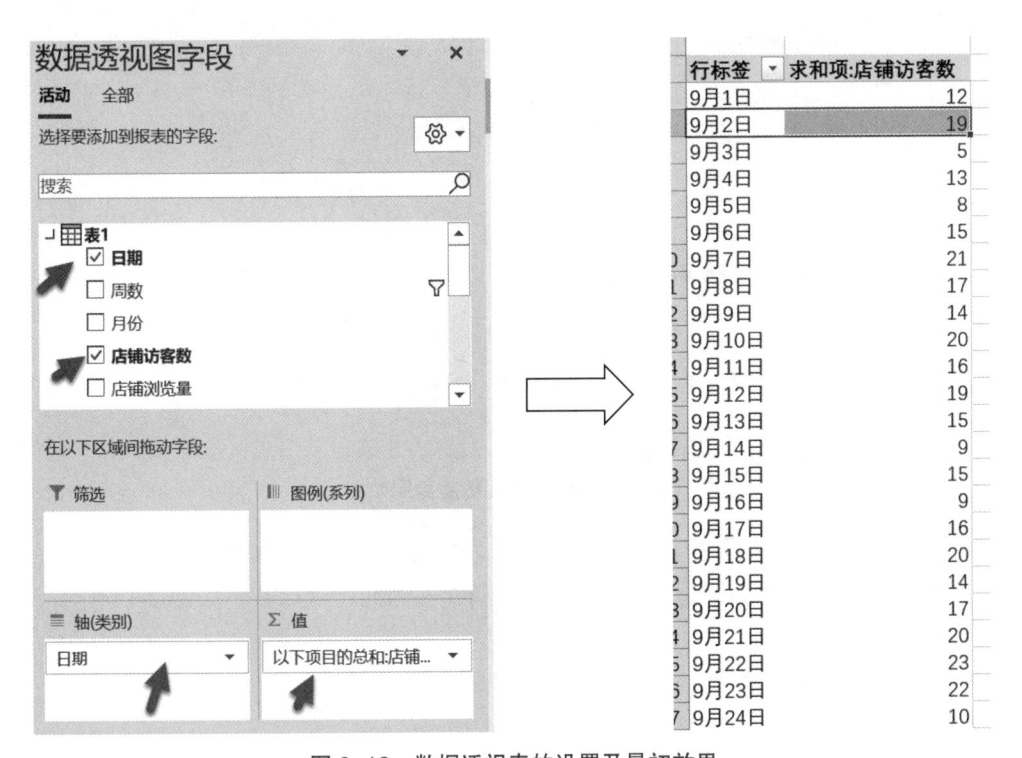

图 2-12 数据透视表的设置及最初效果

步骤 4：在"插入"选项卡中单击"折线图"按钮，在弹出的下拉列表中选择"二维折线图"选项，如图 2-13 所示。

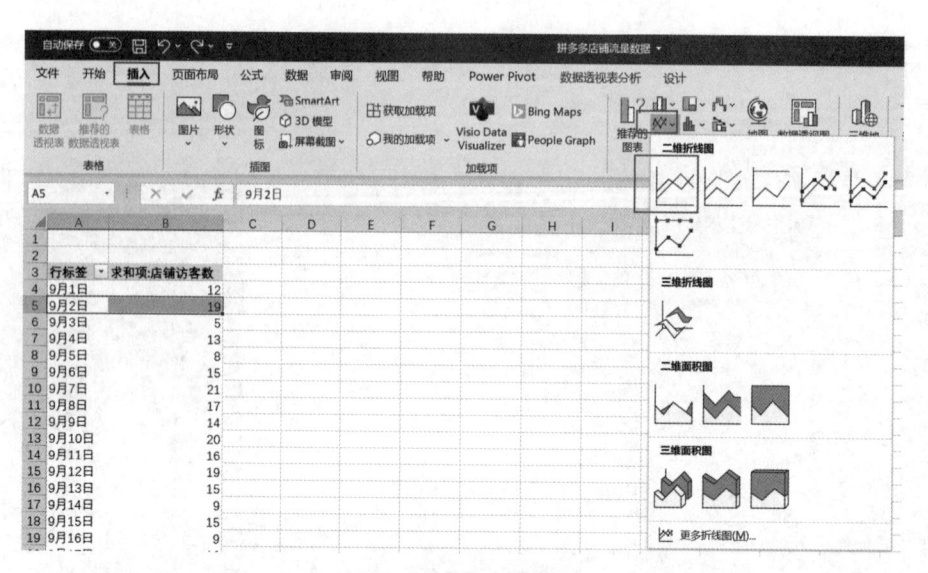

图 2-13 插入折线图

在弹出的对话框中单击"确定"按钮,得到店铺访客数趋势原始图,如图 2-14 所示。

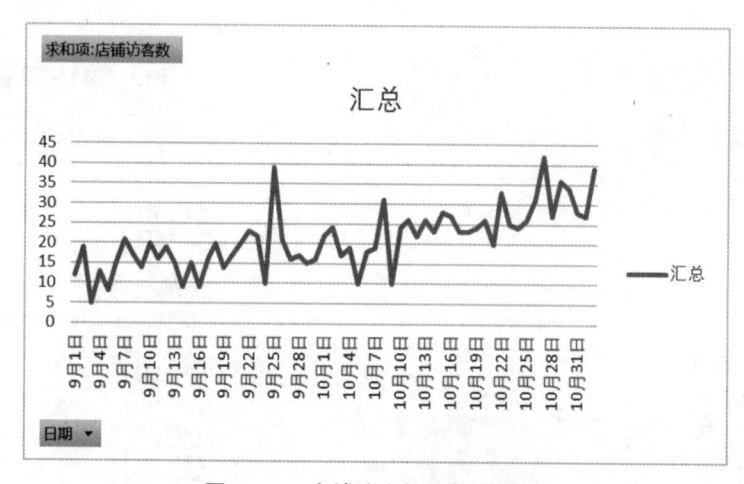

图 2-14 店铺访客数趋势原始图

步骤 5：在图 2-14 的基础上对数据透视图进行优化,以增强图表的可读性。

① 将标题修改为"店铺访客数趋势",并删除右侧的图示标签,如图 2-15 所示。

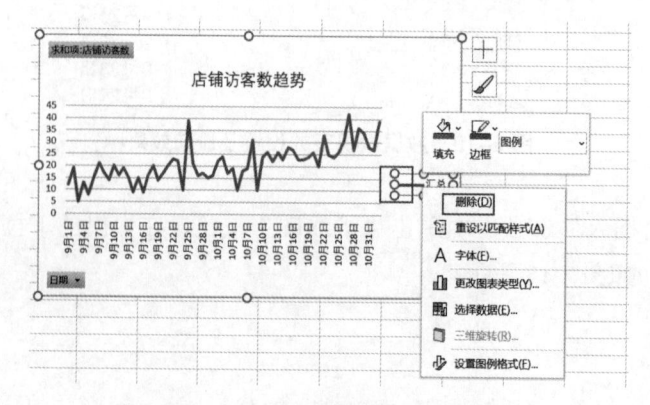

图 2-15 修改标题并删除图示标签

② 单击蓝色笔刷按钮，弹出样式和颜色选择框，根据需求调整图形样式，如图 2-16 所示。

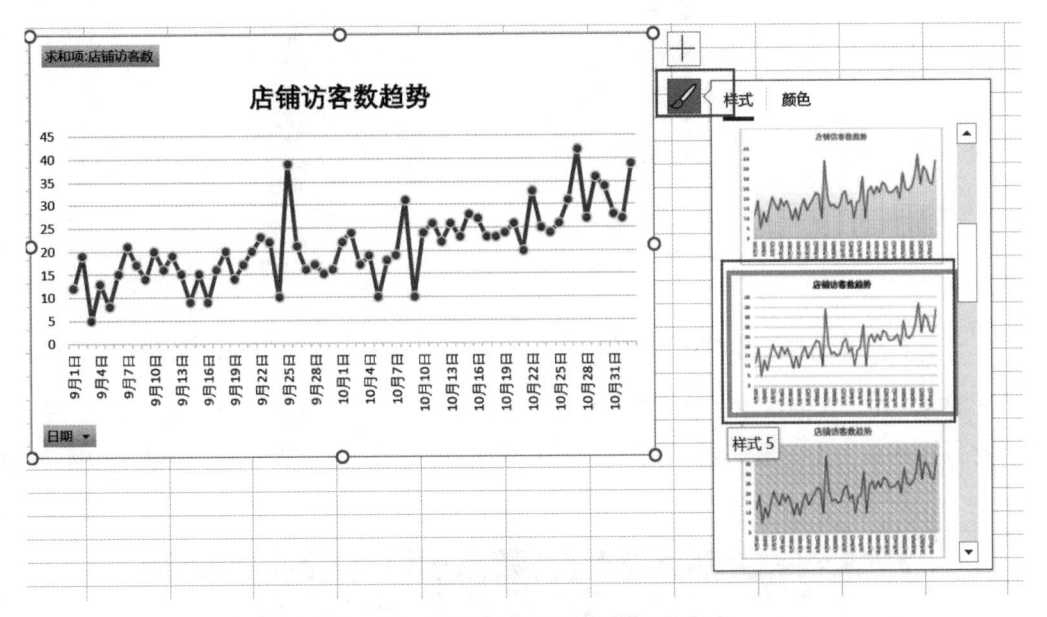

图 2-16　调整店铺访客数趋势图的样式

③ 右击左侧的任意按钮，在弹出的快捷菜单中选择"隐藏图表上的所有字段按钮"命令，完成店铺访客数趋势图的优化，如图 2-17 所示。

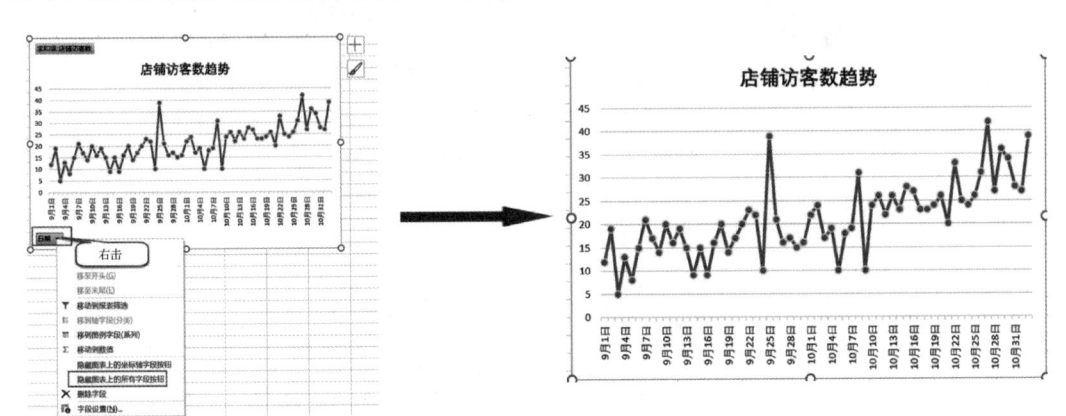

图 2-17　优化店铺访客数趋势图

2）依次创建支付转化率、支付客单价、成交 UV 价值等趋势图

步骤 1：在新建的工作表中选择"插入"选项卡，单击"数据透视图"按钮，在弹出的下拉列表中选择"数据透视图"选项，如图 2-18 所示。

步骤 2：弹出"创建数据透视图"对话框，选中"使用此工作簿的数据模型"和"现有工作表"单选按钮，单击"确定"按钮，如图 2-19 所示。

图 2-18　创建数据透视图

图 2-19　"创建数据透视图"对话框

步骤 3：在"数据透视图字段"窗格中，把"日期"字段拖动到"轴（类别）"区域中，把"支付转化率"字段拖动到"值"区域中，数据透视图的默认设置为柱形图，如图 2-20 所示。

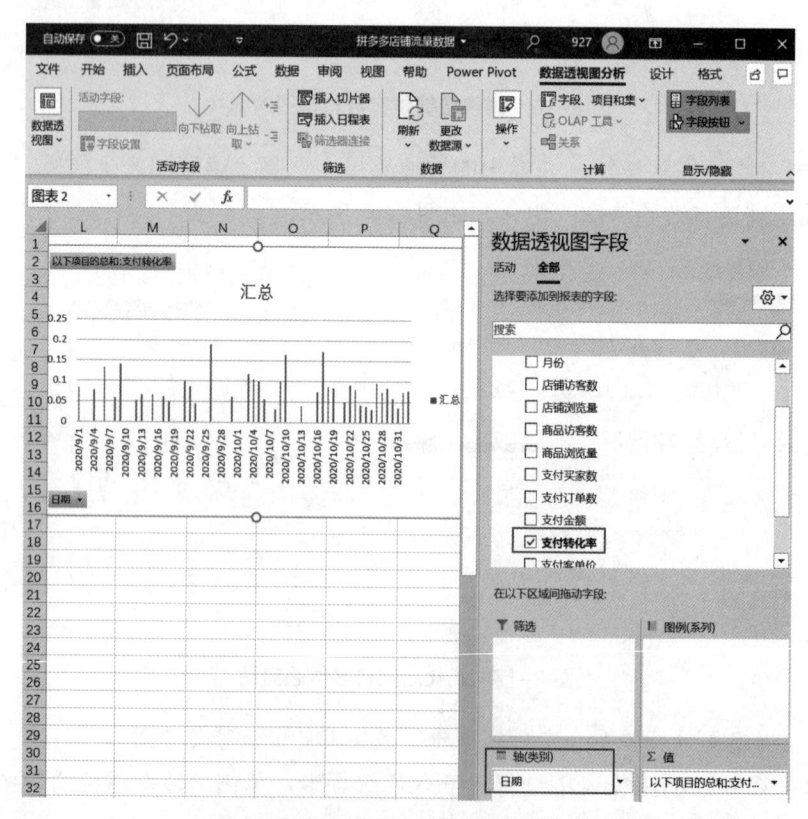

图 2-20　数据透视图字段和图形的设置

步骤 4：选中数据透视图，右击，在弹出的快捷菜单中选择"更改图表类型"命令，在弹出的"更改图表类型"对话框中选择"折线图"选项，单击"确定"按钮，如图 2-21 所示。

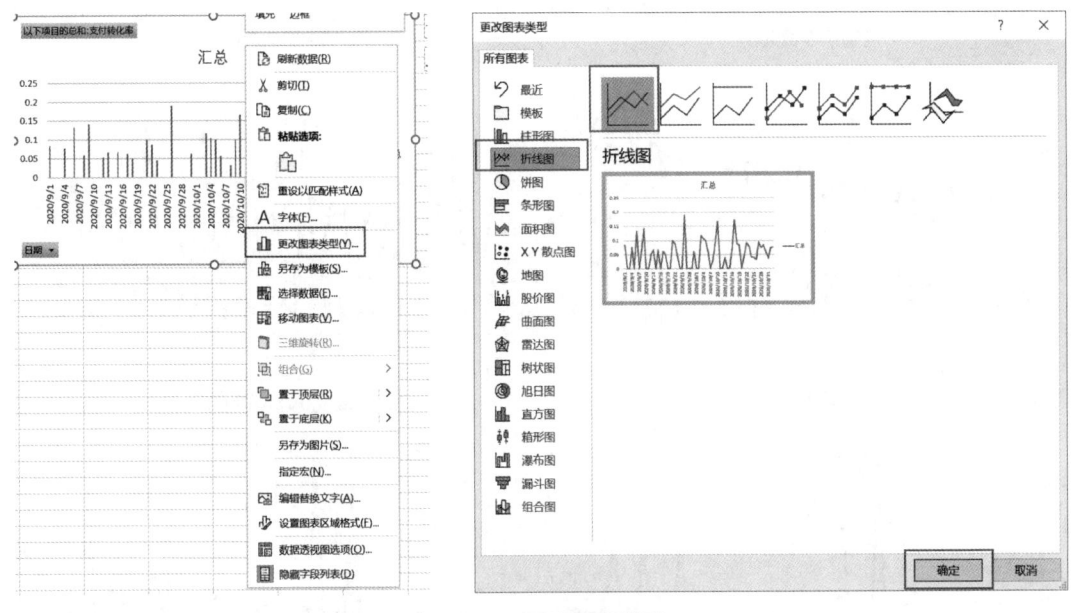

图 2-21 更改图表类型

步骤 5：优化支付转化率趋势图，最终效果如图 2-22 所示。

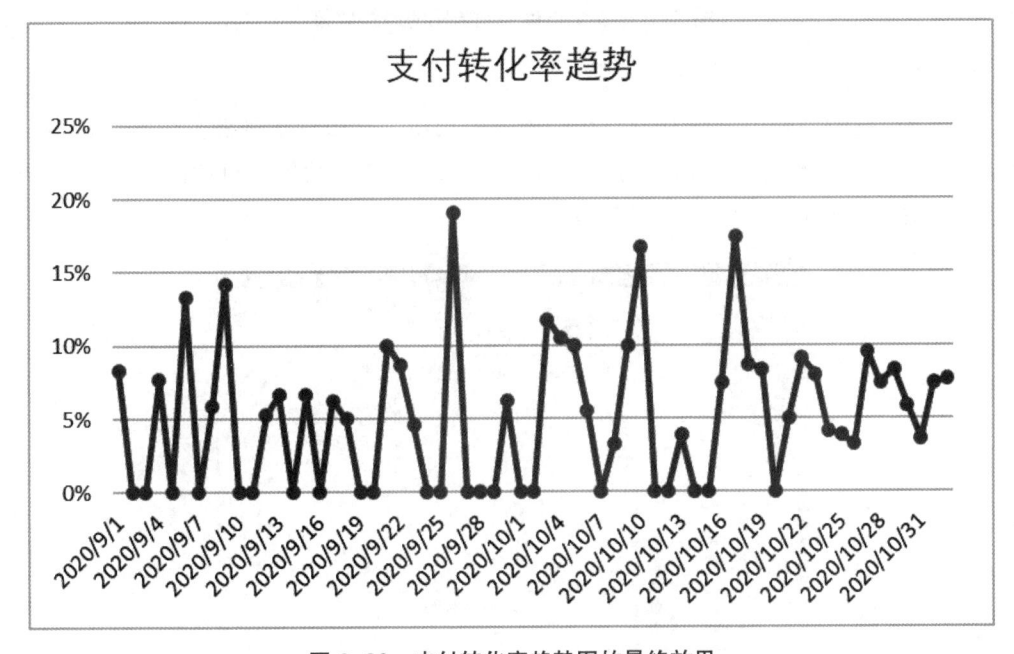

图 2-22 支付转化率趋势图的最终效果

步骤 6：依次制作并优化支付客单价趋势图和成交 UV 趋势图。4 个指标的趋势图的最终效果如图 2-23 所示。

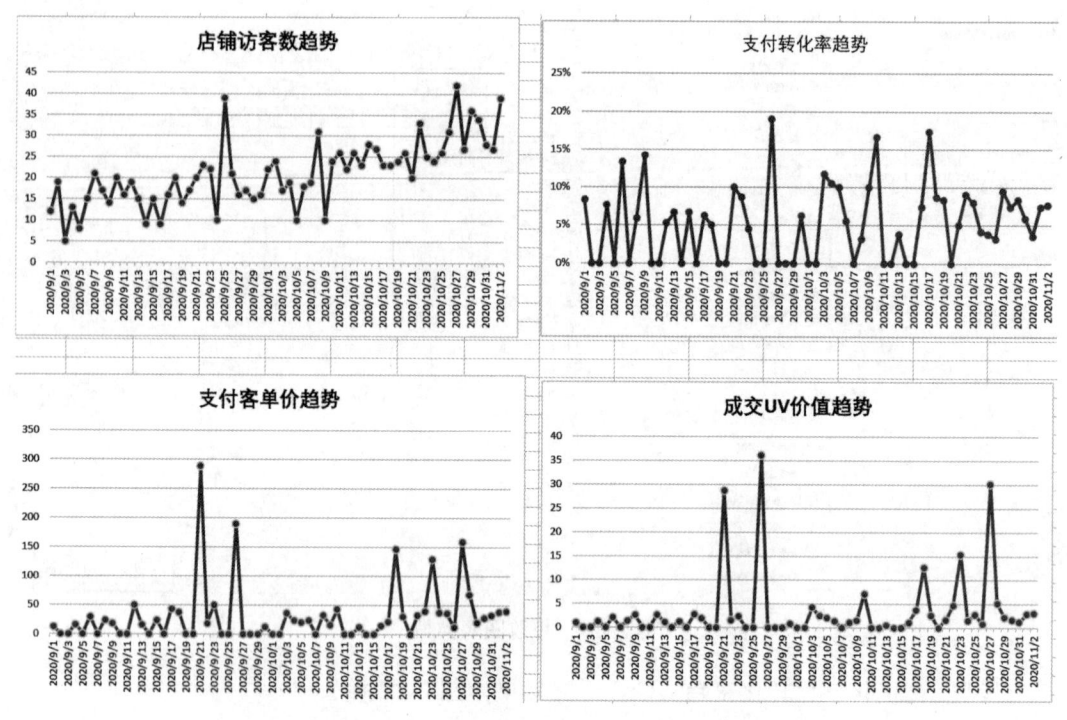

图 2-23　4 个指标的趋势图的最终效果

3）制作周切片器

步骤 1：选中任意数据透视图，在功能区中会出现"数据透视图分析"选项卡。选择该选项卡，单击"插入切片器"按钮，在弹出的"插入切片器"对话框中勾选"周数"复选框，单击"确定"按钮，如图 2-24 所示。

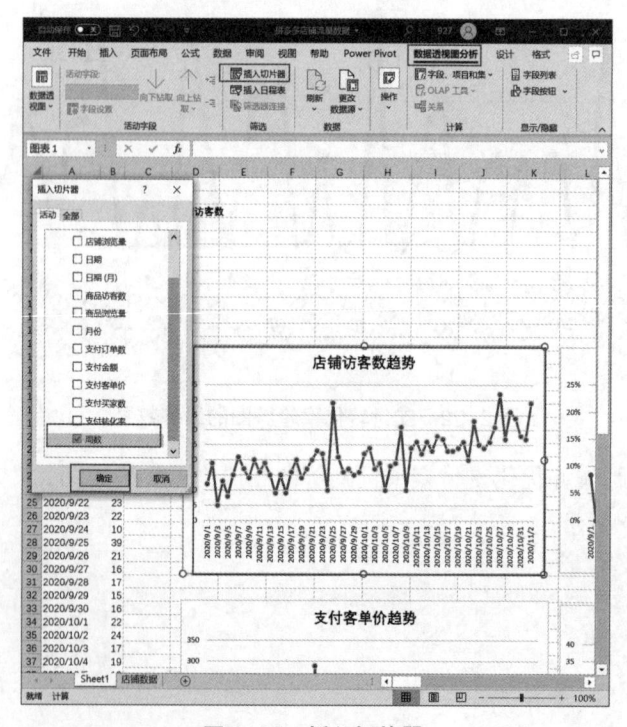

图 2-24　插入切片器

步骤2：在"切片器"选项卡中，将"列"的数值设置为"5"，将"切片器题注"设置为"店铺周日期"，在"切片器样式"中选择合适的样式，如图2-25所示。

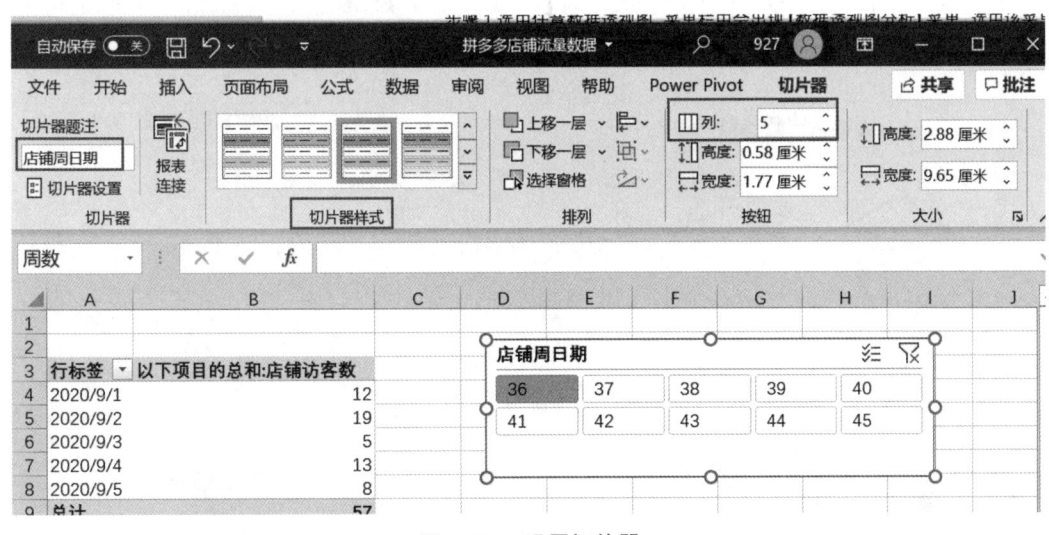

图2-25 设置切片器

步骤3：在"切片器"选项卡中，单击"报表连接"按钮，在弹出的"数据透视表连接（店铺周日期）"对话框中勾选需要连接的图表，单击"确定"按钮，如图2-26所示。

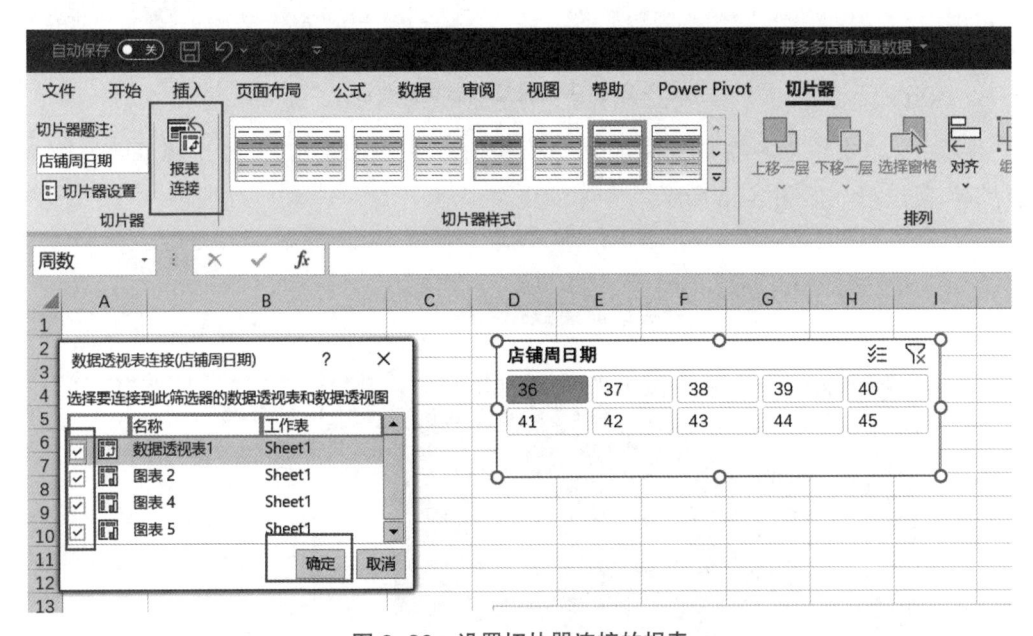

图2-26 设置切片器连接的报表

步骤4：在调整各趋势图的布局后，以周为统计周期的店铺流量数据看板就基本完成了，如图2-27所示。

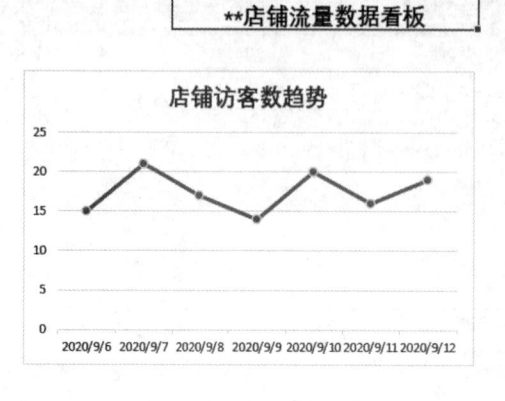

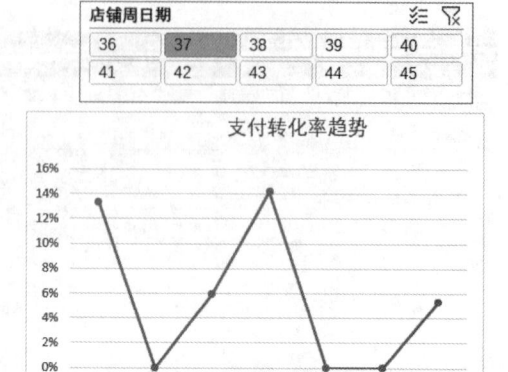

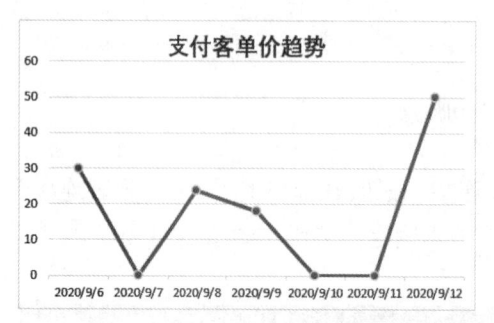

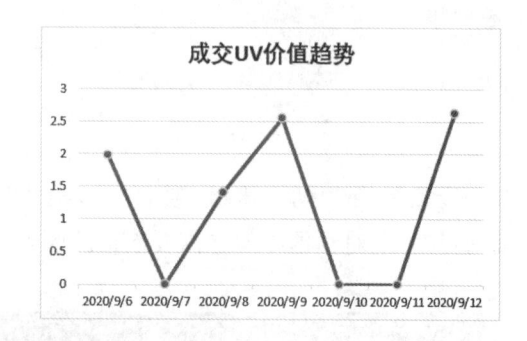

图 2-27　店铺流量数据看板雏形

步骤 5：依次单击各趋势图右侧的"+"按钮，在弹出的图表元素选择框中勾选"数据标签"复选框，如图 2-28 所示。

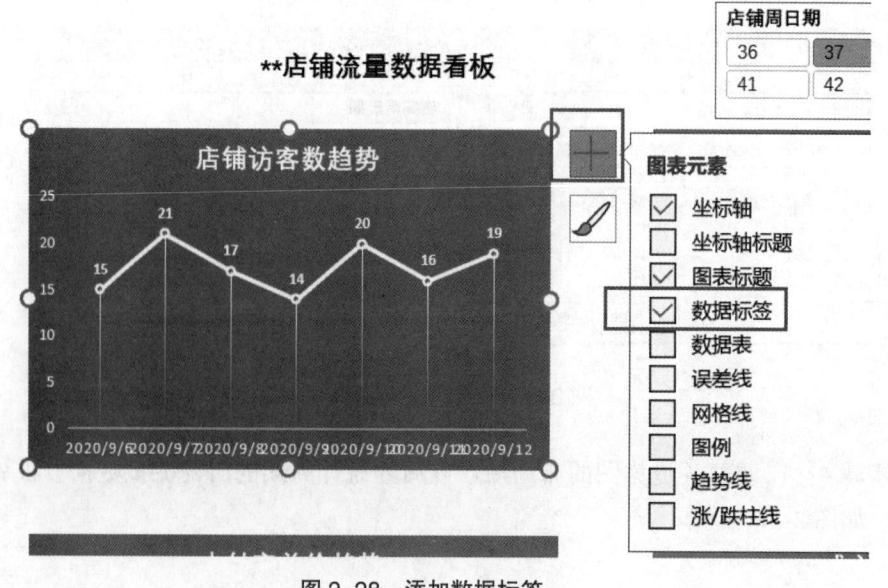

图 2-28　添加数据标签

步骤6：对支付转化率趋势图的数据标签进行细节调整。在"数字"选项组中，将"类别"设置为"百分比"，将"小数位数"设置为"2"，如图2-29所示。

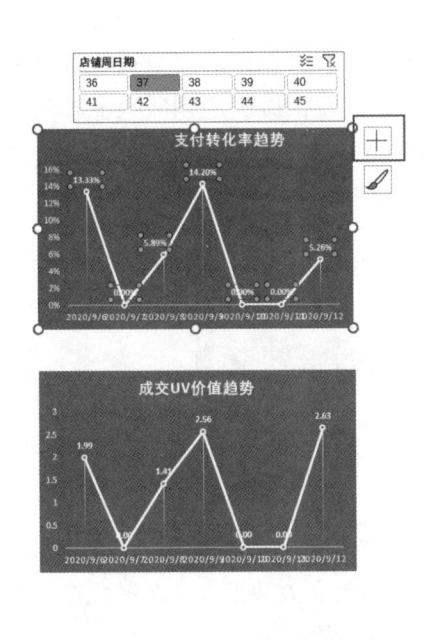

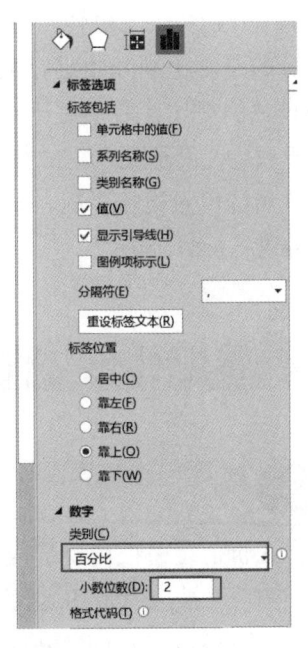

图2-29　调整数字格式

步骤7：调整趋势图的样式和颜色，完成店铺流量数据看板的制作。店铺流量数据看板的完成效果如图2-30所示。

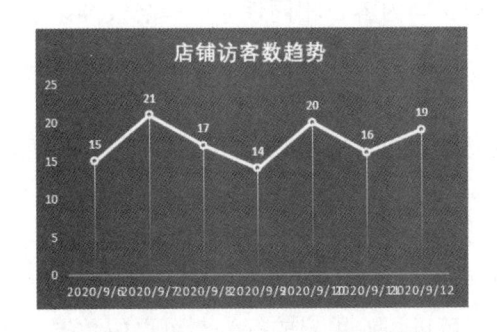

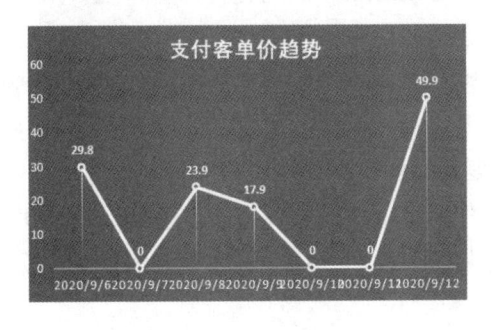

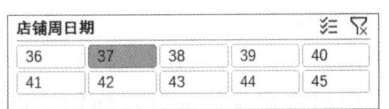

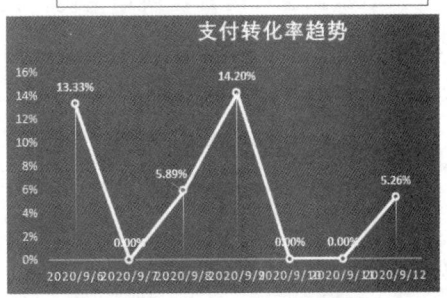

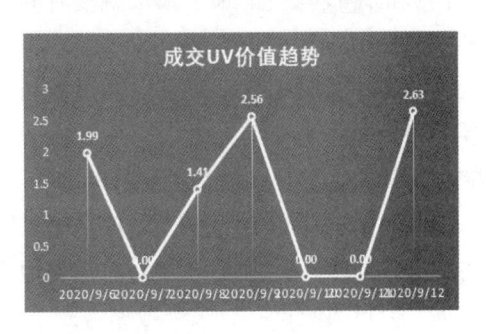

图2-30　店铺流量数据看板的完成效果

3. 分析结果

通过数据可视化形成的店铺流量数据看板显示，该店铺处于新开店流量不稳定状态，店铺访客数呈上升趋势，支付转化率、支付客单价和成交 UV 价值指标都有较大的波动。

需要注意的是，在刚开始进行数据采集和分析时，在历史数据积累较少的情况下，由于缺乏与过往的对比，我们基于过去一两天的数据做出的判断很多时候是不准确的，往往需要基于数周，乃至几个月的数据进行判断，才能做出准确的判断。

通过建立店铺流量数据看板，我们可以及时观察店铺流量的发展趋势，找出关键指标的拐点，并进行拆解分析。

任务 2　整理社交电商店铺运营数据

分析思路

数据的真正价值是将被用于形成主动采集数据的良性循环中，以带动更多的数据进入这个自循环中，并被应用于各运营阶段。正如著名大数据专家车品觉在《决战大数据》一书中提到的："在数据的自循环中，有两个核心的关键点：一个是'活'做数据收集，另一个是'活'看数据指标。"因此，社交电商运营者第一步要做的就是养数据。

知识准备

1. 数据分类

数据分类就是把具有某种共同属性或特征的数据归并在一起，通过数据类别的属性或特征来对数据进行区别。换句话说，就是先把相同内容、相同性质的信息及要求统一管理的信息集合在一起，而把相异的和需要分别管理的信息区分开，再确定各集合之间的关系，从而形成一个有条理的分类系统。

数据分类有不同的划分标准，但从社交电商数据运营层面来看，按照数据是否可以再生和数据业务归属这两个标准进行划分比较普遍。

按照数据是否可以再生的标准，数据可以被划分为不可再生数据和可再生数据。不可再生数据通常是原始数据，如用户在访问网站时，浏览记录会追踪用户的行为，如果当时浏览记录没有被记录下来，就没有其他数据可以还原用户的行为。可再生数据是通过其他数据可以生成的数据，原则上，指标类数据的衍生数据都是可再生的——只要原始的不可再生数据还在，就可以通过重新运算来获得。对不可再生数据而言，已有的数据要严格保护，想要但是还没有的数据要及早采集；对可再生数据而言，要及早做好业务的预判和数据处理的规划，这样一来，在需要的时候数据就能够快速地获得应用。

按照数据业务归属的标准，数据可以被划分为多个数据主体。按照业务归属分类是指将数据按照不同的业务主体分门别类地进行归纳。例如，社交电商企业需要关注交易类数据、会员类数据、日志类数据等。

2. 数据的价值

从社交电商企业的业务实践来看，数据的价值一方面是给企业创造营收，另一方面是给企业节省成本。

数据的价值常体现在以下10类场景中。

（1）数据诊断：针对店铺的数据诊断，用于分析运营过程中存在的问题。

（2）数据复盘：针对某个事件对各工作环节产生的数据进行梳理，并还原事件的过程。

（3）市场分析：针对市场的市场规模分析和市场趋势分析，用于预测市场未来的趋势。

（4）竞争分析：针对竞争环境和竞品的分析，用于掌握市场竞争情况，以及产品与市场的差异。

（5）渠道分析：提供决策依据，包括活动分析、广告分析和内容分析。

（6）活动分析：针对促销活动的效果预测、复盘分析、客户对促销的响应分析，可提高促销效果。

（7）广告分析：针对店铺广告投放的效果进行分析，从而根据战略目标优化广告投放。

（8）产品分析：针对产品的销售、渠道、时间、结构等维度对产品的销售情况进行分析，以便更好地优化产品营销策略，从而提高产品销售额。

（9）库存分析：针对库存的绩效分析、补货预测等分析，可避免库存堆积产生不良库存。

（10）客户分析：针对店铺客户的生命周期、复购情况、满意度等的分析，可避免客户流失，从而提高客户的留存率。

数据对社交电商运营者而言是一盏指明灯，如果说数据是社交电商运营者的眼睛，那么数据分析便是社交电商运营者的视力。不同的社交电商运营者依据同样的数据可能会做出不同的决策，因为每个人看到的结果都是基于自己的视力水平的。

不懂数据分析的社交电商运营者在面对一大堆数据时会感到束手无策，犹如视力不佳的人看远处的事物，因此社交电商运营者必须懂得数据分析。本书的后续项目会将社交电商运营者常用的数据分析场景一一攻破，让社交电商运营者能够快速套用不同数据分析场景的分析思路和方法，从而提高运营水平。数据的红利仍在，但社交电商运营者需要具备一定的能力才可以争取到红利。

3. 战略性采集数据

如今，企业要采集数据已变得非常容易，但到底要采集什么样的数据？要采集多少数据？采集数据的边界在哪里？这些问题一直困扰着社交电商运营者。如果采集数据的出发点不是为了解决问题，那么采集再多的数据也没有什么意义，因此从战略性的角度考虑采集数据就显得尤为重要。战略性采集数据的步骤如下。

步骤1：确定有什么问题，从解决问题的角度出发去采集数据。例如，客户复购率指标可用于衡量每个月新增及存量客户的忠诚度和质量，进而找出改善的空间，所以社交电商运营者应该关注日、周级别的客户复购率的变化趋势，或者当月新增客户中有多少人在3个月后进行了复购等数据。

步骤2：把采集到的数据整理好，放入一个数据框架内，以便让决策者用这个框架更清楚地看到数据与决策之间的关系。

步骤3：看数据框架与做决策的关系。例如，A公司与渠道网站的合作方式有3种选择——完全不合作、部分合作和全面合作。数据分析人员可以根据数据框架告知 A 公司该怎么决策。如果发现数据框架与决策不能匹配，就必须返回步骤2。

步骤4：根据决策采取行动，并检查行动是否达到目的。如果社交电商运营者在采取行动后发现没有达到目的，就要检讨整个链条，寻找问题出在哪里：是数据有问题，还是数据框架不正确？是决策不正确，还是没有把数据都考虑进去？

任务实施

拼多多商家后台不仅是拼多多商家参与拼多多各项活动的主要入口，还是拼多多为店铺提供的各类数据的入口。因此，拼多多商家需要从多个角度熟悉拼多多商家后台提供的数据类型，不仅要做到能看懂数据，还要做到能有效地积累数据。

1. 构建合理的数据运营指标体系

构建合理的数据运营指标体系不仅可以让社交电商运营者养成用数据表达的习惯，还能通过这些数据的整理和汇总为后期的数据分析积累标准化的数据集。

社交电商运营的核心是围绕产品进行运营活动，从而提升整个店铺的销售业绩，因此在整个数据运营指标体系中，销售指标体系的搭建就显得极其重要。表 2-2 就以销售指标体系为例拆解了 7 个指标。

表 2-2 销售指标体系全息解析表

分析项目	定义解释	分析内容	统计周期				运用的公式	分析项目的用途	面向岗位				表现形式（表单、图形）
			年	季	月	周	日			店长	运营	视觉	客服	
任务达成率	了解任务完成情况			√	√	√		任务完成率 = 本期销售额 / 对应任务额		√	√	√	√	
销售额的增长率（环比/同比）	环比：与上周期比；同比：与去年同期对比	经营情况优劣分析			√	√		销售额的增长率 =（本期销售额 - 对比销售额）/ 对比销售额	调整销售策略、任务额度		√	√	√	√
同行业绩对比	同行活动内容、销售额、同类品牌销售重点	销售名次、品牌排名及品牌策略			√	√	√		调整活动力度、销售策略，掌握与平台谈判的底线		√	√	√	√
正（特）价销售占比（销售额/销量）	销售金额（销量）按正价、特价（活动价）分，做出百分比	销售结构的分析			√	√		正（特）价占百分比 = 正（特）价销售额（销量）/ 总销售额（总销量）	调整配货、发货货品分配、折扣力度、活动力度	√	√		√	

续表

分析项目	定义解释	分析内容	统计周期					运用的公式	分析项目的用途	面向岗位				表现形式（表单、图形）
			年	季	月	周	日			店长	运营	视觉	客服	
平均单位（分品品类）	单品类货品的销售平均价	了解客户群的销售承受能力		√	√			销售额／销量	确定定价、设计价格带，给出有针对性的发货指导	√	√	√	√	
客单价	一单销售的平均金额					√		销售额／销售单数		√	√	√	√	
销售额占比分析（地域、店铺）	各分析类别占总销售额的百分比	了解各店铺销售额的增降情况			√	√		销售额占比＝地域或店铺的销售额／总销售额	有针对性地进行产品、活动、促销方案的调整	√	√	√	√	饼图、地图区域图示

2. 熟悉数据中心，掌握店铺经营概况

拼多多商家后台的数据中心可以提供店铺经营概况数据，方便商家及时了解店铺经营概况。

（1）数据中心的经营总览是 6 个维度数据的总看板，这 6 个维度分别是经营评测（包括店铺经营评分和经营计划）、预警数据、交易数据、商品数据、服务数据和客服数据，如图 2-31 所示。这些数据是商家每天必看的，而且查看的频率比较高。

数据中心后台演示

图 2-31　经营总览

（2）经营评测板块包括店铺经营评分和经营计划两个部分，如图2-32所示。

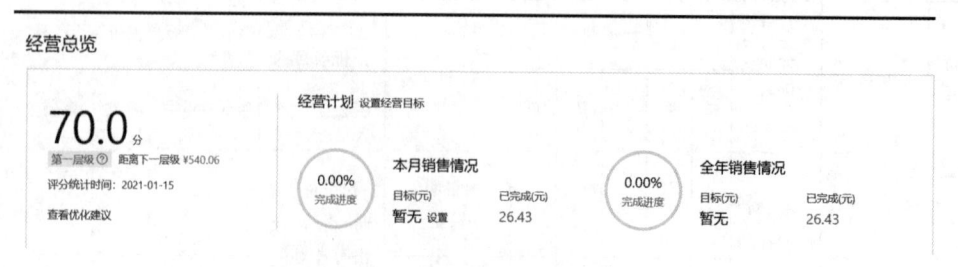

图2-32　店铺经营评分和经营计划

店铺经营评分总分为100分，是基于昨日表现综合评价与同一层级商家进行排行的得分，当层级上升时，评分可能会出现轻微下降。店铺经营评分和店铺的商品品质、推广能力、服务质量及用户黏性相关，层级和店铺近30天的交易额有关。店铺经营评分如图2-33所示。

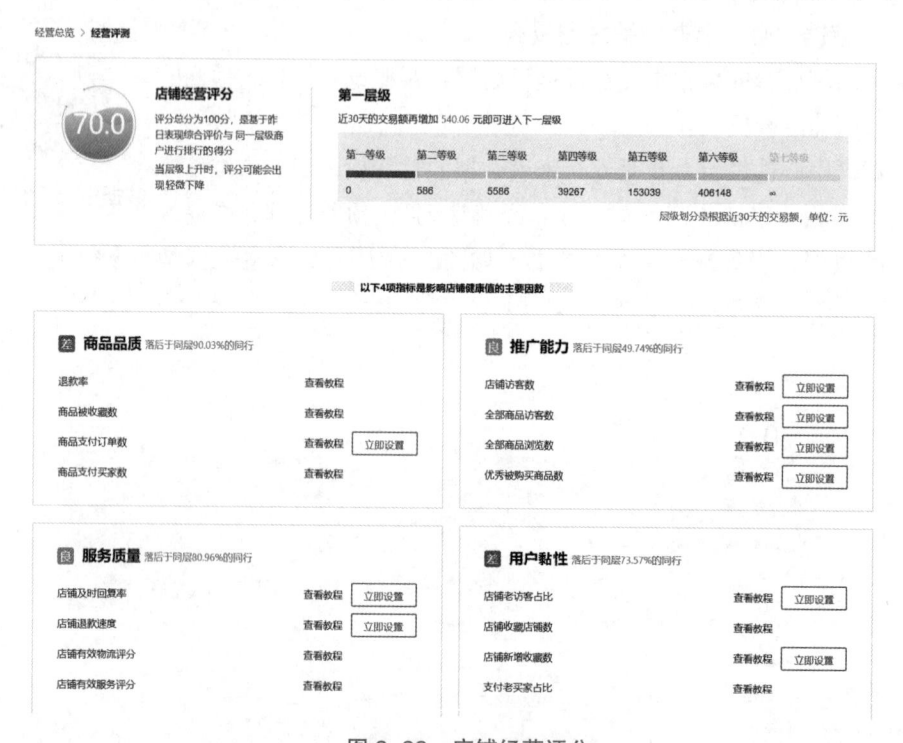

图2-33　店铺经营评分

经营计划显示店铺经营目标的完成进度，是根据店铺自己制定的目标和实时销售数据计算得到的。因此，在店铺根据自己的计划自行设置经营目标（见图2-34）后，经营计划中的经营目标完成进度等才能得以显示。

（3）预警数据主要通过物流服务和售后服务纠纷两个维度的4个指标做预警展示，如图2-35所示。

若店铺的物流服务异常率和物流服务异常订单数两个指标均持续高于5倍类目均值，则店铺将受到店铺二级限制和全店商品降权限制。若商品的物流服务异常率和物流服务异常订单数这两个指标均持续高于5倍类目均值，则商品将受到下资源位、禁止上资源位和降权限制。物流服务质量异常率如图2-36所示。

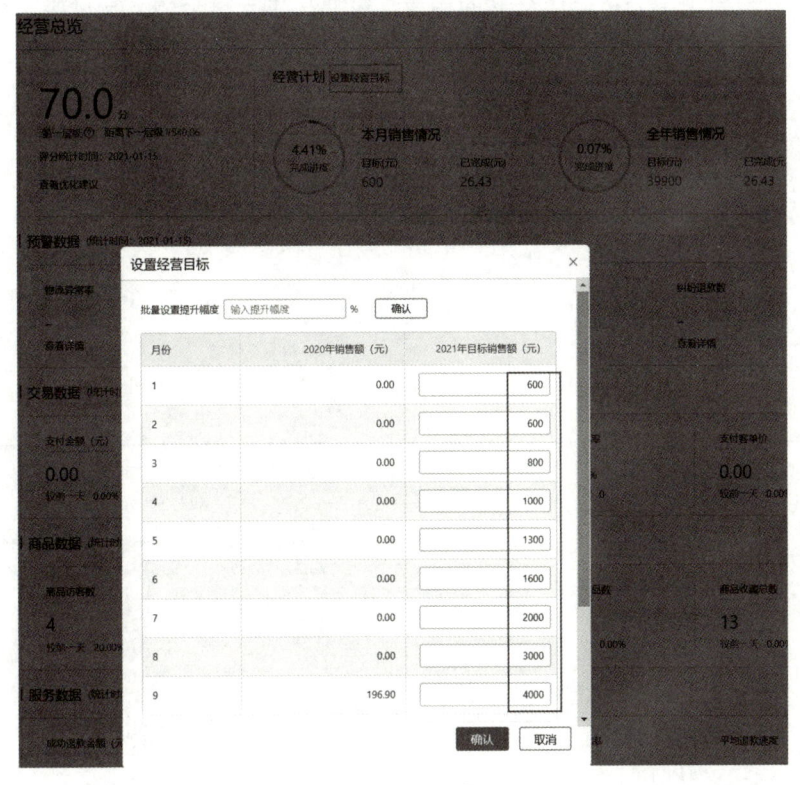

图 2-34　设置经营目标

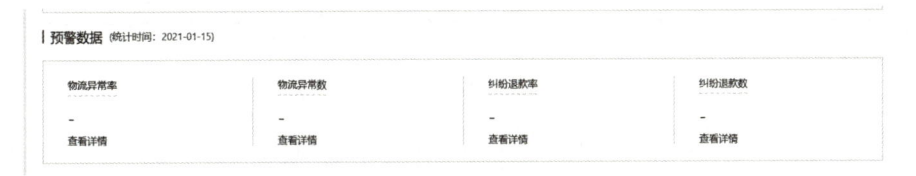

图 2-35　预警数据

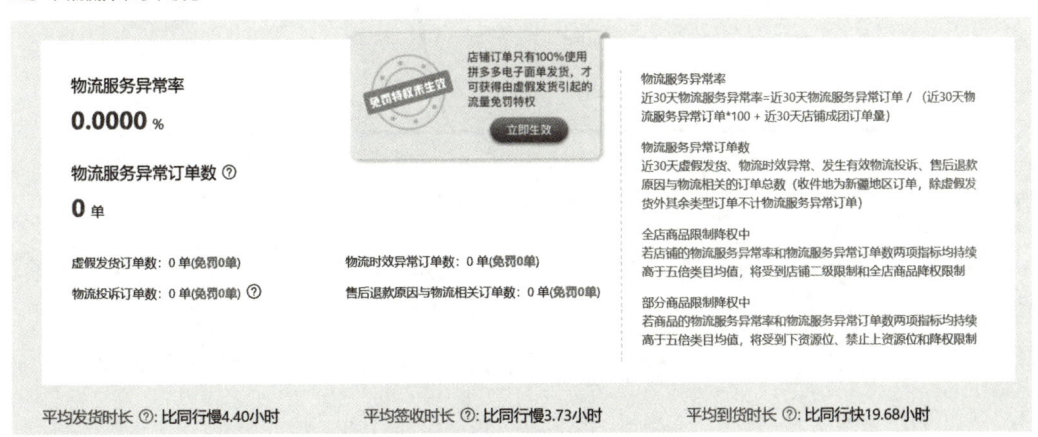

图 2-36　物流服务质量异常率

3. 监控交易数据，随时发现运营盲点

交易数据主要用于分析全店交易的构成，主要提供支付金额、支付买家数、支付客单价、支付转化率及店铺关注用户数等与店铺交易相关的数据指标，如图2-37所示。

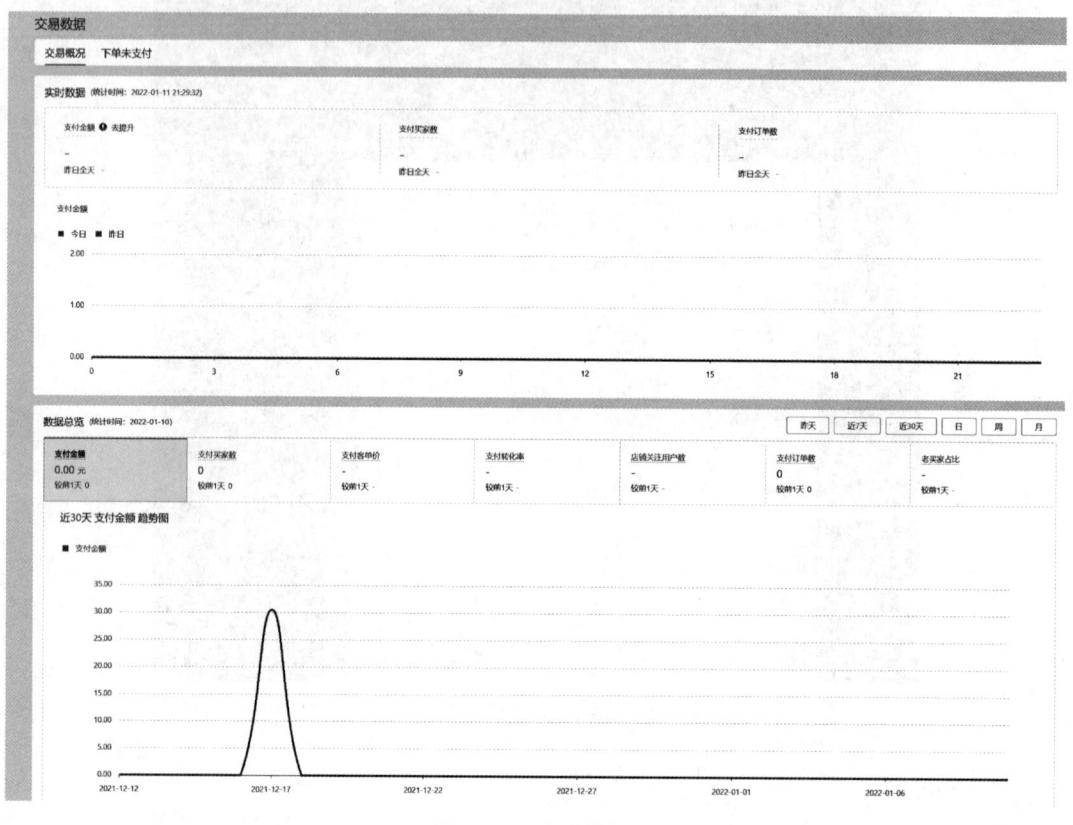

图 2-37 交易数据

交易数据的实时数据板块，增加了今日和昨日对比的分析（见图2-38），可以让商家实时了解店铺今日的交易动态。

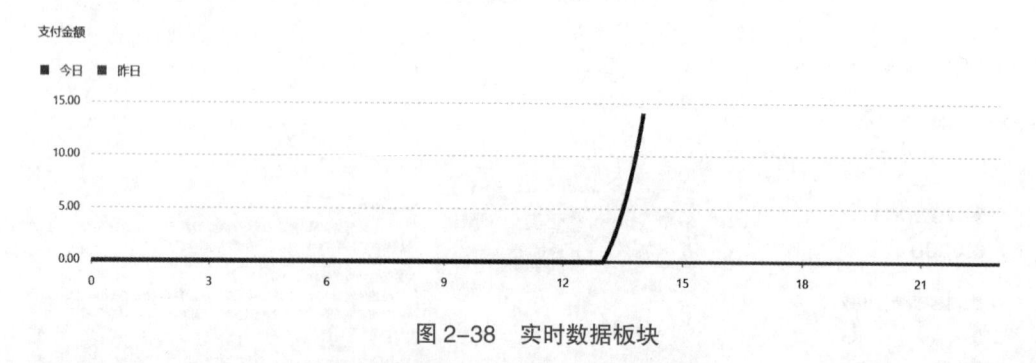

图 2-38 实时数据板块

数据总览板块增加了两个时间维度——周、月（见图2-39），可以让商家发现店铺运营的状态。

图 2-39　数据总览板块

4. 洞察商品数据，做好商品布局

商品数据包括商品概况、商品明细和商品榜单 3 个方面的数据。

（1）在商品概况界面中，商家可以看到商品实时数据（时间粒度为秒）和 4 个时间维度（昨天、近 7 天、近 30 天数据及指定日期）的商品访客数、商品浏览量、支付买家数、支付订单数及支付转化率，如图 2-40 所示。

商品数据解读

图 2-40　商品概况

商家还要看核心指标的趋势，了解核心指标的波动情况。例如，商品访客数指标的趋势如图 2-41 所示，从图中可看出该店铺的商品访客数指标一直处于较低级别。

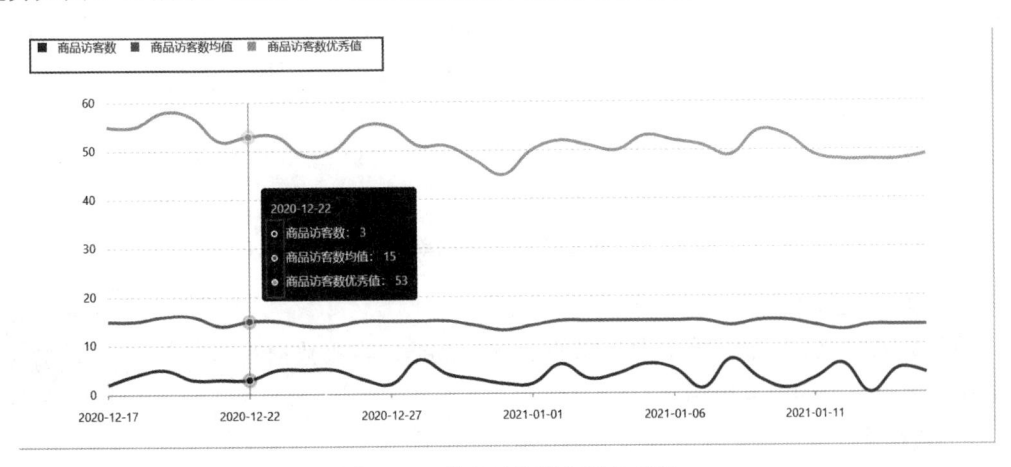

图 2-41　商品访客数指标的趋势

（2）商品明细显示了店铺商品在昨天、近7天、近30天及指定日期的商品访客数、商品浏览量、支付件数、支付买家数、支付订单数、支付金额、支付转化率、商品收藏用户数及流失损失指数，如图2-42所示。

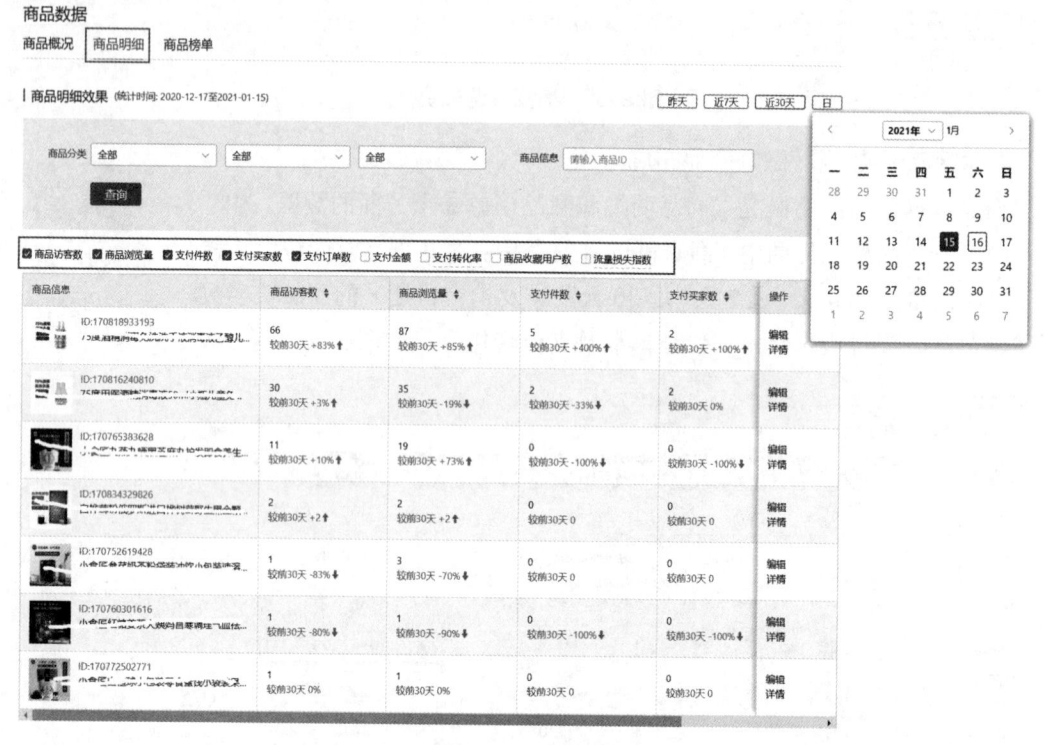

图2-42 商品明细

（3）商品榜单可以让商家迅速从访客数和支付金额这两个维度了解店铺的热卖商品和滞销商品，榜单中的排名是通过对单品昨天与上周同日的差值进行排序得到的，如图2-43所示。

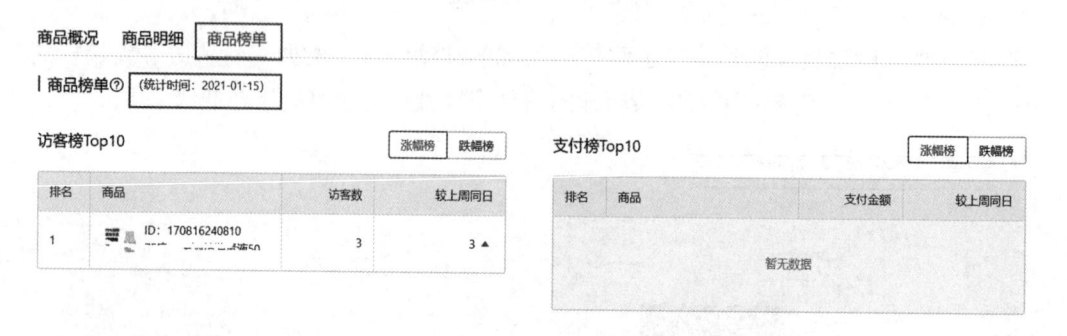

图2-43 商品榜单

5.时刻关注服务数据，找出店铺服务差距

服务数据主要展示领航员、售后数据、评价数据、客服数据及消费者体验指标5个方面的数据指标。

1）领航员

领航员包括店铺领航员和商品品质领航员，它的作用是帮助商家了解

交易-服务数据解读

自己当前的服务水平、知晓提升方向，从而不断提升自身的服务能力和竞争力。店铺活跃度决定店铺是否有领航员数据，活跃度太低的店铺由于信息不足将没有店铺领航员数据。店铺活跃度受店铺商品发布、成交能力影响。

店铺领航员是衡量店铺综合服务能力的数据指标，包括售后服务、商品品质、物流服务、客服咨询、交易纠纷这5个维度，涉及影响消费者体验的7个数据指标。这7个数据指标共同影响店铺领航员的综合排名，如图2-44所示。

图2-44 店铺领航员数据

店铺领航员的7个数据指标及说明如下。

（1）近30天仅退款自主完结时长：在近30天内，商家自主完结仅退款订单的平均完结时长。

（2）近30天退货退款自主完结时长：在近30天内，商家自主完结退货退款订单的平均完结时长。

（3）近90天用户评价得分：在近90天内，店铺全部商品有效评价的平均得分，当有效评价数少于50条时，不显示评分数据。

（4）近30天平均成团到签收时长：在近30天内，店铺内所有订单从成团到签收的平均时长。

（5）近30天真实揽收及时率：近30天真实揽收并且揽收时间早于应揽收时间的订

单量与近30天应揽收订单量的比值。

（6）近30天3分钟人工回复率：在近30天内，咨询人数和3分钟内未人工回复累计数的差值与咨询人数的比值，且仅统计8:00—23:00咨询时段内的数据。

（7）近30天纠纷退款率：近30天由平台介入判定商家责任且退款成功的订单数量与近30天全部成团的订单数量的比值。

店铺领航员按照行业类目计算，对同行业类目的店铺进行比较和排名。领航员综合分行业排名的数值为百分比，取值为0～100%，表示店铺综合服务能力超过了同行业多少比例的店铺，数值越大，代表店铺综合服务越好。店铺领航员数据每天更新，在通常情况下，其综合表现评价由两天前的数据决定。

领航员综合表现分为5个等级，分别对应5个店铺层级，对报名活动而言，目前大部分活动门槛为行业前70%。

2）售后数据

售后数据分3个板块展示数据：第一个板块是整体情况，展示当日或指定日期的纠纷退款数、纠纷退款率、介入订单数、平台介入率、品质退款率这5个数据指标；第二个板块展示这5个数据指标近30天的趋势图；第三个板块展示Top退款商品（近30天），如图2-45所示。

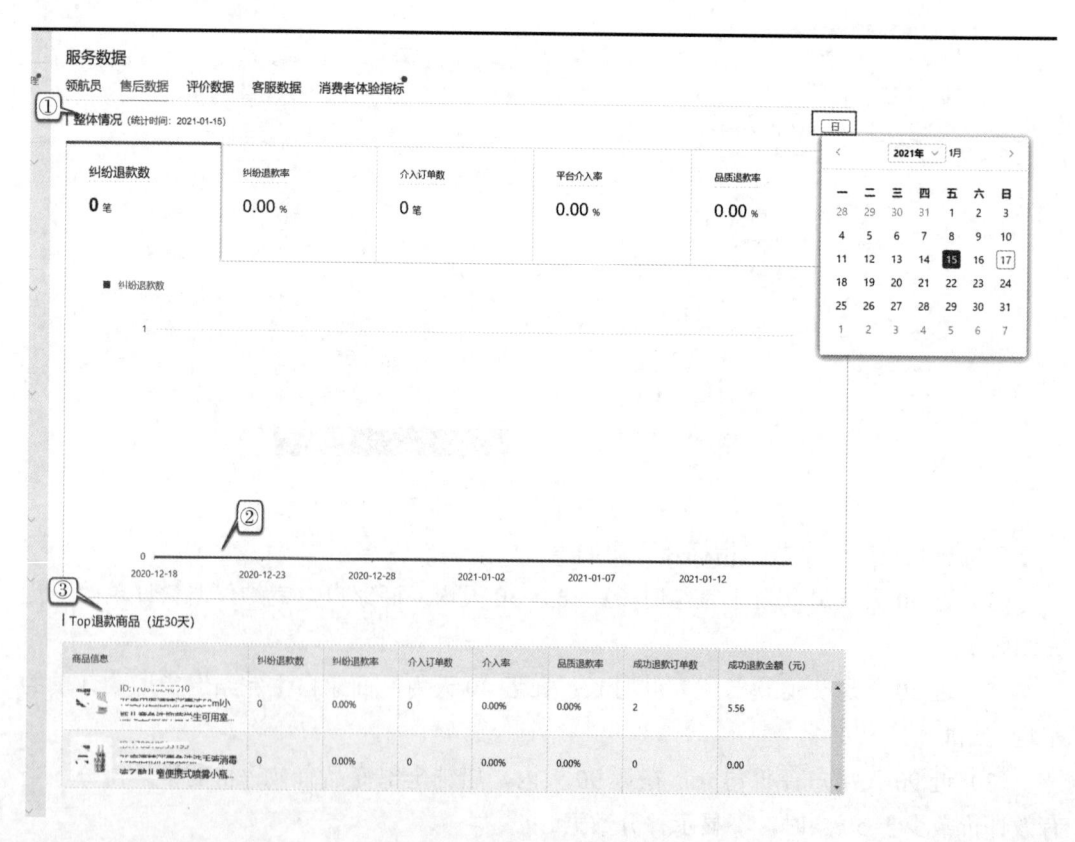

图2-45 售后数据

3）评价数据

评价数据展示评价总览（近90天）、商品评价（近30天）等数据，如图2-46所示。

图 2-46 评价数据

店铺 DSR（服务动态评分）是消费者给的评分，是此前连续 90 天内所有评分的算术平均值，且当店铺近 90 天有效评价数少于 50 条时，不显示评分数据。

店铺 DSR 过低会严重影响消费者的下单决策、商品综合排名、营销活动报名。

（1）消费者的下单决策。大部分消费者在购物之前都会参考评价，好评会促进消费者下单，差评则可能对消费者下单产生负面影响。

（2）商品综合排名。商品综合排名是由综合数值决定的，包括商品品质、店铺 DSR、销量等。商品综合排名过低将影响店铺权重、商品流量。

（3）营销活动报名。店铺 DSR 低的店铺及其商品不符合营销活动报名要求。

4）客服数据

客服数据主要展示客户咨询响应的各数据指标（具体有 3 分钟人工回复率、平均人工响应时长、询单转化率、客服销售额这 4 个数据指标）及各数据指标近 30 天的趋势图，如图 2-47 所示。

5）消费者体验指标

消费者服务体验分是衡量消费者服务体验的综合性指标，综合了聊天、售后、介入、求助平台客服、投诉等各渠道的数据，涵盖消费者在下单后反馈的商品、发货、物流、基础服务 4 个维度的问题，是店铺报名"百亿补贴"等活动的重要衡量指标，直接影响搜索推荐的流量权重，也为商品领航员提供基础数据。消费者体验指标的入口如图 2-48 所示。

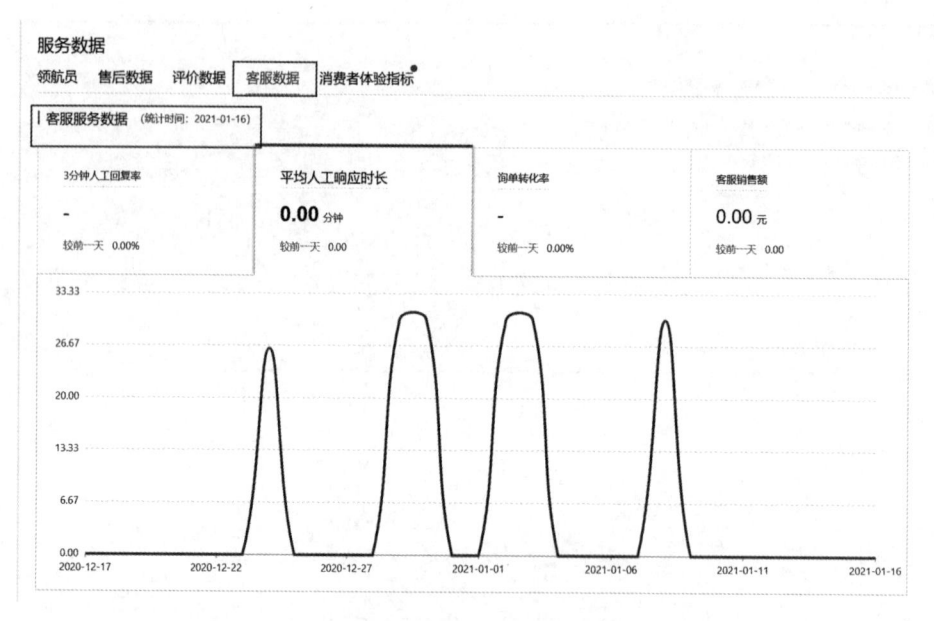

图 2-47　客服数据

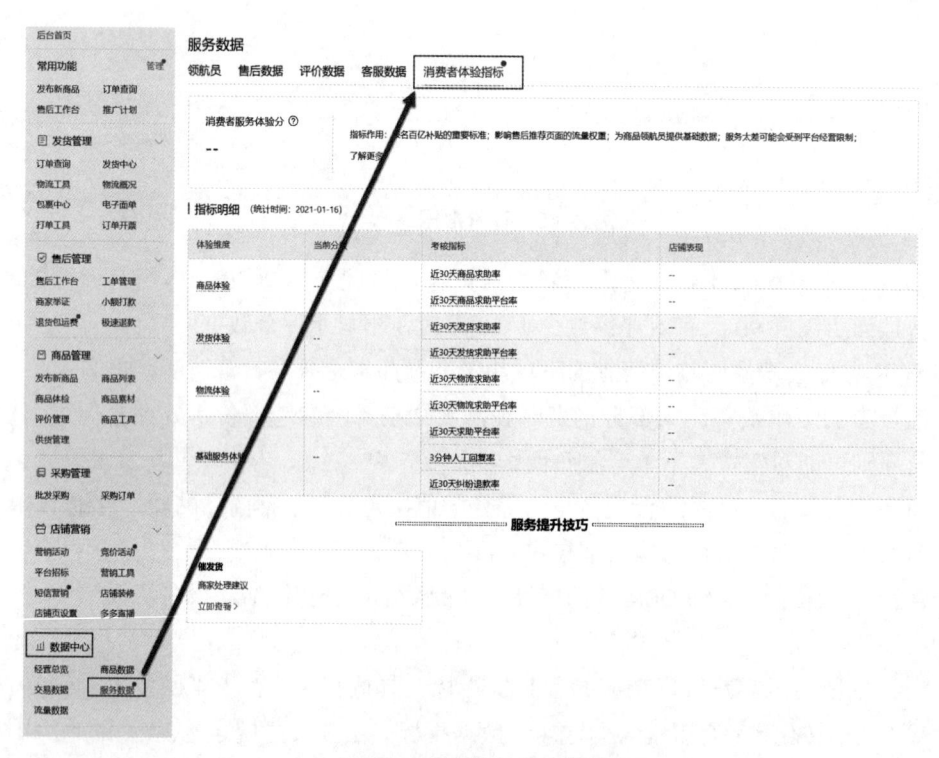

图 2-48　消费者体验指标的入口

拼多多平台会对消费者服务体验分较低的店铺做出以下限制和处罚：①二级限制；②商品下架；③介入托管（消费者服务体验分低的店铺，其售后单将有更大可能被平台介入处理）。

消费者服务体验分较高的店铺会获得更多的权益：①可以报名"百亿补贴"及其他活动（只有消费者服务体验分满足一定的条件,店铺才能报名"百亿补贴"及其他活动）；

②可以获得推荐流量（消费者服务体验分高的店铺将获得更多平台流量的倾斜）。消费者服务体验分的分值为 0～5，分数越高，服务表现越好；分数越低，服务表现越差。数据每天更新，在通常情况下，消费者服务体验分由一天前的数据决定。

6.拆解流量数据，及时调整运营节奏

流量数据分为流量看板、搜索流量、商品热搜词、营销活动数据和拼单返现数据 5 个板块。

流量数据解读

1）流量看板

流量看板提供实时数据、历史数据等数据，如图 2-49 所示。

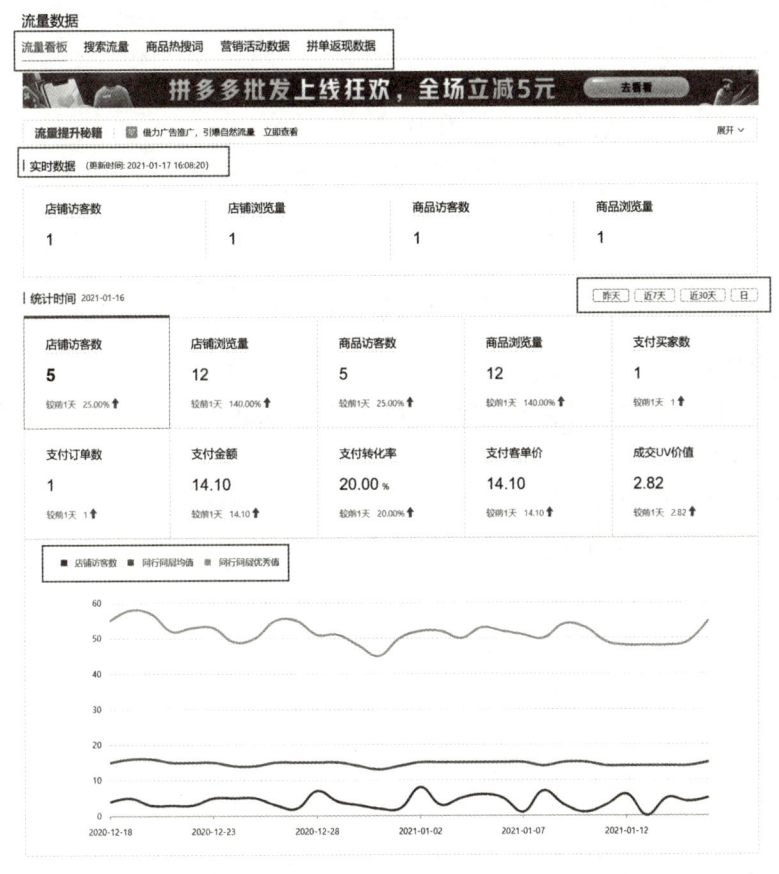

图 2-49　流量看板

2）搜索流量

搜索流量提供整体商品搜索热度和整体搜索销售指数的当天及历史分值等数据，如图 2-50 所示。

整体商品搜索热度是指在统计周期内，店铺所有商品的搜索热度总和。搜索热度是结合曝光、点击等因素拟合的复合指标。

整体搜索销售指数是在统计周期内，店铺所有商品的销售指数总和。销售指数是结合非刷单销量、好评率等因素拟合的复合指标。

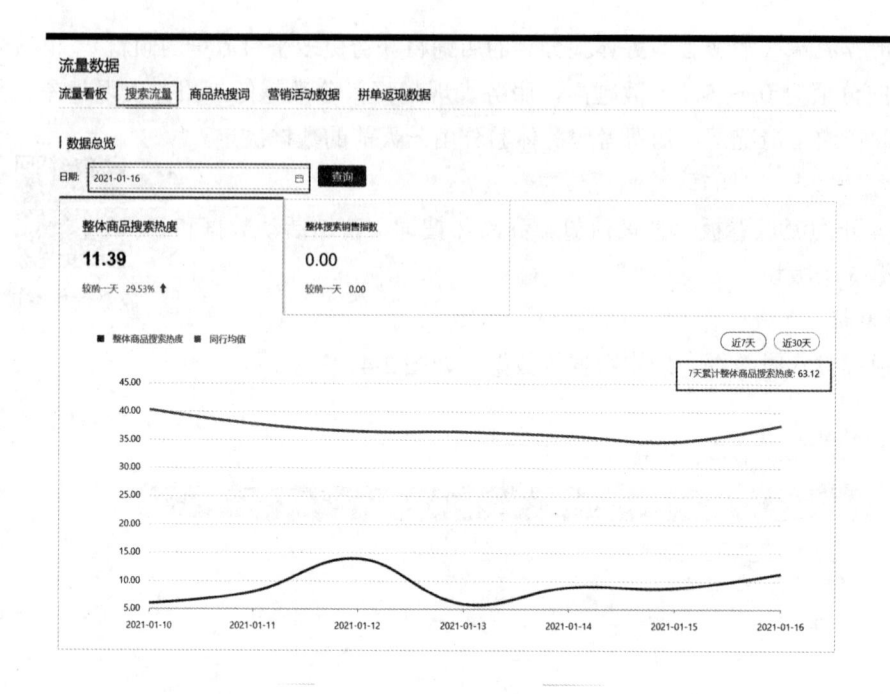

图 2-50　搜索流量

3）商品热搜词

商品热搜词提供按商品分类和关键词搜索两种方式展示的昨日和近 7 天的热搜词排行榜，如图 2-51 所示。

商家可以根据热搜词排行榜对商品标题进行优化。商家可对商品进行搜索，根据买家的数据来定位商品和商品标题。

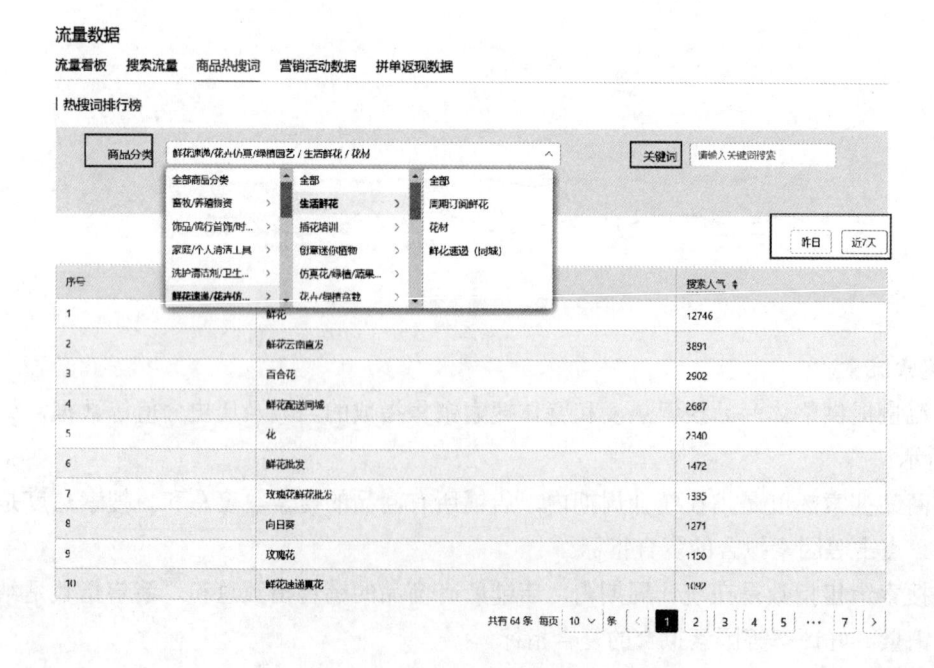

图 2-51　商品热搜词

图 2-51　商品热搜词（续）

4）营销活动数据

营销活动数据可以直观反馈商家参与活动后的各项数据指标，有利于商家更好地分析活动效果，从而更好地选择活动资源位。在图 2-51 所示的营销活动数据中，商家可以看到正在参与活动商品的商品访客数、商品浏览量、支付件数、支付买家数、支付订单数、支付金额、支付转化率、商品收藏用户数等营销活动数据。

图 2-52　营销活动数据

对营销活动数据进行分析是非常重要的。商家做一场活动，该活动给店铺带来了多少订单是最终的效果呈现,但是这个单一的数据并不能使商家更好地运营店铺和更好地报名活动提供全面的参考,因此商家还需要对比其他数据,深入分析,合理地评估其中的指标,进一步分析影响因素,以提出合理化的解决方案。

5)拼单返现数据

拼单返现是指在一个自然日内,用户在店铺累计购买满一定的金额后,就可获得一张平台优惠券,此优惠券可用于购买拼多多平台上的任何商品。商家在设置好拼单返现后,就可以在拼多多商家数据后台—数据中心—流量数据中看到拼单返现数据,如图2-53所示。

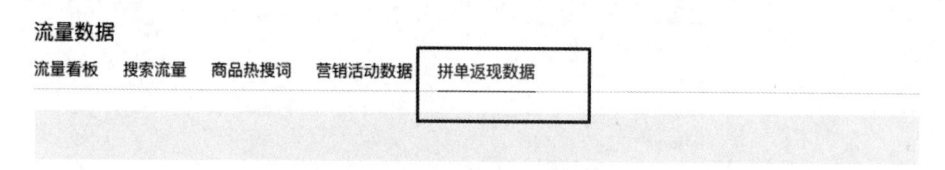

图2-53 拼单返现数据

(1)在拼单返现数据中,商家可以查看拼单领券用户数和拼单领券用户占比,如图2-54所示。

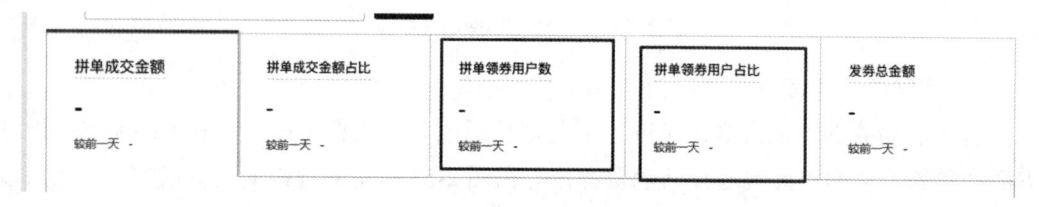

图2-54 拼单领券用户数和拼单领券用户占比

商家可以通过这两个数据反推自己设置的平台优惠券是否合理。如果商家设置的券只有很少用户甚至没有用户领取,就说明对大部分用户来说,商家设置的满返门槛比较高,即商家设置的平台优惠券不合理。

(2)拼单成交金额和发券总金额可用于衡量商家的投入产出比,如图2-55所示。

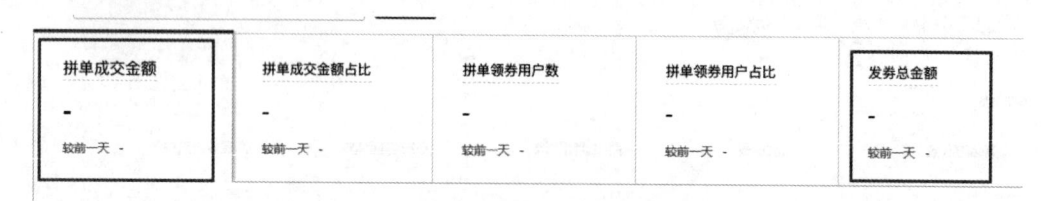

图2-55 拼单成交金额和发券总金额

(3)商家可以在拼多多商家后台—数据中心—经营总览中宏观地查看店铺的销售状态,可重点对比使用拼单返现前后支付客单价的变化,如图2-56所示。

图2-56 使用拼单返现前后关键指标的对比

课后习题

一、单选题

1. 下列关于数据口径的表述，错误的是（　　）。
A. 数据口径又称统计口径，是指统计数据所采用的标准
B. 数据口径包括统计内涵和统计范围
C. 统一数据口径是企业开展数据分析事务的前提条件
D. 数据口径的统一有对错之分

2. 下列基础数据，属于服务数据的是（　　）。
A. 商品访客数：在统计周期内，店铺内所有商品详情页的被访问去重人数。一个访客在统计周期内访问多次，仅计算一次
B. 商品浏览量：在统计周期内，店铺内所有商品详情页的被访问累加人次。一个访客在统计周期内访问多次，则计算多次
C. 支付金额：在统计周期内，店铺中所有已支付订单的总金额，包括买家实际支付和使用平台优惠券的总金额，未剔除售后订单
D. 成交退款金额：在统计时间内，店铺成功退款订单的实际退款总金额，非申请退款金额

3. 近30天有平台介入的订单数量与近30天全部成团的订单数量的比值是（　　）。
A. 介入订单数　　　B. 平台介入率　　　C. 纠纷退款数　　　D. 纠纷退款率

4. 下列关于数据分类的表述，错误的是（　　）。
A. 数据分类就是把具有某种共同属性或特征的数据归并在一起，通过数据类别的属性或特征来对数据进行区别
B. 数据分类只是将相同内容、相同性质的信息及要求统一管理的信息集合在一起
C. 数据分类有不同的划分标准
D. 从社交电商数据运营层面来看，按照数据是否可以再生和数据业务归属这两个标准进行划分比较普遍

5. 从社交电商企业的业务实践来看，数据的价值是（　　）。
A. 提升整个店铺的销售业绩
B. 给企业创造营收及给企业节省成本
C. 可以让社交电商运营者养成用数据表达的习惯
D. 为后期的数据分析积累标准化的数据集

二、多选题

1. 社交电商数据分析的主要流量来源有（　　）。
A. 商品数据　　　B. 用户行为数据　　　C. 运营数据　　　D. 口碑评价数据

2. 商家后台的基础数据包括（　　）。
A. 交易数据　　　B. 商品数据　　　C. 服务数据　　　D. 客户数据

3. 按照是否可以再生的标准，数据可以被分为不可再生数据和可再生数据。下列表述正确的是（　　）。

A. 不可再生数据通常就是原始数据

B. 可再生数据就是通过其他数据可以生成的数据

C. 对不可再生数据而言，已有的数据要严格保护，想要但是还没有的数据要及早采集

D. 指标类数据的衍生数据都是可再生的

4. 战略性采集数据的步骤是（　　）。

① 把采集到的数据整理好，放入一个数据框架内。

② 确定有什么问题，从解决问题的角度出发去采集数据。

③ 根据决策采取行动，并检查行动是否达到目的。

④ 看数据框架与做决策的关系。

A. ②①④③　　　　B. ①④③②　　　　C. ②③①④　　　　D. ①④②③

三、实训题

背景：你运营店铺已经有一个月了，并且积累了店铺运营数据，店铺老板让你汇报一下这一个月以来店铺运营的成绩。

目标：用 PPT 做一份报告。

数据：练习数据 2.1。

要求：

（1）PPT 不少于 10 页（标题页和目录页除外）。

（2）有图形展示（如折线图、柱形图、饼图等）。

（3）有明确的结论（可设置结论页）。

项目 3
社交电商数据采集

思政与素质目标

"一切劳动者,只要肯学肯干肯钻研,练就一身真本领,掌握一手好技术,就能立足岗位成长成才,就都能在劳动中发现广阔的天地,在劳动中体现价值、展现风采、感受快乐。"

数据采集工作对刚从事社交电商运营工作的人来说是一件"苦差事",因为他们需要更加耐心、专心、细心、用心。在教学过程中,教师要引导学生养成肯学肯干肯钻研、严谨认真的职业素养,学会分析问题、解决问题,从多渠道获取信息,全面把握原始数据,掌握数据采集的基本能力,增强职业自信心。

引例

小美是拼多多某服饰企业店铺的运营专员,负责该店铺的整体规划、营销、推广、客户关系管理等系统性运营工作。最近,该店铺要推出一款新品,运营主管要求小美去采集关于该产品的关键词信息及与运营相关的数据,为产品标题确定、文案描述、关联销售、产品设计等提供决策参考。已经初步掌握数据分析流程的小美意识到,没有数据就无法展开分析。那么,基于移动端的拼多多平台数据应该如何采集呢?产品标题的核心关键词数据又该如何寻找呢?

任务拆解

这是数据分析的典型应用场景——解决企业的实际运营问题。数据分析可以让运营人员了解产品的核心关键词、平台热搜关键词等,为企业进行运营规划提供参考。数据分析中最重要的一个阶段是数据采集,因此围绕拼多多数据采集需求,本项目可被拆解成如表3-1所示的两个任务。

表 3-1 社交电商数据采集的任务拆解表

项　目	任　　务	任务需求	核心指标
社交电商数据采集	HTML 源码解析及网络抓包	掌握从 HTML 源码中提取数据的方法	网络抓包、HTML、URL 构成
	采集数据，形成产品关键词	掌握拼多多下拉词数据采集方法	Excel 采集函数

任务 1　HTML 源码解析及网络抓包

分析思路

在浏览互联网上的信息时，人们可以轻松地获取相关信息，但是这个简单行为的实现依赖于后台一系列的工作。简而言之，人们眼前的信息是经过服务器的请求和响应得以呈现的，涉及网络爬虫、HTTP（超文本传输协议）及 URL 等相关知识，本任务将详细介绍相关内容。

知识准备

1. 网络爬虫

网络爬虫也称网页抓取和网页数据提取，基本上是指通过 HTTP 或通过网页浏览器获取互联网上可用的数据。

网络爬虫实际上是由网页机器人/爬虫驱动的，其功能与搜索引擎相同，简单来说就是抓取和复制数据。网络爬虫与搜索引擎唯一的不同可能是规模。网络爬虫是从特定的网站提取特定的数据，而搜索引擎通常能够爬取互联网上的网页。

2.URL 的构成原理

URL 是 Uniform Resource Locator 的缩写，译为统一资源定位符，如在浏览器的地址栏中输入的 "http://www.qq.com" 这个字符串。采用 URL 可以用一种统一的格式来描述各种信息资源，包括文件、服务器的地址和目录等。

基本格式举例：https://www.phei.com.cn/gywm/cbsjj/2010-11-19/47.shtml。其中，https 是网络协议；www.phei.com.cn 是主机名，可以理解为一台主机名叫 www.phei.com.cn，这台主机在 phei.com.cn 的域名下；gywm/cbsjj/2010-11-19/47.shtml 是访问资源的路径。

注意：在浏览器中请求一个 URL 地址，浏览器会对这个 URL 地址进行编码（除英文字母、数字和部分标识外，其他的全部用 % 加十六进制码进行编码）。例如，https://www.hxedu.com.cn/hxedu/hg/book/bookInfo.html?code=G0421020。

3. 网页的构成

不管是基于 PC 端的网站还是基于移动端的各种 App，其最基本的要素都是页面，也就是用户在单击之后看到的各类页面，这些页面可以统称为网页。一个基本的网页大体上由 HTML、CSS、JavaScript 三大部分构成。HTML 决定了网页的框架结构，就像一页书的内容排版；CSS 决定了网页的风格样式，就像一页书的字体大小、字体颜色等；JavaScript 决定了网页的功能，它让用户可以和页面进行交互，如搜索、点赞、收藏等。

1）HTML

HTML 是用来描述网页的一种语言，是指超文本标记语言（Hyper Text Markup Language）。HTML 不是一种编程语言，而是一种标记语言（Markup Language）。标记语言是一套标记标签（Markup Tag），HTML 使用标记标签来描述网页。

HTML 标记标签通常被称为 HTML 标签。HTML 标签是由尖括号包围的关键词，如 <html>。HTML 标签通常是成对出现的，如 <b> 和 </b>，标签对中的第一个标签是开始标签，第二个标签是结束标签，开始标签和结束标签也被称为开放标签和闭合标签。

HTML 文档包含 HTML 标签和纯文本。HTML 文档也被称为网页。

Web 浏览器的作用是读取 HTML 文档，并以网页的形式显示它们。浏览器不会显示 HTML 标签，而是使用标签来解释页面的内容：

```
<html>
<body>
<h1> 我的第一个标题 </h1>
<p> 我的第一个段落。</p>
</body>
</html>
```

例子解释如下。

<html> 与 </html> 之间的文本描述网页。

<body> 与 </body> 之间的文本是可见的页面内容。

<h1> 与 </h1> 之间的文本被显示为标题。

<p> 与 </p> 之间的文本被显示为段落。

2）CSS

CSS（Cascading Style Sheets，层叠样式表）是一种用来表现 HTML（标准通用标记语言的一个应用）或 XML（标准通用标记语言的一个子集）等文件样式的计算机语言。CSS 不仅可以静态地修饰网页，还可以配合各种脚本语言，动态地对网页各元素进行格式化。

CSS 能够对网页中元素位置的排版进行像素级精确控制，支持几乎所有的字体、字号，拥有对网页对象和模型样式编辑的能力。

HTML 只是设定了一个网页的基本结构，还无法形成颜色丰富的网页，这部分功能是通过 CSS 实现的。

以下是一段 CSS 代码：

```
.ClassHead-wrap a {
    display: inline-block;
    float: left;
    padding: 0px 20px;
```

```
        _padding: 0px 15px;
        line-height: 33px;
        height: 33px;
        cursor: pointer;
        color: #0474c8;
        border-width: 2px 1px 0px 1px;
        border-color: #fff;
        border-style: solid;
}
```

负责前端的程序员一般不会把 CSS 代码直接写在页面中，而是在写好 CSS 代码后，将其放入以 .css 为后缀的样式文件中，在网页中使用 link 标签连接到样式文件，调用其中的样式库。

3）JavaScript

JavaScript（简称 JS）是一种具有函数优先的轻量级、解释型或即时编译型编程语言。虽然它常作为开发 Web 页面的脚本语言，但是它也被用到了很多非浏览器环境中。JavaScript 基于原型编程、多范式的动态脚本语言，并且支持面向对象、命令式和声明式（如函数式编程）风格。

网页中的动态内容或者交互性的功能（如单击后出现某种效果、自动滑动的图片等），都是通过 JavaScript 实现的功能。

JavaScript 代码通常也是单独放在以 .js 为后缀的文件中的，在网页中通过 <script src=""></script> 标签调用。

以下是一段 JavaScript 代码，它定义了一个弹出框及内容：

```
<script type="text/javascript">
    let a = "Python";
    console.log (typeof a);
</script>
```

4. HTML 请求与响应

HTML 的工作机制是当用户在浏览器的地址栏中输入一个网址并按 Enter 键之后，浏览器会向 HTTP 服务器发送 HTTP 请求。

例如，在浏览器的地址栏中输入"http://yangkeduo.com/"（拼多多网页端入口），浏览器就会发送一个 Request，请求获取 http://yangkeduo.com/ 下的 HTML 文件，服务器把 Response 文件对象返回给浏览器。浏览器分析 Response 中的 HTML，发现其中用了很多文件，如 IMG 文件、CSS 文件。当所有文件都下载成功后，网页会根据 HTML 语法结构，完整地将其显示出来。

常见的 HTML 请求方法有 GET 和 POST。这两种方法的权限不同：GET 可查看数据；POST 除了有查看权限，还有修改、删除、增加权限，因此许多黑客会利用 POST 的方法对服务器数据进行篡改。

5. 静态网页和动态网页

1）静态网页

通常，只有 HTML 格式的网页才被称为静态网页。这些网页中的数据比较容易获取，因为所有数据都显示在网页的 HTML 代码中。随着 HTML 代码的生成，静态网页页面的内容和显示效果基本不会发生变化，除非你修改页面代码。在采集数据的过程中，只需研究 HTML 源码即可，不管是用采集工具还是自编采集代码，实现起来都比较容易。例如，在用 Python 抓取数据的过程中，就有一个强大的 Request 库能够轻易地发送 HTTP 请求，供我们爬取静态网页中的数据。

2）动态网页

不是只用 HTML 代码写出的网页被称为动态网页。动态网页一般由 HTML 代码、CSS 代码、JavaScript 代码一起写出，它们用 Ajax 动态加载网页的数据不一定出现在 HTML 代码中，这就需要复杂的操作。与静态网页不同，动态网页的代码虽然没有变，但是动态网页显示的内容可以随着时间、环境或者数据库操作的结果而发生改变。

值得强调的是，不要将动态网页和页面内容是否有动感混为一谈。这里所说的动态网页与网页上的各种动画、滚动字幕等视觉上的动态效果没有直接关系，动态网页可以是纯文字内容的，也可以是包含各种动画内容的，文字、动画等只是网页内容的表现形式。无论网页是否具有动态效果，只要是采用动态网站技术生成的网页，都可以被称为动态网页。

总之，动态网页是基本的 HTML 语法规范与 Java、VB、VC 等高级程序设计语言和数据库编程等多种技术的融合，以期实现对网站内容和风格的高效、动态和交互式的管理。因此，从这个意义上讲，凡是结合了 HTML 以外的高级程序设计语言和数据库技术进行的网页编程技术生成的网页都是动态网页。

任务实施

你想要通过网页源码抓包采集数据，但在采集数据之前需要找到数据的接口，后续才可以通过数据接口采集数据。数据采集是将互联网的目标数据自动采集到计算机文件目录或数据库之中，采集的数据以数字、文本、图片、音频、视频为主。接下来的任务就是利用 Excel 的 M 函数采集对应数据接口中的数字或文本数据。

1. 确定社交电商 App 的 URL 地址

社交电商的平台软件多为手机 App 或者小程序，当用户用手机浏览网页时，手机一般不会显示具体 URL 地址，因此采集手机端网页信息的第一步就是找到手机应用的对应 URL 地址。

确定移动 App 的 URL

方法 1：在搜索引擎上搜索 "拼多多网址"，并观察搜索结果，发现有两个拼多多网址链接，如图 3-1 所示。

单击这两个链接进入确定 URL 地址指向的页面，发现这两个页面相同，如图 3-2 所示，而且这两个页面上都有一个明显的 "在 App 打开" 按钮。

单击 "在 App 打开" 按钮，浏览器跳转到拼多多 App 下载页面，如图 3-3 所示。至此，我们可以判断拼多多 App 的 URL 地址有两个：一个是 yingkeduo.com；另一个是 mobile.pinduoduo.com。

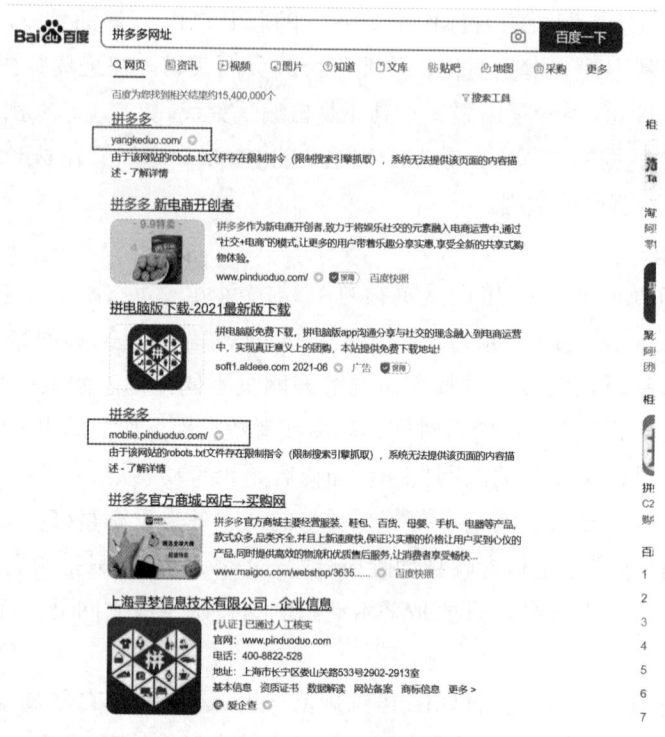

图 3-1 "拼多多网址"搜索结果

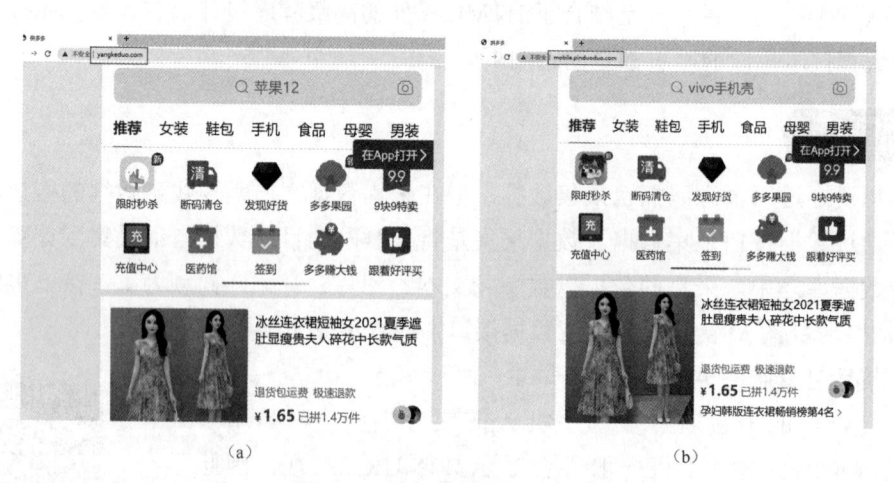

图 3-2 确定 URL 指向的页面

图 3-3 拼多多 App 下载页面

方法 2：在手机上打开拼多多 App，点击任意商品，点击右上角的分享按钮，在手机屏幕的底部会出现分享方式，在这里我们选择分享给 QQ 好友，如图 3-4 所示。

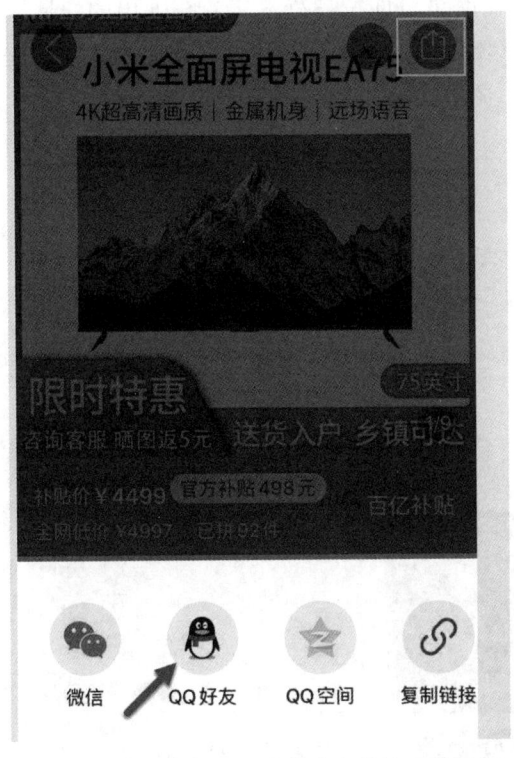

图 3-4　在拼多多 App 上分享商品给 QQ 好友

在计算机上登录 QQ 账号，在 QQ 会话框中会出现好友分享的拼多多商品链接，如图 3-5 所示。

单击好友分享的拼多多商品链接，与 QQ 相关联的浏览器会打开该商品链接，显示拼多多商品页面。该网页的 URL 地址为 mobile.yangkeduo.com，如图 3-6 所示。

图 3-5　好友分享的拼多多商品链接　　　　图 3-6　拼多多商品页面

2. 解构页面源码

在计算机端浏览器的地址栏中输入我们在前面找到的 URL 地址，如 http://yangkeduo.com/，在网页页面空白处右击，在弹出的快捷菜单中选择"查看网页源代码"（不同浏览器的表述可能有所不同，可能是"查看源"，其功能含义相同）命令，如图 3-7 所示。

解析页面源码

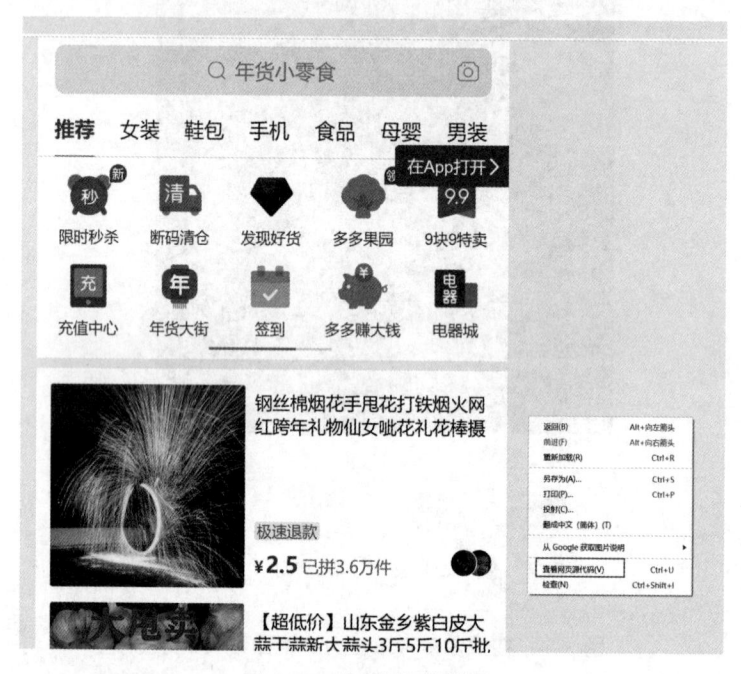

图 3-7　查看网页源代码

在打开的页面中，左侧是 HTML 的行号，右侧是 HTML 代码。按 Ctrl+F 组合键，可以调出页面搜索框，在搜索框中可以输入想要查找的关键词，此时匹配的关键词会被高亮显示，如图 3-8 所示。通过源代码查找的数据被称为静态数据。

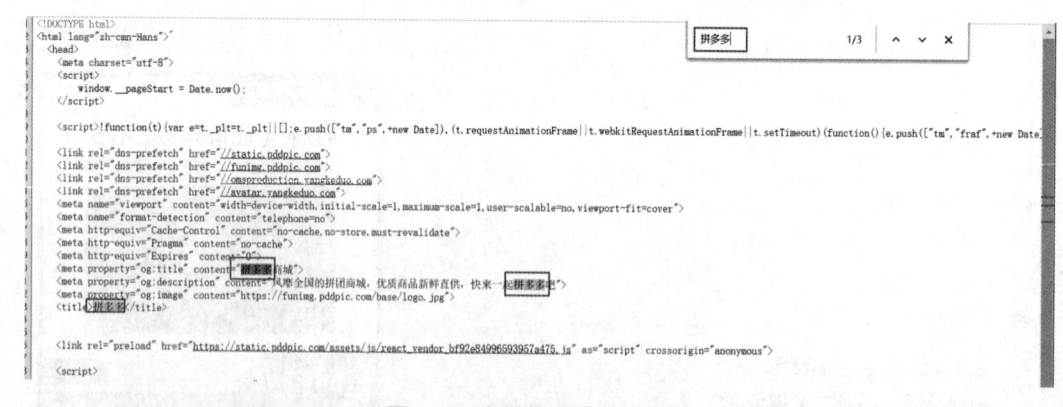

图 3-8　查看静态网页源代码

3. 抓包动态数据

打开网址 http://yangkeduo.com/，在任意空白处右击，在弹出的快捷菜单中选择"检查"（有的浏览器可能是"审查元素"，或者按 F12 键）命令，进入开发者模式，选择"Network"

（网络）选项，如图 3-9 所示。

图 3-9　开发者模式

刷新页面（也可按 F5 键），观察"Network"中的变化：窗口中获取到许多文件（见图 3-10），这个过程称为抓包。

图 3-10　刷新页面，观察"Network"中的变化

在搜索框中输入关键词"草莓"，如图 3-11 所示，搜索下拉框中会出现推荐关键词。这些关键词并不是静态的，因为系统并不知道用户会搜索什么词，所以无法提前将其埋在 HTML 中。通过动态交互的方式，用户产生了操作，系统从服务器获取对应的数据包，这些数据包在开发者模式下可以被看到。

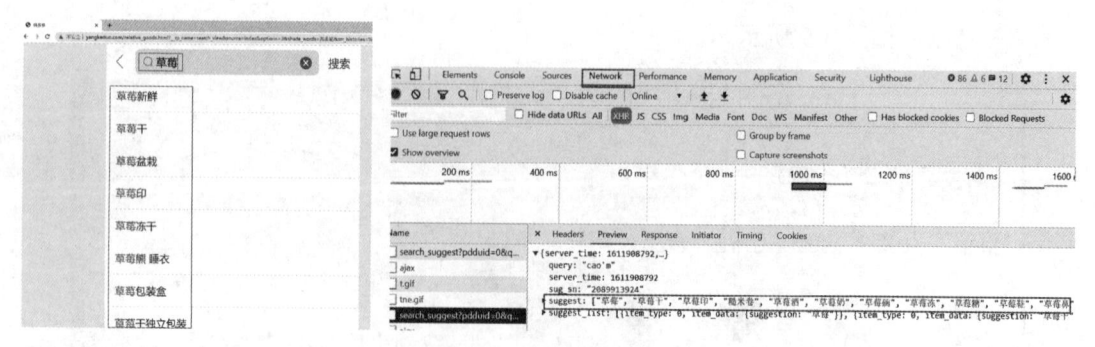

图 3-11 查找动态数据包

任务 2　采集数据，形成产品关键词数据

分析思路

在本项目的任务 1 中，我们通过观察拼多多页面源码，了解了 HTML 请求与响应的机理，知道了如何根据 URL 找到目标数据的接口。接下来，我们需要掌握如何下载并整理从源码中或者动态抓包中看到的数据。数据一般可以通过数据产品和页面来采集。使用手动方式来采集数据会耗费大量的时间和精力，因此使用软件构建采集脚本可极大地降低时间成本。下面通过传统的源码采集方式来采集数据。

知识准备

1. 采集数据的流程

采集数据的流程包括采集、存储和清洗 3 个环节。

（1）采集：将整个 HTML 或者 JavaScript 文件下载到本地，此时数据在文件中，文件可被转换成文本这种可读的类型。

（2）存储：一般将下载的文件或者文本整体存入数据库。

（3）清洗：从文件或者文本中提取目标资料，并组织成表格形式，形成可供分析的原始资料。

2. 与数据采集有关的法律问题

采集数据分为两种主要场景：一种是提供产品给用户，从而采集用户的个人信息或用户的使用数据；另一种是采集页面上的公开数据。

提供产品给用户，从而采集数据的场景对于数据采集主体有明确限制。目前，我国有关数据采集的法律法规中提到的数据采集主体很多，有网络运营者、国家机关政务网络的运营者、网络产品与服务的提供者、个人信息获得者、关键信息基础设施的运营者、电子信息发送服务提供者、应用软件下载服务提供者、电信业务经营者、互联网信息服务提供者、大数据企业、网信部门和有关部门，甚至还有任何个人和组织等。有些敏感数据的采集，需要取得相关部门的授权，数据采集主体应具备相应的专业资格。

要明确数据采集者的主体资格，还需要进一步明确其权利、义务和相应的法律责任。数据采集主体依法行使其数据采集权利，受法律保护。数据采集主体也要履行相应的法律义务，承担相应的法律责任。

采集页面上的公开数据场景对于数据采集主体没有明确限制，由于数据本来就是公开的，因此数据采集主体只要不影响数据公开方的正常运作即可。数据公开方也可以拒绝其公开数据被采集，使用技术手段防止其公开数据被采集，如网站根目录下的robots.txt的爬虫权限声明。

4. 搜索框下拉词

搜索框下拉词默认是平台搜索框的词汇或者搜索框推荐词，或者搜索框下方显示的一些词汇，它默认是系统自行设置与推荐的。例如，百度下拉词又被称为百度联想词，它是百度为了方便用户搜索而提供的一种联想词服务，可提高搜索效率、改善搜索效果。搜索框下拉词是一个流量词，也可以说是一个主打特色的词，默认是系统搜索比较多或者搜索引擎内部设置的。

在关键词下拉框中出现的下拉词都是热门关键词，有很高的点击率。例如，当买家搜索"爆款夏装连衣裙"时，在关键词下拉框中会出现"连衣裙2021新款夏""连衣裙女""连衣裙女春秋""连衣裙仙女超仙甜美"等关键词，这些关键词都是下拉词，也是最近的热门关键词。这些下拉词可以方便买家寻找他们想要的风格和款式。一些卖家也可以合理地利用这些下拉词，让自己的商品获得更多的展示机会。

任务实施

拼多多会据买家输入的关键词，自动提供一个关键词候选列表，供买家选择。关键词下拉词在搜索引擎和广告竞价平台中已经是标配的产品，能提取相关产品关键词的下拉词对社交电商运营者来说非常重要。

1. 明确采集目标链接

1）理解下拉词

在拼多多网页端输入关键词"篮球"（有时需要扫码登录，才能使用搜索功能），搜索框下拉词出现在搜索框下面，如图3-12所示。

下拉词抓包操作

图3-12 拼多多的搜索框下拉词

2）观察动态网页的变化，实现抓包

在本项目的任务 1 中，我们已经明确关键词下拉词页面是动态网页数据采集的结果，动态网页数据采集的第一步就是要找到目标 URL 地址。在页面的空白处右击，在弹出的快捷菜单中选择"检查"命令，进入"Network"界面。为了观察动态网页的变化，单击"Clear"按钮，清除已产生的记录，让"Name"区域的记录为空，如图 3-13 所示。

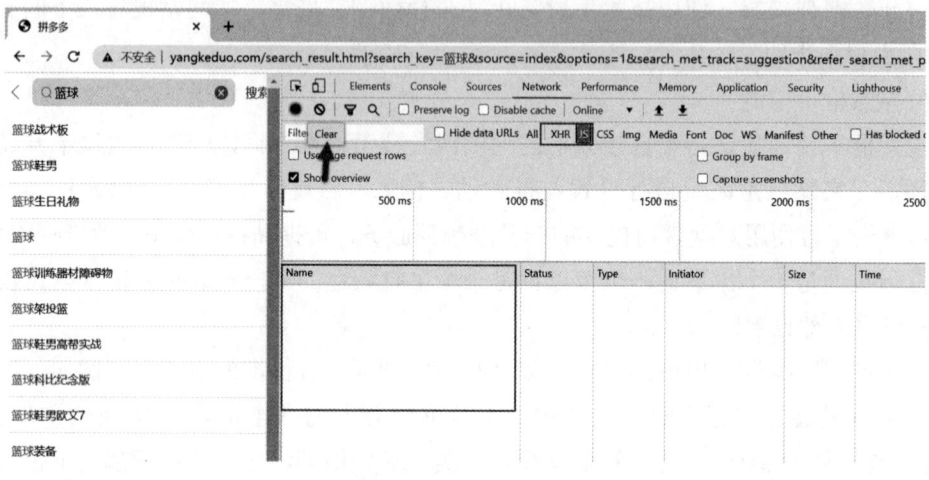

图 3-13　清空记录

由于动态页面的地址变化主要在"Fetch/XHR"和"JS"界面中发生，因此我们改变搜索框中的关键词为"口红"，观察这两个界面中的"Name"区域的变化。经观察发现，在改变关键词后，"Fetch/XHR"界面（用 XMLHttpRequest 方法来获取 JavaScript）中出现大量抓包信息，其中 5 条记录为明细的 URL 地址信息，如图 3-14 所示。

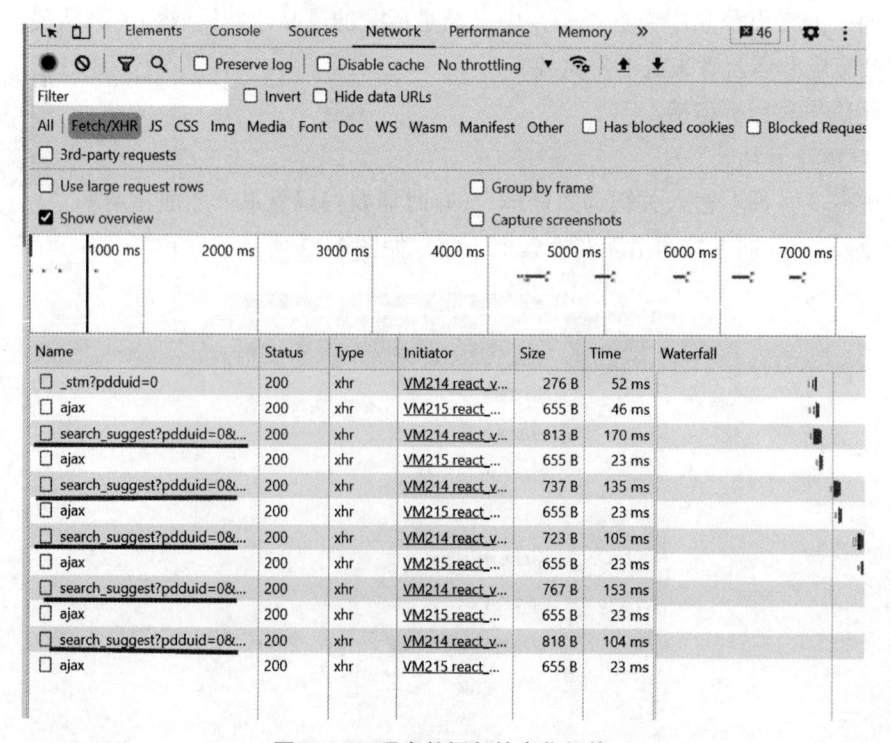

图 3-14　观察数据包的变化规律

3）找到 URL 地址并验证信息

选中最后一条 URL 地址记录，展现其内容，发现该 URL 地址页面的源代码内容和浏览器显示的内容契合，如图 3-15 所示。

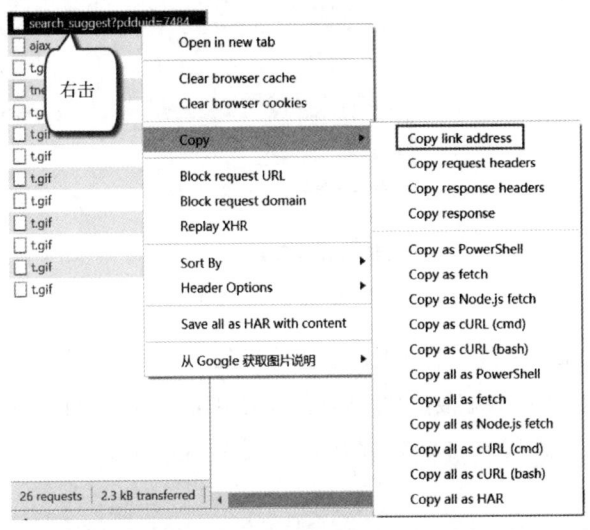

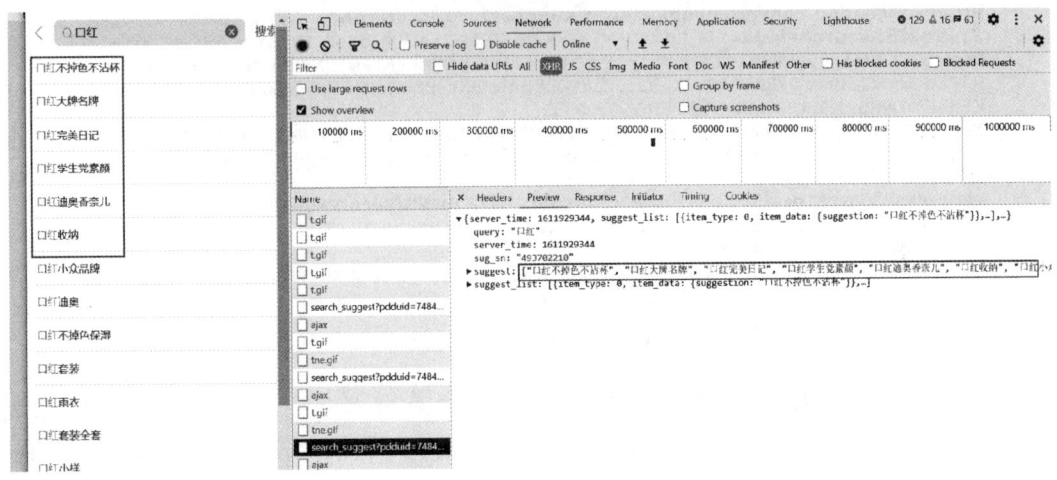

图 3-15 观察源码信息

右击该 URL 地址，复制链接地址到浏览器的地址栏中，浏览器显示的内容和代码页展现的内容一致，如图 3-16 所示。

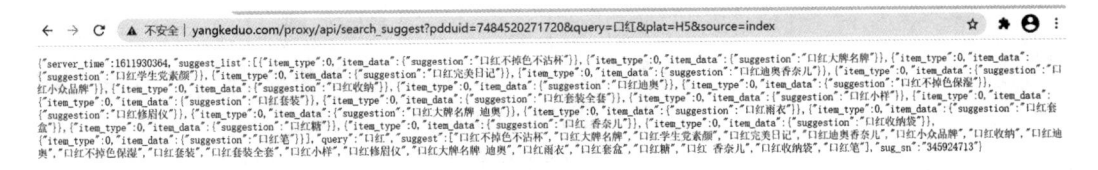

图 3-16 在浏览器中打开目标 URL 地址

至此，我们确定了动态页面的目标 URL 地址。

4）输入不同的关键词，寻找 URL 地址的变化规律

清除记录，在搜索框中继续输入其他关键词，如"芒果"，继续在"Name"区域抓包，

复制新目标 URL 地址，如图 3-17 所示。

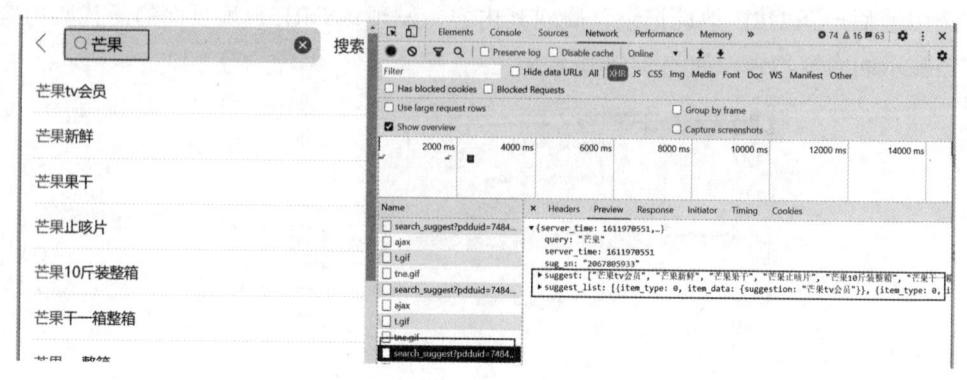

图 3-17 目标 URL 地址提取

5）对比 URL 地址，构建采集 URL 地址的框架

将几个关键词的 URL 地址复制到一个空白记事本中，进行对比分析。这里以"口红"这个关键词为例，分析关键词的 URL 地址，如图 3-18 所示。

口红
http://yangkeduo.com/proxy/api/search_suggest?pdduid=0&query=%E5%8F%A3%E7%BA%A2&plat=H5&source=index&IS_CHANGE=1&GOODS_ID_LIST=&SUG_SRCH_TYPE=0&ANTI_CONTENT=0APAFXCUDHGYJ99VVHSB79JRPHL_8_LKA-YKCF6PLPEQIAGBHPKUFOTUXOUIH-HPAQLMLSU4-HXPZG9M6SCXXO2WG7RONB7QU7HJQOCB2ALM8NV4BUDAJHDHSRSQCSOCRA3YMDJV3LOONHKE35F3YO9HGAL-M6_LKWSQ-2WB7KR-Y9YA6-VY-XRZ1LLDG5W8EFONKFWLKPC6MS6TN6MITX7SPRCOEEP56BMI7N14DAPU2D36-DHVI1WNT-UMVEXK-KZYRCDKQTZXBJLBZT3HXROIJJAKIJFZGDZTHP5_SHYNZTYTCZ9IUZPF4CUW6IOOSIXNIBPDENZD7NHYZJRVTQPEUKL9OH7EC2MELF-9HU4VPR9WVAGPGTO49U9PZK9S7REWYKZNWQNVDBBJYZRMPE5TSPPBITWB92VVZ-ATDZ_LTCH_TNXQ2YLIOEAZWLJJ8_KJKE8MHZTXGIHU5QQPOPVHQOPRF-PTF-NLCQLOBTYJ8LWMUYNOZNEUPUAM-LREBUULWBIXN9OYHNJ_MONRAIZRHSSIBNXI9AY6VBJBDFVXT8LVMYDCGNP4VDJKRV1NSEQNAQOC_A21JZWOUOKBMFVLBFCLC8UFDJZWPB5C2GRUCSZ2K3-PND_WL1DVYUFEIRDPYU4_OYYBHXYDQ_XLS

1. 用户 ID 2. 关键词的编码 3. 动态参数

图 3-18 关键词的 URL 地址分析

经观察发现，关键词的 URL 地址中有几个关键要素。在图 3-18 中，标注 1 "pdduid"后面的数字 0 代表此次没有登录采集，如果需要登录才能采集，那么这里的 ID 会是拼多多用户的 ID；标注 2 是我们输入的关键词的编码；标注 3 是网站形成的动态参数，去掉这部分内容不影响数据采集。因此，要构建采集数据表，就需要建立关键词→编码→ URL 的关联，而完成关键词到编码的对应就是这一阶段的核心任务。（注：动态采集地址经常会发生变化，读者需要根据最新变化进行判断。）

2. 构建采集数据表

1）构建查询产品关键词表

新建一个 Excel 文件，输入关键词表，并选中数据记录，在"插入"选项卡中单击"表格"按钮，将关键词表转换为表格形式，如图 3-19 所示。

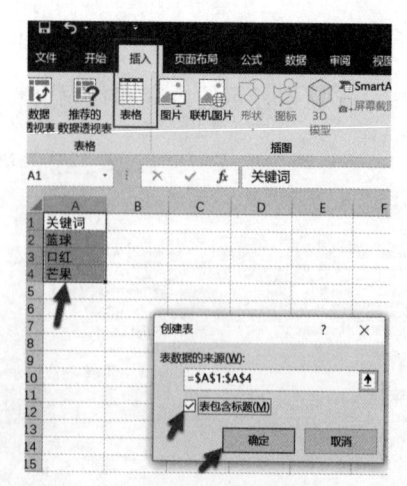

图 3-19 构建查询关键词表

2）利用 Power Query 编辑器构建采集数据源

选择"数据"选项卡，单击"自表格/区域"按钮，启动 Power Query 编辑器，如图 3-20 所示。

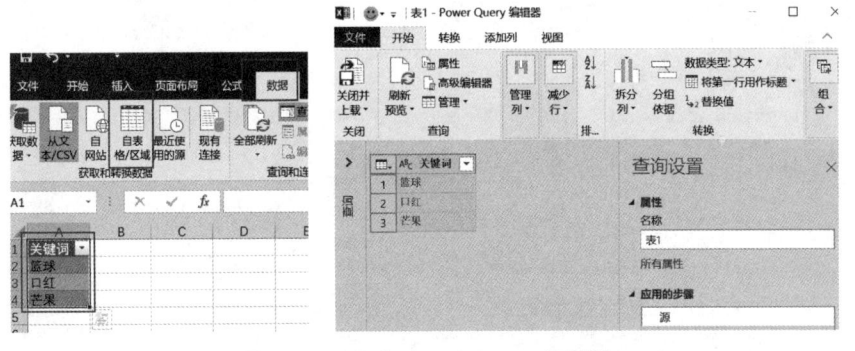

图 3-20　启动 Power Query 编辑器

3）构建"编码"列

选择"添加列"选项卡，单击"自定义列"按钮，弹出"自定义列"对话框；在"新列名"文本框中输入"编码"，在"自定义列公式"文本框中输入 Uri.EscapeDataString() 函数，插入"可用列"列表框中的"关键词"，单击"确定"按钮，完成从关键词到编码的转化，如图 3-21 所示。

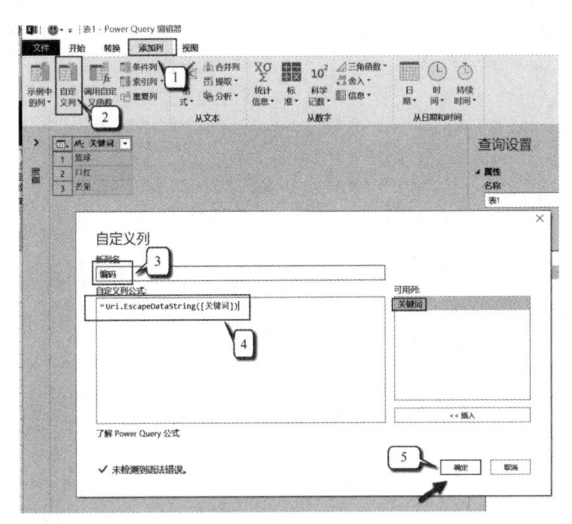

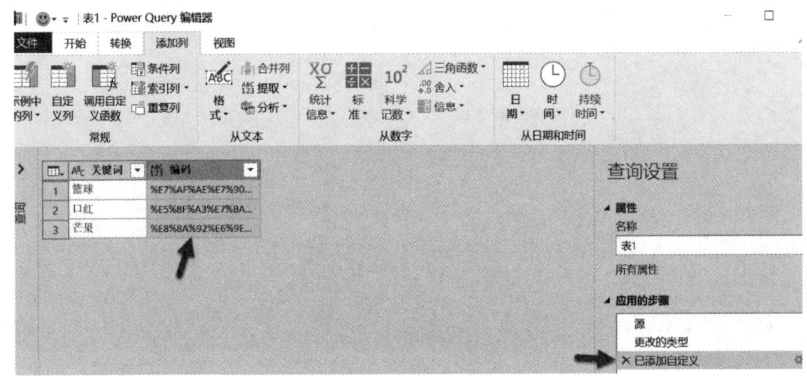

图 3-21　构建"编码"列

知识链接

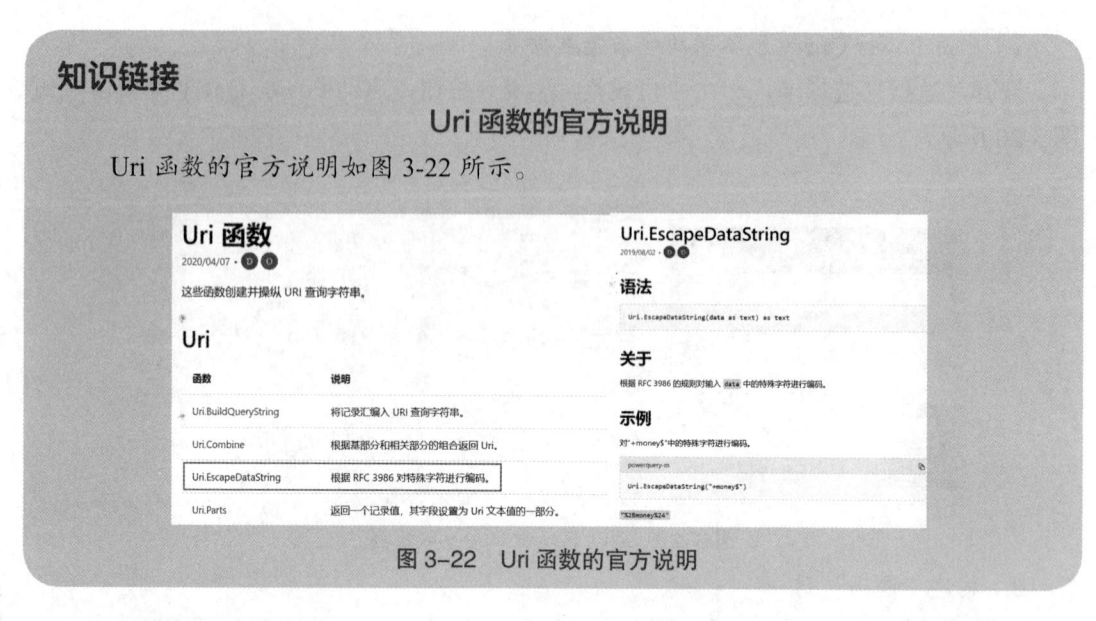

Uri 函数的官方说明

Uri 函数的官方说明如图 3-22 所示。

图 3-22 Uri 函数的官方说明

4）构建"URL"列

在"添加列"选项卡中,单击"自定义列"按钮,弹出"自定义列"对话框;在"新列名"文本框中输入"URL",在"自定义列公式"文本框中复制 URL 信息,并将编码字段用"&[编码]&"替代("编码"也可以通过"可用列"列表框中的"编码"插入),单击"确定"按钮,完成从关键词到编码的转化,如图 3-23 所示。

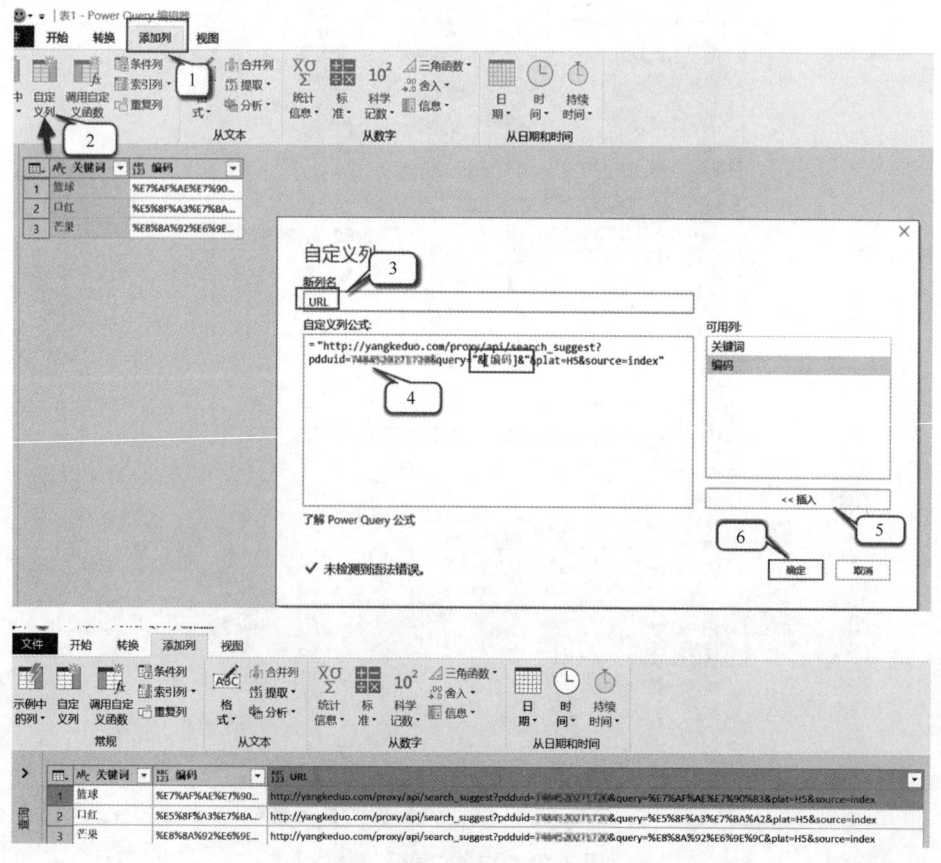

图 3-23 构建"URL"列

至此，我们完成了采集数据的关键词→编码→ URL 一一对应的映射关系。

3. 利用函数进行采集与提取

1）利用 Web.Contents() 函数构建"采集"列

在"添加列"选项卡中，单击"自定义列"按钮，弹出"自定义列"对话框；在"新列名"文本框中输入"采集"，在"自定义列公式"文本框中输入"=Web.Contents([URL])"（"URL"也可以通过"可用列"列表框中的"URL"插入），单击"确定"按钮，如图 3-24 所示。

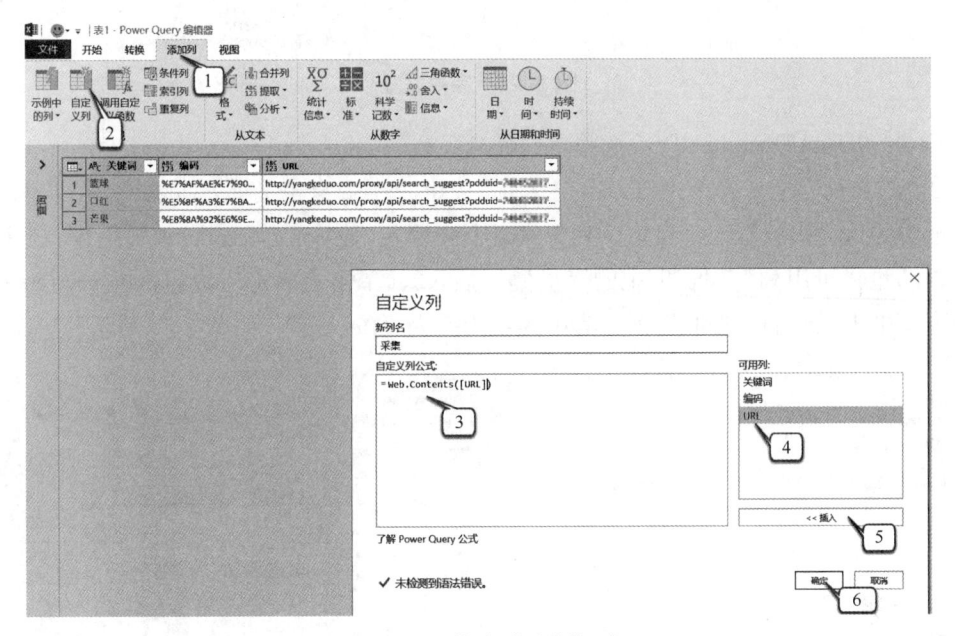

图 3-24 构建"采集"列

在单击"确定"按钮后，弹出提示信息，单击"继续"按钮，在弹出的"隐私级别"对话框中勾选"忽略此文件的隐私级别检查。忽略隐私级别可能会向未经授权的用户公开敏感数据或机密数据。"复选框，单击"保存"按钮，如图 3-25 所示。此时，Power Query 编辑器窗口中出现新的"采集"列，其中的字段变为"Binary"，如图 3-26 所示。

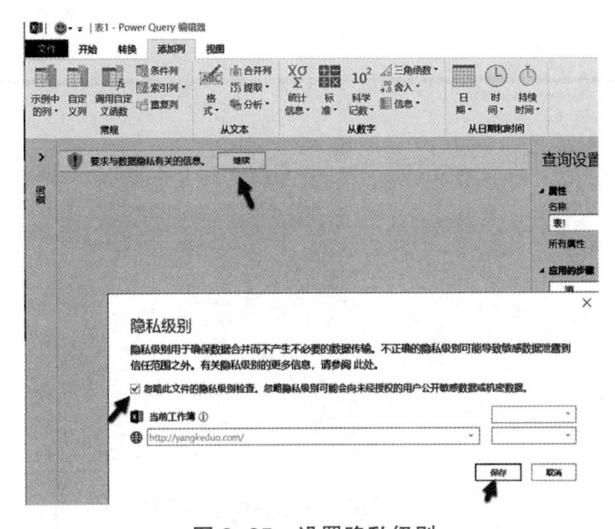

图 3-25 设置隐私级别

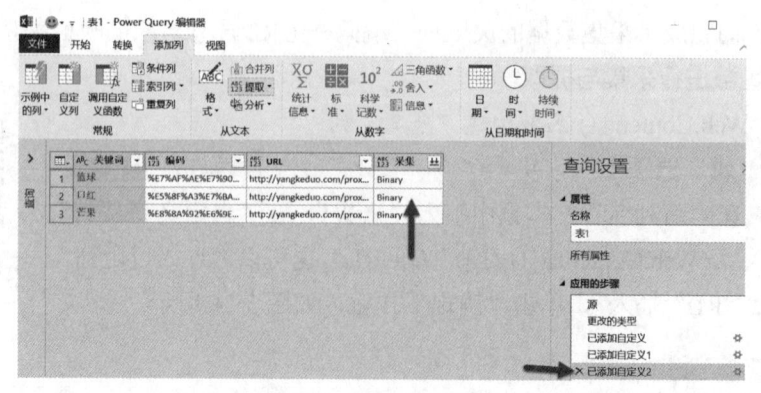

图 3-26 完成采集

2）利用 Json.Document() 函数构建"提取"列

在"添加列"选项卡中，单击"自定义列"按钮，弹出"自定义列"对话框；在"新列名"文本框中输入"提取"，在"自定义列"文本框中输入"=Json.Document([采集])"（"采集"也可以通过"可用列"列表框中的"采集"插入），单击"确定"按钮，Power Query 编辑器窗口中出现新的"提取"列，其中的字段变为"Record"，如图 3-27 所示。

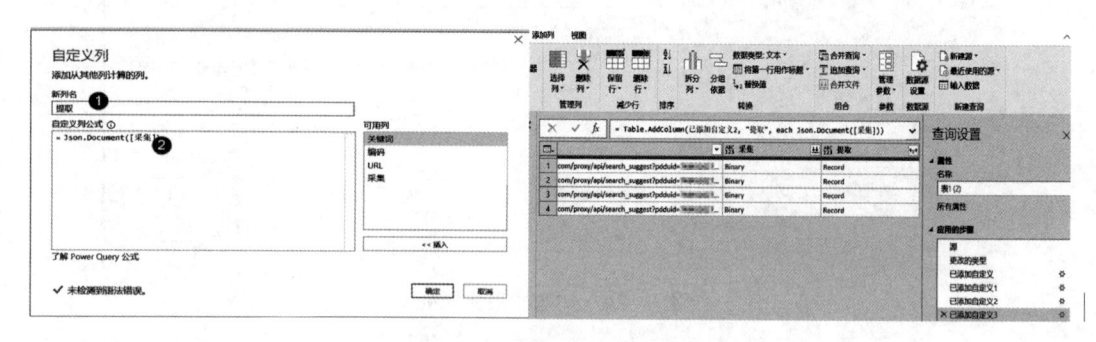

图 3-27 构建"提取"列

3）选择必要的信息，完成提取

单击"提取"列右侧的展开按钮，在弹出的下拉列表中勾选"suggest"复选框（由于网站可能更新网站结构，因此此处的复选框可能不同，读者需要根据具体情况进行调整），如图 3-28 所示。

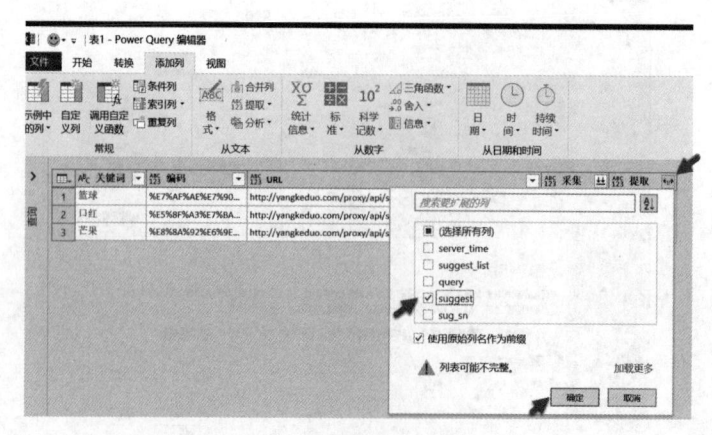

图 3-28 勾选"suggest"复选框

"提取"列的列名变为"提取.suggest",其中的字段变为"List",如图 3-29 所示。

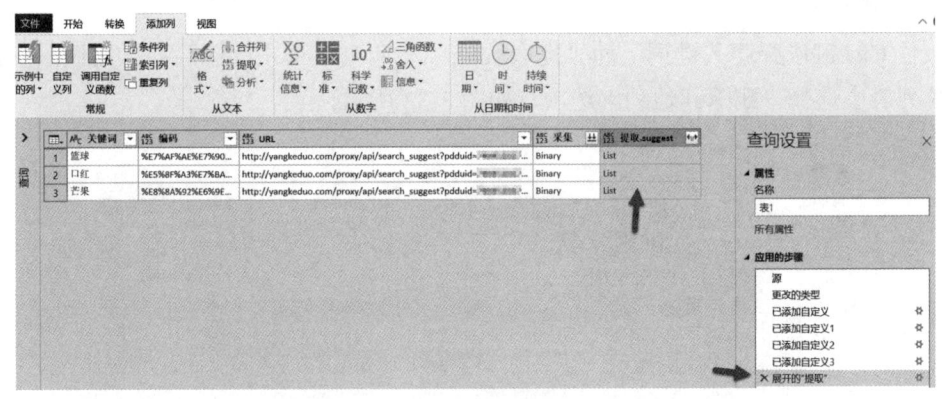

图 3-29 展开字段后的显示结果

单击"提取.suggest"列右侧的展开按钮,在弹出的下拉列表中选择"扩展到新行"选项,如图 3-30 所示。

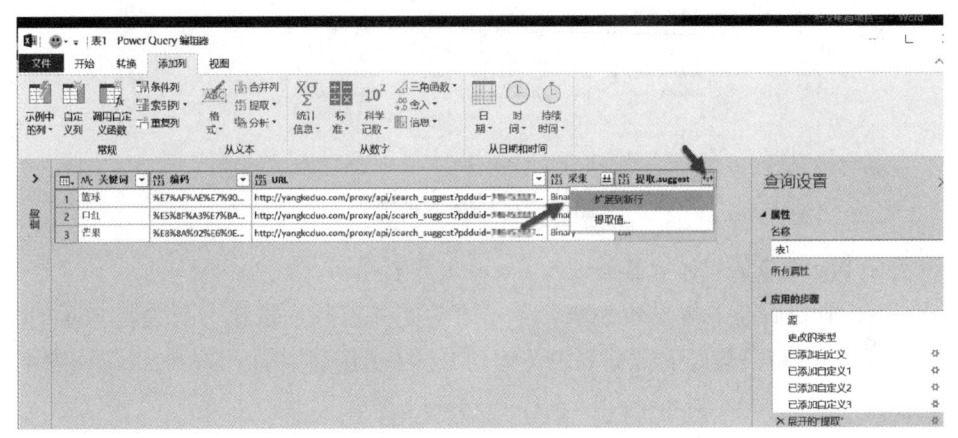

图 3-30 选择"扩展到新行"选项

关键词列表中的词全部提取完毕(因网站调整,提取步骤会略有不同,读者可以根据当时的采集情况进行调整),如图 3-31 所示。

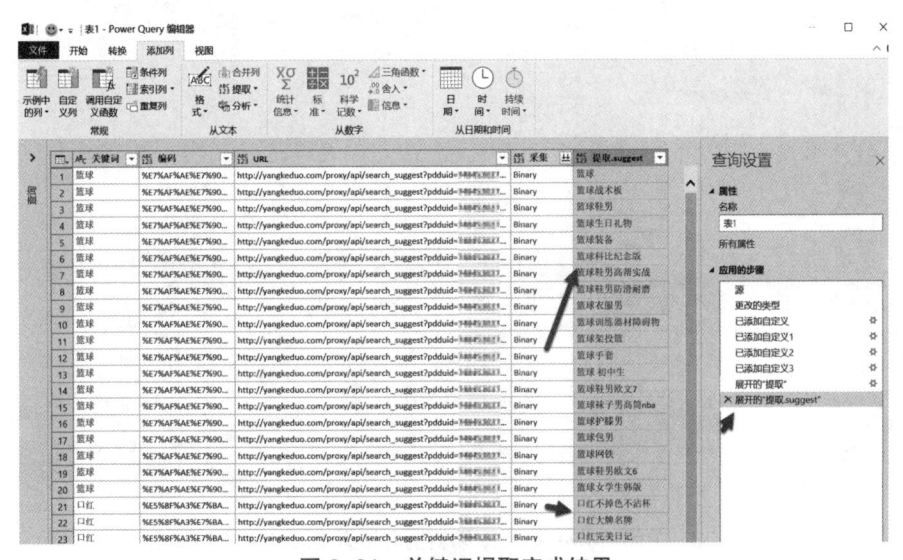

图 3-31 关键词提取完成结果

4. 整理列表，优化关键词模型

1）精简列表

按住 Ctrl 键选择"关键词"和"提取.suggest"两列，单击"删除列"按钮，在弹出的下拉列表中选择"删除其他列"选项，如图 3-32 所示。

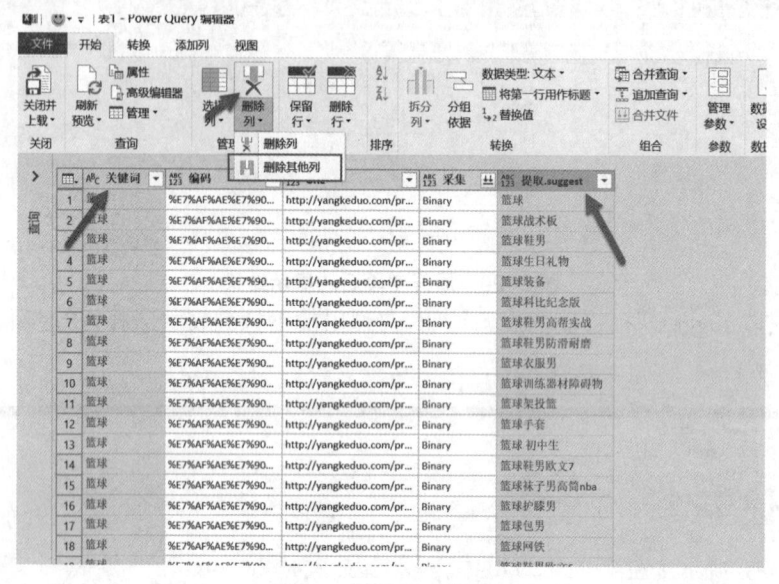

图 3-32 删除其他列

2）关闭 Power Query 编辑器并进入 Excel 工作表界面

在删除其他列后，采集设置完毕，单击"关闭并上载"按钮，在关闭 Power Query 编辑器的关闭同时将采集好的数据列表传输到 Excel 工作簿中的"Sheet2"工作表中，如图 3-33 所示。

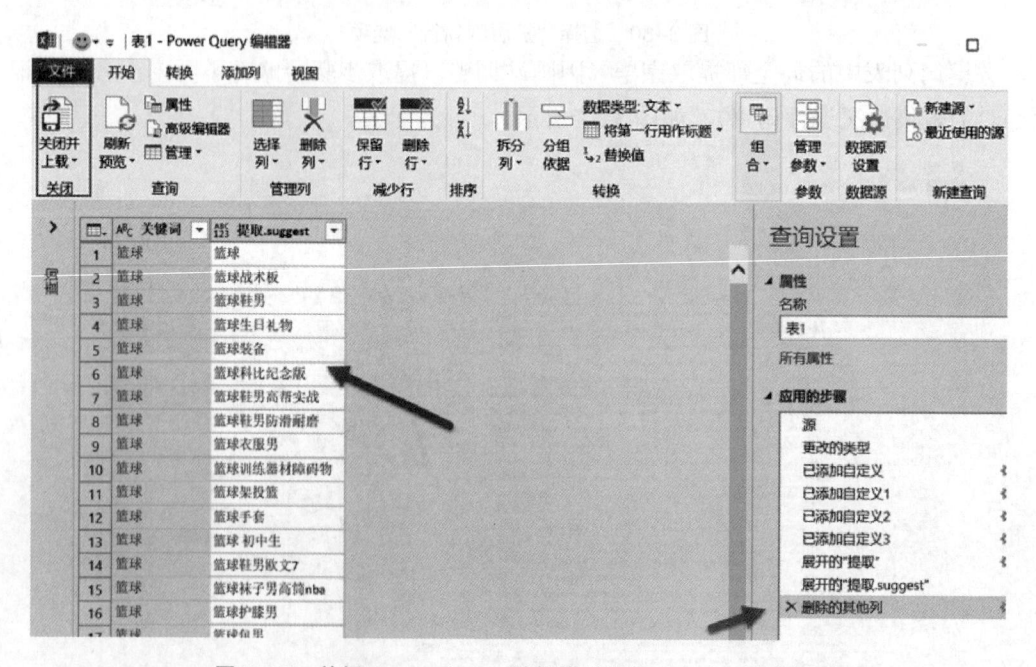

图 3-33 关闭 Power Query 编辑器并进入 Excel 工作表界面

图 3-33 关闭 Power Query 编辑器并进入 Excel 工作表界面（续）

3）优化关键词模型

关键词提取数据在新工作表中，不利于直观感受关键词的采集结果，因此我们需要把"Sheet2"工作表中的数据复制到原有的"Sheet1"工作表中（见图 3-34），并在"Sheet1"工作表中更换新的关键词：在工作表中右击，在弹出的快捷菜单中选择"刷新"命令（见图 3-34），体会关键词模型的变化（见图 3-35）。

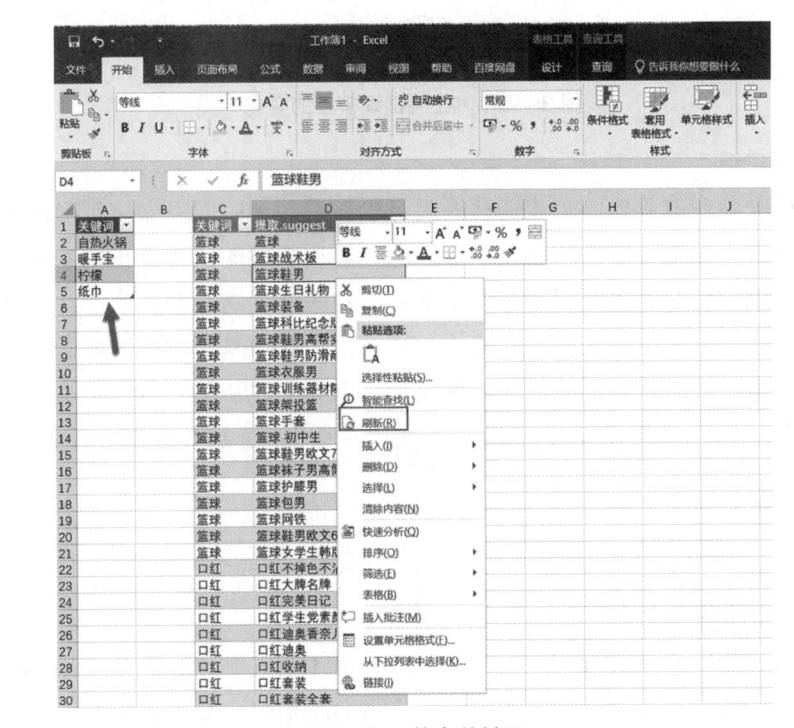

图 3-34 整合关键词

图 3-35　体会关键词模型的变化

5. 分析与总结

通过持续监测动态数据，企业运营人员可以在最短的时间里做出正确的决策。更具体地说，获取动态数据可以帮助企业更快地进行数据驱动的决策。正如本项目建立的关键词模型，可以让企业运营人员通过采集产品下拉关键词这个动态数据，及时捕捉市场热点变化，从而让企业运营人员可以更快、更轻松地获得基于数据的分析结果，做出由数据驱动的决策。正如亚马逊的前任首席执行官杰夫·贝佐斯（Jeff Bezos）在给股东的一封信中所说："业务的速度至关重要。"高速决策对业务发展具有重要意义。

课后习题

一、单选题

1. 一个基本的网页大体上由（　　）三大部分构成。
   A. HTTP、CSS、JavaScript
   B. HTML、URL、JavaScript
   C. HTML、CSS、JavaScript
   D. HTML、CSS、Ajax

2. 关于网页的构成原理，下列描述错误的是（　　）。

A. HTML 是用来描述网页的一种语言

B. CSS 决定了网页的框架结构，就像一页书的内容排版

C. HTML 只是设定了一个网页的基本结构，还无法形成颜色丰富的网页，这部分功能是通过 CSS 实现的

D. JavaScript 决定了网页的功能，它让用户可以和页面进行交互，如搜索、点赞、收藏等

3. 通常，只有（　　）格式的网页才被称为静态网页。

A. CSS 格式　　　　B. HTML 格式　　　　C. JavaScript 格式　　D. HTTP 格式

4. 关于与数据采集有关的法律问题，下列描述错误的是（　　）。

A. 有些敏感数据的采集，需要取得相关部门的授权，数据采集主体应具备相应的专业资格

B. 数据采集主体依法行使其数据采集权利，受法律保护。数据采集主体不需要履行相应的法律义务和承担相应的法律责任

C. 采集页面上的公开数据场景对于数据采集主体没有明确限制，由于数据本来就是公开的，因此数据采集主体只要不影响数据公开方的正常运作即可

D. 数据公开方可以拒绝其公开数据被采集，使用技术手段防止其公开数据被采集

二、多选题

1. 关于 HTML 请求与响应，下列描述正确的是（　　）。

A. 常见的 HTML 请求方法有 GET 和 POST

B. GET 和 POST 两种方法的权限不同：GET 可查看数据；POST 除了有查看权限，还有修改、删除、增加权限

C. 许多黑客会利用 POST 方法对服务器数据进行篡改

D. 许多黑客会利用 GET 方法对服务器数据进行篡改

2. 关于静态网页和动态网页，下列描述正确的是（　　）。

A. 通常，只有 HTML 格式的网页才被称为静态网页

B. 不是只用 HTML 代码写出的网页被称为动态网页

C. 随着 HTML 代码的生成，静态网页页面的内容和显示效果基本不会发生变化

D. 与静态网页不同，动态网页的代码虽然没有变，但是动态网页显示的内容可以随着时间、环境或者数据库操作的结果而发生改变

3. 采集数据的流程包括（　　）。

A. 采集：将整个 HTML 或者 JavaScript 文件下载到本地，此时数据在文件中，文件可被转换成文本这种可读的类型

B. 分析：通过采集的数据，根据相关分析方法进行分析

C. 清洗：从文件或者文本中提取目标资料，并组织成表格形式，形成可供分析的原始资料

D. 存储：一般将下载的文件或者文本整体存入数据库

三、实训题

背景：运营主管让你负责一款面膜的标题设计，需要你根据拼多多下拉词等信息来确定主打关键词。现在，你需要设计一个下拉词采集模型，实时采集关键词。

目标：获取动态页面数据。

数据：自己采集。

要求：

（1）PPT 不少于 10 页（标题页和目录页除外）。

（2）有抓包过程说明。

（3）有建模关键步骤。

项目 4
市场分析

思政与素质目标

坚持一切从实际出发来研究和解决问题,我们想问题、做决策、办事情,都必须从不断变化的客观实际出发。任何超越现实、超越阶段而急于求成的倾向都要努力避免,任何落后于实际、无视深刻变化着的客观事实而因循守旧、故步自封的观念和做法都要坚决纠正。

做经营同样需要实事求是。教师要引导学生培养以事实为依托来进行科学决策的能力。市场分析需要从多角度出发,耐心、细心地进行数据采集,认真进行数据分析,给企业运营提供有价值的信息。

引例

某电商企业想要入驻拼多多平台,并从咖啡行业中选择市场规模大、销售前景好的子行业进入。因此,该电商企业需要分析子行业的竞争程度,明确是否有进入该行业的机会。该电商企业的领导安排小赵进行市场分析,明确行业的市场规模、发展趋势及垄断程度等情况,为企业决策提供数据支持。

任务拆解

决策者只有了解市场,才能做出正确的决策。市场分析的目的是帮助企业掌握市场的情况,以便于企业制定市场方案。通过全面且准确的数据分析,电商企业可以把握意向行业在电商平台的情况,做出准确预判。本项目可被拆解成 4 个任务:市场规模分析、市场趋势分析、市场价格分析,如表 4-1 所示。

表 4-1 市场分析的任务拆解表

项　　目	任　　务	任 务 需 求	核 心 指 标
市场分析	市场规模分析	分析市场近两年以上的需求总价值	销售额、访客数、搜索人数
	市场趋势分析	根据近两年的销售数据，分析市场随时间变化的情况	成交额
	市场价格分析	分析产品的最佳销售价格	销售价格、销量、销售额

任务1　市场规模分析

分析思路

电商企业在进入新的行业前，需要全面了解行业发展状况，据此提前规避风险，避免进入红海行业或处于衰退期的行业。市场规模也被称为市场容量。市场规模的大小决定了行业的天花板，也就是行业内企业销售额的极限数字。正常来讲，市场规模越大，行业的天花板越高，在分析时，电商企业可用市场规模和行业顶部企业来确定行业的天花板。有多个指标可以用于描述市场规模，如销售额、访客数、搜索人数、销售件数等。市场规模只是评判行业的一个维度，企业要制定市场策略，还需要结合企业的内外因素。

由于要分析的市场是拼多多平台，因此本项目引例中的电商企业可借助拼多多官方后台的数据进行分析。

知识准备

1. 市场规模

市场规模分析的主要目的是研究目标行业的整体规模。市场规模是指目标行业在指定时间内的销售额。

市场规模分析对于电商企业的运营非常重要：一方面，有利于电商企业了解自己选定行业的前景；另一方面，有利于电商企业制订销售计划和确定销售目标。市场规模的大小决定了行业的天花板，销售目标定高了，就可能导致积压库存、占用资金；销售目标定低了，就可能导致电商企业错过市场机会，不利于电商企业的成长。需要明确的是，市场的发展是动态的，所以电商企业要实时监控并分析市场规模的变化。电商企业凭借积累的行业历史数据，可做出准确的类目选择，对于数据的统计，应每日尽量手动操作。如果要大致明确即将入驻平台的市场规模，那么笔者建议电商企业通过第三方工具采集相应数据，这样采集到数据会有较大的参考价值。在取得具有参考价值的数据后，根据统计学的方法来分析市场规模，可以给决策者提供有价值的参考依据。

2. 统计分组法

统计分组法在统计研究中占有重要地位，它不仅是统计资料整理的重要组成部分，还能在整个统计工作阶段发挥特有的作用，也是商务数据分析的常用统计方法。

统计分组法是数据分析的核心方法，了解并掌握统计分组法可提高数据分析能力。统计分组法包括以下5种方法。

（1）类型分组：按不同类型进行分组，如按店铺类型分组，以便观察各类店铺的销量或销售额的差异。

（2）结构分组：按研究对象的内部结构进行分组，如根据拼多多的类目树，将一级类目分为男装、女装、百货等，再将男装分为T恤、套装等。

（3）水平分组：按研究对象的不同水平进行分组，如划分不同的价格带、销量区间等。

（4）依存关系分组：把性质相关的不同社会经济现象联系进来进行分组。依存关系分组可用于观察不同社会经济现象总体之间在数量上的依存关系，分析它们之间相互影响的程度和规律。例如，要研究销售价格和销量之间的关系，可先把商品分别按照销售额进行分组，然后观察各组的销售价格和商品数量分布，将二者联系起来进行分析。

（5）时间阶段分组：按时间粒度进行分组，如按年份、季度、月份、天、周数、小时、分钟、秒进行分组。在分析店铺销售额时，电商企业可把销售额按照不同的时间阶段进行分组，按天及以上的粒度进行分组可用于研究销售额的趋势，按小时粒度进行分组可用于研究消费者的行为特征。

电商企业应统计商品所属三级子类目的 Top 20 或 Top 50 商品每日的销售价格/销量，注意要排除第1、第7、第13、第19……推广位上的商品。统计每日的数据是为了清晰地判断竞品在前期是否以活动价冲量，以及是否有累积销量大但日销不多导致的误判。至少每个类目的品类词的数据在每个月月底或月初采集一次，以便获得当月销量数据。实力雄厚的企业应该选择市场规模大的市场，实力不足或新兴企业应选择市场规模相对较小的市场。电商企业可以结合自身规模及实力确定销售目标。

在明确分析目标、采集好原始数据之后，电商企业就可以进行数据可视化分析了。

任务实施

本项目引例中的电商企业已经确定进入咖啡行业，但对目标行业的发展状况不是非常了解。为了给后期的运营提供决策依据，小赵决定进行咖啡行业市场规模分析。

1. 采集类目商品销售数据

小赵打开浏览器，在地址栏中输入"https://duoduocha.com/"。在登录后，小赵在首页搜索框中输入关键词"咖啡"，单击"查询"按钮，如图 4-1 所示。

图 4-1 查询关键词"咖啡"

在进入查询结果页面后,选择按照销量排序,获取前 600 名商名的数据,如图 4-2 所示。

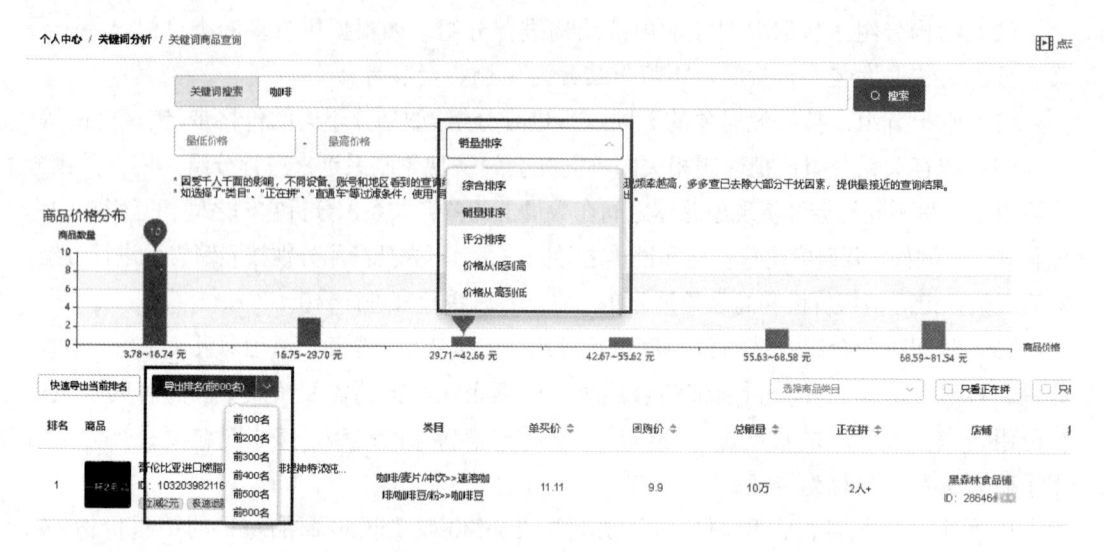

图 4-2 获取按销量排序前 600 名商品的数据

待数据加载完毕后,导出这些数据。

2. 清洗数据

步骤 1:在市场规模分析中,小赵需要类目、销量、销售价格等数据。打开下载好的数据表格,先选中并删除不需要的数据列,然后选中整个数据区域,选择"插入"选项卡,单击"表格"按钮,将数据区域转换为表,如图 4-3 所示。

图 4-3 将数据区域转换为表

步骤 2:去掉计量单位。分别选中"团购价""总销量"列,在"开始"选项卡中,单击"查找和选择"按钮,在弹出的下拉列表中选择"替换"选项,弹出"查找和替换"对话框,在"查找内容"文本框中输入要替换的单位,如"元""件",替换项为空值,单击"全部替换"按钮,如图 4-4 所示。

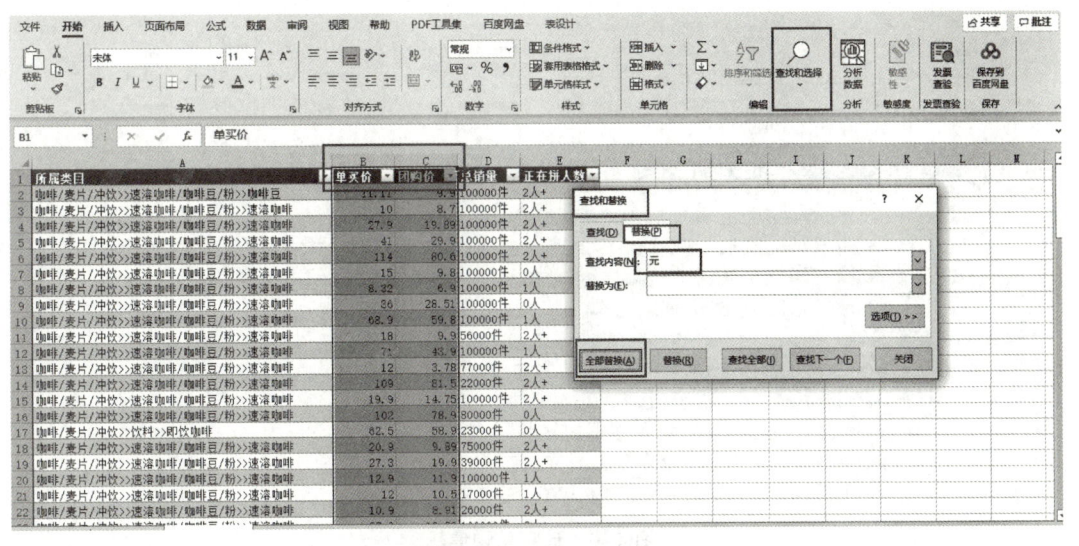

图4-4 去掉计量单位

步骤3：将"单买价""团购价""总销量""正在拼人数"列的数据类型都改为数字，"单买价""团购价"中的数字保留两位小数，"总销量""正在拼人数"中的数字为整数。分别选中各列数据，在"开始"选项卡中，单击"常规"右侧的下拉按钮，在弹出的下拉列表中选择"数字"选项；分别在各列上右击，在弹出的快捷菜单中选择"设置单元格格式"命令，弹出"设置单元格格式"对话框；在"数字"选项卡的"分类"列表框中选择"数值"选项，在"负数"列表框中选择"(1234.10)"选项，如图4-5所示。

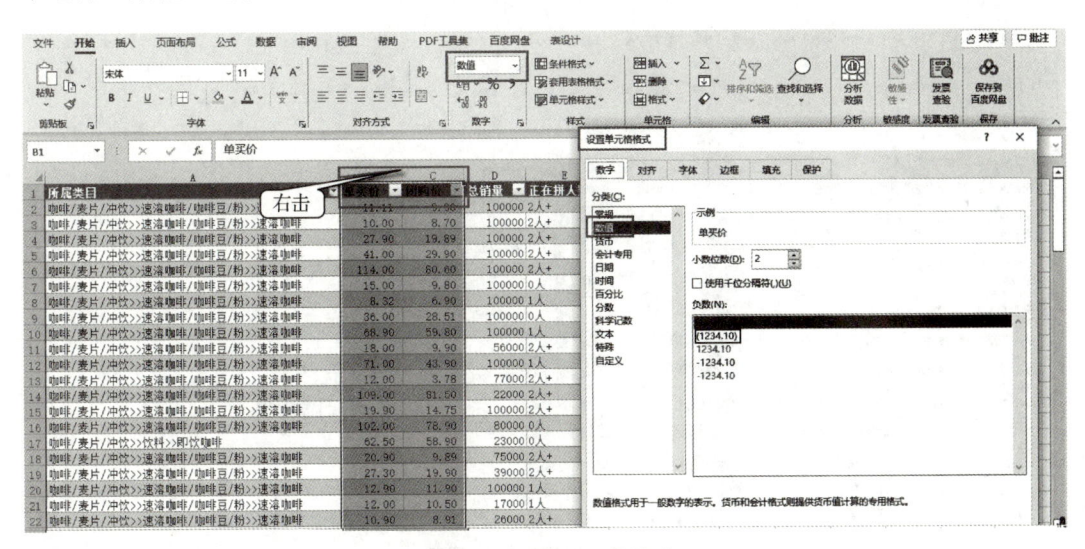

图4-5 设置单元格格式

步骤4：单击工作区第一行表格区域最后一列的列标题，将鼠标指针移至单元格右下角，当鼠标指针变成"+"形状时，按住鼠标左键向右拖动，新增一列，将列标题设置为"总销售额"；在"总销售额"列第二行的单元格中输入"="，单击第二行的团购价数据，输入"*"，单击第二行的总销量数据，系统会自动计算出所有行的总销售额，如图4-6所示。

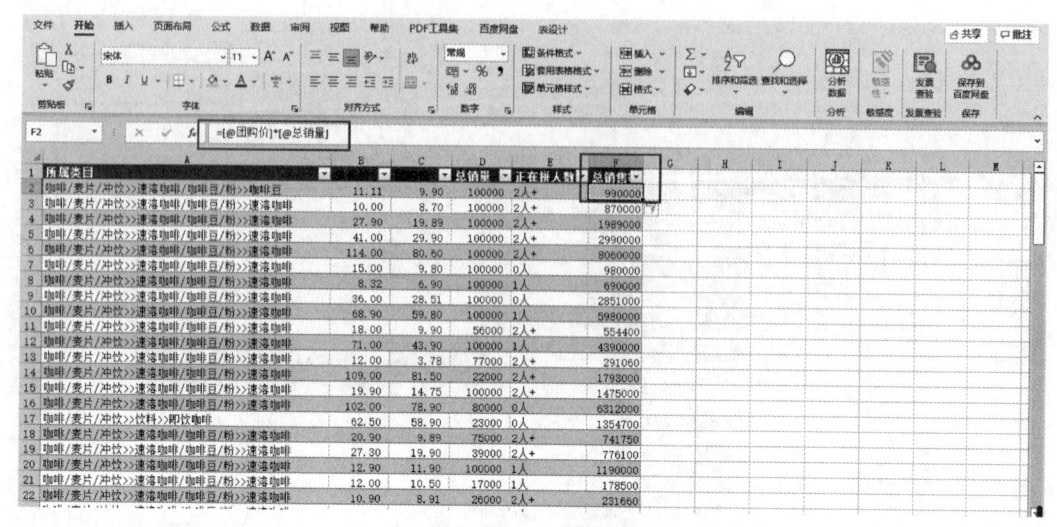

图 4-6 计算总销售额

3. 创建数据透视表

选中处理好的数据表，在"插入"选项卡中单击"数据透视表"按钮，弹出"来自表格或区域的数据透视表"对话框，检查"选择表格或区域"的设置：若引用的数据是表，则无须检查；若引用的数据是区域，则需要检查区域范围是否正确。在检查完毕后单击"确定"按钮，如图 4-7 所示。

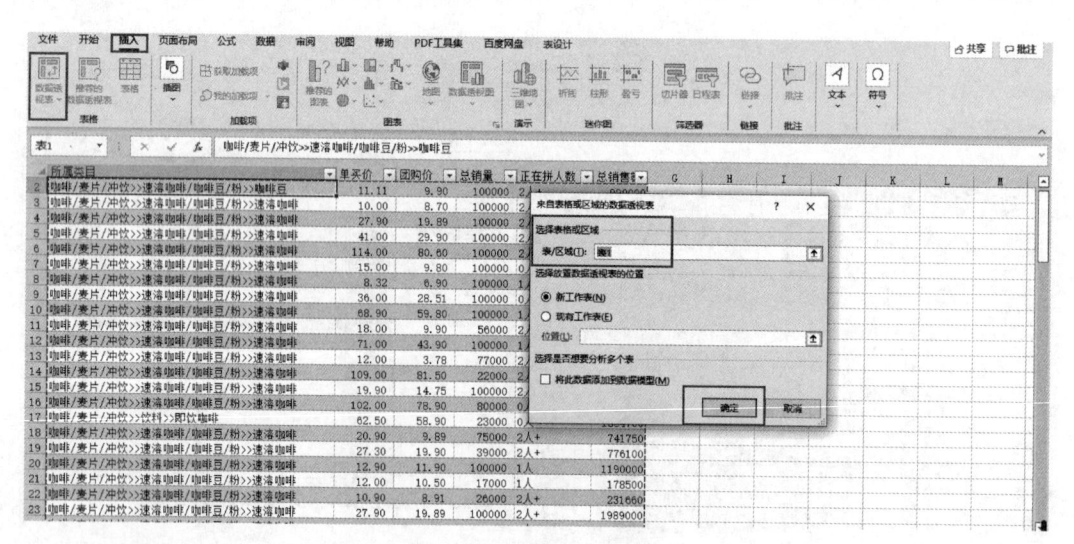

图 4-7 创建数据透视表

4. 设置数据透视表

在自动生成的新工作表中，右侧有"数据透视表字段"窗格，在此可进行字段的设置：勾选或拖动。将"所属类目"字段拖动到"行"区域中，将"总销售额"字段拖动到"值"区域中，如图 4-8 所示。

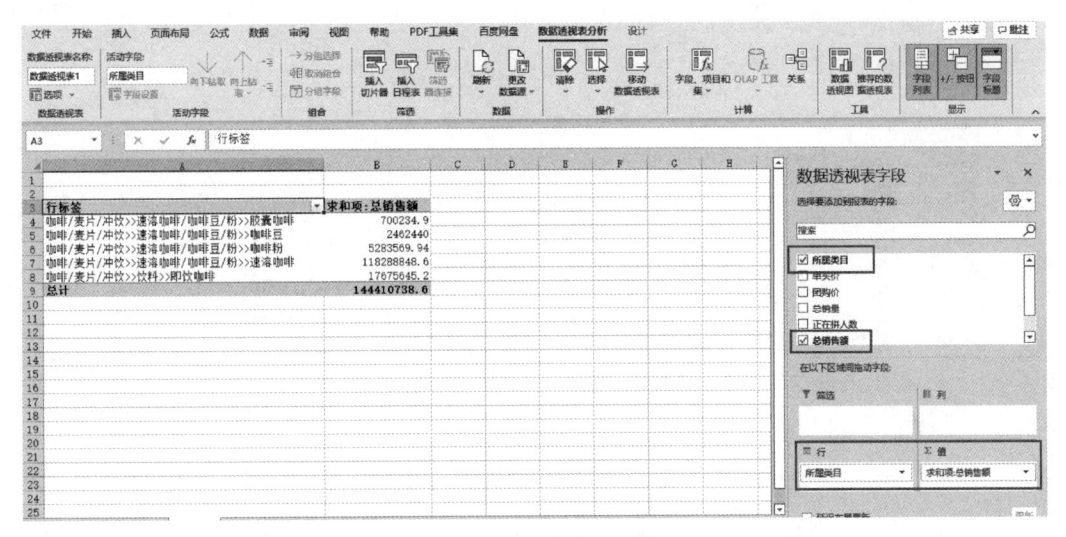

图4-8 设置数据透视表

在设置好字段后，在"求和项：总销售额"列上右击，在弹出的快捷菜单中选择"排序"→"降序"命令，进行降序排列，排序结果显示"速溶咖啡"是"咖啡/麦片/冲饮>>速溶咖啡/咖啡豆/粉"类目下规模最大的三级类目，如图4-9所示。

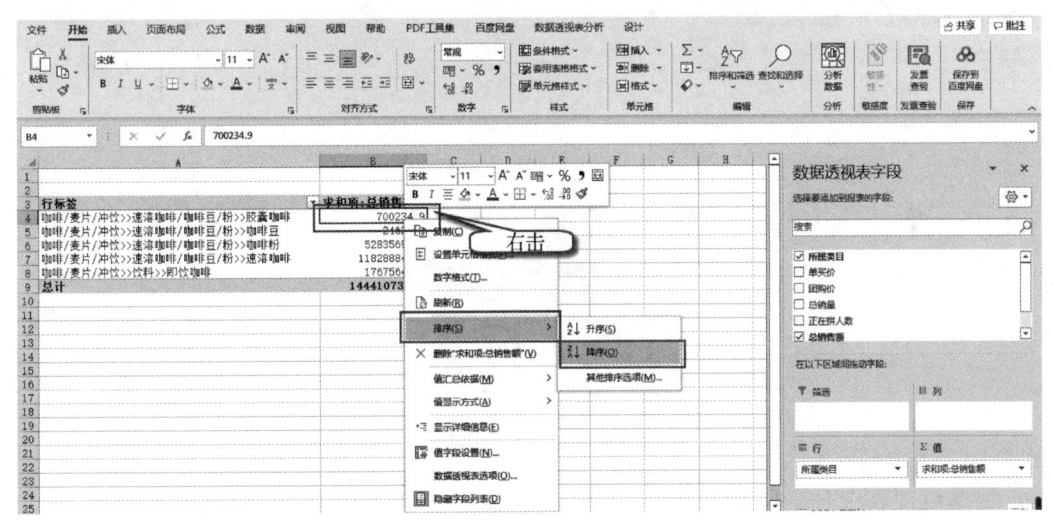

图4-9 数据排序

在分析市场规模时，电商企业可选择饼图作为最终的可视化对象。饼图可用于报告中，比表格更直观和美观。

在数据透视表的基础上，单击数据透视表，在"插入"选项卡中选择图形，如图4-10所示。

单击"饼图"按钮（也可以用条形图、环形图等），在弹出的下拉列表中选择"二维饼图"中的第一个饼图，如图4-11所示。

图 4-10 选择图形

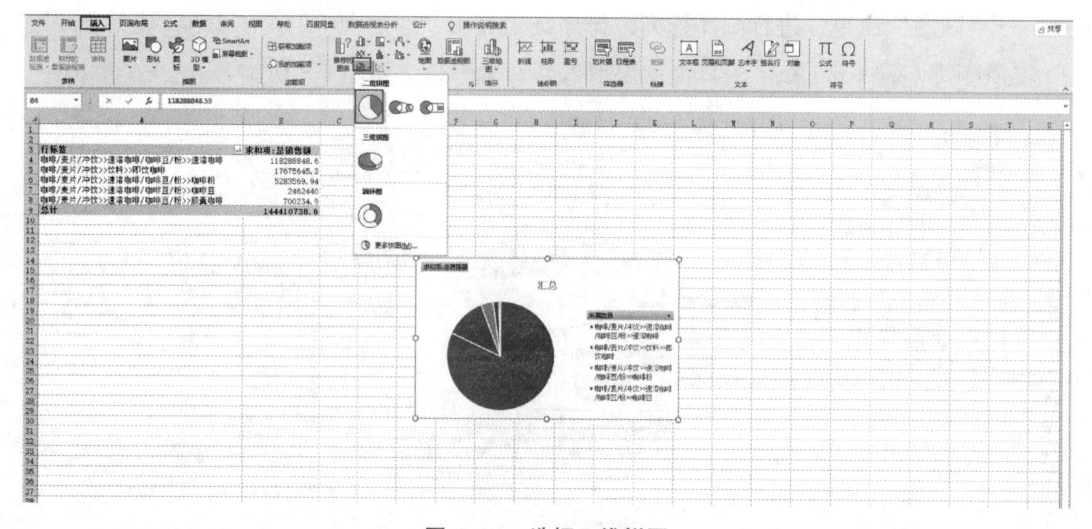

图 4-11 选择二维饼图

数据透视表中有 3 个指标字段，但饼图只需要一个指标字段，因此会默认只使用第一个指标字段，效果如图 4-12 所示。饼图使用"总销售额"字段划分了占比。

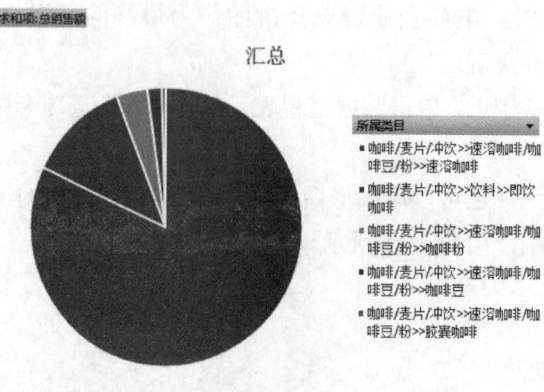

图 4-12

在图形上右击,在弹出的快捷菜单中选择"添加数据标签"→"添加数据标签"命令,如图 4-13 所示。

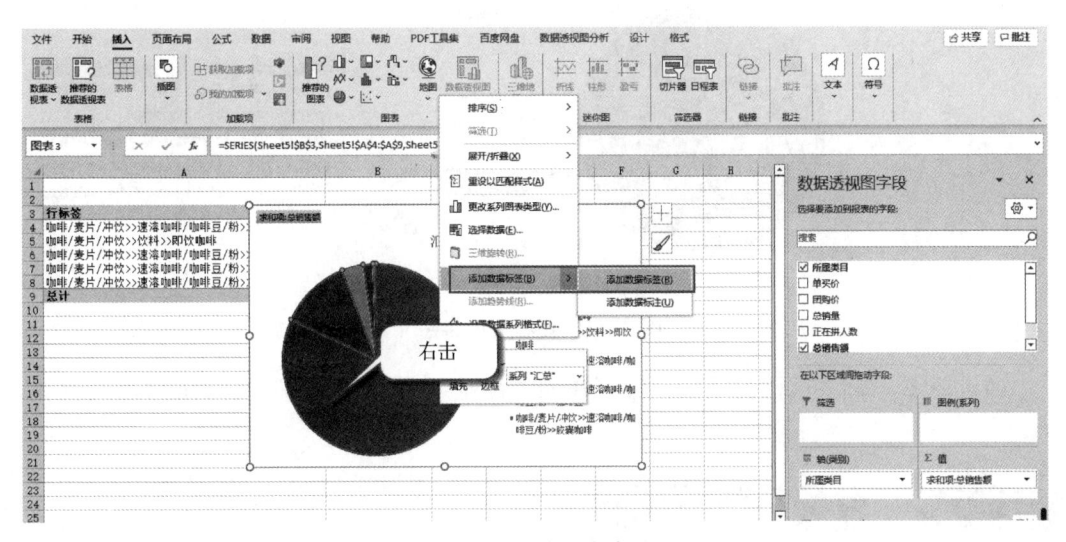

图 4-13 添加数据标签

在添加数据标签后,在数据标签上右击,在弹出的快捷菜单中选择"设置数据标签格式"命令,打开"设置数据标签格式"窗格,设置数据标签的格式如图 4-14 所示。

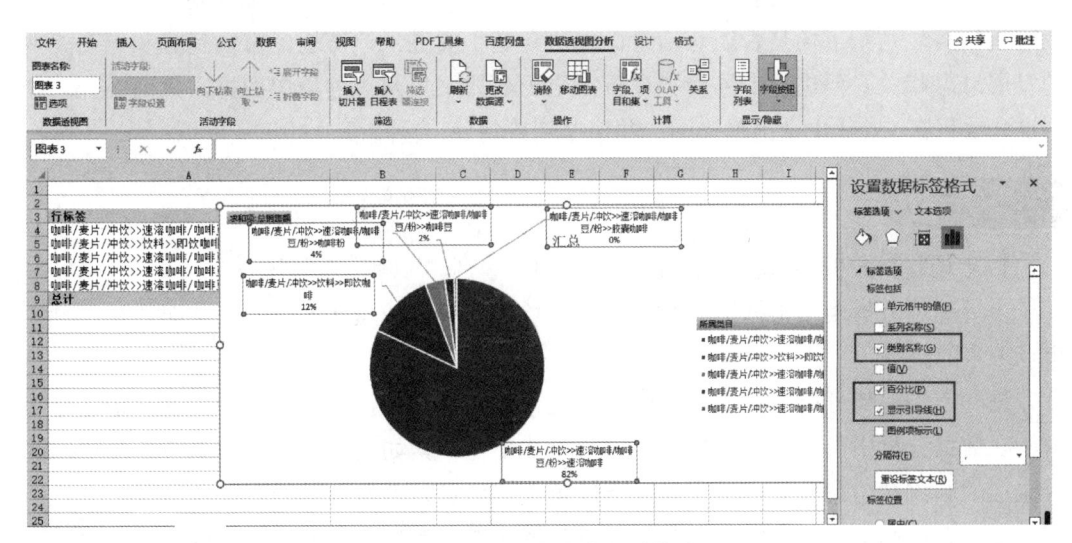

图 4-14 设置数据标签的格式

设置好的饼图如图 4-15 所示,其可读性比设置前提高了许多。

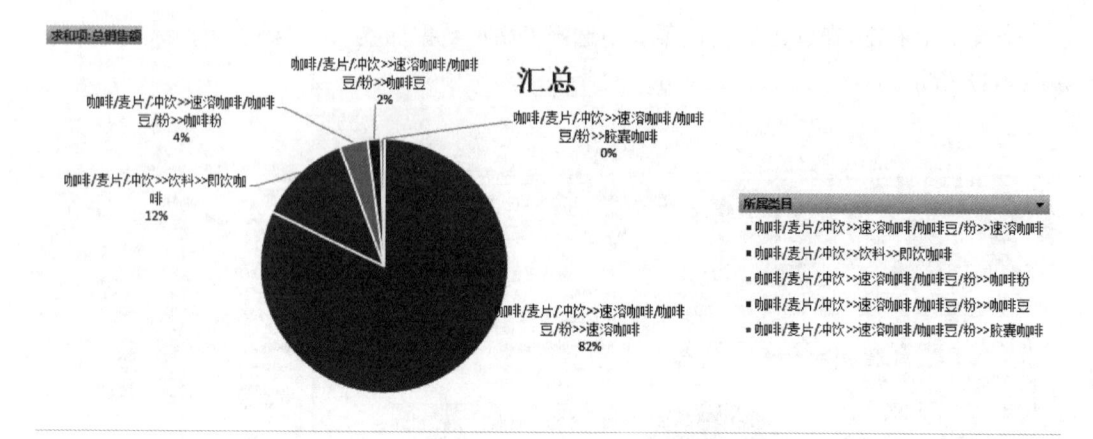

图 4-15　设置好的饼图

通过饼图，我们可以直观地观察到，在咖啡行业中，速溶咖啡子类目的市场规模最大。

任务 2　市场趋势分析

分析思路

规模再大的市场，若没有增量，也会让市场中原有的企业感觉有阻力，新入场的企业很可能以失败告终。电商企业在进入市场前或者在制订未来的发展规划时，必须先掌握市场趋势，判断市场是否还有增量，再决定是否要进入该市场。市场趋势和电商企业的发展息息相关。要进行市场趋势分析，至少需要采集两年的历史数据。电商企业可使用这些数据在 Excel 中做出趋势图，并根据趋势划分市场阶段。

知识准备

1. 市场趋势分析的概念和目的

市场趋势分析是指根据历史数据掌握市场需求随时间变化的情况，从而估计和预测市场未来的趋势。

进行市场趋势分析的目的是了解市场是否有潜力、把握市场的运营节奏。市场趋势分析在数据分析中具有十分重要的地位，企业都在探索如何能够准确预测市场趋势，因为企业的利润从信息差中产生。根据市场角色，信息差可被划分为企业和消费者之间的信息差、企业和企业之间的信息差。企业和消费者之间的信息差在一定程度上决定了商品的销售价格。例如，消费者通过企业购买一件商品的价格是 200 元，但消费者并不知道企业的成本为 30 元，因为消费者和企业之间存在较大的信息差，因此企业可以通过以高于商品成本的销售价格销售商品来赚取利润。如果一个行业的价格透明了，就意味着消费者了解商品的成本，此时消费者和企业之间的信息差就变小了。

企业和企业之间的信息差体现在企业战略和战术上。例如，1972 年，法国人皮埃尔·瓦克测了石油危机，让壳牌公司成为唯一一家能够抵挡这次危机的大石油公司。壳牌公司就是在其他企业不知道的前提下，优先调整了市场战略和战术，利用信息差打了一场漂亮的逆袭战。

2. 市场的运营节奏

市场趋势分析是通过 Excel 中的折线图及趋势线来判断市场走势的规律及预测市场未来走势的。

若线上市场的增幅连续两年超过 15%，则说明市场的发展趋势好，该市场可被判定为增量市场（或朝阳产业）；反之，则该市场的发展趋势差，该市场可被判定为存量市场（或黄昏产业）。分析市场趋势就是要辨别市场。根据市场需求的变化，市场趋势可被划分为导入期、上升期、爆发期、衰退期，如图 4-16 所示。其中，导入期是指消费者开始产生需求的阶段，在此阶段，企业要布局好商品；上升期是指消费者需求开始上升的阶段，在此阶段，企业要投入足够的市场预算以抢占市场；爆发期是指消费者需求达到顶峰的阶段，在此阶段，企业要尽量地出单；衰退期是指消费者需求开始下降的阶段，在此阶段，企业要将库存控制在安全库存的范围之内。电商企业在不同的阶段进入市场，其成长空间不同。

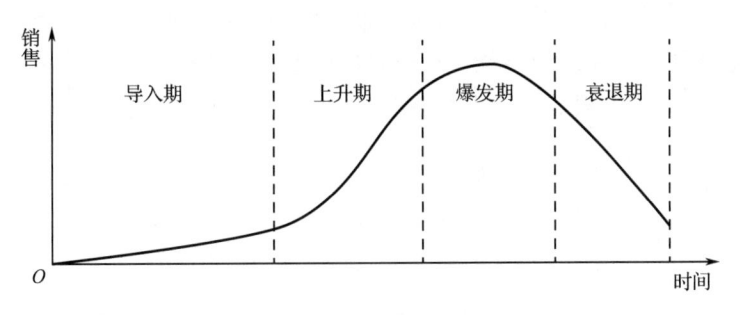

图 4-16 市场趋势的不同阶段

3. 市场趋势分析的途径

1）行业研究报告

由于进行市场趋势分析需要了解过去的市场情况，并进一步预测未来市场的变化，因此数据分析人员需要持续采集市场趋势的相关数据。在进行市场趋势分析时，行业研究报告必不可少。行业研究报告可通过对特定行业的长期跟踪监测，对行业的整体情况和发展势进行分析，包括行业生命周期、行业成长空间和盈利空间、行业演变趋势等。数据分析人员可通过研读行业研究报告来挖掘反映行业市场趋势的关键信息，并根据这些信息预测未来市场的发展。许多第三方调研机构会公布其研究成果，如前瞻产业研究院、199IT 互联网数据中心、艾瑞网等。

2）行业数据

折线图是数据分析人员在分析市场趋势时常用的可视化对象，有些数据工具中称其为时序图。借助数据采集进行分析，可细化到月份之间、季度之间、年份之间的变化状况，是对市场趋势较为准确的把握方式。

我们借助多多查官方平台可以采集到的销量是总销量，而且超过 10 万的销量均以"10万+"来表示，所以若要通过销量这个指标来进行市场趋势判断，数据分析人员就需要做好每个月的销量统计。

3）入驻平台官方后台提供的市场趋势分析工具

拼多多商家后台提供了两种市场趋势分析工具：搜索行业分析和搜索词分析。

搜索行业分析可以让商家了解最近拼多多平台上的买家在搜索什么商品、什么样的商品卖得比较好，从而帮助商家洞察搜索大盘流量趋势及搜索热销商品排行榜，解决不知道经营类目搜索流量趋势的困扰，以及做到在优化商品时有的放矢。搜索行业分析分为"行业趋势"和"搜索商品排行榜"两个模块。

搜索词分析可以让商家了解什么样的关键词更具有竞争力，以及不同关键词的搜索热度、点击热度、竞争强度，从而帮助商家洞察热搜词排行榜、趋势，解决不知道该选择什么关键词和关键词如何出价的困扰。搜索词分析分为"搜索词排行榜""搜索词查询""相关搜索词推荐"3个模块。

任务实施

1. 搜索行业分析

小赵在浏览器的地址栏中输入"https://mms.pinduoduo.com/"，进入拼多多商家后台。使用商家的账号登录，在"推广中心"→"推广工具"中，选择"数据洞察"→"搜索行业分析"选项，如图4-17所示。

市场趋势分析

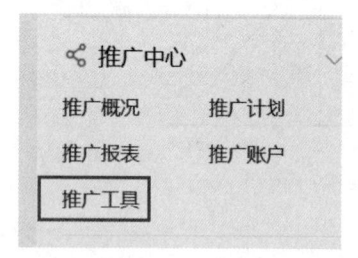

图4-17 搜索行业分析

搜索行业分析提供了行业一级类目、二级类目、三级类目3天、7天和15天的行业趋势图，包括点击指数、访客指数、搜索指数等指标。这些指标可以复选，以便进行交叉对比。

点击指数：根据点击量拟合出的指数化指标。点击指数越大，代表点击量越大。点击量是该行业的商品在搜索结果页中被用户点击的次数。

访客指数：根据访客数拟合出的指数化指标。访客指数越大，代表访客数越多。访客数是通过搜索访问该行业商品的用户数。

搜索指数：根据搜索次数拟合出的指数化指标。搜索指数越大，代表搜索次数越多。搜索次数是用户搜索该行业商品的次数。

根据电商万能公式：销售额=访客数×转化率×客单价=展现量×点击率×转化率×客单价，我们以销售额为指标进行市场趋势分析。当数据不充分时，我们可以此工具中的点击指数或者访客指数来作为参考。

选择速溶咖啡类目15天的点击指数和访客指数，如图4-18所示。

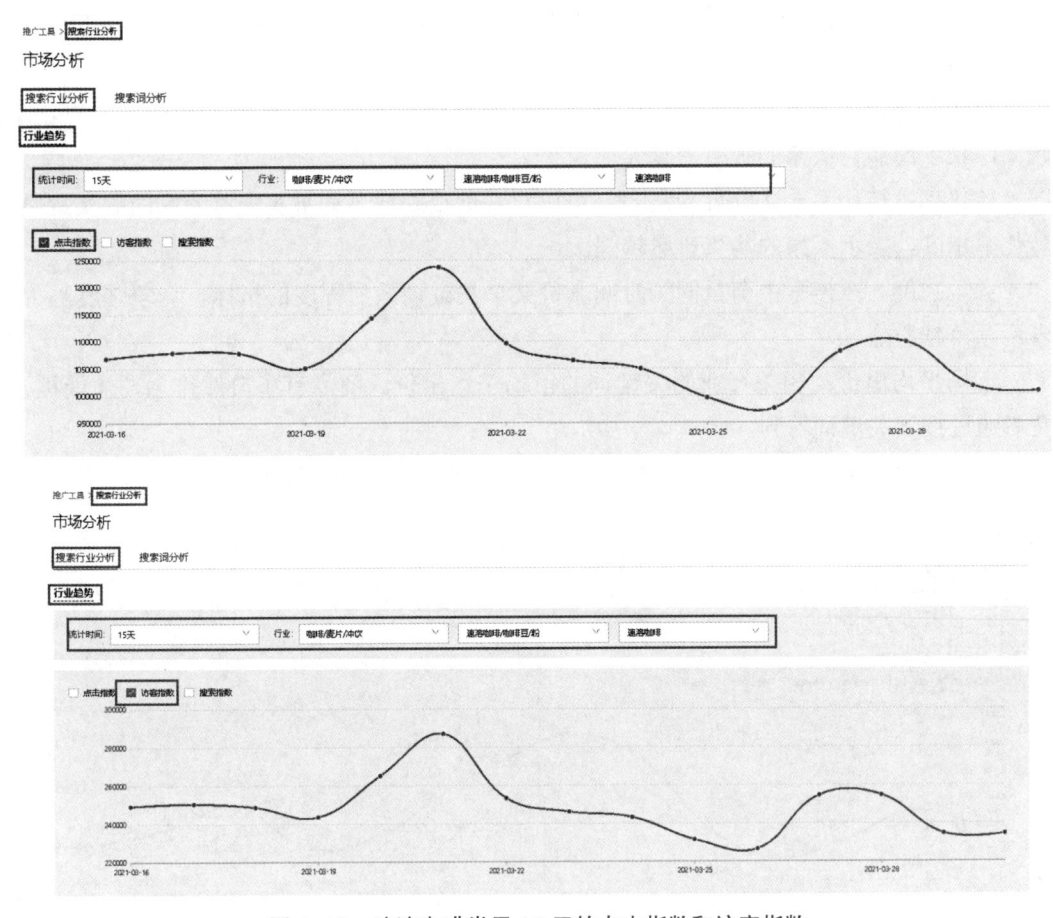

图 4-18 速溶咖啡类目 15 天的点击指数和访客指数

2. 搜索词分析

小赵在浏览器的地址栏中输入"https://mms.pinduoduo.com/",进入拼多多商家后台。使用商家的账号登录,在"推广中心"→"推广工具"中,选择"数据洞察"→"搜索词分析"选项,如图 4-19 所示。

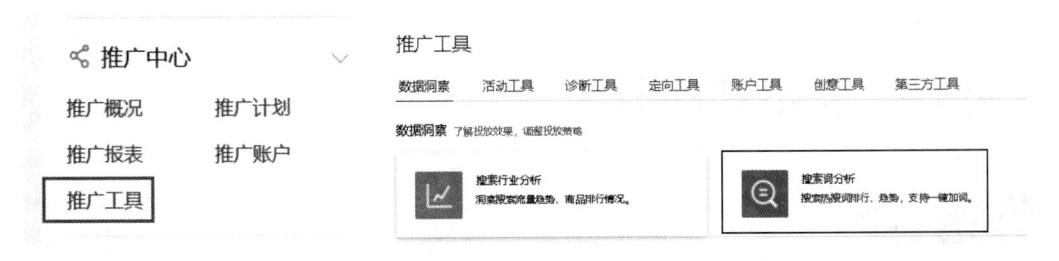

图 4-19 搜索词分析

在搜索词分析中,我们可以通过行业关键词的搜索数据来查看行业一级类目、二级类目、三级类目 3 天、7 天和 15 天的趋势,并且可以同时对比两个关键词的数据,其中包括搜索热度、点击热度、点击率、转化率、竞争强度、市场平均价等指标。这些指标可以复选,以便进行交叉对比。

搜索热度:根据搜索次数拟合出的指数化指标。搜索热度越高,表示搜索次数越多。

点击热度：根据搜索点击次数拟合出的指数化指标。点击热度越高，表示搜索点击次数越多。

点击率：点击率＝点击量/曝光量，可以直观地反映商品对买家的吸引力。点击率越高，表示商品对买家的吸引力越大。

转化率：转化率＝订单数/点击量，可以直观地反映在该词下买家对商品的购买意愿。转化率越高，表示买家的购买意愿越强。

竞争强度：在搜索中衡量同一时间竞价某个关键词激烈程度的指标。竞争强度越大，表示竞争越激烈。

市场平均出价：相关行业的关键词的市场平均出价。商品有了自然排名，才能被消费者通过搜索关键词看到。

以"速溶咖啡"为搜索词，选择15天的点击热度，如图4-20所示。

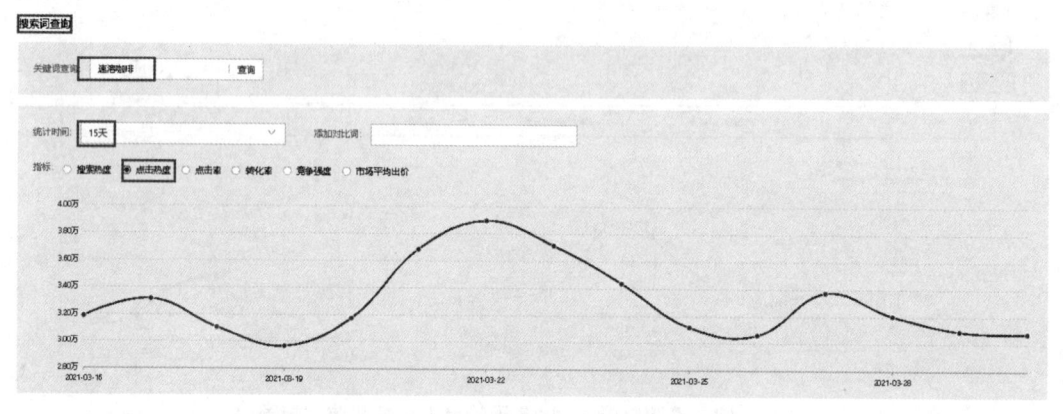

图4-20 "速溶咖啡"15天的点击热度

3. 咖啡行业的市场趋势分析

通过拼多多商家后台提供的两种趋势分析工具可以看出，短时间内速溶咖啡的市场增幅空间不大。至于判断该市场是增量市场还是存量市场，还有待于采集近两年的原始数据作为分析支撑。

任务3　市场价格分析

分析思路

市场价格是商品价值的货币表现，通常是指在一定时间内某种商品在市场上形成的具有代表性的实际成交价格。电商企业在分析商品的市场价格时，一个很重要的依据是消费者的消费层次和价格承受能力。电商企业以此为标准来确定相应的价格带。由于要分析的市场是拼多多，因此本项目引例中的电商企业可借助多多查工具采集对应品类的商品数据，主要字段是销售价格和销售额，以销量排序前1000名的商品作为样本，观察不同价格带的市场规模。

知识准备

1. 市场价格分析

市场价格分析要分析的是商品的销售价格，销售价格与销售额和利润息息相关。如果销售价格定高了，虽然利润得以保证，但是销量及销售额难以提高，总的利润就不会可观。如果销售价格定低了，那么销量可能会比较乐观，但利润难以保证。一般来说，销售价格与利润的关系如图 4-21 所示。

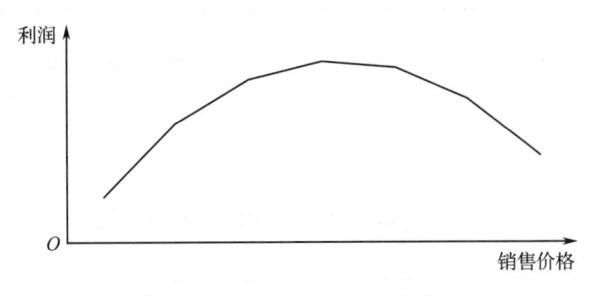

图 4-21 销售价格与利润的关系

由图 4-21 可知，在一定范围内，销售价格越高，利润越多；在超出范围后，反之。大多数商品都遵循这种规律。因此，电商企业在定价时需要考虑最佳的价格带。

2. 最佳价格带分析

分析最佳价格带需要采集具有代表性的商品数据，如商品的名称、规格、销售价格、销量、销售额等。销售价格的分析一般是先设定价格带再进行分析。价格带的步长的确定需要遵循以下规则。

（1）价格带的步长应根据消费者的心理区间设置，若企业主要销售 20 元左右的商品，则价格带的步长可设置为 5 元；若企业主要销售 200 元左右的商品，则价格带的步长可设置为 10 元。

（2）价格带的步长要一致，但是，当商品的价格跨度较大时，可以将大跨度区间的数据汇总在一起，作为一个价格带，其他价格带还是要按等步长进行切分。例如，企业的商品价格范围为 10～1000 元，如果 200 元以下的商品所占的市场份额很少，那么可以将 200 元以下的商品的数据进行汇总；如果 500 元以上的商品所占的市场份额很少，那么可以将 500 元以上的商品的数据进行汇总；将 200～500 元的价格带按相等步长进行切分。

（3）若要使分析结果更精准，则可以使用交叉分析法。

交叉分析法是对比法和拆分法的结合，是指将有一定关联的两个或以上的维度和度量值排列在统计表内进行对比分析，在小于或等于三维的情况下可以灵活使用图表进行展示；当维度大于三维时，可选用统计表进行展示，此时交叉分析法也被称为多维分析法。例如，企业在研究市场价格时，经常将商品特征和定价作为维度，将销售额作为度量值进行分析。

举例：性别和品类对应的消费金额如表 4-2 所示，请利用交叉分析法分析不同性别消费者的差异。

表 4-2 性别和品类对应的消费金额

单位：元

性　　别	品　　类	消费金额
男	零食	68
男	耳机	180
女	零食	155
女	耳机	42

将表4-2转变成二维交叉表，如表4-3所示，以直观地观察男性消费者和女性消费者在消费偏好上的差异。结果显示男性消费者更愿意在耳机上进行消费，女性消费者则更愿意在零食上进行消费。

表 4-3 性别和品类的消费金额交叉表

单位：元

性　　别	品　　类	
	零　食	耳　机
男	68	180
女	155	42

另外，市场供求关系也是影响市场价格的重要参数：当供小于求时，市场价格处于上涨趋势，高于商品的价值；当供求平衡时，市场价格相对稳定，符合商品的价值；当供大于求时，市场价格处于下跌趋势，低于商品的价值。不同的价格分层会有不同的市场体量和竞品，企业需要根据自身的实力、供应链优势来预估商品的利润空间，确定自身商品的定价。

3. 遵守平台的定价规则

通常，一个店铺的商品可以分为引流款、利润款和高端款3种。一般来说，引流款的占比应该在20%左右，其主要作用是带来流量，可以不赚钱甚至亏本；利润款是店铺的利润来源，占比应该在70%左右；高端款的销量较少，占比在10%左右比较合理。做好商品规划是给商品定好价的前提。

拼多多平台上的商品大多是以团购价销售的，电商企业在分析最佳价格带时，也应以团购价为计算依据。电商企业在发布商品的销售价格时，要给促销活动留出一定的让利空间，一定要遵循市场价＞单买价＞团购价的规律，但是团购价也不能偏离市场价太多，否则容易违反拼多多平台的定价规则，导致发布不成功。电商企业也不能一味地缩减成本。只有基于品质的让利才能形成真正的性价比，才能吸引更多的消费者。

任务实施

1. 采集数据

步骤1：小赵在浏览器的地址栏中输入"https://duoduocha.com/"，使用商家的账号登录，选择"优化工具"→"关键词分析"→"关键词商品查询"选项，如图4-22所示。

市场价格分析

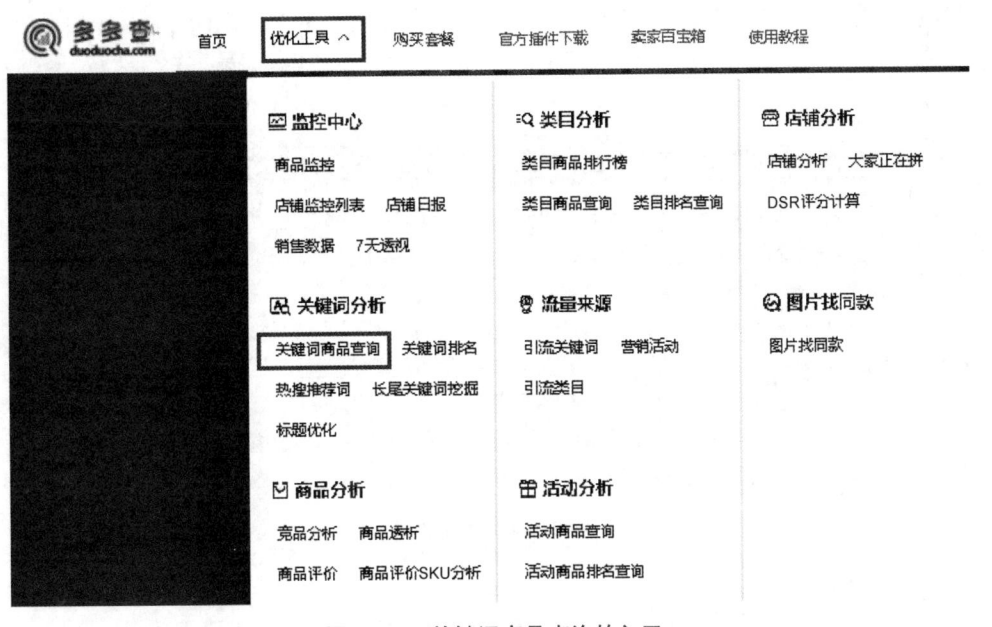

图 4-22 关键词商品查询的入口

步骤 2：在进入关键词商品查询页面后，在"关键词搜索框"文本框中输入关键词"速溶咖啡"，在下方选择按"销量排序"和"导出排名（前 600 名）"选项，如图 4-23 所示。

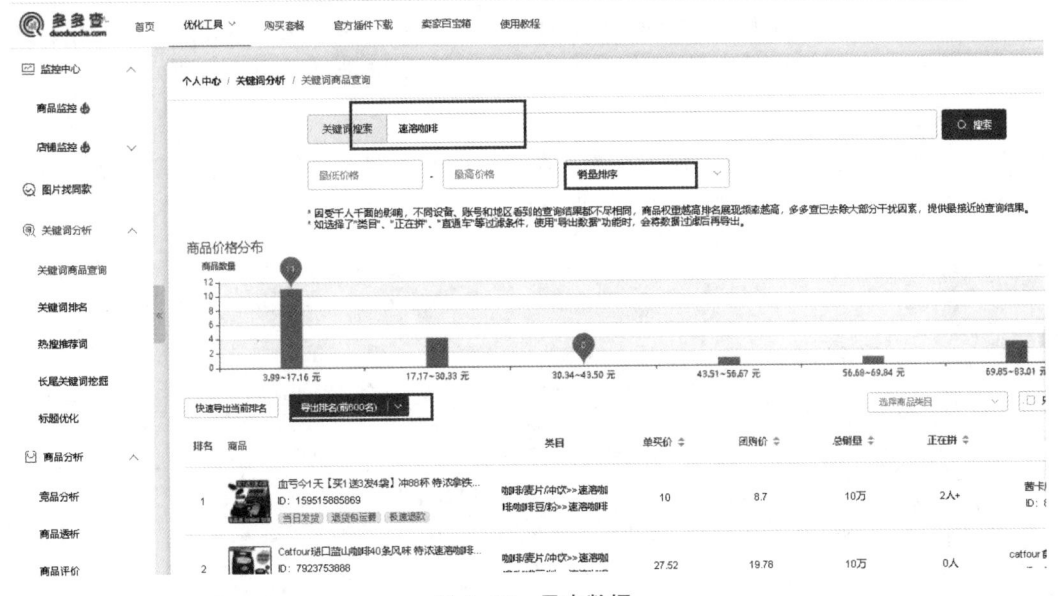

图 4-23 导出数据

2. 清洗数据

打开下载好的 Excel 文件，删除除"商品名""所属类目""团购价格""总销量"以外的其他列；单击表格区域第一行最后一列的列标题，将鼠标指针移至单元格右下角，当鼠标指针变成"＋"形状时，按住鼠标左键向右拖动，新增 4 列，将列标题分别设置为"销售额""规格""净含量（g）""500g 单价"（因为商品的重量不一致，所以需要先统一换算成 500g 的销售单价，以清洗掉无效数据），如图 4-24 所示。

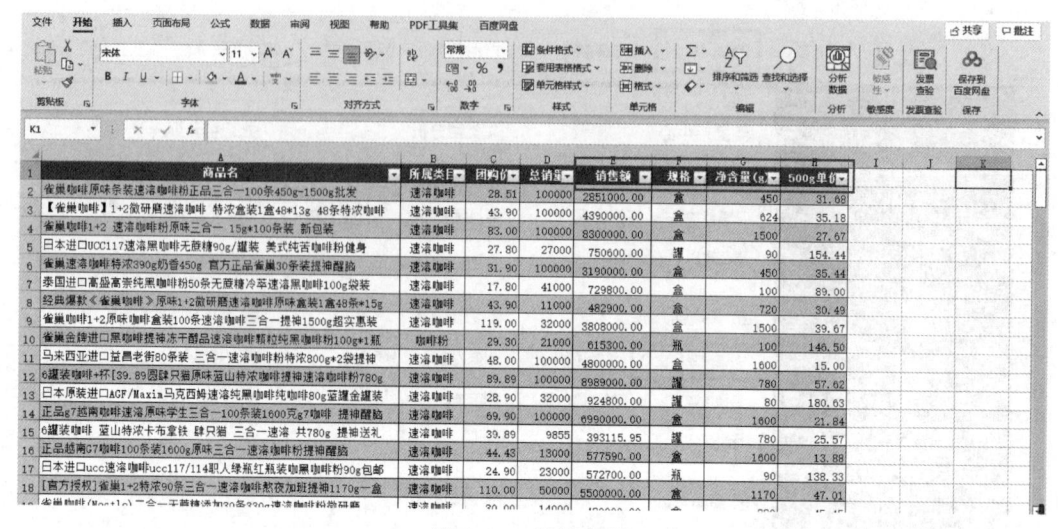

图 4-24 清洗数据

3. 将数据可视化

使用数据透视表的分组功能，可快速创建价格带，操作步骤如下。

1）创建数据透视表

选中数据，选择"插入"选项卡，单击"数据透视表"按钮，在弹出的"来自表格或区域的数据透视表"对话框中设置"表/区域"为"表1"，选中"新工作表"单选按钮，单击"确定"按钮；在打开的"数据透视表字段"窗格中，将"500g 单价"字段拖动到"行"区域中，将"销售额"字段拖动到"值"区域中，如图 4-25 所示。

2）设置价格带

在数据透视表中，在行标签上右击，在弹出的快捷菜单中选择"组合"命令，在弹出的"组合"对话框中，设置"步长"为"15"，如图 4-26 所示。

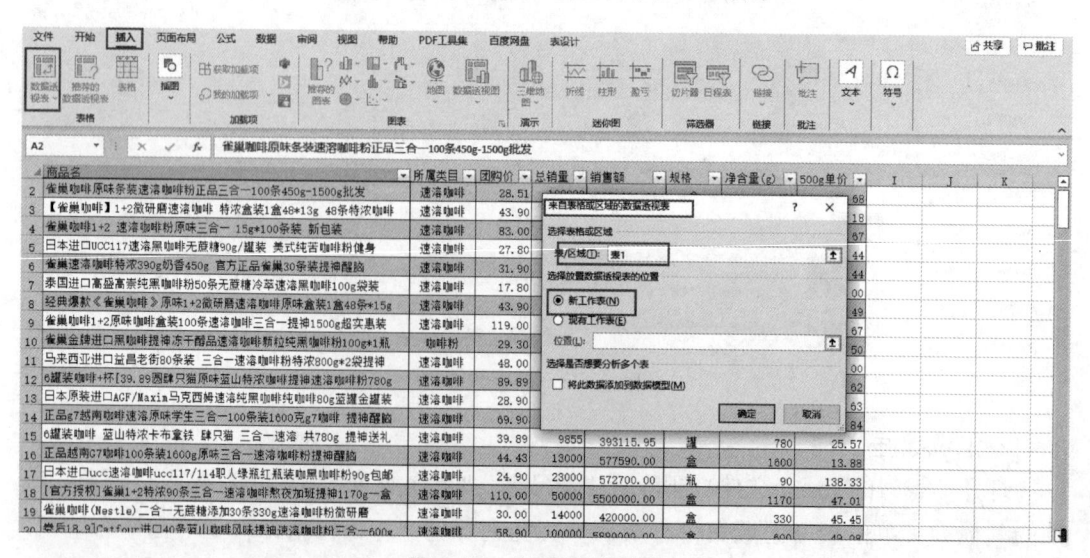

图 4-25 创建数据透视表

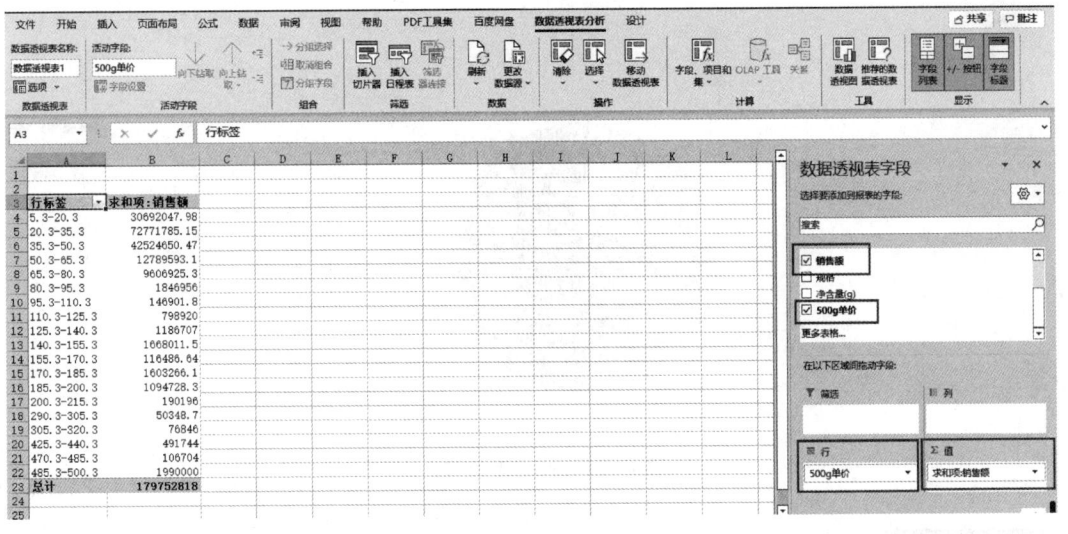

图 4-25 创建数据透视表（续）

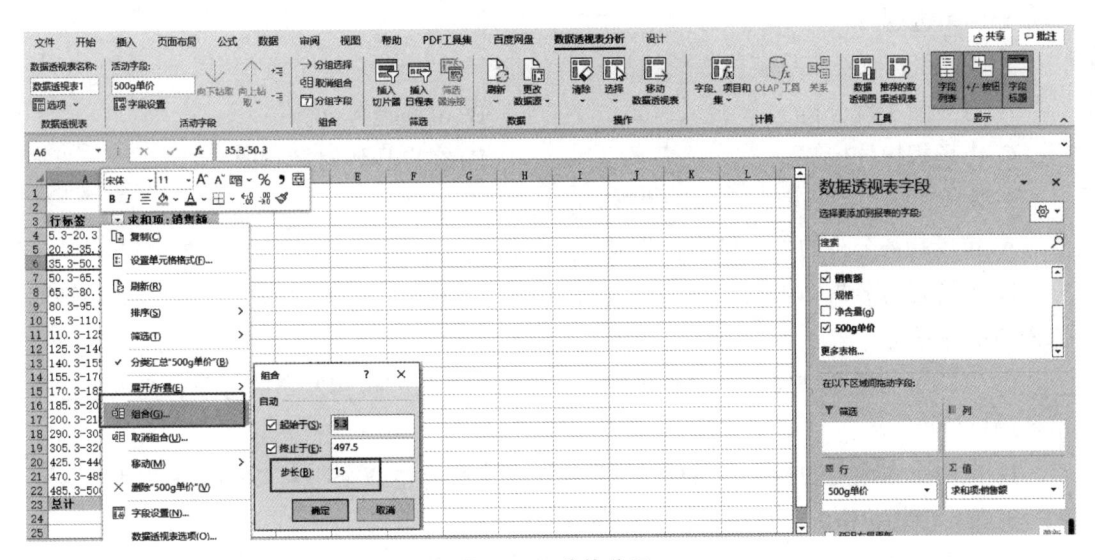

图 4-26 价格分组

3）可视化数据

选中数据透视表，选择"插入"选项卡，单击"饼图"按钮，在弹出的下拉列表中选择"二维饼图"中的第一个饼图；在图形上右击，在弹出的快捷菜单中选择"添加数据标签"→"添加数据标签"命令；在添加数据标签后，在数据标签上右击，在弹出的快捷菜单中选择"设置数据标签格式"命令；在打开的"设置标签格式"窗格中勾选"百分比"复选框，得到的价格带分布饼图如图 4-27 所示。图表可以更直观地显示数据。

4. 得出结论

由饼图可知，20.3～35.3 元是销售额最高的价格带。

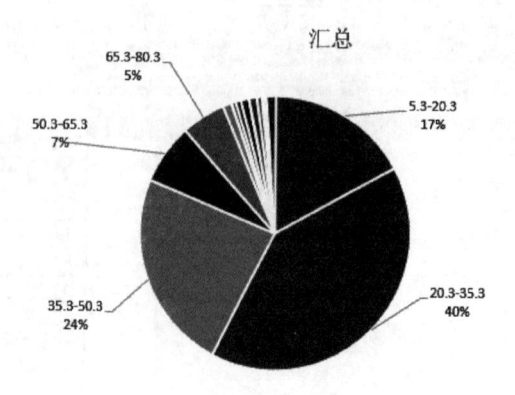

图 4-27　价格带分布饼图

课后习题

一、单选题

1. 研究目标行业市场整体规模的是（　　）。

   A. 行业集中度分析　　　　　　　　B. 市场趋势分析

   C. 市场规模分析　　　　　　　　　D. 客户品牌偏好分析

2. 关于市场趋势分析，下列说法错误的是（　　）。

   A. 市场趋势分析的内容包括行业成长空间、行业盈利空间、行业演变趋势等

   B. 市场趋势分析即根据市场历史数据判定行业目前所处的发展阶段，并进一步预测未来的市场变化

   C. 电商企业可通过前瞻产业研究院、艾瑞网等第三方机构发布的行业研究报告进行市场趋势分析

   D. 电商企业选定的行业是否处于衰退期，不会影响电商企业未来的成长空间

3. 关于市场价格，下列说法错误的是（　　）。

   A. 消费者的价格承受能力不会影响商品的市场价格

   B. 市场价格是商品价值的货币表现

   C. 市场供求关系是影响市场价格的重要参数

   D. 市场价格是指在一定时间内某种商品在市场上形成的具有代表性的实际成交价格

4. 市场价格是（　　）的货币表现。

   A. 商品价值　　　　B. 商品定价　　　　C. 商品成本　　　　D. 商品利润

5. 如果所选定的行业处于爆发期，那么此时某些行业巨头已经占据一席之地，电商企业需要（　　）。

   A. 加快市场推进速度，迅速占领市场

   B. 对该行业进行细分，以差异化的商品和服务抢占细分领域的市场份额

   C. 迅速退出该行业

   D. 保持观望状态，等待行业巨头进入衰退期再进入

二、多选题

1. 关于市场规模分析，下列说法正确的是（　　）。
   A. 进行市场规模分析，有利于电商企业制订销售计划和确定销售目标
   B. 市场规模的大小决定了行业的天花板
   C. 在进行市场规模分析时，电商企业仅可获知过往年份的市场规模数据，无法预测未来几年的市场规模
   D. 无视市场规模，盲目确定销售目标，会导致电商企业积压库存、占用资金

2. 电商企业在分析市场价格时，其中较为重要的依据包括（　　）。
   A. 商家超过50%的利润率　　　　　　B. 消费者的价格偏好
   C. 消费者的消费层次　　　　　　　　D. 消费者的价格承受能力

3. 关于市场规模分析，下列说法错误的是（　　）。
   A. 行业市场规模对企业未来的发展前景不产生影响
   B. 行业市场规模是相对稳定的，不会随着消费市场的变化而变化
   C. 市场规模分析即市场集中度分析
   D. 市场规模是指目标行业市场在指定时间内的销售额

4. 不能体现市场分析价值的是（　　）。
   A. 有助于电商企业降低人员薪酬，减少运营成本
   B. 有利于电商企业发现新的市场机会
   C. 可使自身企业具有绝对的竞争优势，决定行业的市场规模
   D. 可提高信息对称性，为电商企业的经营决策提供参考

三、实训题

类目：家装/家用五金/指纹锁。

背景：某网店准备销售智能家居类商品——指纹锁，要求数据分析人员小王对拼多多平台上的指纹锁的市场规模及市场趋势进行分析，以此来确定是否销售指纹锁。

目标：用PPT做一份报告，并向老板汇报。

数据：练习数据4.1。

要求：

（1）PPT不少于6页（标题页和目录页除外）。

（2）有图形展示（如折线图、柱形图、饼图等）。

（3）有明确的分析结果（可设置分析结果页）。

项目 5
社交电商竞争店铺分析

思政与素质目标

传统企业竞争是想尽一切办法打垮对手,有你无我,结果往往是两败俱伤;而现代企业竞争是"你中有我,我中有你",竞争与合作并存。在激烈的竞争中,"惟创新者进,惟创新者强,惟创新者胜。"

教师要引导学生在企业运营之初不能"想一出是一出"地蛮干,要耐心、细心地采集竞争店铺的数据,实事求是地分析采集到的数据,学习竞争店铺的长处,找准自己的创新点,明确自身的市场定位,进行合理的规划与布局。

引例

拥有传统电商食品类目运营经验的王老板计划在拼多多平台上开店,销售其优势产品——山核桃炒货。在开店前,王老板特别想了解拼多多平台上山核桃炒货市场的竞争情况,以便为自己的店铺定位提供参考。

任务拆解

商家无论是在线上开店,还是在线下开店,都面临着激烈的市场竞争。而在线上开店,一个明显的优势是可以用数据指导运营,用较小的代价获取明确且清晰的行业状况、单品潜力。通过数据分析,商家可以得到产品竞争的激烈程度、单品销量、产品的评价及价格等重要的信息。本项目可被拆解成3个任务,分别是竞争环境分析、价格带分析和行业集中度分析、竞争对手分析,如表5-1所示。

表 5-1　社交电商竞争店铺分析的任务拆解表

项目	任务	任务需求	核心指标
竞争店铺分析	竞争环境分析	将竞争对手进行分类	搜索热度
	价格带分析和行业集中度分析	了解价格带分布和行业集中度	价格带、行业集中度
	竞争对手分析	将自己与竞争对手的销售指标和运营指标进行对比	销售指标、运营指标

任务1　竞争环境分析

分析思路

竞争环境是指营销经理必须面对的竞争者的数量和类型，以及竞争者参与竞争的方式。尽管营销经理通常无法控制这些因素，但他们可以选择避免正面交锋的战略。竞争是不可避免的，但营销经理可以提早做准备。竞争环境的变化不断产生威胁，也不断产生机会。对企业来说，如何检测竞争环境的变化，以规避威胁并抓住机会，成为与企业发展休戚相关的重大问题。

知识准备

1. 竞争对手

竞争对手是企业经营行为最直接的影响者和被影响者。这种直接的互动关系决定了竞争对手在外部环境分析中的重要性。竞争是任何企业都无法回避的永恒主题，企业为了生存，必须了解其竞争对手，以便制定更有效、更有针对性的竞争战略。一个企业能否在市场上取得成功，除了取决于自己产品的质量、价格等因素，还取决于竞争对手的产品。自己的产品虽然很好，但是如果竞争对手的产品更好，那么自己的产品还是没有市场。因此，研究和分析竞争对手对企业来说非常重要。

分析竞争对手最重要的目的是预测竞争对手的行为，包括竞争对手对未来的机会和威胁可能做出的反应、竞争对手对企业的战略行动可能做出的反应、竞争对手未来的动向等。企业需要预测竞争对手的反应，以避免自己采取的战略行动被竞争对手的行动抵消。企业也需要了解竞争对手未来的动向，以预测未来的竞争优势。

一般而言，竞争对手是指那些生产经营与本企业提供的产品相似或可以互相替代的产品，以同一类客户为目标客户的其他企业，即产品功能相似、目标客户相同的企业。

对一个企业来说，广义的竞争对手来自多个方面，企业与自己的客户、供应商之间都存在着某种意义上的竞争关系。广义的竞争对手是能解决某个需求的方案，可以是某款产品的替代品，如线上课程和线下课程、眼药水和眼贴等。狭义的竞争对手是指与本企业提供的产品或服务类似，并且所服务的目标客户也相似的其他企业，人们通常说的同行属于狭义的竞争对手，同行之间会产生直接的竞争。

2. 竞争对手分类

企业在选择竞争对手前，需要先将竞争对手进行分类，再基于分类挑选合适的竞争对手。企业在不同的阶段需要不同的竞争对手，竞争对手的分类矩阵可以帮助企业在不同的阶段精准选择竞争对手。竞争对手分类的维度可基于实际情况进行设定，可供参考的维度有价格定位（高端、中端、低端）、销量层级（头部、腰部、普通）和产品结构（单一、多样、全面）。在将竞争对手根据价格、销量和产品结构进行初步分类后，企业可以将实际运营阶段分为前期、中期和后期，并结合不同运营阶段的运营策略进行竞争对手分层。前、中、后期的划分一般参考销量和销售市场份额这两个指标进行。例如，一家新开设不久的店铺，在分析市场行情后进行竞争对手分类，根据目前的市场份额与销售情况进行划分，将前期竞争对手定为在3个月左右的时间内可超越的竞争对手，将中期竞争对手定为在1年内可超越的竞争对手，将后期竞争对手定为在1年之后要重点对标的竞争对手。

3. 竞争对手的选择原则

从短期利益来看，选择与实力较弱的竞争对手进行竞争，比选择与实力较强的竞争对手进行竞争，取胜的把握更大，但这不利于提高企业自身的竞争能力。当然，如果企业挑选过强的竞争对手，就会给企业带来很大的竞争风险。因此，企业一定要结合自身的战略目标和竞争策略进行综合考量。

企业在不同的阶段需要不同的竞争对手，竞争对手的选择应遵循以下3个原则。

（1）竞争对手必须比自己优秀。

（2）自己可在中短期内超赶对方。

（3）竞争对手必须是与自己的定位相近的同行。

根据以上3个原则进行判断，如果企业目前的市场规模是100万元，那么对标市场规模在300～500万元的竞争对手是比较合理的；如果直接对标市场规模在千万元级别的竞争对手，甚至市场规模过亿元的行业龙头企业，就难免会由于力量悬殊而给企业带来过大的竞争风险，严重者可能导致企业被淘汰。

竞争对手分析是市场人员、运营人员必须研究的课题。电商企业通过分析竞争对手，可以明确自己的市场打法，结合自己的数据分析市场营销活动的效果。

4. 竞争店铺分析

从商家的角度出发，竞争的粒度可以按品牌、店铺和产品划分，而竞争店铺是按店铺粒度划分的竞争对手。

运营人员在运营店铺的过程中时刻关注竞争店铺是非常重要的，竞争店铺的任何变化都有可能影响自己的店铺。

竞争店铺的强弱关键在于其对自身销售额影响的大小，因此运营人员在做竞争店铺分析时，要先了解竞争店铺的类型、销售规模、产品差别化程度、消费层定位、促销力度和水准等重要因素，再逐一分析，从而制定有效的竞争策略，迎战竞争店铺。

店铺的类型：鉴别竞争店铺属于旗舰店还是专卖店。

店铺的销售规模：包括店铺的销售额、访客数、收藏量等数据指标。

店铺的产品差别化程度：当与竞争店铺相比时，相同或相似产品太多，即产品差别化程度太低是非常不利的，特别是当主力产品的差别化程度低时，会严重影响自己的市场份额。

店铺的消费层定位：每种类型的竞争店铺都有其经营宗旨，也都拥有其忠实的消费人群，在消费水平高的地区，消费者一般较能接受经营高端产品的网店。

店铺的促销力度和水准：广告促销设计是否主题明确，重点产品是否突出，折扣力度和优惠方式是否吸引人，主图是否展示产品的特性。

竞争店铺分析主要关注的指标有店铺创建时间、DSR、收藏量、主销产品、SKU、类目销量分布、客单价、转化率、动销率、引流词等。

任务实施

运营人员需要时刻关注竞争环境并找到竞争对手，以便明确发力点。本任务从店铺粒度进行竞争环境分析。

1. 采集竞争环境数据

社交电商平台搜索是社交电商企业的一个重要流量来源，搜索环境的竞争激烈程度将影响社交电商企业的生存环境，因此竞争环境的分析需从搜索环境开始。

步骤1：确定竞争环境数据来源。

在拼多多商家后台的"推广中心"→"推广工具"中，选择"数据洞察"→"搜索词分析"选项，如图5-1所示。

图 5-1 搜索词分析的入口

进入搜索词分析页面，选择"山核桃/小核桃"类目"15天"的搜索词，如图5-2所示。

图 5-2 搜索词分析页面

步骤2：采集相关的原始数据。

① 在搜索词分析页面中，输入要搜索的关键词，如"核桃"，并选择统计时间，如"15天"，单击"查询"按钮，待相关搜索词推荐列表加载完毕，选中整个表格区域，复制数据至记事本，如图5-3所示。

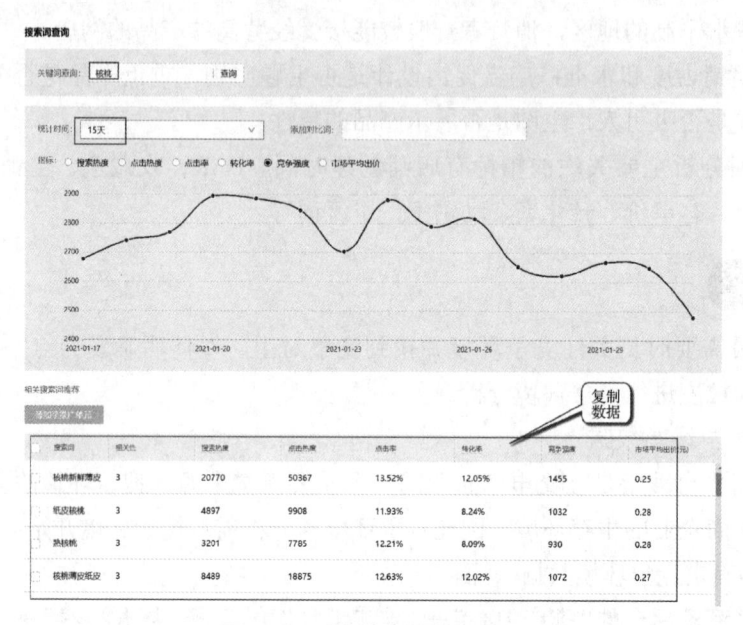

图 5-3 采集搜索关键词数据

② 在搜索行业分析页面中，按需要分析的类目采集相关数据。例如，在"搜索商品排行榜"中，选定行业为"零食/坚果/特产"，二级类目（图中为二级分类，后文同）为"山核桃/坚果/炒货"，三级类目（图中为三级分类，后文同）为"山核桃/小核桃"，待热销排行榜的所有数据都加载完毕，复制数据至记事本，如图5-4所示。

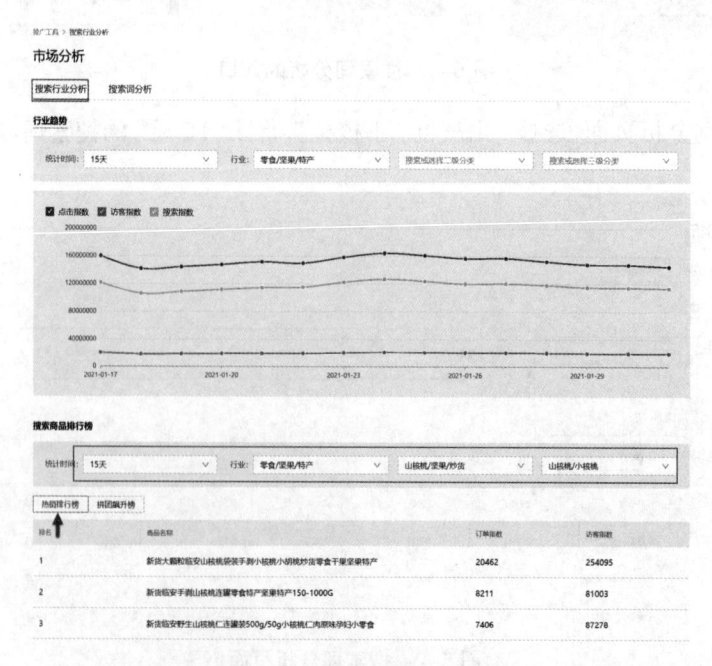

图 5-4 采集热销排行榜数据

③ 采用同样的方法复制拼团飙升榜数据至记事本。

至此，我们利用推广工具的"数据洞察"模块采集了相关的原始数据，如图 5-5 所示。

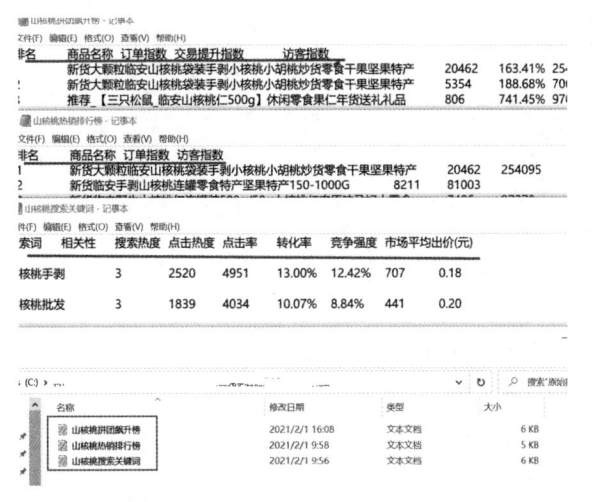

图 5-5　采集到的相关原始数据

补充说明：目前，拼多多商家后台提供的推广工具只能提供 15 天以内的相关类目或者相关关键词的数据，运营人员若需做更全面的竞争环境分析，则可以每隔 15 天按上述步骤采集一次数据。

2. 导入和清洗数据

步骤 1：导入数据。

新建一个 Excel 文件，选择"数据"选项卡，单击"从文本/CSV"按钮，在弹出的"导入数据"对话框中选择要导入的记事本文件，如"山核桃搜索关键词"，单击"导入"按钮，如图 5-6 所示。

图 5-6　导入数据

打开选择文件格式窗口，选择合适的格式，观察预览视窗的显示效果。在本任务中，我们选择的是 UTF-8 编码格式，单击"转换数据"按钮，如图 5-7 所示。

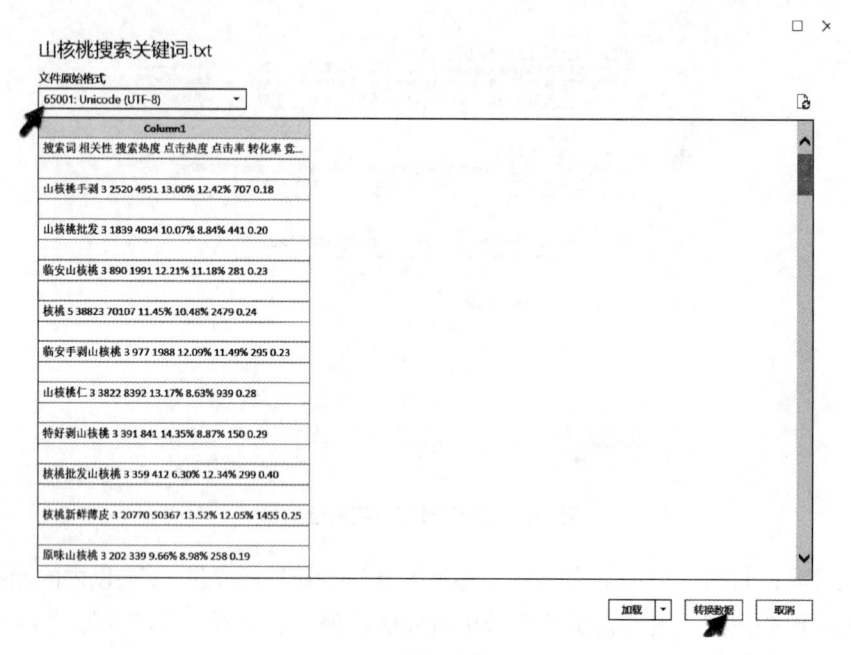

图 5-7 选择文件格式

步骤 2：拆分列。

打开 Power Query 编辑器，单击"拆分列"按钮，在弹出的下拉列表中选择按"分隔符"选项，弹出"按分隔符拆分列"对话框，按图 5-8 所示进行设置，之后单击"确定"按钮。

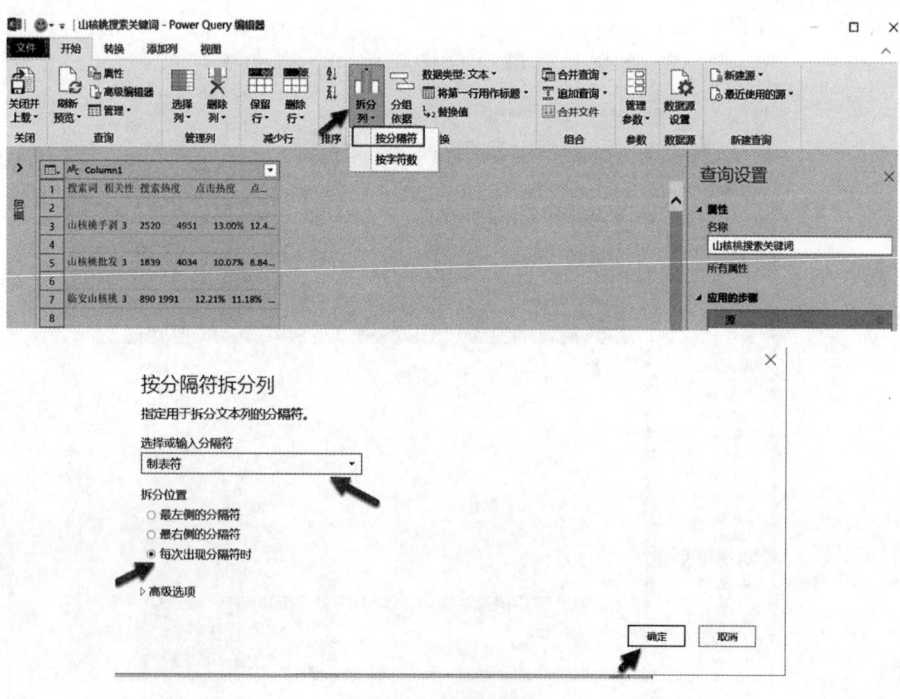

图 5-8 拆分列

在出现拆分结果后，选择"转换"选项卡，单击"将第一行用作标题"按钮，在弹出的下拉列表中选择"将第一行用作标题"选项，这样第一行就变为标题栏，如图5-9所示。

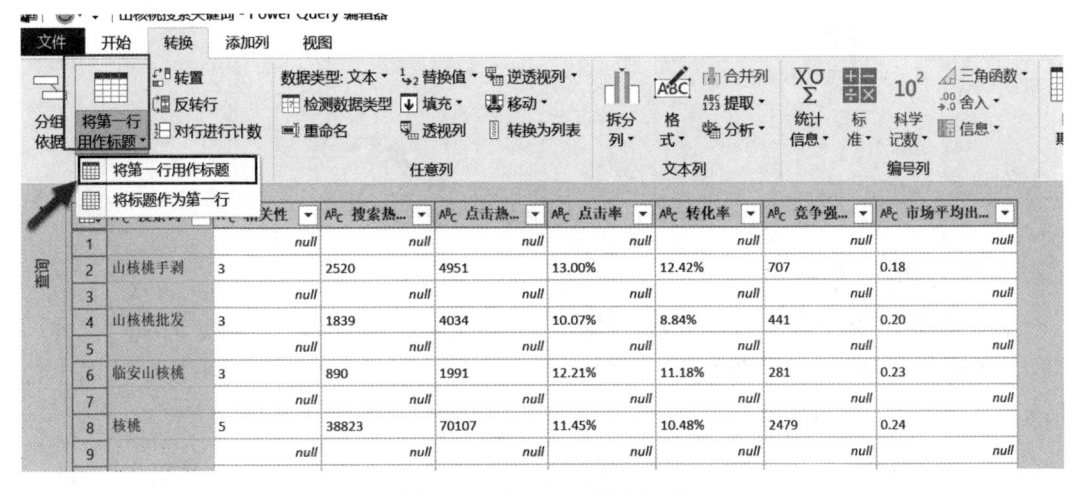

图 5-9　将第一行用作标题

步骤3：删除间隔行。

观察拆分列后的数据，发现数据表中每隔一行的数据记录均为空值。选择"开始"选项卡，单击"删除行"按钮，在弹出的下拉列表中选择"删除间隔行"选项，如图5-10所示。

图 5-10　删除间隔行

在弹出的"删除间隔行"对话框中，根据需要保留的记录行的实际情况，填写"要删除的第一行""要删除的行数""要保留的行数"3个数据，单击"确定"按钮，如图5-11所示。

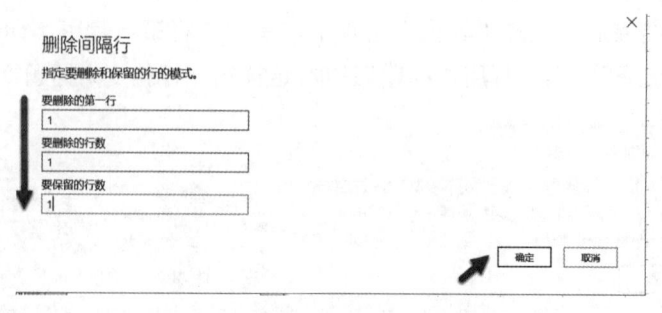

图 5-11 "删除间隔行"对话框

步骤 4：更改数据类型。

分别选择"搜索热度""点击热度""点击率""转化率""竞争强度""市场平均出价（元）"列，将数据类型分别改为"整数""整数""百分比""百分比""整数""小数"，如图 5-12 所示。

图 5-12 更改数据类型

关闭并上载，关闭 Power Query 编辑器，进入 Excel 工作表界面。至此，数据清洗完毕，数据清洗结果如图 5-13 所示。将该 Excel 文件保存为"山核桃搜索关键词"，供后续分析使用。

	搜索词	相关性	搜索热...	点击热...	点击率	转化率	竞争强...	市场平均出...
1	山核桃手剥	3	2520	4951	13.00%	12.42%	707	0.18
2	山核桃批发	3	1839	4034	10.07%	8.84%	441	0.2
3	临安山核桃	3	890	1991	12.21%	11.18%	281	0.23
4	核桃	5	38823	70107	11.45%	10.48%	2479	0.24

图 5-13 数据清洗结果

3. 分析搜索竞争度

拼多多商家后台的推广工具提供的搜索热度指标是根据搜索次数拟合出的指数化指标。搜索热度越高，表示搜索次数越多。竞争强度是在搜索中衡量同一时间竞价某个关键词激烈程度的指标。竞争强度越大，表示竞争越激烈。直通车的关键词竞价竞争强度越大，也表示某品类的竞争越激烈。

竞争环境数据分析

步骤 1：根据竞争强度，判定竞争环境。

为了考量主要类目词的竞争环境，我们先对搜索热度大于 500 和转化率大于 8% 的类目词进行筛选（见图 5-14），然后按照竞争强度进行降序排序，结果如图 5-15 所示。

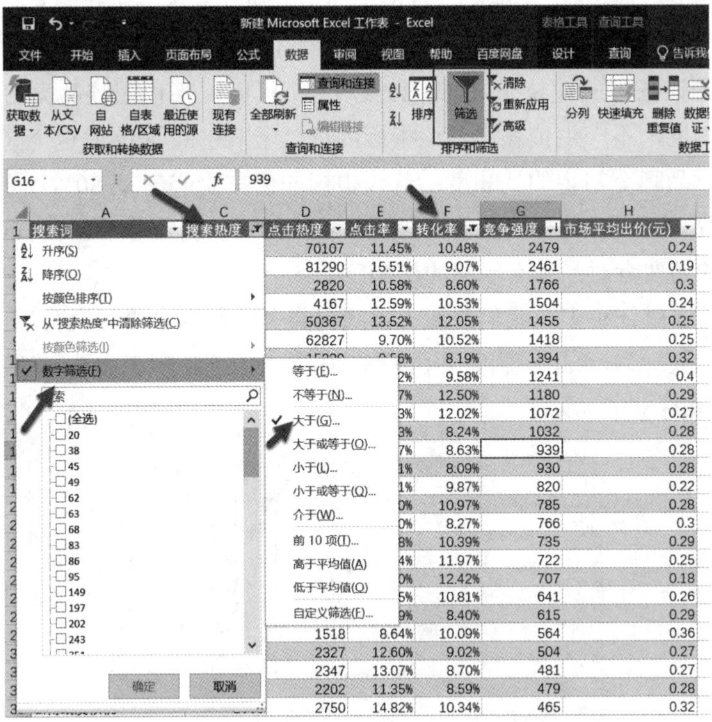

图 5-14　筛选搜索热度和转化率

搜索词	搜索热度	点击热度	点击率	转化率	竞争强度
核桃	38823	70107	11.45%	10.48%	2479
碧根果批发	32893	81290	15.51%	9.07%	2461
核桃批发	1363	2820	10.58%	8.60%	1766
薄皮核桃	2037	4167	12.59%	10.53%	1504
核桃新鲜薄皮	20770	50367	13.52%	12.05%	1455
南瓜子	29916	62827	9.70%	10.52%	1418
枣夹核桃	7375	15239	9.56%	8.19%	1394
红枣夹核桃	4159	8362	9.12%	9.58%	1241
核桃批发10斤	4476	8491	10.67%	12.50%	1180
核桃薄皮纸皮	8489	18875	12.63%	12.02%	1072
纸皮核桃	4897	9908	11.93%	8.24%	1032
山核桃仁	3822	8392	13.17%	8.63%	939
熟核桃	3201	7785	12.21%	8.09%	930
核桃批发价	3014	6816	13.41%	9.87%	820
新疆纸皮核桃	2194	4549	14.20%	10.97%	785
奶香核桃	1824	3498	10.40%	8.27%	766
新疆薄皮核桃	1369	2429	11.78%	10.39%	735
薄皮核桃批发	1606	3877	13.14%	11.97%	722
山核桃手剥	2520	4951	13.00%	12.42%	707
纸皮核桃薄皮薄壳	2217	4403	11.45%	10.81%	641
椒盐核桃	632	1396	12.59%	8.40%	615
盐焗核桃	678	1518	8.64%	10.09%	564
椒盐纸皮核桃	1044	2327	12.60%	9.02%	504
熟核桃薄皮奶油味	871	2347	13.07%	8.70%	481
奶油核桃	1129	2202	11.35%	8.59%	479
云南纸皮核桃	1066	2750	14.82%	10.34%	465
炒熟核桃	529	1107	9.06%	9.22%	459
奶油核桃奶油味奶香	1315	2597	10.11%	9.36%	451
弥核桃	1691	3112	12.71%	10.18%	448
核桃5斤	1186	2191	11.83%	11.99%	443
山核桃批发	1839	4034	10.07%	8.84%	441
小核桃仁	1256	2426	10.90%	8.61%	405
核桃批发奶香	2202	3974	9.11%	10.65%	356
琥珀核桃	1057	2152	14.00%	10.59%	317
手剥烤核桃	605	1110	7.26%	8.56%	312
临安手剥山核桃	977	1988	12.09%	11.49%	295
临安山核桃	890	1991	12.21%	11.18%	281
熟核桃批发	573	1346	10.95%	8.70%	272

图 5-15　筛选和排序结果

筛选和排序结果可以作为竞争环境分析的一个指标。竞争强度越小，说明该类目词的竞争越不激烈。

步骤2：分析相关搜索词的品牌竞争环境。

根据搜索热度的前30个关键词，对关键词是否包含品牌词进行判断。

分析在前30个关键词中，包含品牌词的关键词数量的比例，并以此作为品牌竞争度的判断标准。若该指标的值位于[0%，20%）这个区间，则说明该品类的消费者对品牌没有太高的认知度，不产生依赖；若该指标的值位于[20%，50%）这个区间，则说明该品类的消费者对品牌有初步的认知度；若该指标的值位于[50%，80%）这个区间，则说明该品类的消费者对品牌具有较高的认知度；若该指标的值位于[80%，100%]这个区间，则说明该品类的消费者对品牌有极高的认知度。

核桃类目的品牌词不多，我们改用火锅底料类目的数据来进行说明。

选择"搜索热度"列，单击右侧的下拉按钮，在弹出的下拉列表中选择"数字筛选"→"前10项"选项，如图5-16所示。

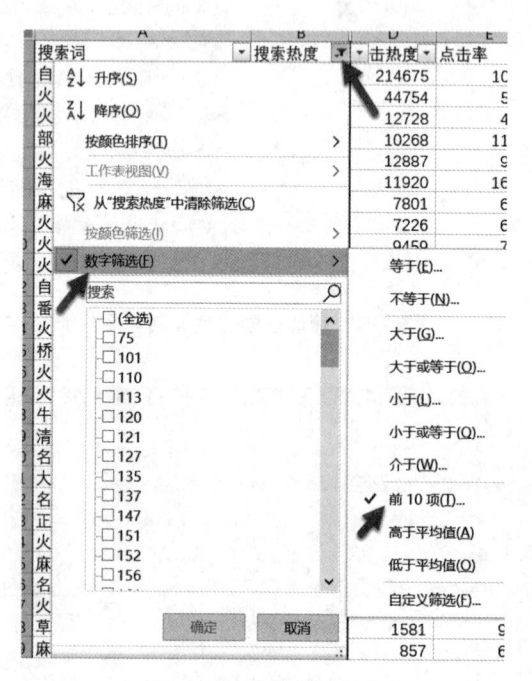

图5-16 筛选前10项

弹出"自动筛选前10个"对话框，按图5-17所示进行设置。

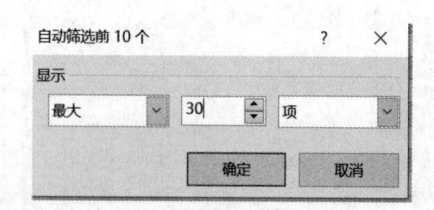

图5-17 "自动筛选前10个"对话框

步骤3：添加数据验证功能。

添加"是否包含品牌词"列，选择"数据"选项卡，单击"数据验证"按钮，在弹出的下拉列表中选择"数据验证"选项，如图5-18所示。

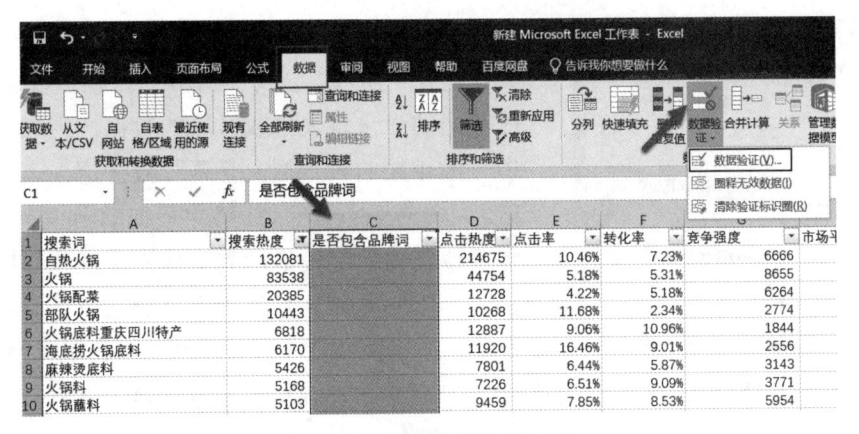

图 5-18 添加数据验证功能

弹出"数据验证"对话框,在"设置"选项卡中的"允许"下拉列表中选择"序列"选项,在"数据"下拉列表中选择"介于"选项,在"来源"文本框中输入"是,否"(逗号要在英文输入状态下输入),如图 5-19 所示。

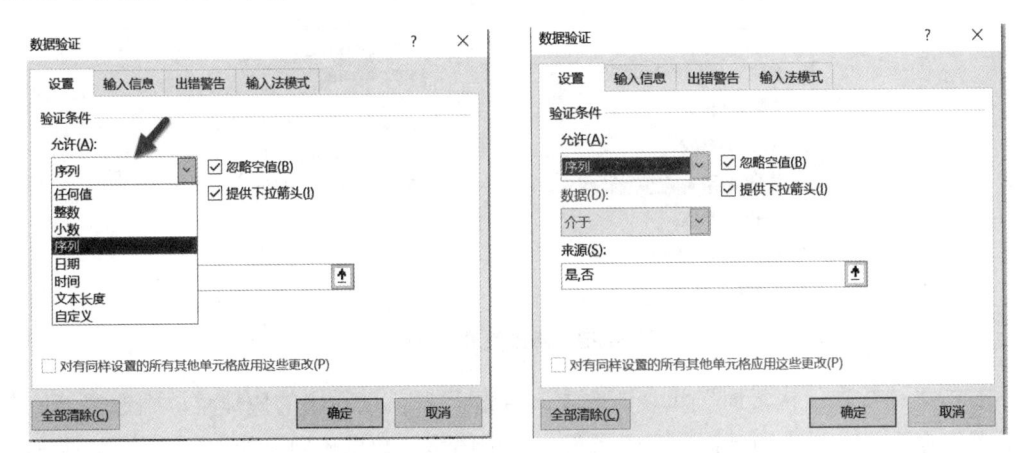

图 5-19 "数据验证"对话框中的参数设置

单击"确定"按钮,将"搜索词""搜索热度""是否包含品牌词"列复制到新工作表中,如图 5-20 所示。

图 5-20 复制数据

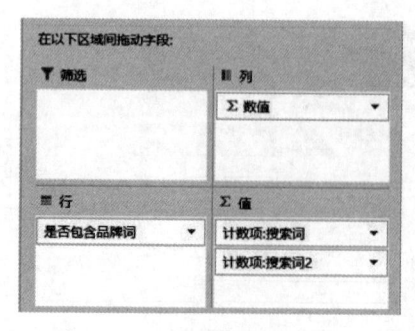

图 5-21　数据透视表字段设置

步骤4：添加数据透视表，计算品牌占比。

选择"插入"选项卡，单击"数据透视表"按钮，在弹出的"来自表格或区域的数据透视表"对话框中完成相应的设置后，打开"数据透视表字段"窗格。将"是否包含品牌词"字段拖动到"行"区域中，将"搜索词"字段拖动到"值"区域中，因为"搜索词"需要计算计数值和百分比，所以需要将"搜索词"拖动两次到"值"区域中，如图 5-21 所示。

在生成的数据透视表中，右击第二个计数项，在弹出的快捷菜单中选择"值显示方式"→"总计的百分比"命令，如图 5-22 所示。

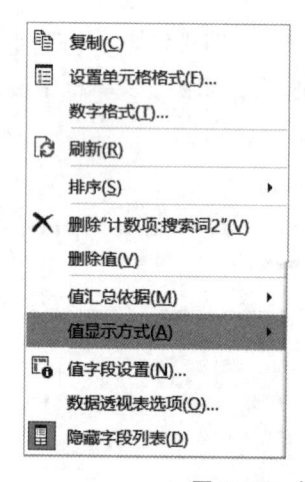

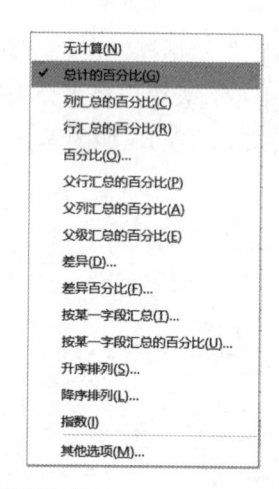

图 5-22　修改值显示方式

右击"计数项：搜索词"和"计数项：搜索词 2"，在弹出的快捷菜单中选择"值字段设置"命令，在弹出的"值字段设置"对话框中修改数据透视表的字段名称，如图 5-23 所示。

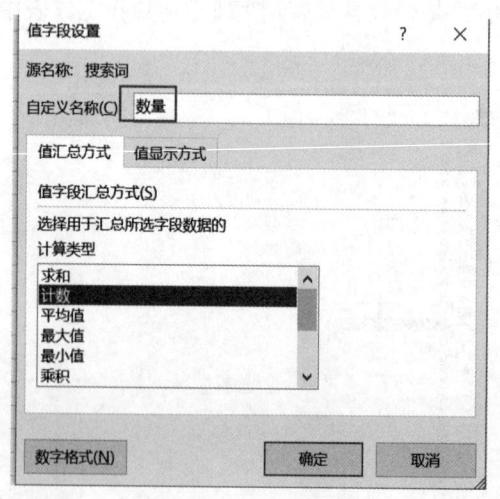

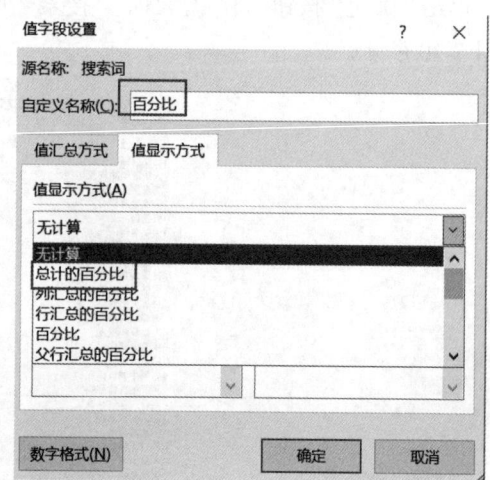

图 5-23　修改数据透视表的字段名称

步骤 5：分析结果。

设置完毕后，得到品牌集中度分析结果，如图 5-24 所示。

是否包含品牌词	数量	百分比
否	22	73.33%
是	8	26.67%
总计	30	100.00%

图 5-24　品牌集中度分析结果

品牌集中度分析结果显示，在火锅底料相关搜索词的前 30 个词中，包含品牌词的占比为 26.67%，说明火锅底料的消费者对品牌有初步的认知度，在该类目下，商家有做自有品牌的空间，也可以做一些品牌的二级代理。

4. 分析搜索热度集中度

观察关键词的搜索热度集中情况，将类目大词除外。如果第 N 位的关键词的搜索热度是第 N+1 位的 2 倍，则取 N 为搜索关键词的集中度。

N≤3，表示流量高度集中，竞争也高度集中在这 N 个关键词中，竞争激烈。

3<N<10，表示流量相对集中。

N≥10，表示流量不集中，可细分的市场较多，相应的市场机会也较多。

步骤 1：在拼多多商家后台的"推广中心"→"推广工具"中，选择"数据洞察"→"搜索词分析"选项，进入搜索词分析页面，找到类目关键词，如图 5-25 所示。

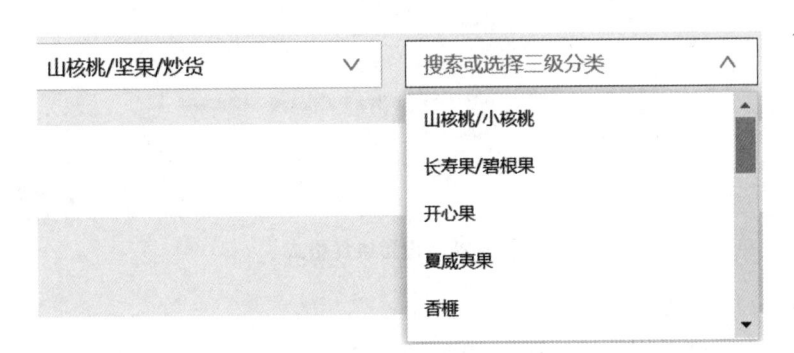

图 5-25　找到类目关键词

步骤 2：在"山核桃搜索关键词"Excel 文件中，先按"搜索热度"降序排序，挑出类目词并删除记录，然后将"搜索词"和"搜索热度"数据复制到新工作表中，如图 5-26 所示。

步骤 3：在新工作表中，添加"倍数"列，在 C2 单元格中输入公式"=B2/B3"，将公式向下填充，并将数据类型调整为"整数"，结果如图 5-27 所示。

搜索词	搜索热度
松子	54761
碧根果	42321
核桃	38823
碧根果批发	32893
南瓜子	29916
核桃新鲜薄皮	20770
文玩核桃	10580
核桃薄皮纸皮	8489
枣夹核桃	7375
纸皮核桃	4897

图 5-26　整理关键词搜索热度表

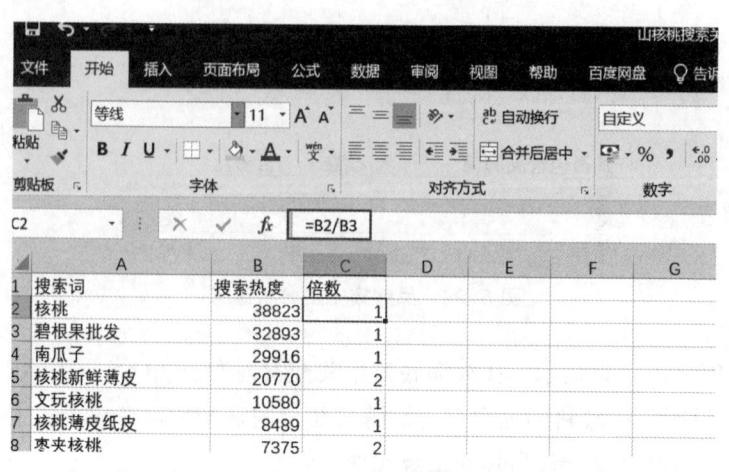

图 5-27 "倍数"列

步骤4：选中"倍数"列，单击"条件格式"按钮，在弹出的下拉列表中选择"突出显示单元格规则"→"大于"选项；在弹出的"大于"对话框中输入"1.5"，在"设置为"下拉列表中选择"浅红填充色深红色文本"选项，单击"确定"按钮，如图5-28所示。

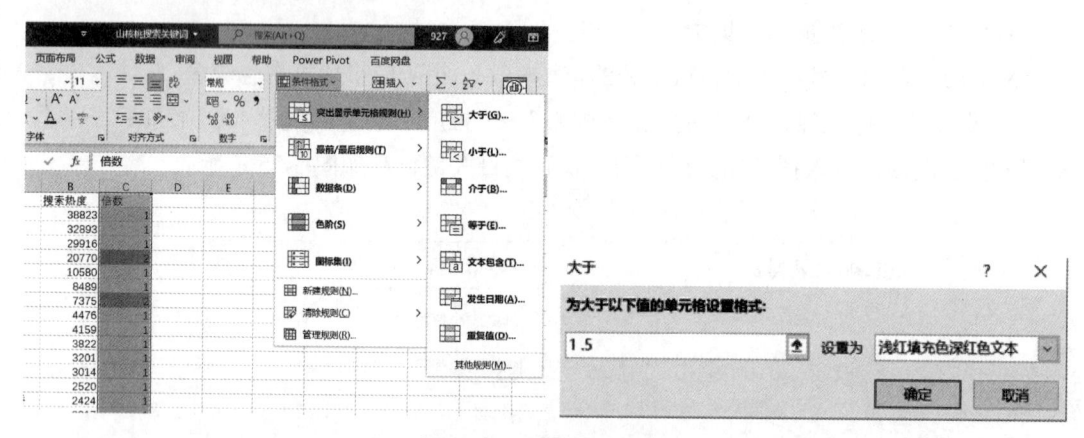

图 5-28 设置条件格式

步骤5：分析结果。

搜索热度集中度分析结果如图5-29所示。结果显示，除去品类词，搜索人气排名在第4位的关键词的搜索热度是第5位的2倍，由此得出流量相对集中在前4个关键词中。

图 5-29 搜索热度集中度分析结果

任务 2　价格带分析和行业集中度分析

分析思路

商品的价格是 4P 理论（Product、Price、Place、Promotion，商品、价格、地点、促销）中重要的一环，是影响消费者的购买决策的重要因素。商品的价格管理是品类运营的核心，主要通过管控类目的价格带来覆盖对应的消费人群，从而占领某个特定的市场。在一个地区的消费者，其消费能力和消费习惯往往是固定的，也就是说，他们对商品的品牌、品质、价格的选择会比较接近。而在社交电商平台上，消费者对于价格更为敏感。如果企业在某个价格带上有绝对的优势，就很有可能占领这个价格带对应的市场。因此，如何在最大化单品利润和市场接受程度的平衡中找到属于自己品牌的价格带尤为重要。价格带分析可以帮助企业了解自身所处的定价区间，及时调整定价策略，避免价格带留有太大空白，而被竞品垄断。

知识准备

1. 价格弹性指数

价格弹性指数可以被理解成一个方便人们理解价格影响的指数。例如，销售经理想知道提高一点点销售价格会影响多少销量。但是，"一点点""多少"这两个词不够精确，我们需要量化销售价格和销售量的变化。例如，某商品的销售价格下降 1%，其销量增加 5%，则价格弹性指数就是 5。商品的销售价格变动不仅会影响自身的销量变化，还会影响竞品的销量。

2. 价格带

价格带是指商品的销售价格的上限与下限之间的范围。为了满足消费者对既丰富又有效的商品构成的需要，店铺必要减少销售格层，并缩小价格带。如果销售价格的种类很多，就可能导致消费者不需要的商品增加，使消费者在选择商品方面出现困难，还会导致店铺没有特色。

例如，消费者平时买的方便面有 1 元 1 包的，还有十几元 1 包的，最低价和最高价之间的范围就是该商品的价格带。不同的价格是为了满足不同的消费者。生产商在为一款新商品定价时，会参考当前商品的价格带，综合考虑该商品的定位及面向的消费人群，从而设定一个合理的价格。消费者在购买一款商品时，也会参考同类商品的性价比，选择一款最适合自己的；尤其是在网购时，可能会搜索同类商品，进行多方面的对比，从而选择自己最喜欢的。目前，有的网站提供相同价格带商品推荐服务，根据消费者已购买的商品，向消费者推荐相同价格带的商品。

3. 价格带分析

价格带分析的关键在于确定品类的商品价格区域和价格点。在确定价格点后，店铺便可以决定商品定位，以及应当引入和删除哪些商品。价格带分析的步骤如下。

第一步，选择分析对象，分析对象应为竞争店铺的同一类目商品。

第二步，展开商品品类中的单品信息（如酱油），罗列出其价格（位）线（销售价格）。

第三步，归纳该品类中单品的最高价格和最低价格，进而确定该品类的价格带分布情况。

第四步，判断其价格区（价格带中陈列量比较多且价格线比较集中的区域）。

第五步，确定商品品类的价格点（对该店铺或业态的某类商品而言，最容易被消费者接受的价格或价位）。店铺在确定价格点后，备齐在此价格点左右的商品，就会给消费者营造出商品丰富、价格便宜的感觉。

4. 行业集中度

行业集中度（CRn 指数）是指某行业的相关市场内前 n 个最大的企业所占市场份额的总和。例如，CR4 是指某行业 4 个最大的企业所占的市场份额总和。如果整个行业的销售额为 100 亿元，这 4 个企业的销售额为 65 亿元，那么 CR4 就是 65%。但是，行业集中度的缺点是不能反映企业规模的差异，如这 4 个企业的规模可能相似，也可能差异很大。另外，该指标也不能反映企业的产品差异。根据美国经济学家贝恩和日本通产省对行业集中度的划分标准，我们将市场粗分为寡占型市场（CR8 ≥ 40%）和竞争型市场（CR8<40%）两类。其中，寡占型市场又可细分为极高寡占型市场（CR8 ≥ 70%）和低集中寡占型市场（40% ≤ CR8<70%）；竞争型市场又可细分为低集中竞争型市场（20% ≤ CR8<40%）和分散竞争型市场（CR8<20%）。

任务实施

1. 采集商品的销售数据

采集数据可以借助第三方工具（如八爪鱼），或者通过分析页面 HTML 代码结构利用软件进行，也可以借助专业平台数据工具。在这里，我们用多多查数据平台进行数据采集示范。

价格带和集中度分析

进入多多查官网首页，登录后在搜索框中输入关键词"山核桃"，单击"查询"按钮，如图 5-30 所示。

图 5-30　查询关键词"山核桃"

进入查询结果页面，将查询结果按销量排序，并导出前 600 名商品的销售数据，如图 5-31 所示。

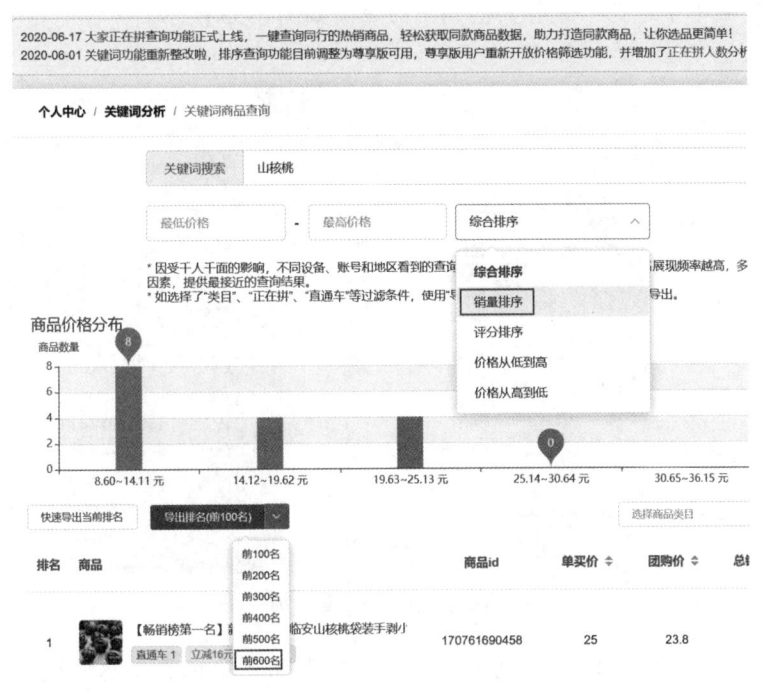

图 5-31 导出数据设置

待数据加载完毕后，单击"导出"按钮，导出前 600 名商品的销售数据。

2. 清洗数据

步骤 1：打开下载好的 Excel 文件，选中整个数据区域，将其转换为表；选择"数据"选项卡，单击"自表格/区域"按钮，打开 Power Query 编辑器，如图 5-32 所示。

图 5-32 将数据区域转化为表并打开 Power Query 编辑器

步骤 2：在价格带分析中，我们仅需要"团购价"和"总销量"这两列数据，因此在打开 Power Query 编辑器后，按住 Ctrl 键选中"团购价"和"总销量"这两列，右击，在弹出的快捷菜单中选择"删除其他列"命令，如图 5-33 所示。

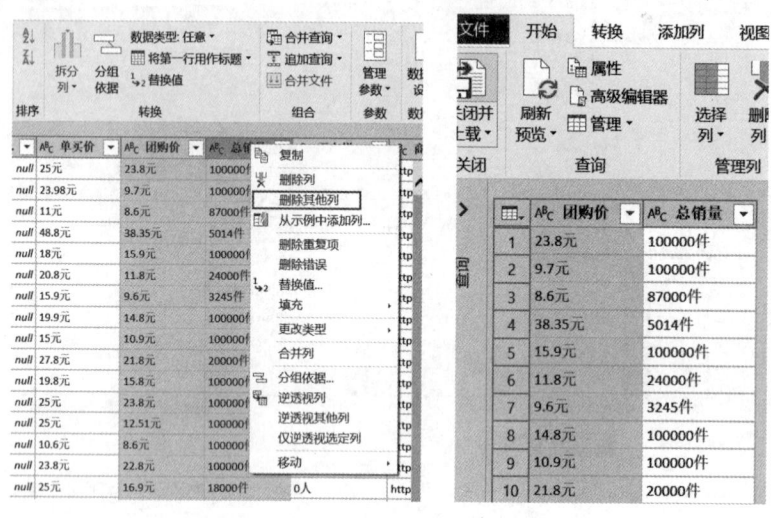

图 5-33 删除其他列

步骤 3：去掉计量单位。分别选中"团购价"和"总销量"这两列，选择"转换"选项卡，单击"替换值"下拉按钮，在弹出的下拉列表中选择"替换值"选项；在弹出的"替换值"对话框中输入要查找的值，如"元"，替换项为空值，单击"确定"按钮，如图 5-34 所示。

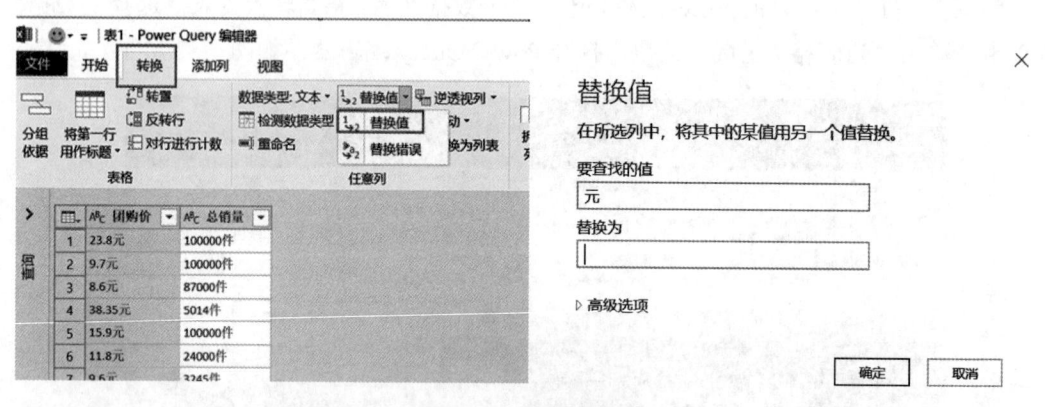

图 5-34 替换值设置

步骤 4：将"单买价""团购价""总销量"列的数据类型分别改为"小数""小数""整数"，关闭并上载，返回 Excel 工作表界面，数据清洗结果如图 5-35 所示。

3. 创建数据透视表

选中数据，选择"插入"选项卡，单击"数据透视表"按钮，在弹出的"来自表格或区域的数据透视表"对话框中完成相应的设置后，打开"数据透视表字段"窗格；将"团购价"字段拖动到"行"区域中，将"总销售"字段拖动到"值"区域中，如图 5-36 所示。

图 5-35 数据清洗结果

图 5-36 数据透视表字段设置

在数据透视表中，右击行标签，在弹出的快捷菜单中选择"组合"命令；在弹出的"组合"对话框中按图 5-37 所示进行设置，设置完后单击"确定"按钮。

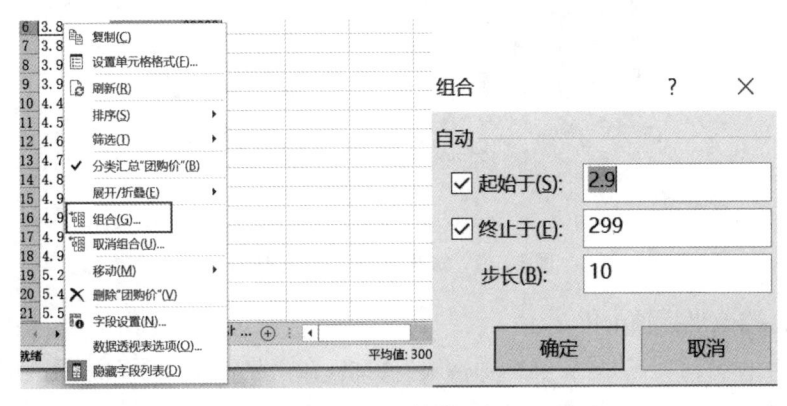

图 5-37 创建组合

观察组合结果，发现高于 60 元的价格带对应的总销量与低于 60 元的价格带对应的总销量差距较大。我们需要调整组合，重新设定价格带和步长，在数据透视表中右击"行标签"，在弹出的快捷菜单中选择"组合"命令，在弹出的"组合"对话框中设置"终止于"为"60"、"步长"为"5"，如图 5-38 所示。

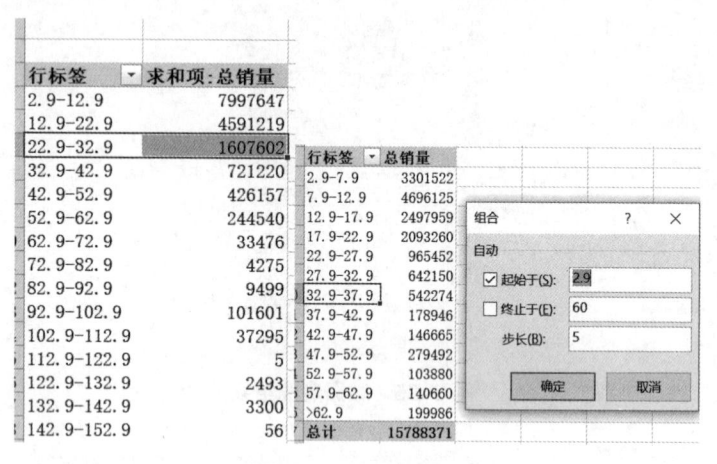

图 5-38 调整组合

4. 将价格带数据可视化

下面需要将价格带数据可视化，即选择合适的图表进行展现，并对图表的细节进行必要的调整。

步骤 1：创建并修改数据透视图。

选中数据透视表，选择"插入"选项卡，单击"柱形图"按钮，创建一个数据透视图，如图 5-39 所示。通过图表，我们可以更直观地观察数据。将图表默认的"汇总"标题改为"山核桃价格带分布"，删除"汇总"图例，并隐藏图表按钮。

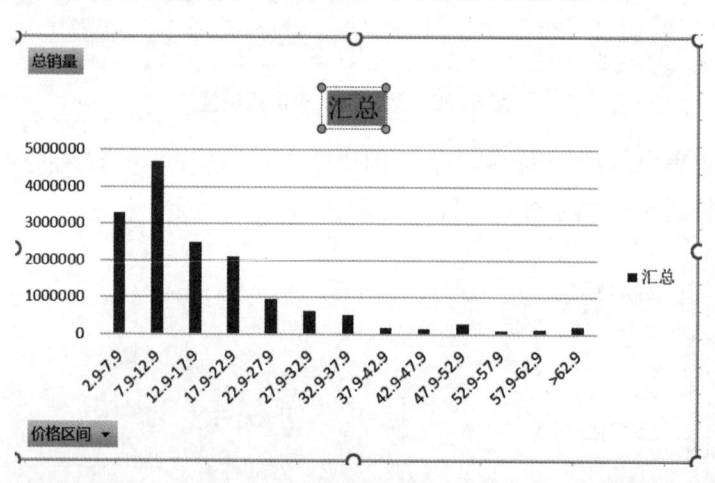

图 5-39 修改数据透视图图标

步骤 2：修改坐标轴单位。

双击纵坐标轴，打开"设置坐标轴格式"窗格，在"坐标轴选项"选项区域中，将"显示单位"设置为"百万"，如图 5-40 所示。

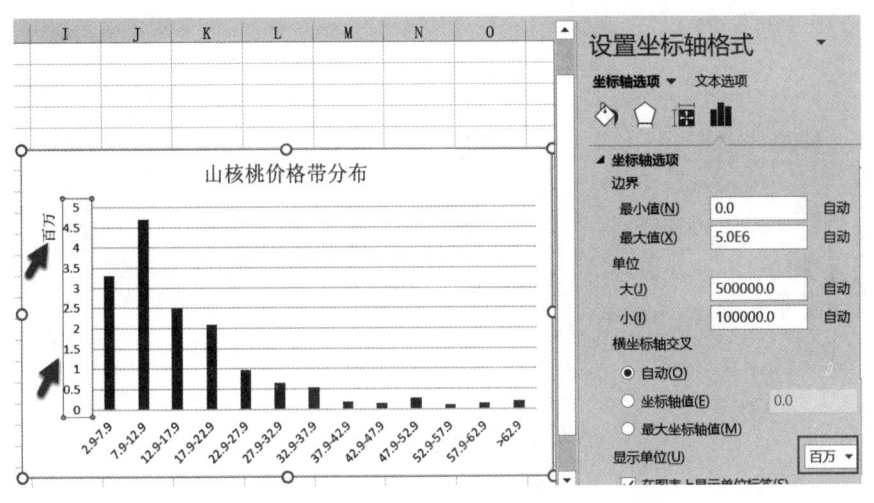

图 5-40　修改显示单位

步骤 3：修改文字方向。

在图表中选中"百万"字符，在"设置显示刻度单位"窗格中的"对齐方式"选项区域中，将"文字方向"设置为"横排"，如图 5-41 所示。

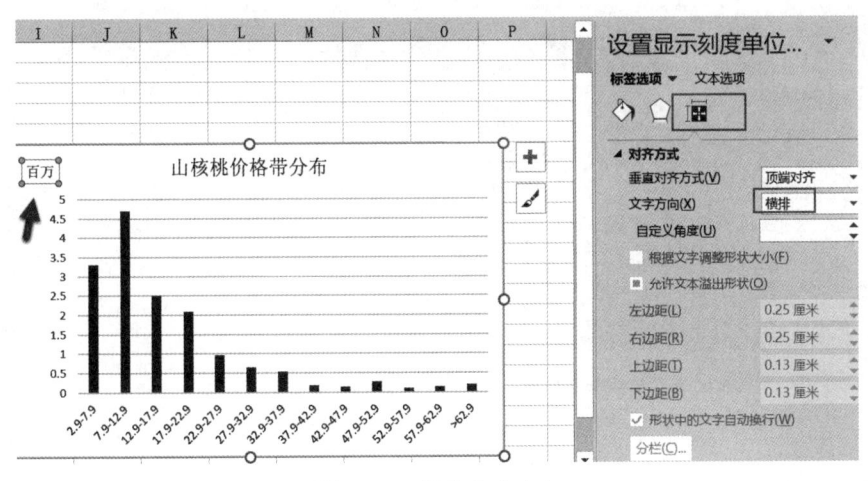

图 5-41　修改文字方向

步骤 4：突出显示柱状条。

为了更好地展示总销量最多的价格带，我们需要突出显示该柱状条。单击该柱状条，在"设置数据点格式"窗格的"填充"选项区域中，选中"纯色填充"单选按钮，具体设置如图 5-42 所示。

5. 计算总销量 Top 10 的商品的销售额总和占比

为了判断山核桃市场的竞争环境，我们需要计算行业集中度。由于无法采集类目企业的销量数据，因此我们用总销量 Top 10 的商品的销售额总和占比数据间接估算行业集中度。

步骤 1：添加"销售额"列。

在清洗好的数据表中，添加"销售额"列（销售额 = 团购价 × 总销量，见图 5-43），并将不需要的列隐藏起来。

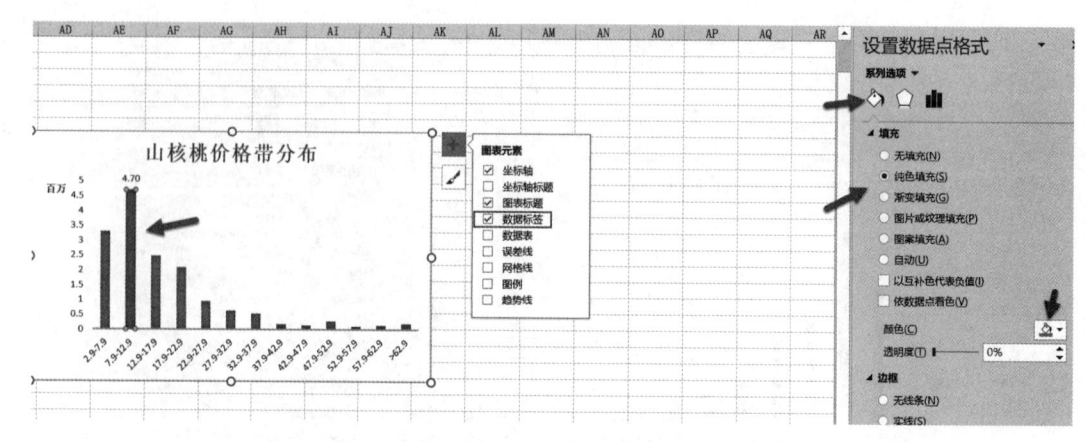

图 5-42 突出显示柱状条

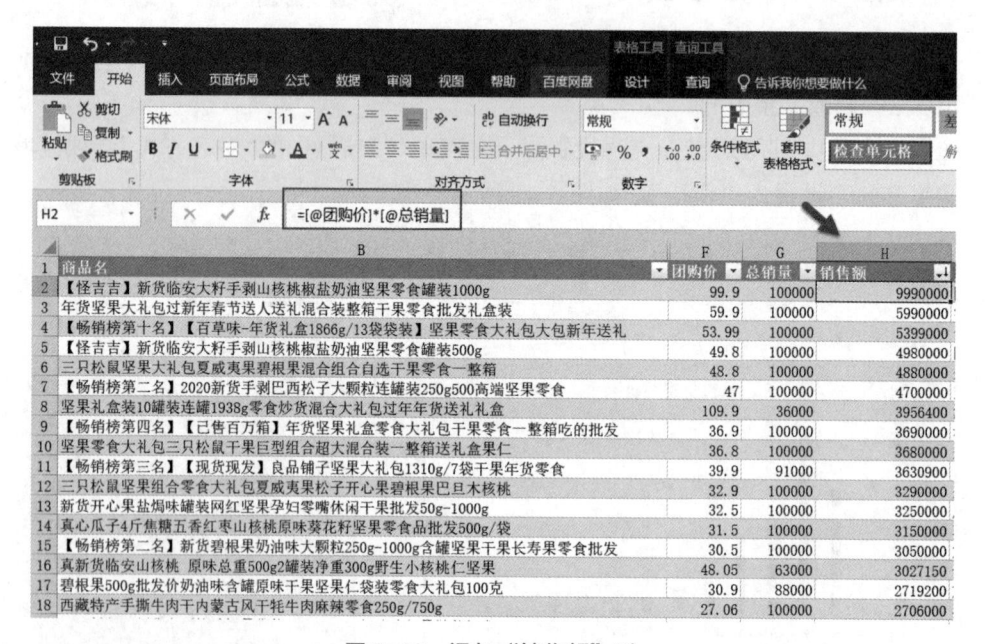

图 5-43 添加"销售额"列

步骤 2：计算销售额占比。

计算销售额占比，需要将"销售额"列中前 10 个销售额累加起来，除以总的销售额。虽然需要的计算结果只有 1 个，但是需要的中间计算步骤比较多。我们可以使用分解法，分以下几个步骤进行计算。

① 计算排名第 N 的销售额，可以用 LARGE 函数来计算。

② 判断销售额是否大于或等于排名 N，可以用 >= 进行逻辑判断。

③ 计算排名大于或等于 Top N 的总和，可以用 SUMIF 函数来计算。

④ 计算总销售额，可以用 SUM 函数来计算。

⑤ 计算总销量 Top N 商品的销售额总和占比，用总销量 Top N 的商品的销售额总和除以总销售额即可。

具体计算过程如下。

① 计算排名第 10 的销售额，用 LARGE 函数来计算，具体公式如图 5-44 所示。

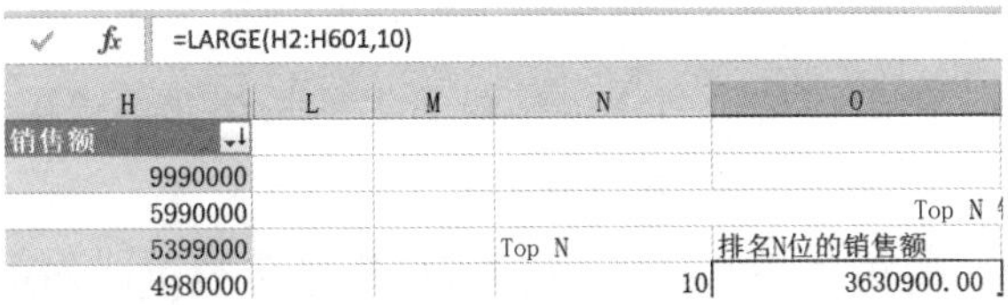

图 5-44 计算排名第 10 的销售额

② 判断销售额是否大于或等于排名10，用 >= 进行逻辑判断，具体公式如图5-45所示。

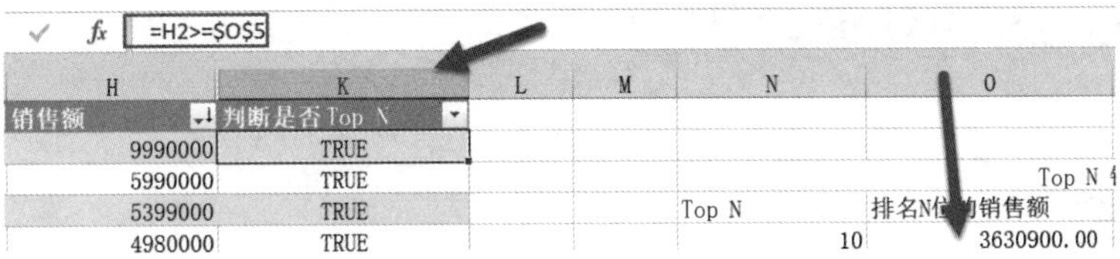

图 5-45 判断销量额是否大于或等于排名10

③ 计算排名大于或等于 Top 10 的总和，用 SUMIF 函数来计算，具体公式如图 5-46 所示。

图 5-46 计算排名大于或等于 Top 10 的总和

④ 计算总销售额，用 SUM 函数来计算，具体公式如图 5-47 所示。

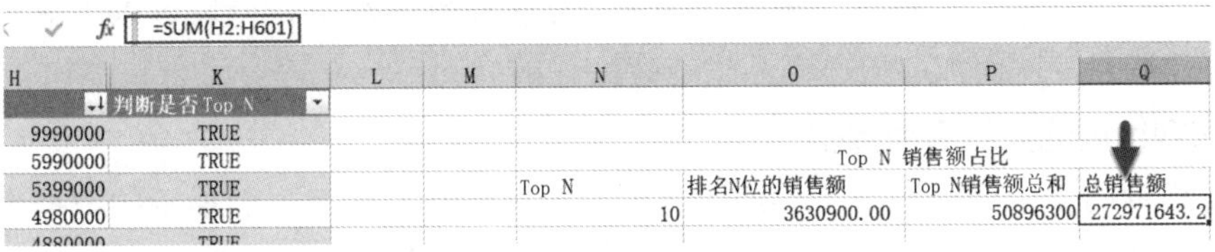

图 5-47 计算总销售额

⑤ 计算总销量 Top 10 的商品的销售额总和占比，用总销量 Top 10 的商品的销售额总和除以总销售额，具体公式如图 5-48 所示。

图 5-48 计算总销量 Top 10 的商品的销售额总和占比

6. 分析结果

由上述分析可知，在山核桃类目中，销量最多的价格带是 7.9～12.9 元。对该类目的新企业来说，应将其商品的销售价格定为 7.9～12.9 元。

在山核桃类目中，总销量 Top 10 的商品的销售额总和占比为 19%<20%，说明该类目的竞争比较分散，企业可以选择进入该市场。

任务 3 竞争对手分析

分析思路

竞争对手分析是市场人员、运营人员必须研究的课题。电商企业通过分析竞争对手，可以明确自己的市场打法，结合自己的数据分析市场营销活动的效果。

知识准备

1. 竞争店铺的数据抓取

抓取拼多多竞争店铺的数据的方法有很多，商家可以在拼多多首页通过商品关键词、9.9 特卖、限时描述、专属活动、类目活动等方式查找竞争店铺。

通过对竞争店铺的类别、爆款商品、装修风格、店铺营销方案等进行分析，商家可以了解竞争店铺的基础数据，主要包括竞争店铺的图片拍摄方式、详情页制作方式、店铺商品构成、店铺营销方案、活动设置。

通过抓取店铺品牌数据，商家可以了解竞争店铺有没有原创品牌、是不是多品牌销售，以及店铺的风格、消费人群定位、属性数据（如商品适用的季节和场景、基础风格）等。

通过获取店铺商品价格、店铺商品销量、店铺排行等数据，商家可以了解竞争店铺商品的整体销量，从而抓取核心商品进行数据分析。

2. 宏观维度的竞争店铺数据

宏观维度的竞争店铺数据主要通过对竞争店铺的基本信息页面展示的数据进行汇总得到，包括店铺类型、店铺收藏量、店铺商品数量、历史销量、服务保障、榜单成就、DSR。

（1）店铺类型：拼多多平台上的店铺分为个人店铺和企业店铺两种。这两种店铺所需要的资质不同。个人店铺有个人、个体工商户两种。企业店铺分为 4 种：①企业普通店，尚未注册自己的品牌商标，也没有授权品牌；②旗舰店，销售一个或多个自有品牌的商品（有流量扶持），只销售一个授权品牌的商品（授权品牌需要有一级独占授权）；③专卖店，只销售一个或多个自有品牌，或者一个授权品牌的商品（授权品牌拥有二级以内独占授权）；④专营店，销售一个或多个自有品牌，或者一个授权品牌（授权不超过 4 级）或多个授权品牌的商品（授权不超过 4 级）。

（2）店铺收藏量：店铺被多少消费者收藏的数据。消费者收藏你的店铺，是在告诉平台你的店铺不错，平台自然会给你的店铺加分。你的店铺受消费者喜欢，平台就愿意帮你把店铺推荐给更多消费者。在拼多多平台上，商品收藏和店铺收藏是分开的，收藏了商品不代表收藏了店铺。

（3）店铺商品数量：店铺销售商品的SKU总数量。

（4）历史销量：跟踪竞争店铺的半年内的每月销售金额。

（5）服务保障：店铺设置了哪些具体服务保障类型，如全场包邮、极速发货、7天退货、闪电退款等。

（6）榜单成就：店铺在拼多多榜单统计方面取得了哪些成就。榜单是拼多多平台对商品表现进行排序的具有公信力的商品排行榜。榜单分为4种：畅销榜、好评榜、新品榜、降价榜。

（7）DSR：消费者给的评分，系此前连续90天内所有评分的算术平均值。

3. 竞争对手数据跟踪

竞争对手数据跟踪是指对特定的竞争对手进行持续、全面的信息收集和处理，综合竞争对手的历史发展和最新动态，对竞争对手目前的状态和未来的趋势做出判断和评价，预测竞争对手可能采取的竞争行为，为本企业科学地制定竞争战略和战术奠定基础。

在拼多多平台上，竞争对手数据跟踪是一项非常重要且烦琐的工作，企业需要记录竞争对手的店铺类目、店铺设计风格、店铺运营数据等详细信息，以便对竞争对手的运营决策进行很好的还原。目前，很多第三方工具提供了监控店铺数据的功能。

在进行竞争对手数据跟踪时，企业要保证数据的实时更新，保证每天更新数据：若采用手工方式记录数据，则需要在凌晨更新数据；若使用工具自动采集数据，则需要在第二天将数据下载到本地。获取的竞争对手数据必须丰富，除了文本、数字类型的数据，还需要核心商品的详情页设计风格、推文文字风格、视频等非结构化类型的数据，否则，就难以还原竞争对手的运营决策。部分数据无须每日更新，如商品页面、商品的样品。

4. 竞争对手分类矩阵

企业在选择竞争对手前，需要先将竞争对手分类，再基于分类挑选合适的竞争对手。在不同的运营阶段，企业需要向不同的竞争对手学习，因此竞争对手分类矩阵有助于企业在各运营阶段精准地选择竞争对手。竞争对手的分类维度可基于实际情况进行设定，亦可参考价格定位（高端、中端、低端）、销量层级（头部、腰部、普通）和产品结构这几个维度。

任务实施

1. 计算店铺销售额累计占比，进行竞争店铺分级

竞争对手分析

步骤1：清洗数据。

① 删除不必要的列，如"序号""商品主图""所属类别""正在拼人数""商品链接"等列。

② 利用查找和替换功能，去掉"单买价""团购价""总销量"列中的单位"元"和"件"。

③ 添加"销售额"列，并输入公式"=团购价*总销量"。

完成数据清洗后的店铺数据表如图 5-49 所示。

图 5-49 完成数据清洗后的店铺数据表

步骤 2：计算店铺销售额累计占比。

① 复制整理完毕的数据表，粘贴（值）到新工作表中，并将数据区域转换为表；插入数据透视表，将"店铺名"字段拖动到"行"区域中，将"销售额"字段拖动到"值"区域中；更改"值显示方式"为"总计的百分比"，如图 5-50 所示。

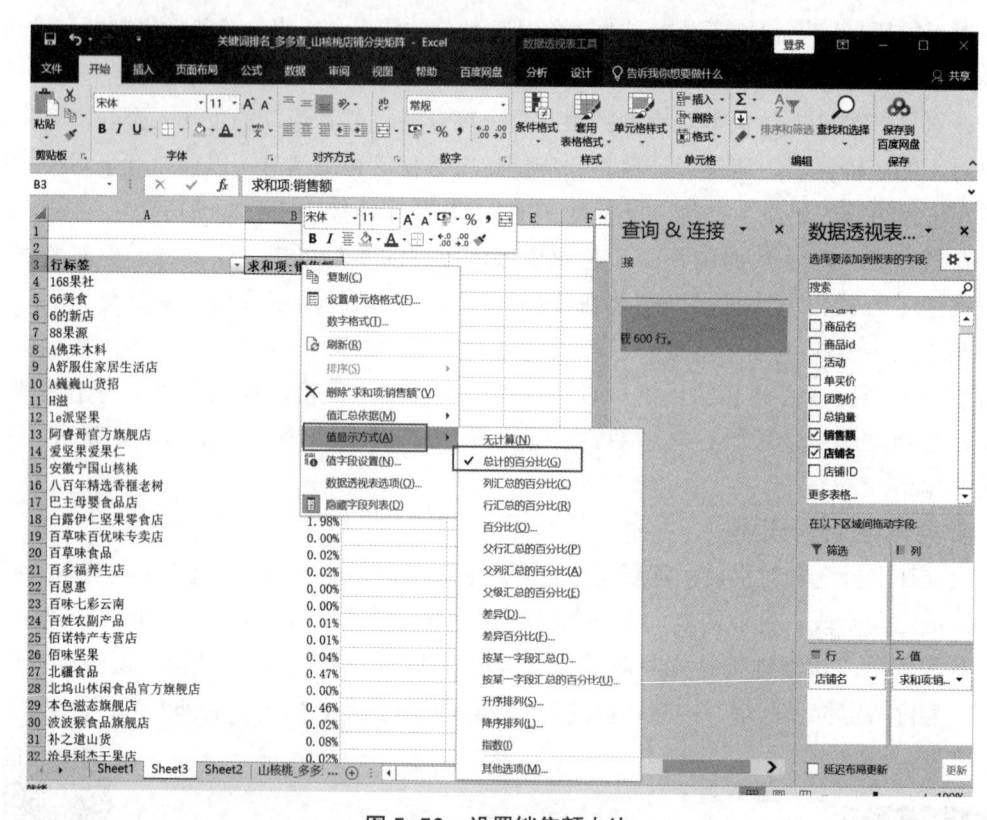

图 5-50 设置销售额占比

② 选择"行标签"，右击，在弹出的快捷菜单中选择"其他排序选项"命令，在弹出的对话框中选中"降序排序（Z 到 A）依据"单选按钮，并在下拉列表中选择"求和项：销售额"选项，如图 5-51 所示。

③ 新增"累计百分比"列，在 C4 单元格中输入公式"=B4"，在 C5 单元格中输入公式"=C4+B5"，计算累计百分比，如图 5-52 所示。

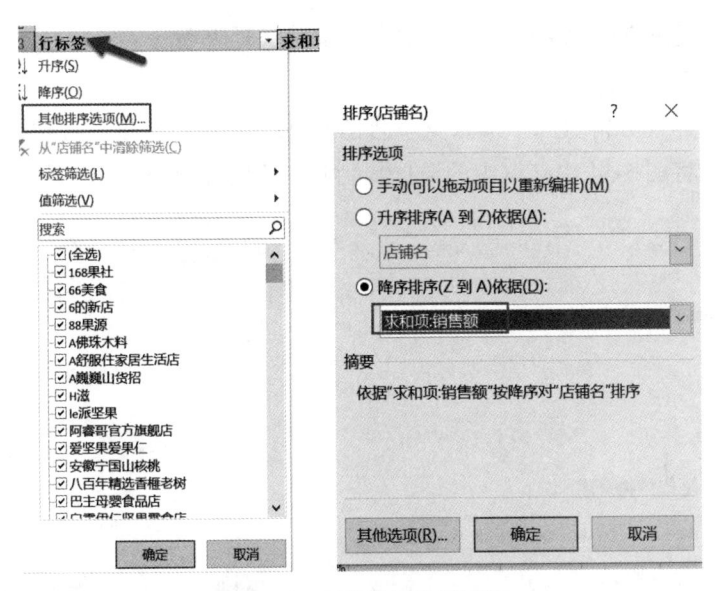

图 5-51　其他排序选项设置

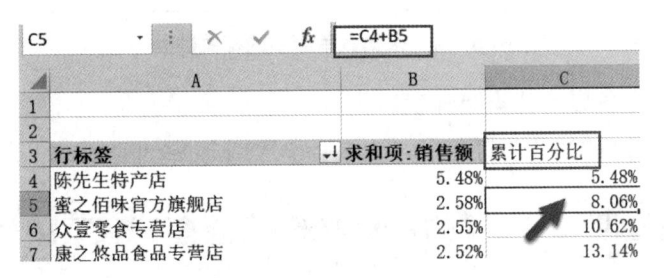

图 5-52　计算累计百分比

步骤 3：按条件将店铺进行分级。

通过对销售额累计百分比的计算，我们把累计百分比≤30% 的店铺定为头部企业，把 30%＜累计百分比＜70% 的店铺定为腰部企业，把 70%≤累计百分比≤100% 的店铺定为普通企业。

新增 "级别" 列，用条件语句实现店铺级别判断，在新增列中输入公式 "=IF(C4<=0.3," 头部 ",IF(C4>=0.7," 普通 "," 腰部 "))"，结果如图 5-53 所示。

图 5-53　店铺分级结果

2. 采集竞争店铺的相关数据，完成竞争店铺分类矩阵表

步骤1：采集竞争店铺的相关数据。

在多多查的店铺分析页面中输入竞争店铺的ID，单击"查询"按钮，更多的店铺信息被展示出来。将图5-54中红框中的数据复制到竞争店铺分类矩阵表中。

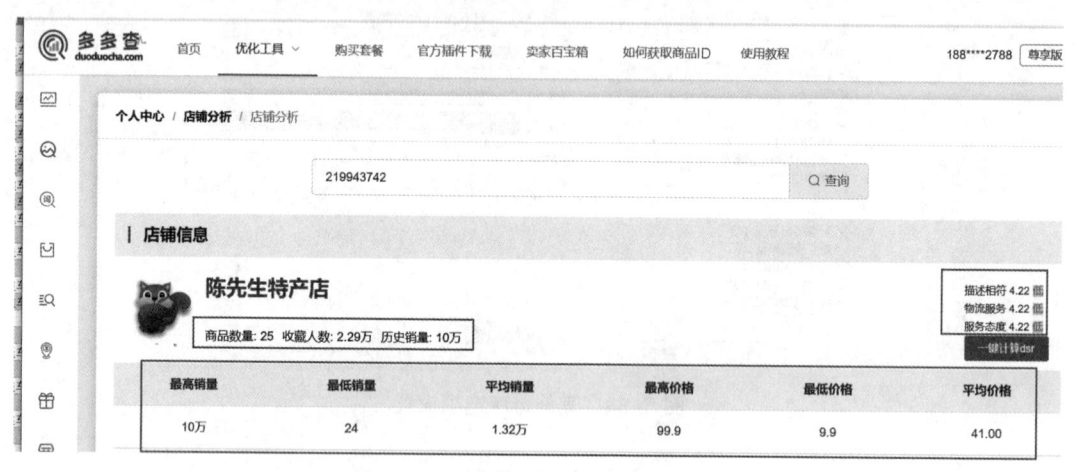

图5-54 采集竞争店铺的相关数据

步骤2：完成竞争店铺分类矩阵表。

依次采集Top 20的其他店铺信息，完成竞争店铺分类矩阵表，如图5-55所示。

排序	行标签	销售额	销售额占比	累计百分比	级别	商品数	收藏人数	描述相符
1	陈先生特产店	14970000	0.054840861	0.054840861	头部	25	2.29万	4.22
2	蜜之佰味官方	7040000	0.025790225	0.080631086	头部	16	3569	4.55
3	众壹零食专营	6970000	0.025533788	0.106164874	头部	77	23.13万	4.56
4	康之悠品食品	6881325.2	0.025208938	0.131373812	头部	86	184.48万	4.6
5	零师傅食品旗	5990000	0.021943671	0.153317483	头部	16	3570	4.55
6	悠谷农场	5752324	0.021072973	0.174390456	头部	12	4.39万	4.6
7	创味工坊食品	5430558.2	0.019894221	0.194284677	头部	77	23.13	4.56
8	白露伊仁坚果	5400064	0.019782509	0.214067186	头部	8	12.65万	4.65
9	坚果女王	5322800	0.019499461	0.233566647	头部	9	2.05万	4.61
10	同村仁坚果零	5047000	0.0184891	0.252055747	头部	23	1.44万	4.39
11	众壹食品专营	4880000	0.017877315	0.269933062	头部	77	5908	4.17
12	真心食品旗舰	4538652.5	0.016626828	0.286559889	头部	270	235.52万	4.73
13	考拉兄弟零食	4468700	0.016370565	0.302930454	腰部	64	14.32万	4.65
14	濮美美食品	3956400	0.014493813	0.317424268	腰部	3	6153	4.67
15	168果社	3920320	0.014361638	0.331785906	腰部	9	2.01万	4.6
16	良品铺子零食	3630900	0.013301382	0.345087287	腰部	182	66.71万	4.71
17	宸灿食品专营	3552486.4	0.013014122	0.35810141	腰部	51	49.05万	4.59
18	意升食品	3538000	0.012961053	0.371062463	腰部	13	2万	4.66
19	食尚系	3298050	0.012082024	0.383144487	腰部	8	5087	4.66
20	秋吉源食品官	2971762.7	0.010886708	0.394031196	腰部	31	9194	4.61

图5-55 竞争店铺分类矩阵表

3. 确定竞争对手

在完成数据清洗后的店铺数据表中，利用筛选功能查看Top 20店铺的运营数据，观察这些店铺参与直通车商品数及商品参加活动的信息，如图5-56所示。

图 5-56 采集竞争店铺的运营活动数据

在竞争店铺分类矩阵表中增加"直通车"和"活动"列，将观察到的店铺的直通车和活动信息汇总到这两列中，如图 5-57 所示。

图 5-57 汇总竞争店铺的直通车和活动信息

根据本项目引例中企业的商品定价和店铺运营节奏来看，该企业目前在运营初期，暂时不准备投放直通车，且商品数量也在 10 个以下，定价策略也偏向低端，因此笔者建议该企业选择排序为 8、15 和 19 的店铺为竞争店铺（见图 5-57），进行长期数据跟踪。

4. 进行竞争店铺数据跟踪

在确定竞争店铺之后，运营人员就要对竞争店铺的数据进行长期的观察，可以手动采集竞争店铺的数据；也可以通过第三方工具，将竞争店铺加入监控中心，自动采集并积累竞争店铺的数据。下面以多多查平台为例，演示监控竞争店铺数据的流程。

步骤 1：进入多多查的监控中心，选择"店铺监控"选项，单击"添加监控店铺"按钮，如图 5-58 所示。

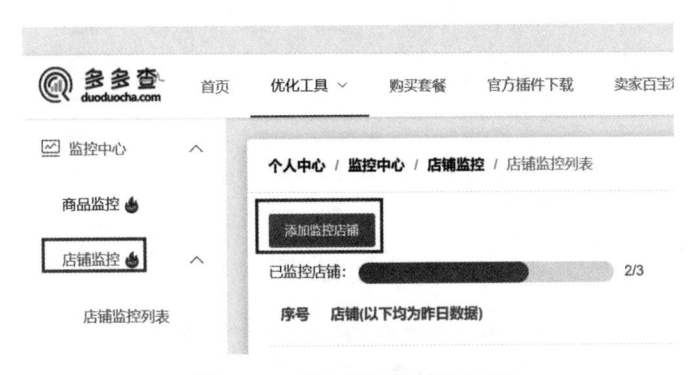

图 5-58 添加监控店铺的入口

步骤 2：输入竞争店铺中的任意一个宝贝（商品）链接或宝贝 ID，如图 5-59 所示。

项目 5 社交电商竞争店铺分析

图 5-59　输入竞争店铺中的任意一个宝贝链接或宝贝 ID

步骤 3：在监控店铺被加载出来后，单击"添加监控"按钮，如图 5-60 所示。

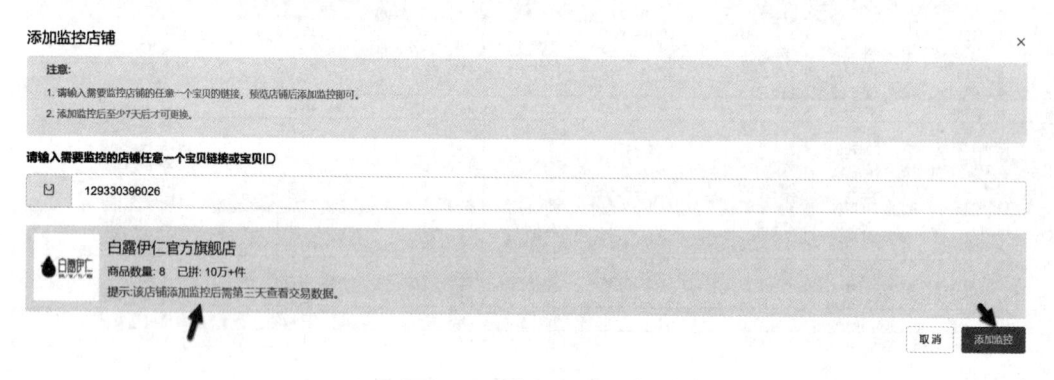

图 5-60　添加监控店铺

步骤 4：在添加成功后，每隔 7 天汇总一次数据（见图 5-61），不断积累竞争店铺的数据。

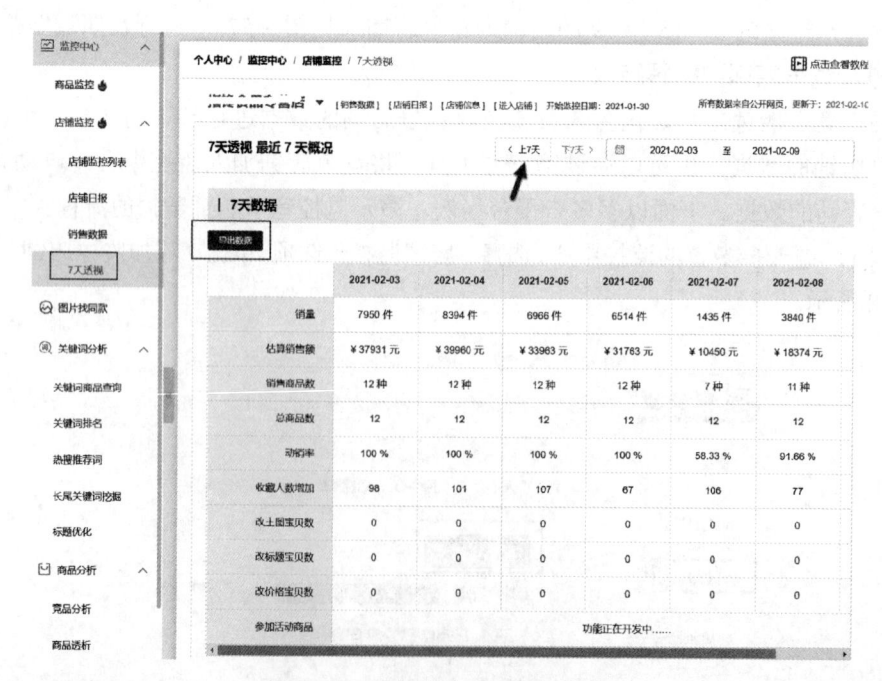

图 5-61　竞争店铺 7 天的监控数据

5. 分析结果

根据对竞争店铺的分级，采集竞争店铺的运营数据，形成竞争店铺分级矩阵表。结合本项目引例中企业的运营现状和商品定位,笔者建议该企业选定 3 个竞争店铺进行长期数据监控,长期观察竞争店铺的运营指标,并及时调整自身的运营策略。

课后习题

一、单选题

1. 行业集中度是指某行业的相关市场内前 n 个最大的企业所占市场份额的总和,因此 CR4 是指（　　）。

A. 3 个最大的企业占有该行业的市场份额

B. 4 个最大的企业占有该行业的市场份额

C. 5 个最大的企业占有该行业的市场份额

D. 两个最大的企业占有该行业的市场份额

2. 挑选竞争对手,一定要结合企业的战略目标和竞争策略进行综合考量,如果企业目前的市场规模是 100 万元,那么对标市场规模在（　　）的竞争对手是比较合理的。

A. 300 ～ 500 万元　　　　　　　　　　B. 3000 ～ 5000 万元

C. 30 ～ 50 万元　　　　　　　　　　　D. 500 ～ 1000 万元

3. 宏观维度的竞争店铺数据主要通过对竞争店铺的基本信息页面展示的数据进行汇总得到,包括（　　）。

A. 店铺类别、爆款商品、装修风格、店铺营销方案

B. 竞争店铺的拍摄方式、详情页制作方式、店铺商品构成、店铺营销方案、活动设置

C. 店铺类型、店铺收藏量、店铺商品数量、历史销量、服务保障、榜单成就、DSR

D. 店铺商品价格、店铺商品销量、店铺排行情况

4. 竞争对手数据跟踪是指对特定的竞争对手进行持续、全面的信息收集和处理,综合竞争对手的历史发展和最新动态,对竞争对手目前的状态和未来的趋势做出判断和评价,预测竞争对手可能采取的竞争行为,为本企业科学地制定竞争战略和战术奠定基础。下列关于竞争对手数据跟踪的说法,错误的是（　　）。

A. 获取的竞争对手的数据类型必须丰富,除了文本、数字类型的数据,还需要商品详情页设计风格、推文文字风格、视频等非结构化类型的数据

B. 在进行竞争对手数据跟踪时,企业要保证数据的实时更新,保证每天更新数据

C. 若采用手工方式记录数据,则需要在凌晨更新数据

D. 若使用工具自动采集数据,则需要在一周内将数据下载到本地

二、多选题

1. 分析竞争对手最重要的目的是预测竞争对手的行为,包括（　　）。

A. 竞争对手对未来的机会和威胁可能做出的反应

B. 竞争对手过去的行为

C. 竞争对手对企业的战略行动可能做出的反应

D. 竞争对手未来的动向

2. 竞争对手分类的维度可基于实际情况进行设定,可供参考的维度有（　　）。

A. 价格定位　　　　B. 销量层级　　　　C. 产品结构　　　　D. 产品品牌

3. 企业在不同的阶段需要不同的竞争对手，竞争对手的选择须遵循以下 3 个原则：（   ）。

A. 竞争对手必须比自己优秀

B. 自己可在中短期内超赶对方

C. 竞争对手必须是与自己的定位相近的同行

D. 自己可在长期超赶对方

4. 下列关于竞争环境的说法，正确的是（   ）。

A. 竞争环境是指营销经理必须面对的竞争者的数量和类型，以及竞争者参与竞争的方式

B. 竞争环境的变化不断产生威胁，也不断产生机会

C. 对企业来说，如何检测竞争环境的变化，以规避威胁并抓住机会是与企业发展休戚相关的重大问题

D. 竞争是不可避免的

5. 下列关于价格带的说法，正确的是（   ）。

A. 价格带是指商品销售价格的上限与下限之间的范围

B. 为了满足消费者对既丰富又有效的商品构成的需要，店铺有必要减少销售格层，并缩小价格带

C. 如果销售价格的种类很多，就可能导致消费者不需要的商品增加，使消费者在选择商品方面出现困难，还会导致店铺没有特色

D. 不同的价格是为了满足不同的消费者

三、实训题

类目：教育培训/职业资格考证。

背景：某企业准备将职业资格考证服务在拼多多平台上进行销售，要求运营实习生晓婷对拼多多平台上提供职业资格考证服务的店铺进行分析，分析拼多多平台上的同行企业的店铺特征、价格带，并对竞争对手进行分类，以此来确定未来运营的竞争店铺。

目标：用 PPT 做一份报告，并向老板汇报。

数据：练习数据 5.1。

要求：

（1）PPT 不少于 10 页（标题页和目录页除外）。

（2）内容包括竞争环境分析、价格带分析、集中度分析及竞争对手分析。

（3）有明确的分析结果（可设置分析结果页）。

项目 6
竞品分析

思政与素质目标

时代在发展，竞争在变化。竞争不是鲁莽蛮干、不讲变通，而是在坚持原则、坚定立场的基础上因时因势采取最为有效的行动。为此，需要做好调查研究，知己知彼，百战不殆。企业应在充分调查研究的基础上，进行辩证分析。

在企业运营中，试错的成本往往比较高，而且一旦错过时机，就很难取得较好的效益。因此，教师要引导学生对竞品进行多维度的分析和比较，进而验证自己的商品的可行性，制定差异化运营方案。

引例

朝花药业（传统药企）的二级单位国医堂从 2020 年开始涉足线上零售业务，拥有一个拼多多企业店铺——怡和小店。小美是该店铺的兼职运营人员。该店铺主营药食同源商品和其他与中药相关的滋补营养商品，这些商品在线下都有不错的销量和口碑，但在线上的销售一直没有起色。小美想了解其他类似商品在社交电商平台上的具体销售情况，以便为怡和小店的商品定价和运营策略提供参考。

任务拆解

对拼多多店铺的经营者来说，要想在市场上长久地生存，就必须学会分析市场，掌握竞争对手的情况并做好应对竞争对手的措施。竞品分析是一个知己知彼的过程。竞品分析不是一项很复杂的工作，不管是新店还是老店，不管是 Top 店铺还是小店铺，在日常的店铺运营中，都需要经常做竞品分析。一般来讲，竞品分析需要完成竞品分析范围和分析维度确定、竞品价格和 SKU 分析、竞品信息整理和竞品分析报告撰写这 3 个任务，如表 6-1 所示。

表 6-1 竞品分析的任务拆解表

项 目	任 务	任务需求	核心指标
竞争商品分析	竞品分析范围和分析维度确定	确定竞品分析范围和竞品分析维度	竞品分析范围、竞品分析维度
	竞品价格和 SKU 分析	进行竞品价格和 SKU 分析	定价策略、SKU 分析
	竞品信息整理和竞品分析报告撰写	对收集到的竞品信息进行整理与分析，撰写竞品分析报告	SWOT 分析法

任务 1　竞品分析范围和分析维度确定

分析思路

企业入驻社交电商平台，除了需要了解竞争环境和确定竞争对手，还需要做好竞品分析。要做好竞品分析需要遵循一定的步骤，逐渐缩小目标，最终锁定竞品分析范围。

商品是一切营销的基础，更是企业生存和发展的基础。当商品在某个领域上市并增长到一定程度后，就可能面临增长瓶颈。这时，竞品分析可帮助企业应对这个问题。

由于本任务要分析的市场主体为拼多多平台，因此我们可借助拼多多官方后台的数据及第三方工具进行分析。

知识准备

1. 竞品分析的作用

竞品分析最早起源于经济学。从企业运营的角度来看，竞品分析是指对现有的或潜在的竞品的优势和劣势进行评价。竞品分析提供了制定产品战略的依据，企业可通过竞品分析来有效地制定、实施并及时调整产品战略。简单地说，竞品分析就是根据自己的分析目的，确定切入角度，对竞争对手或市场进行客观分析，找到竞品或自己的优势与劣势，为下一步决策提供科学依据。从这个角度看，竞品分析的过程就是知己知彼的过程。

竞品分析的作用有以下两个。

第一是有利于进一步开拓市场。竞争分析是对某个领域的客观分析，从多个维度对竞品进行分析，为可以为企业切入市场找准方向和角度，为企业制定商业模式和竞争策略打下基础。

对运营人员来说，优秀的竞品分析能力可以给自己在求职和工作中加分。高质量的竞品分析不仅是工作成果的体现，还是个人的能力展现。

对企业来说，通过竞品分析可以取长补短并不断优化自己的商品。通过竞品分析，企业可以找出自己的商品与竞品的差距，进行自我反省，从而优化自己的商品；还可以了解客户的潜在需求和竞品的短处，从而方便自己进一步调整和优化策略。

第二是可以谋取发展。做好竞品分析可以助力企业制定预防性的策略。通过分析和定期跟进观察，企业可以对竞争对手过往的运营活动节奏和类型有更深入的了解，从而推断竞争对手可能的动向，并提前做出预防性布局。对企业而言，市场、商品定位、竞品的战略等因素都会影响自身的发展，因此竞品分析可以让企业预测行业走势，为发展打下基础。

2. 竞品分析的步骤

企业在商品生命周期的每个阶段都可以做竞品分析。由于在商品生命周期的不同阶段我们的关注点不同，而竞品分析要为商品服务，因此竞品分析的侧重点在商品生命周期的不同阶段也各不相同。电商企业的竞品分析主要集中在商品运营阶段，有的电商企业在选品阶段做竞品分析。一般来讲，竞品分析分为以下 6 个步骤。

（1）明确竞品分析目标：明确为什么要做竞品分析、想解决什么问题。

常见的竞品分析目标主要有以下 3 个层面。

① 宏观环境预警：发现政治环境、经济环境、技术环境和社会环境的异动。

② 行业环境预警：发现供应商、客户、现有竞争者、新进入者和替代者的异动。

③ 竞争对手监测：监测竞品的市场表现、竞品的推广手段、新竞争对手的出现。

社交电商企业的竞品分析目标主要以竞争对手监测为主。

（2）选择竞品：选择要分析的竞品。

下列 4 项标准可以帮助运营人员确定竞品的范围。

① 目标客户群体一致，要解决的"痛点"一致。这类竞品可能会引起你的客户流失，是直接的竞争对手。

② 销量比你多、荣登 Top 销量榜单、最近销量飙升的同款商品。

③ 解决同样"痛点"但不是同类目的商品。

④ 解决同样"痛点"但价格差距较大的商品。

（3）确定竞品分析维度：根据竞品分析目标，确定从哪些维度分析竞品。

确定竞品分析维度是指要获取竞品的哪些指标数据。例如，企业可以确定商品核心、商品其他、市场和服务 4 个一级指标，并在一级指标下面构建提取粒度更细的二级指标，如商品的功效、成分、包装设计、价格、赠品、物流、客服等。

（4）收集竞品信息：从各种渠道收集竞品信息。

在社交电商平台上搜索竞品的品牌，便能找到大量可供分析的竞品信息，这些信息包括但不限于以下 3 个方面的信息。

① 商品信息：商品名称、商品标题、广告词、商品参数、商品详情、品牌等。

② 价格促销信息：价格、优惠券、促销信息、赠品、销量、库存、挂牌价、到手价、拼单价、分期信息等。

③ 商品评价信息：评价昵称、评价内容、评价时间、追评时间、评价等级、手机设备型号等。

（5）整理与分析竞品信息：对收集到的竞品信息进行整理与分析。

常见的信息整理工作如下。

① 信息的集中：将不同来源的信息集中到一起。

② 信息的分类：根据竞品的名称或分析维度对信息进行重命名，并将其分到所属类别。

③ 信息的筛选：筛选出重复的信息。

④ 信息的组合：把不同信息组合在一起，以便于证伪。

⑤ 信息的评级：评价信息源的可靠性和资料的准确度。

竞品分析常用的分析方法包括以下几种。

① 比较法：与竞品做横向比较，深入了解竞品，并通过分析得出自己商品的优势、劣势。

② 矩阵分析法：以二维矩阵的方式分析自己的商品与竞品的定位、特色或优势。

③ 竞品跟踪矩阵：跟踪竞品的历史版本，找到竞品各版本的发展规律，以推测竞品下一步的行动。

④ 功能拆解：把竞品的功能分解成 1 级功能、2 级功能、3 级功能，甚至 4 级功能，以便更全面地了解竞品的构成，避免遗漏。

⑤ 探索需求：挖掘竞品的功能所满足的深层次的需求，以便找到更好的解决方案，提升产品的竞争力。

⑥ SWOT（Strengths、Weakness、Opportunities、Threats，优势、劣势、机会、威胁）分析：通过 SWOT 分析找出优势、劣势、机会、威胁，以便制定竞争策略。

（6）撰写竞品分析报告：得到竞品分析的结果，撰写竞品分析报告。

任务实施

1. 确定竞品分析目标

怡和小店有一款中药奶茶商品——小食匠好梦奶茶，该商品属于药食同源商品，内含 7 种主要的中药成分，如图 6-1 所示。

竞品分析目标确定

图 6-1 小食匠好梦奶茶

此次的竞品分析目标就是为该商品找到竞品，需要收集的竞品信息包括商品描述、主图设计风格、活动策略、SKU信息、价格波动、营销策略等，以便为该商品的定价和运营提供参考。

2. 定位竞品关键词

由于社交电商平台并没有给商家提供类目商品搜索词的详细数据，因此运营人员需要通过类目商品排行榜来逐步确定竞品关键词。

步骤1：采集二级类目热销排行榜数据和拼团飙升榜数据。

在拼多多商家后台的"推广工具"中，选择"数据洞察"→"搜索行业分析"选项，进入搜索行业分析页面；在"搜索商品排行榜"中，选择"传统滋补品"→"药食同源食品"二级类目，采集热销排行榜数据（见图6-2）和拼团飙升榜数据。

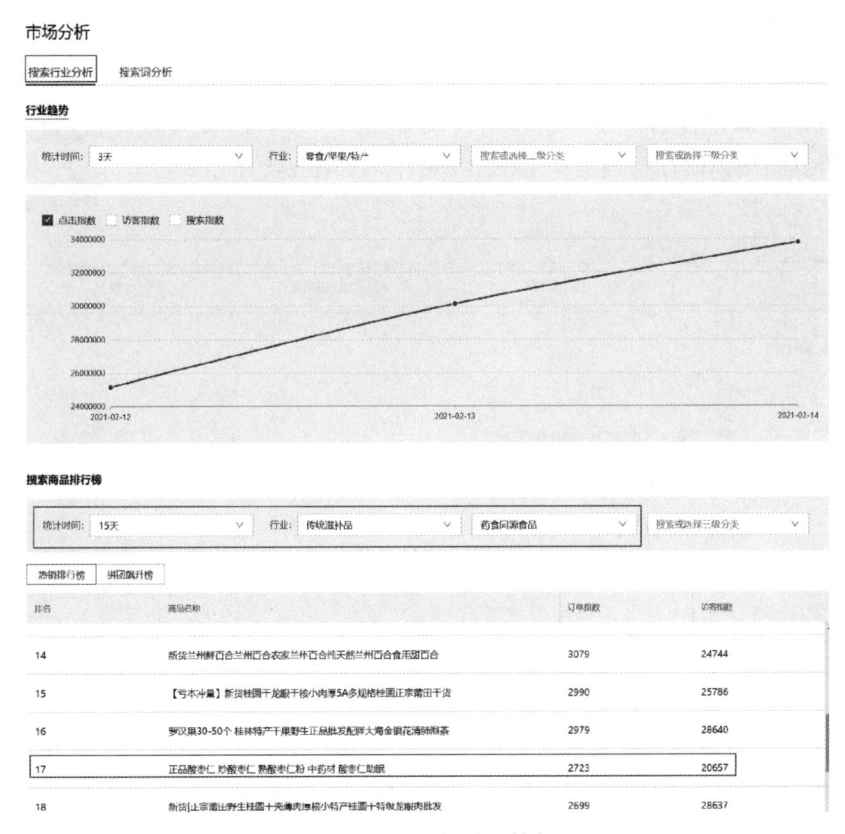

图6-2 采集热销排行榜数据

步骤2：观察数据并寻找规律。

观察采集到的数据中的商品标题，找出和中药奶茶商品相近的商品。在热销排行榜数据中有3款商品与助眠相关（见图6-3），在拼团飙升榜数据中有一款商品与助眠相关（见图6-4），这4款商品有一个共同的特征——都包含"酸枣仁"这个关键词。

步骤3：确定竞品所属的三级类目，观察三级类目的热销产品。

经过步骤2的数据观察，我们发现酸枣仁与助眠相关，而且包含酸枣仁的同类商品都能进入热销排行榜和拼团飙升榜。这说明"酸枣仁"这个关键词有稳定的市场需求，因此我们可以继续深挖"酸枣仁"这个三级类目下的商品。

排名	商品名称	订单指数	访客指数
1	【新货】莆田正宗桂圆干 壳薄肉厚核小 特产龙眼干特级桂圆肉批发	11213	118764
17	正品酸枣仁 炒酸枣仁 熟酸枣仁粉 中药材 酸枣仁助眠	2723	20657
42	【送莲子百合】正品酸枣仁炒熟酸枣仁粉泡水煮粥煲汤熬夜助眠	1522	15706
46	正品酸枣仁 炒酸枣仁 熟酸枣仁粉 中药材 酸枣仁助眠	1451	20943
47	买3发5执中橘红久咳正宗化州橘红八仙果桔红橘皮茶化橘红片	1439	5444
48	胖大海茶特级精选去火止咳利咽喉搭配甘草金银花罗汉果去火茶	1402	12761
49	内蒙古红皮甘草片圆片正宗野生无硫纯天然清肺润喉咳嗽干痒泡花茶	1400	11686
50	正宗甘草片100片装 润喉护嗓干痒非咳嗽化痰止咳复方野生甘草含片	1388	8301

图 6-3 热销排行榜数据

排名	商品名称	订单指数	交易提升指数	访客指数
1	盐水杏仁250g脱苦杏仁片凉拌菜承德野生山杏仁瀑光中杏仁袋装150g	466	1081.27%	5187
8	南京同仁堂酸枣仁膏百合茯苓黄精失眠安神助搭睡眠酸枣仁茶睡眠茶	68	1909.51%	2087
9	当归片中药材补气血食材当归黄芪党参组合装批发野生中草药补气药	65	1811.95%	1212
10	南京同仁堂茯苓野生中药云南白茯苓块茯苓粉片丁伏芩芙伏苓祛湿	94	1331.31%	1269
11	蒸泡叶排宿便蒸泡叶粉泡肚子清肠瘦秘去油蒸泡叶刮油通非便	158	886.60%	579

图 6-4 拼团飙升榜数据

在"搜索商品排行榜"中,选择"传统滋补品"→"药食同源食品"→"酸枣仁"三级类目,复制热销排行榜数据至 Excel 文件中,如图 6-5 所示。

图 6-5 采集三级类目热销排行榜数据

在 Excel 文件中突出显示包含文本"眠"的商品,具体操作如图 6-6 所示。

经过上述 3 个步骤,我们将竞品分析的搜索关键词确定为"酸枣仁茶"。

3. 锁定竞品

在确定竞品分析的搜索关键词之后,我们就需要利用该关键词锁定竞品。下面利用第三方工具采集相关数据。

步骤 1:查找并下载竞品数据。

在多多查平台的关键词分析页面中输入"酸枣仁茶",根据怡和小店的定价策略,我们将价格带设定为 30～60 元,按销量进行排序,并下载前 600 名商品的数据,如图 6-7 所示。

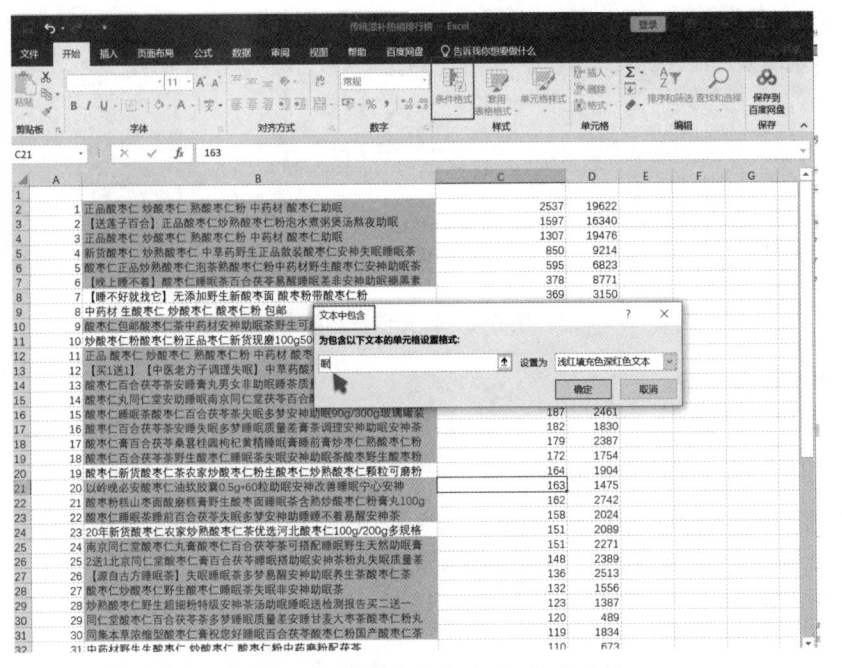

图 6-6 突出显示包含文本"眠"的商品

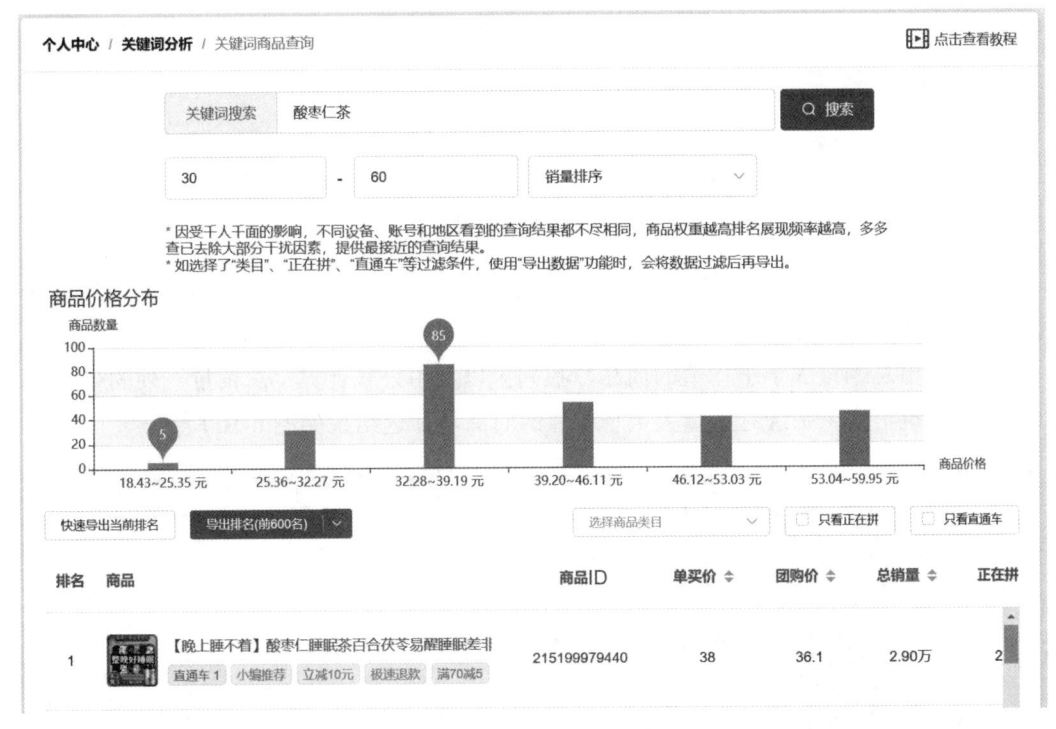

图 6-7 查找并下载竞品数据

步骤 2：清洗数据。

将下载好的数据在 Power Query 编辑器中进行必要的清洗，如去掉"单买价""团购价"列中的计量单位"元"，去掉"总销量"列中的计量单位"件"，并将这几列的数据类型变更为"小数""小数""整数"，最后按"总销量"进行排序，如图 6-8 所示。

直通车	商品名	商品ID	活动	单买价	团购价	总销量	店铺名	店铺ID
1		30袋云南白药酸枣仁百合茯苓颗粒...	167126229504	极速退款	69	49	100000	麻豆食品保健...	88598...
2		酸枣仁膏助正品睡眠酸枣仁茶百合...	203353809270	关注立减5元,极速退款	39	38	100000	有物保健食品...	121...
3		枣仁入梦饮助眠酸枣仁莲子百合安...	163930183849		40	39	100000	健乐多调味品...	22556...
4		酸枣仁茶安神熟酸枣野生舒睡助眠...	193827593991	关注立减5元,极速退款	58	48	100000	正玺堂保健食...	60793...
5		仁和酸枣仁膏助正品睡眠酸枣仁茶...	142478480883	坏了包赔,极速退款,第2...	58	38	100000	持久保健食品...	28493...
6		南京同仁堂酸枣仁安睡百合百合茯...	216720130451	关注立减5元	49	39	100000	佐凡药食健康...	93782...
7	直通车 2	【同仁堂】茯苓酸枣仁睡眠茶失眠...	142242181962	极速退款	42	19.6	100000	优佰汇食品...	80728...
8	直通车 13	【热销10万+】酸枣仁睡眠茶安神...	125463623804	极速退款	40	19.79	100000	栖梧食品专营	11892...
9		茯苓酸枣仁安舒茶失眠改善多梦...	215287219084	坏了包赔,立减2元,极速...	32	30.8	100000	超龙保健	72697...
10		酸枣仁参百合茯苓茶睡眠多多...	178389673799	坏了包赔,极速退款	88.6	39.8	100000	同益食品保健...	29370...
11		【同仁堂】茯苓酸枣仁安舒茶深度...	178986195694		32	31	100000	与日俱增	76534...

图 6-8 数据清洗结果

步骤 3：筛选数据。

本次竞品分析确定的竞品是中药助眠茶饮，因此我们可以通过商品标题提取商品标题中包含"眠"的商品，并排除药膏等非相关商品。

在清洗好的数据表中，选择"商品名"列，右击，在弹出的快捷菜单中选择"文字筛选"命令，弹出"筛选行"对话框，按图 6-9 所示进行设置。

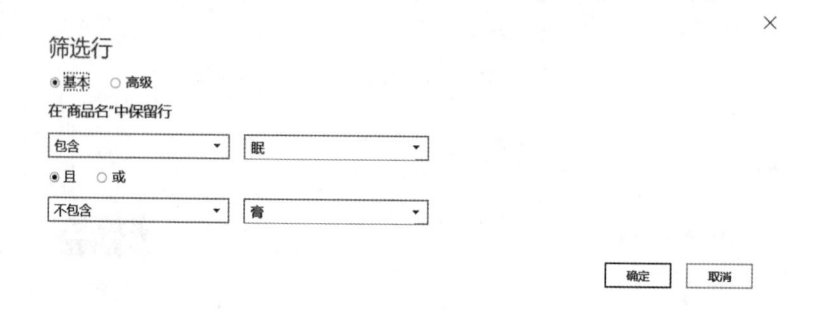

图 6-9 数据筛选设置 1

竞品分析的目的之一是向竞品学习，因此竞品的运营成绩应该在所选商品的平均值之上，为此我们需要进一步筛选数据。

为了找出总销量大于平均值的商品，我们可以利用公式计算"总销量"列的平均值，并在"总销量"列中筛选总销量大于平均值的商品，筛选结果如图 6-10 所示。

	直通车	商品名	商品ID	活动	单买价	团购价	总销量	店铺名	店铺ID
1		酸枣仁参百合茯苓茶睡眠多多梦宁量差养生改善安眠茶	178389673799	坏了包赔,极速退款	88.6	39.8	100000	同益食品保健...	29370...
2		酸枣仁茶安神熟酸枣野生舒睡茶妙酸枣仁茶可搭失苓百合莲子茶	193827593991	关注立减5元,极速退款	58	48	100000	正玺堂保健食...	60793...
3		30袋云南白药酸枣仁百合茯苓颗粒酸枣仁茶	167126229504	极速退款	69	49	100000	麻豆食品保健...	88598...
4		【同仁堂】茯苓酸枣仁安舒茶深度助眠茶安神养生睡眠茶150g/30袋	178986195694		32	31	100000	与日俱增	76534...
5		茯苓酸枣仁安舒茶失眠改善多梦易醒深度助眠茶养生睡眠茶30袋	215287219084	坏了包赔,立减2元,极速...	32	30.8	100000	超龙保健	72697...
6	直通车 13	【热销10万+】酸枣仁睡眠茶安神助眠茶妙酸枣茶深度助眠眠茶养生	125463623804	极速退款	40	19.79	100000	栖梧食品专营	11892...
7		枣仁入梦饮酸枣仁莲子百合安神茶山枣枸杞子盏茶茯苓睡眠改善	163930183849		40	39	100000	健乐多调味品...	22556...
8		南京同仁堂酸枣仁安睡百合百合茯苓助眠助睡眠助眠茶无糖养生茶	216720130451	关注立减5元	49	39	100000	佐凡药食健康...	93782...
9	直通车 2	【同仁堂】茯苓酸枣仁睡眠茶失眠助眠改善多梦易醒助眠养身茶	142242181962	极速退款	42	19.6	100000	优佰汇食品...	80728...
10	直通车 1	【晚上睡不好】酸枣仁碱茶百合茯苓醒睡眠差多梦神助眠眠睡素	215199979440	小额推荐,立减10元,极...	38	36.1	29000	贝慈佳品	28169...
11		免费试喝茶午睡眠红曲酸枣仁粉神助深度睡眠茶34袋包茶丁酸失眠	2614885022	立减2元,满80减4	60	58.9	20000	建立万保健品	81...
12		南京同仁堂酸枣仁百合茯苓睡眠好计甘草桑椹红枣绿体失眠养生代丁茶	29779499445	极速退款	45	39	20000	乘行保健食品...	95827...
13		【买1送1】酸枣仁睡眠茶百合茯苓可搭失眠妙酸枣眠助睡眠安神茶	95674779696	极速退款	69	49.8	15000	品誉花茶保健...	26290...
14		酸枣仁助眠茶足神眠多梦易醒丁睡眠素	7997238190	极速退款	36	32.8	15000	邀仁堂	25058...
15	直通车 B2	睡朴野生酸枣仁助眠眠茶安眠深度眠眠成人安神多梦GABA改善助眠	151013650138	极速发货,退货包运费,...	70	55.19	14000	睡朴旗舰店	6313...
16		修正酸枣仁茶百合茯苓安神助眠睡眠茶失眠女睡眠质量差助眠养生茶	135983846916	极速退款	79.9	59.89	11000	严选保健食品...	40690...
17		修正酸枣仁茶百合茯苓30袋可搭睡觉助眠安助眠眠妙酸枣眠眠助睡眠	46629405767	极速发货,正品险,立减1...	69.9	39.89	11000	敬参堂官方旗...	22822...
18	直通车 20	祖君酸枣仁百合茯苓安眠助眠安神茶生品特惠活动中	58699921346	极速退款	79	59	10000	毅君助眠品	83524...
19		酸枣仁片莲子百合茯苓仁搓安酥眠眠助眠易眠压片眠果	56733198976	极速退款	48	30.4	10000	古华莹保健食...	97494...
20	直通车 7	买1送1酸枣仁睡眠茶百合茯苓茶失眠多梦易眠眠眠助眠丁眠养生茶	7151235127	极速退款	48	38.9	5586	静韵养生保健	65127...
21		【正品野生】酸枣仁助眠茶京太行山酸枣仁眠/沙棘颗粒安神助眠	179296990933	坏了包赔,立减5元,极速...	44	47	5586	丰良丝	36028...
22	【买2送1】修正酸枣仁百合茯苓助眠眠眠质量多梦妙睡眠	84450525874	正品险,极速退款	49.7	39.7	5343	修正维锐专卖...	60796...
23		南京同仁堂酸枣仁睡眠养生茯苓花茶养肝护肝调理肠胃茶茶阳挺毒安神茶	215671630448	关注立减5元,满100减8	69	59.9	5278	春活食品保健...	37787...

图 6-10 筛选结果

继续观察筛选结果，我们发现很多商品的商品标题中带有"同仁堂"和"修正"等知名品牌的品牌词，而朝花药业的知名度不高，因此在选择竞品时要去掉这些知名品牌的商品。我们继续在筛选结果中进行筛选，具体筛选设置如图6-11所示。

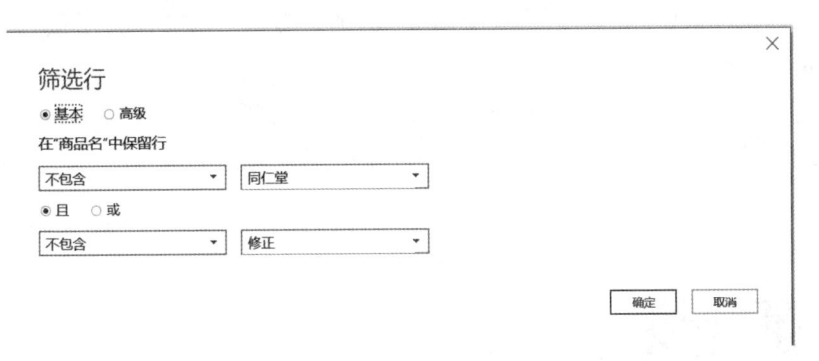

图6-11 数据筛选设置2

通过上述3个步骤，我们将同类关键词下的竞品缩小为15个，如图6-12所示。

图6-12 竞品数据表

4. 监控竞品的数据

利用竞品数据表中的商品ID，在多多查平台的"商品分析"模块或者"监控中心"中搜索商品，在搜索结果页面可以预览该商品。如果该商品与中药助眠茶饮是相关商品，就单击"添加监控"按钮，完成对竞品监控的操作，如图6-13所示。

图6-13 添加监控竞品

在将竞品纳入监控中心后，竞品的各项运营数据都会被持续记录。运营人员需要每天关注竞品运营策略的变化，为制定和调整店铺商品的运营方案提供参考。

5. 确定竞品分析维度

在锁定竞品后，为了更精准地进行竞品分析，我们需要根据商品特性确定竞品分析维度。通过观察中药助眠茶饮的数据，我们主要从以下几个维度进行数据的采集和分析。

（1）商品指标数据，如商品主图、主打卖点、所属类目、创建时间、质量、口感和味道、功效、价格、店铺数据等。

要获得商品的详细数据，就需要进入多多查商品分析页面（见图 6-14）或者在拼多多 App 上查看商品详情，并重点浏览竞品的属性，提炼竞品的特点。

图 6-14 采集商品指标数据

（2）运营指标数据，包括直通车、多多进宝、满减、关注送、限时秒杀、品牌秒杀等数据。运营指标数据可以从商品详情中采集（见图 6-15），也可以从第三方工具的监控中心采集。

图 6-15 采集运营指标数据

（3）销售指标数据，主要包括销量、SKU、价格等数据。

销量数据可从多多查的监控中心采集，如图 6-16 所示。

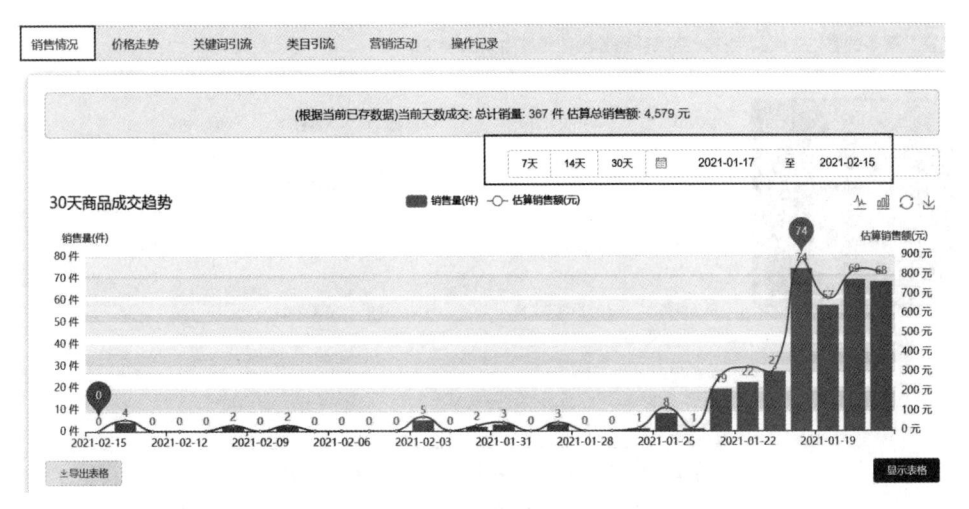

图 6-16 采集销量数据

SKU 数据可从多多查的"商品分析"模块的"库存量（SKU）"中采集，如图 6-17 所示。

图 6-17 采集 SKU 数据

价格数据可从监控中心的"价格走势"中采集，如图 6-18 所示。

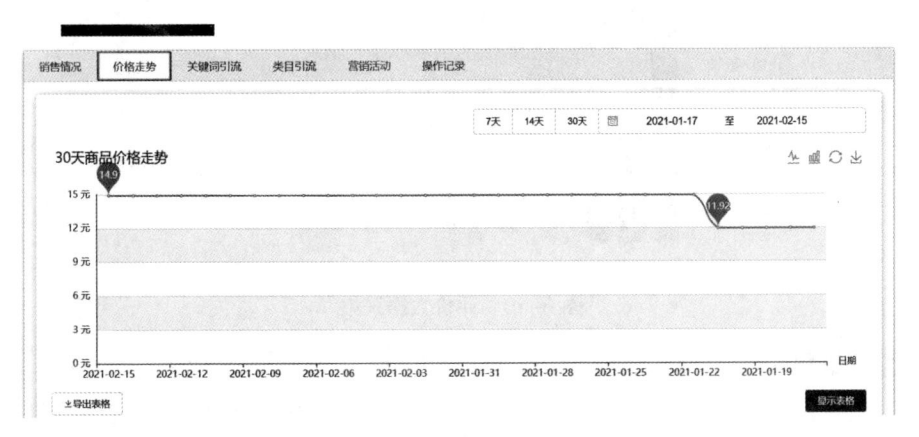

图 6-18 采集价格数据

（4）服务指标数据，一般采集商品服务承诺、物流评价、服务态度评价、包装评价等数据。

商品服务承诺数据可从多多查的商品分析页面（见图 6-19）或者拼多多商品前端页面采集。

图 6-19 采集商品服务承诺数据

评价数据可从多多查的"商品分析"模块的"评价"中采集，如图 6-20 所示。

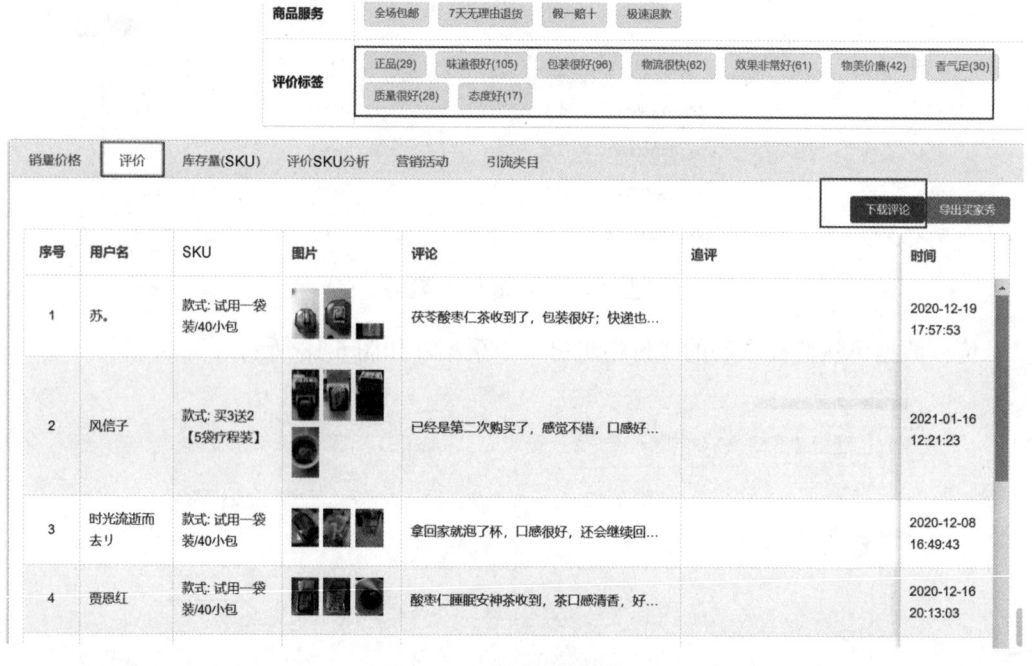

图 6-20 评价数据采集

6. 分析结果

通过搜索热度和趋势变化，我们确定了竞品分析的核心关键词，又根据商品的特点及企业运营阶段进行了多层筛选，最终锁定 15 个竞品并将其加入监控中心。根据商品的特点，我们确定了竞品分析的 4 个分析维度，利用拼多多平台或者第三方工具确定数据来源。根据中药助眠茶饮的特点，我们可以总结一个竞品分析维度表，如表 6-2 所示。

表 6-2 竞品分析维度表

商品指标	运营指标	销售指标	服务指标
商品主图	直通车	总销量	商品服务承诺
主打卖点	多多进宝	7 天销量	物流评价
所属类目	满减	昨日销量	服务态度评价
创建时间	关注送	SKU	包装评价
质量	限时秒杀	价格	
口感和味道	品牌秒杀		
功效			
价格			
店铺数据			

任务 2　竞品价格和 SKU 分析

分析思路

在确定竞品分析范围和竞品分析维度后，竞品分析就进入数据采集和分析阶段。数据采集和积累工作是一项烦琐且长期的工作，因为拼多多店铺采用的是低价团购模式，价格因素在拼多多店铺运营中非常重要，而利用 SKU 组合进行价格带布局在拼多多店铺运营中又相当常见，因此我们主要分析竞品价格和 SKU 数据。

知识准备

1. 价格波动

价格波动是价格因生产成本和供求关系变化而上下波动的现象。商品价格由商品的生产成本和利润构成，也受市场供求关系的影响。由于商品的生产成本和市场供求关系是经常变化的，因此商品价格经常上下波动。

价格波动有一定的规律性。一般来说，商品的生产成本下降较多，或者当供大于求时，商品价格就会下降；相反，当商品的生产成本有所上升，或者供不应求时，商品价格就会上升。商品价格的基础是商品价值，商品价格总是围绕着商品价值运动，因而商品价格的上下波动是有一定限度的。在一般情况下，价格上升会刺激供给增加同时抑制需求，所以价格在上升到一定程度后就会停止继续上升，甚至可能下降；相反，价格下降会刺激需求增加同时抑制供给，所以价格在下降到一定程度后就会停止继续下降，甚至可能上升。商品价格的这种上下波动形成一种机制，自动调节着社会供给和需求的均衡、生产和消费的均衡。

商品价格波动的幅度总是受到商品价值的制约，而且从一个较长的时期和从全社会来看，高于或低于商品价值的商品价格相互抵消，总体来说，商品的总价格和总价值仍然是相等的。因此，价格波动不是对价值规律的否定，而是价值规律发生作用的表现形式。恩格斯说:"商品价格对商品价值的不断背离是一个必要的条件,只有通过竞争的波动从而通过商品价格的波动,商品生产的价值规律才能得到贯彻,社会必要劳动时间决定商品价值这一点才能成为现实。"

2. 拼多多平台的价格体系

拼多多平台上的商品一般有两个价格:一个是单买价,也就是不需要拼单而直接购买的价格;另一个是拼单价,拼单价是商品的核心价格。此外,商家在发布商品时还需要填写一个市场价。因此,商家在制定商品价格体系时要遵守下列规则。

(1) 在发布时要遵守商品定价规则。

商家在发布商品时,要遵守市场价 > 单买价 > 拼单价这个规则,否则商品发布不成功。同时,商家在确定这 3 个价格时,应使价格符合市场行情、价格差距符合实际,使价格不能过高或过低、价格差距不能过大。在定价时,商家应主要考虑拼单价。

(2) 多为活动预留让利空间。

性价比越高的商品,活动报名通过的概率越大,因此笔者建议商家在发布商品时为活动预留让利空间。

(3) 忌刻意规避规则。

商家在发布商品时不能刻意规避规则,利用低价 SKU 引流。例如,在同一商品 ID 或商品链接中利用低价 SKU 引流,商品标题是"婴儿纸尿裤×××",其中一个 SKU 是 49 元,同时上架一个试用装/体验装,其 SKU 是 9.9 元。在拼多多平台上,低价引流的商品会被限流,不能报名参加活动。

(4) 因地制宜。

商家想要获取一些订单,可以利用优惠券。优惠券不影响商品的历史最低价。

3. SKU

SKU 的全称为 Stock Keeping Unit,即库存的基本计量单元,可以是件、盒、托盘等。SKU 是对大型连锁超市的配送中心进行物流管理的一种必要方法,已经被引申为商品统一编号的简称,每种商品均对应唯一的 SKU。

对一种商品而言,当其品牌、型号、配置、等级、花色、包装容量、单位、生产日期、保质期、用途、价格、产地等属性中的任一属性与其他商品存在不同时,其都可被称为一个单品。

在拼多多平台上,SKU 是重要的评价指标,做好 SKU 管理对于运营好商品很重要。商家应清楚 SKU 的设置,做好 SKU 管理能够提升商品的转化率。

4. 数据合并

数据合并是指将在不同数据源的数据进行采集、整理、清洗并转换后加载到一个新的数据源中,为数据消费者提供统一数据视图的数据集成方式,通俗地说,就是将多张表合并成一张表的过程。数据合并包括纵向合并和横向合并。

纵向合并在数据库中也被称为追加查询,常用于将多张相同结构字段的表合并成一张表格的场景。

横向合并在数据库中被称为合并查询,合并查询分为左外部连接、右外部连接、完全外部连接、内部连接、左反连接和右反连接 6 种连接方式。

（1）左外部连接（第一个中的所有行，第二个中的匹配行）：用 A 表中的所有行去 B 表中寻找它的匹配项，也就是匹配 A、B 两张表，仅返回 A 表中存在的数据，如图 6-21（a）所示。

（2）右外部连接（第二个中的所有行，第一个中的匹配行）：用 B 表中的所有行去 A 表中寻找它的匹配项，也就是匹配 A、B 两张表，仅返回 B 表中存在的数据，如图 6-21（b）所示。

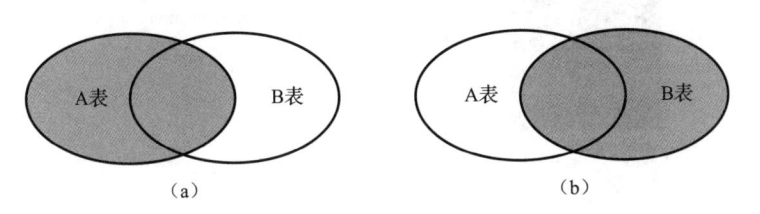

图 6-21　左外部、右外部连接示意图

（3）完全外部连接（两者中的所有行）：合并两张表中的所有行，即匹配 A、B 两张表，返回全部数据，如图 6-22（a）所示。

（4）内部连接（仅限匹配行）：将 A、B 两张表中均存在的行合并，即匹配 A、B 两张表，仅返回 A、B 表中均存在的数据，如图 6-22（b）所示。

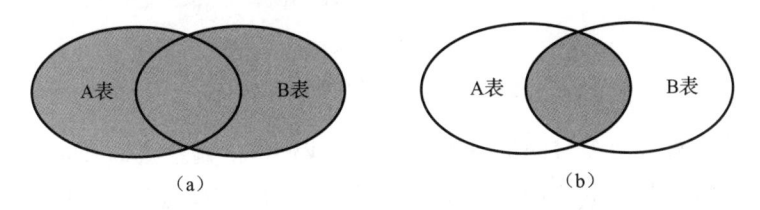

图 6-22　完全外部、内部连接示意图

（5）左反连接（仅限第一个中的行）：仅在 A 表中存在的行出现，即匹配 A、B 两张表，仅返回在 A 表中存在，同时在 B 表中不存在的数据，如图 6-23（a）所示。

（6）右反连接（仅限第二个中的行）：仅在 B 表中存在的行出现，即匹配 A、B 两张表，仅返回在 B 表中存在，同时在 A 表中不存在的数据，如图 6-23（b）所示。

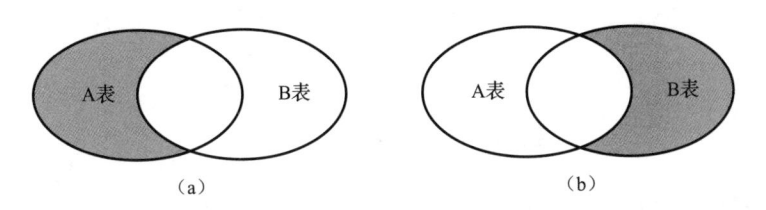

图 6-23　左反、右反连接示意图

任务实施

1. 采集竞品价格数据

在竞品被加入第三方工具的监控中心后，其所有的价格变化都会被记录下来。下面以第三方工具多多查为例。

如图 6-24 所示，该商品被加入监控中心的时间为 2019 年 10 月 10 日，多多查采集了自监控日期以后的该商品的所有价格变化数据。

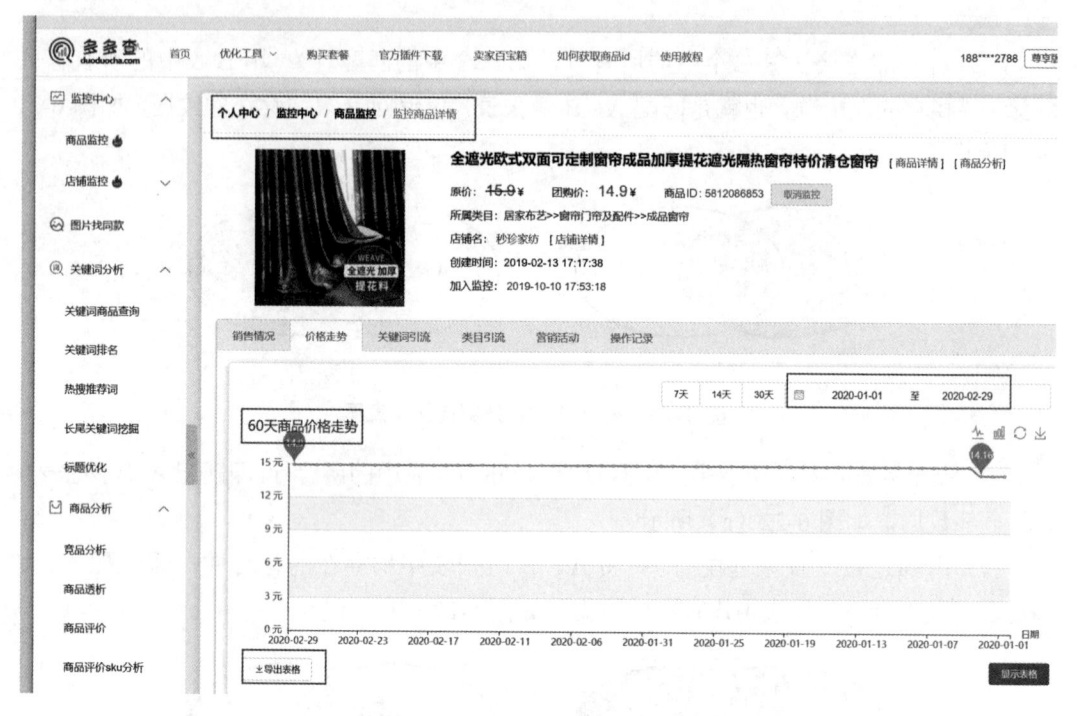

图 6-24　竞品价格数据采集

多多查可提供最长两个月的价格走势数据。我们依次调整查询时间，导出该竞品的双月商品价格走势数据，并统一放在"价格趋势"文件夹中，如图 6-25 所示。

图 6-25　"价格趋势"文件夹

2. 纵向合并竞品价格数据

已经下载的竞品的双月商品价格走势数据表属于具有相同结构字段的表格，我们需要把这 6 张表整合为一张全年的价格表，这需要通过纵向合并来实现。Excel 2019 版本有组合功能，可以实现一键组合一个文件夹下的所有表为一个数据表，具体步骤如下。

步骤 1：连接数据源。

选择"数据"选项卡，单击"获取数据"按钮，在弹出的下拉列表中选择"自文件"→"从文件夹"选项，如图6-26所示。

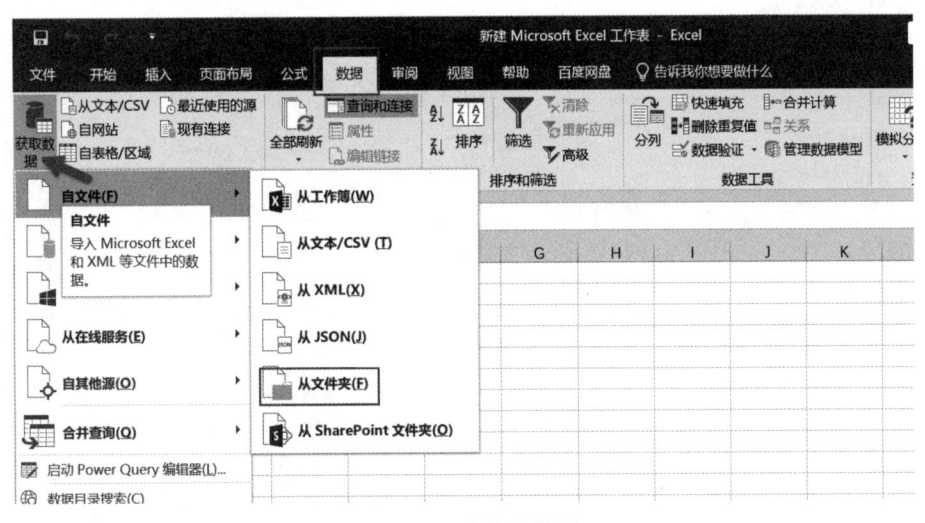

图6-26 连接数据源

步骤2：合并和编辑数据。

选择"价格趋势"文件夹，单击"组合"下拉按钮，在弹出的下拉列表中选择"合并和编辑"选项，如图6-27所示。

图6-27 合并和编辑数据

步骤3：预览、检查、合并数据。

弹出"合并文件"对话框，预览数据并检查是否有错误；若无错误，则单击"确定"按钮，如图6-28所示。

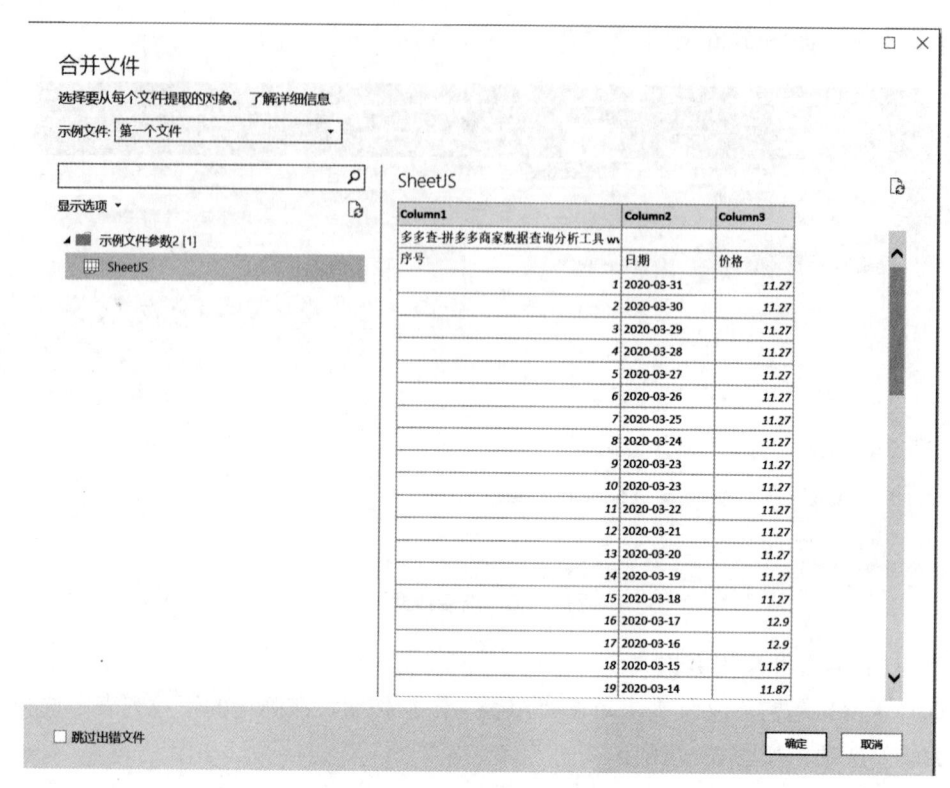

图 6-28　预览、检查、合并数据

步骤 4：清洗数据。

打开 Power Query 编辑器，依次删除多余的列，并更改"日期"和"价格"列的数据类型，如图 6-29 所示。

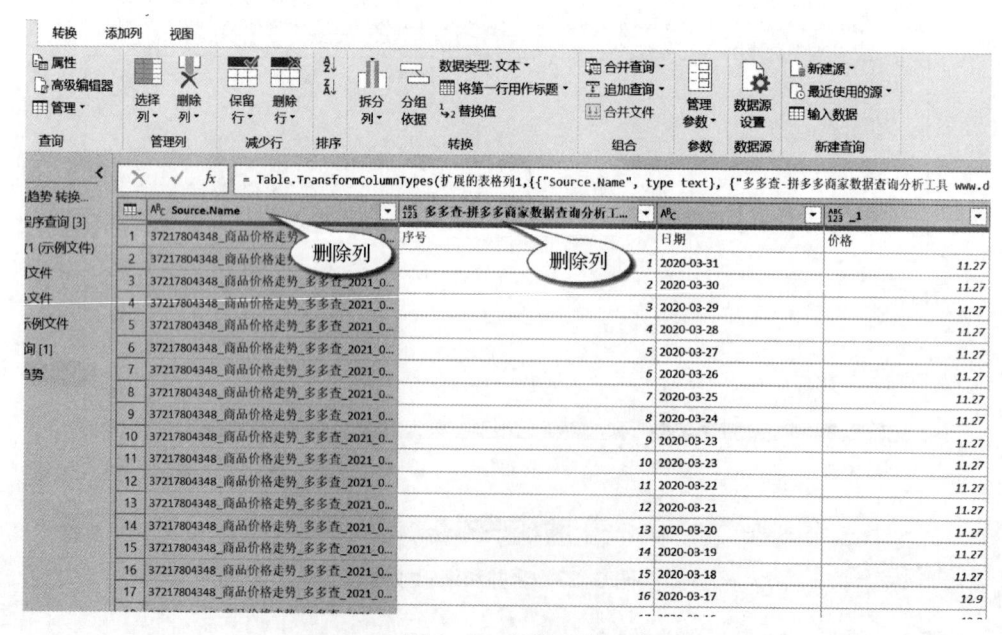

图 6-29　清洗数据

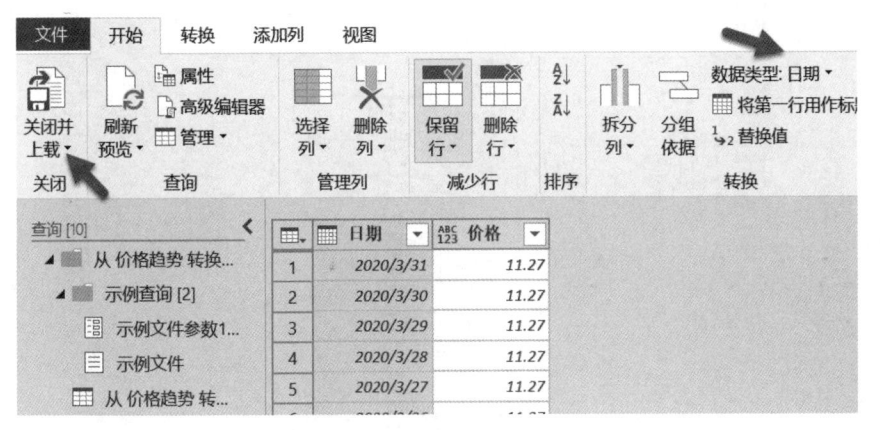

图 6-29 清洗数据（续）

3. 横向合并竞品价格趋势表

参考竞品 1 的价格数据采集步骤完成竞品 2 的价格数据采集，并通过纵向合并完成竞品 2 的价格数据表整理。至此，我们完成了竞品 1 和竞品 2 的价格趋势表，如图 6-30 所示。

竞品数据横向合并

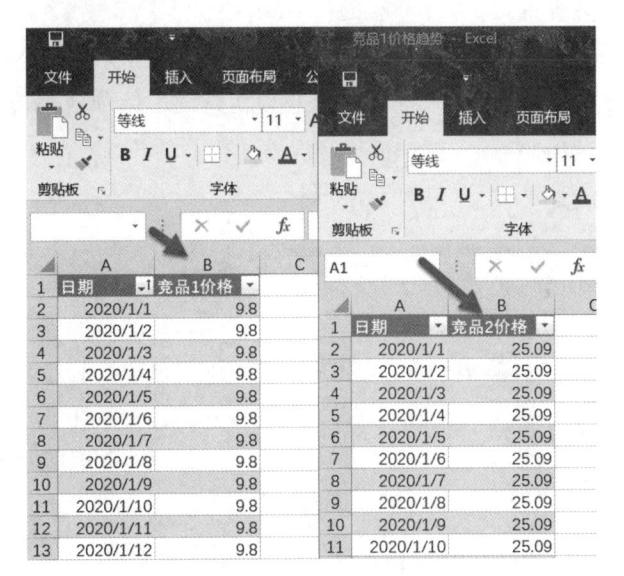

图 6-30 竞品 1 和竞品 2 的价格趋势表

这两张表的"日期"列相同，现在需要我们通过横向合并，将两张表合并成一张表，以便做趋势对比分析，具体步骤如下。

步骤 1：在 Power Query 编辑器中导入数据表。

将竞品 1 的价格趋势表和竞品 2 的价格趋势表放在一个 Excel 文件中，并命名为"合并查询 n"。新建一个 Excel 文件，选择"数据"选项卡，单击"获取数据"按钮，在弹出的下拉列表中选择"自文件"→"从工作簿"选项，选择"合并查询 n"文件；在弹出的"导航器"对话框中，将竞品 1 的价格趋势表和竞品 2 的价格趋势表导入 Power Query 编辑器中，如图 6-31 所示。

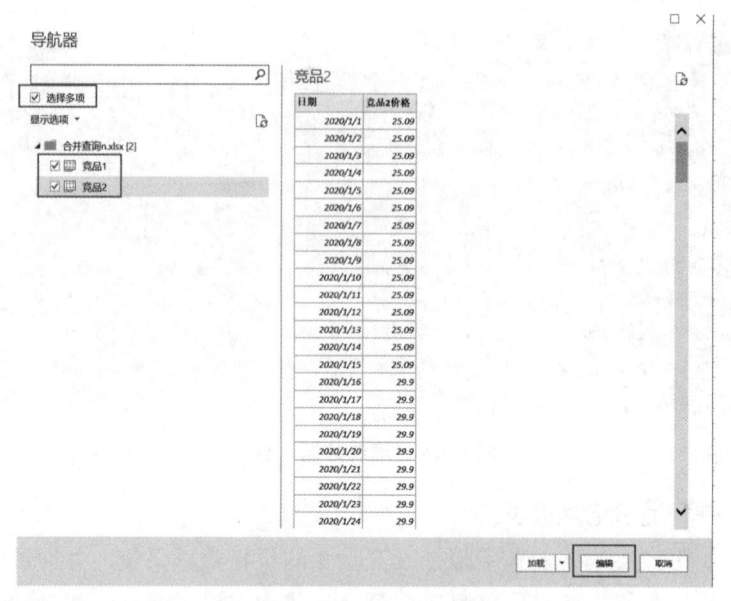

图 6-31　导入数据表

步骤 2：新建合并查询。

在导入数据表后，在 Power Query 编辑器中选择竞品 1 的价格趋势表，单击"合并查询"按钮，在弹出的下拉列表中选择"将查询合并为新查询"选项（不覆盖原查询，建议选择该选项），如图 6-32 所示。

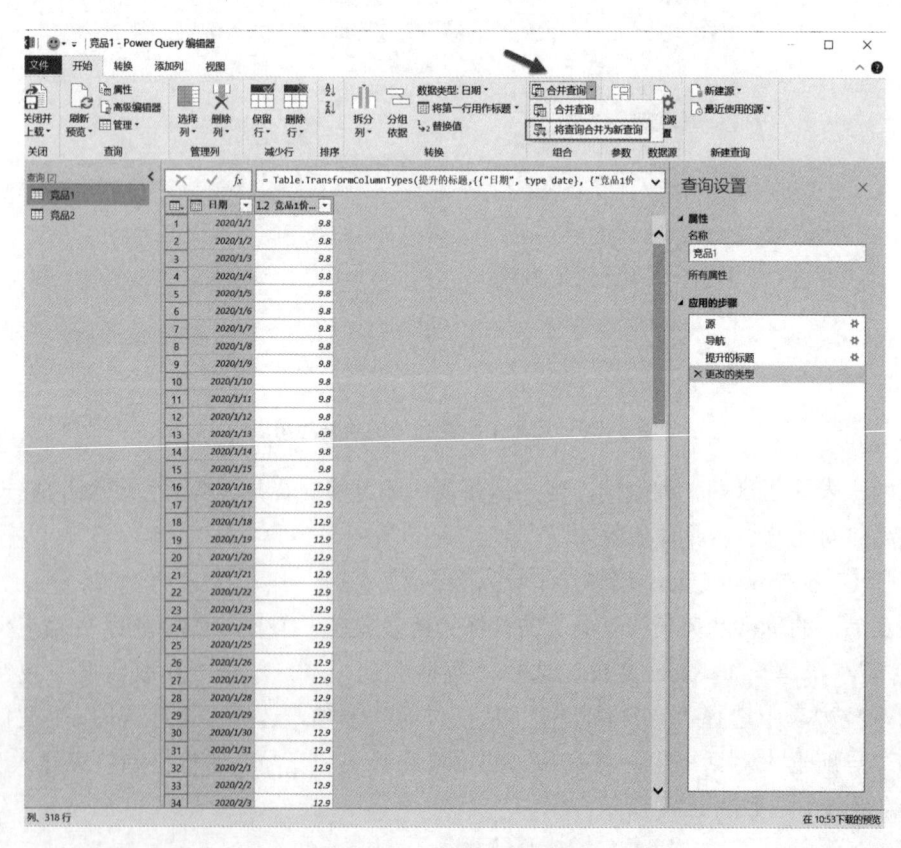

图 6-32　新建合并查询

步骤3：设置合并选项。

弹出"合并"对话框，选择合并列为"日期"，"联接种类"选择"完全外部（两者中的所有行）"（见图6-33），单击"确定"按钮，合并结果如图6-33所示。

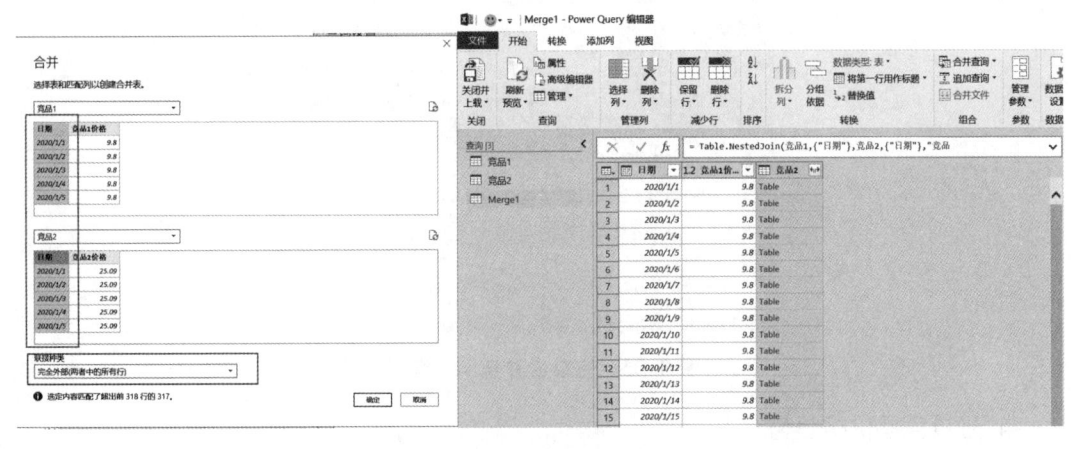

图6-33 合并选项设置及合并结果

（注：图中的"联接种类"应为"连接种类"，后文同）

步骤4：设置"展开"选项，完成横向合并。

单击"竞品2"右侧的展开按钮，选中"展开"单选按钮，勾选"竞品2价格"复选框，取消勾选"使用原始列作为前缀"复选框，单击"确定"按钮，完成横向合并，如图6-34所示。

步骤5：更改查询名称为"合并查询"。

在"查询设置"窗格中更改查询名称为"合并查询"，单击"关闭并上载"按钮，完成合并查询，如图6-35所示。

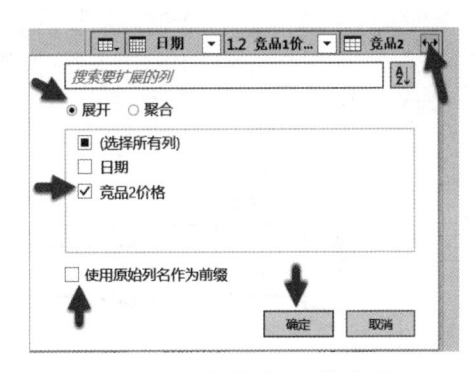

图6-34 设置"展开"选项

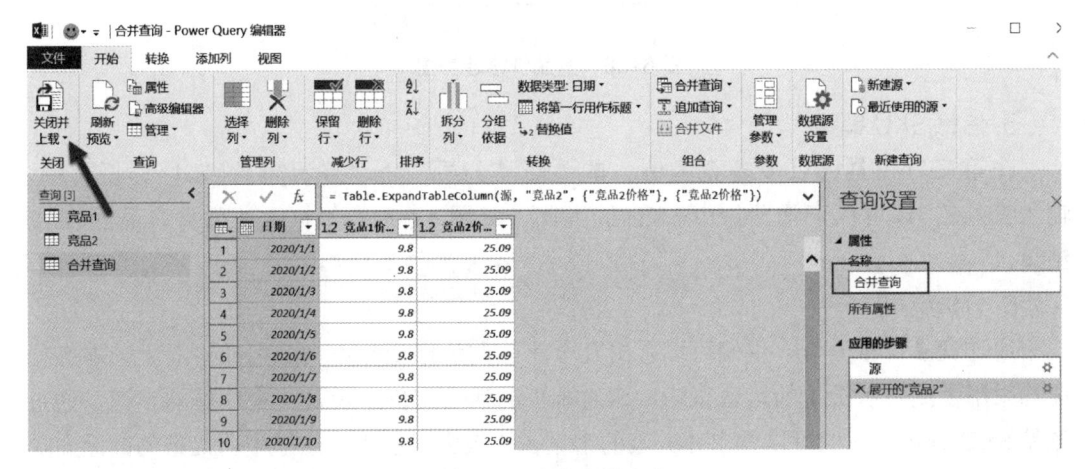

图6-35 完成合并查询

项目6 竞品分析

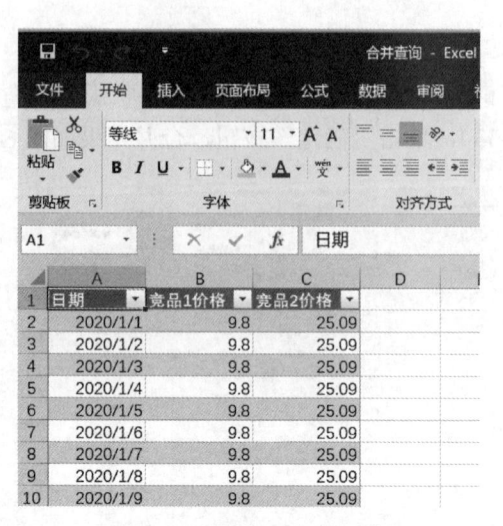

图 6-35 完成合并查询（续）

4. 分析竞品价格趋势

在完成合并查询后，插入数据透视图（折线图），绘制竞品价格趋势图，如图 6-36 所示。

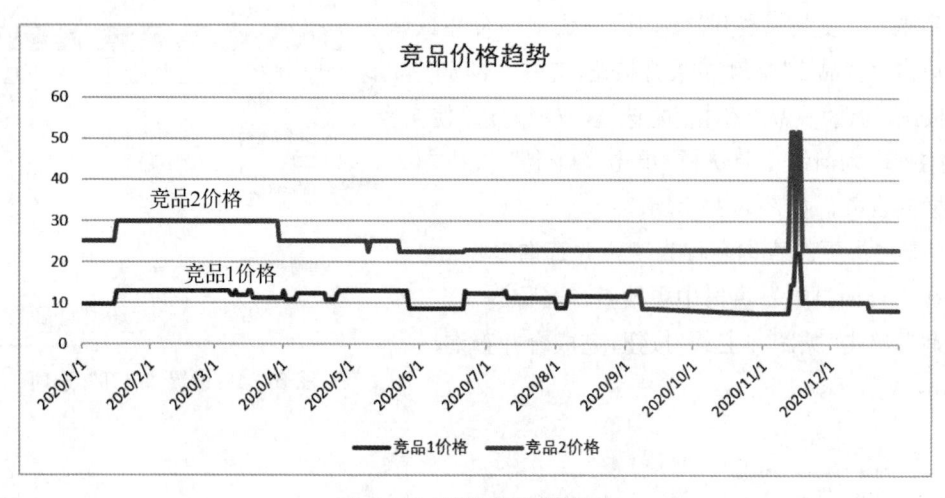

图 6-36 竞品价格趋势图

5. 估算 SKU 销量

在第三方工具（以多多查为例）的"商品分析"→"商品评价 SKU 分析"中，输入竞品的 ID 可以查询评价中 SKU 的占比（见图 6-37），根据占比估算竞品的 SKU 销量。

6. 分析结果

通过竞品价格分析，我们可以看出几个竞品的价格变化不大，但在"双十一"大促前均采用了提价后折价的运营策略，这对小美的活动定价来说是一个很好的参考。通过竞品 SKU 分析，我们可以看出体验装的销量占比较大，小美在改进中药奶茶的商品布局方面，也应该选择不同的 SKU 策略，并用体验装进行引流。

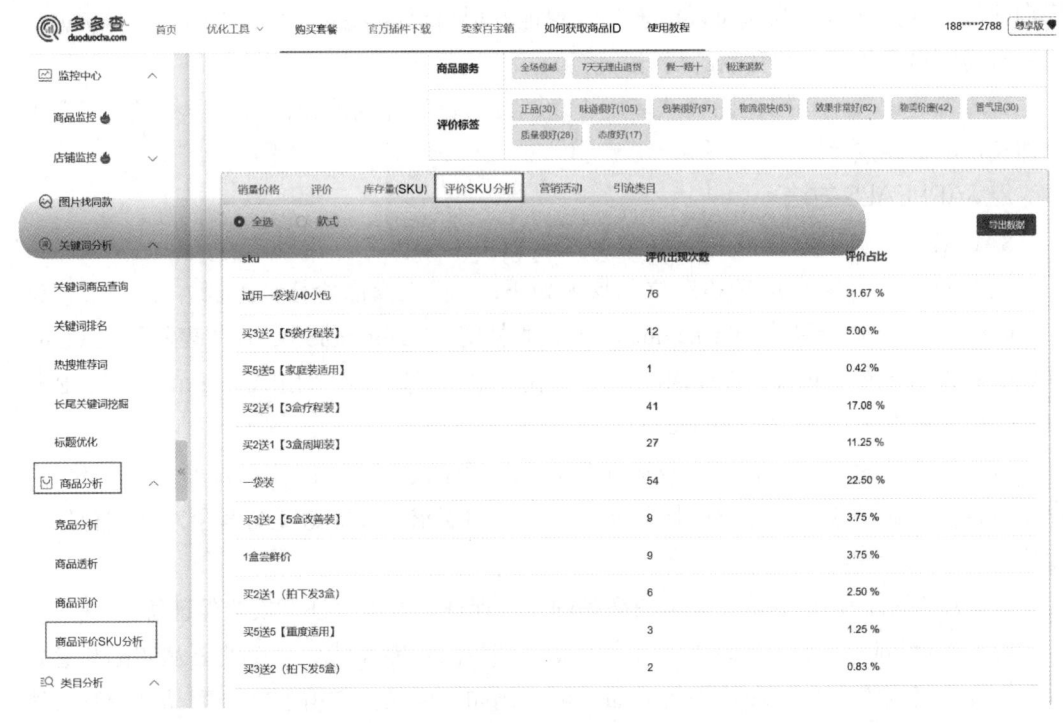

图 6-37 查询评价中 SKU 的占比

任务 3　竞品信息整理和竞品分析报告撰写

分析思路

信息的分析是指对原始信息进行整理、归纳、推理，将信息转化为有价值的结论的过程，在整个竞品分析过程中居于重要地位。对同样的信息采用不同的分析方式，可能会得出不同的结论。竞品分析报告是竞品分析的最终呈现结果，是竞品分析的总结与成果，可以说，撰写竞品分析报告是竞品分析过程中极为关键、极具有价值的一步。

知识准备

1. 比较法

比较法，即将自己的商品与竞品进行横向比较，以深入了解竞品，并通过分析找出自己的商品和竞品的优势与劣势。根据比较的形式，比较法可以分为3种：打钩比较法、评分比较法、描述比较法。

（1）打钩比较法。打钩比较法可以用于商品的功能、配置、特性的对比分析。通过对比自己的商品与竞品的功能商家，可以全方位地了解竞品的功能，为自己的商品的功能规划做参考。

（2）评分比较法。评分比较法可以用于客户体验设计、$APPEALS 各要素等方面的横向比较。通过比较，商家可以清晰且直观地发现自己的商品与竞品之间的差异，并通过分析得到自己的商品和竞品的优势与劣势。

（3）描述比较法。描述比较法多用于功能细节、界面的比较，可以详细描述竞品的具体表现、优缺点等。

2. $APPEALS 方法

$APPEALS 方法是 IBM 总结和分析出来的用于分析客户需求的方法。它从 8 个方面对商品进行客户需求定义和定位。具体如下：$ 代表商品价格（Price）；A 代表保证（Assurances）；P 代表包装（Packaging）；P 代表性能（Performance）；E 代表易用性（Easy to Use）；A 代表可获得性（Availability）；L 代表生命周期成本（Lifecycle of Cost）；S 代表社会接受程度（Social Acceptance）。

（1）$（商品价格）。该要素反映了客户为一个满意的商品/交付愿意支付的价格。也就是说，企业需要重点思考如何既能满足客户的需求，又能避免与竞争对手进行低价竞争。

（2）A（保证）。该要素主要反映商品的质量保证、服务保证、安全保证等。

（3）P（性能）。该要素描述了对商品交付期望的功能和特性。企业要从实际和感觉两个方面来考虑有关功能和特性的商品性能。例如，商品工作得怎样？商品是否具备所有必需的和理想的特性？商品能否提供更好的性能？

（4）P（包装）。该要素描述了期望的设计质量、特性和外观等视觉特征，一般包括内外部包装与标示、商品的外形、组件、说明书等。

（5）E（易用性）。该要素描述了交付的易用属性，如用户友好图形界面、"傻瓜"化操作、"一键式"安装等。

（6）A（可获得性）。该要素描述了客户在容易和有效两方面的购买过程，也就是如何让客户知道自己的商品，并让客户很容易地获得商品。

（7）L（生命周期成本）。生命周期成本是指企业在商品的整个生命周期中所支出的费用总和（包括原料的获取费用、商品的使用费用等），即企业的生产成本与客户的使用成本之和。

（8）S（社会接受程度）。该要素描述了影响购买决定的其他影响，也就是说，商品如果能得到第三方（如顾问公司）的认可和助力宣传，其效果远好于"王婆卖瓜"式的营销模式的效果。

3. SWOT 分析法

SWOT 分析法也是竞品分析的一种常用方法，通过分析商品的优势（Strength）、劣势（Weakness）、机会（Opportunity）和威胁（Threat）进行综合考虑，以制定合适的竞争策略。

商家通过比较自己的商品与竞品，可以找出内部优势和劣势；通过宏观环境分析、行业环境分析、竞争对手分析，可以找出外部的机会和威胁；将优势、劣势、机会、威胁依照矩阵形式排列，用系统分析的思想匹配各种因素并加以分析，可以得出一系列结论，如竞争策略、行动计划。

SWOT 分析法的基本步骤如下。

（1）分析商品相对于竞品的优势和劣势。优势和劣势的参考要素可以结合具体分析目标来定义。结合社交电商的店铺运营场景，我们可以参考商品的核心技术、品牌、研发能力、专利、成本、渠道、SKU结构、运营水平等要素。这些参考要素的作用相当于检查清单，可以避免遗漏。需要注意的是，这些参考要素并非都是必需的，我们要根据竞品分析目标和竞品分析维度进行选择，最后整理得到的优势和劣势一般每种都不超过5个。

（2）分析商品面临的外部机会和威胁。商品面临的外部机会和威胁可能来自外部环境因素的变化，也可能来自竞争对手力量的变化 [机会、威胁可以通过PEST（Political、Economic、Social、Technological，政治、经济、社会、技术）分析与波特五力模型分析得到]。同优势、劣势的参考要素相同，这些参考要素并非都是必需的，我们要根据竞品分析的目标、商品所在的行业进行选择，最后整理得到的外部机会和威胁一般每种都不超过5个。

（3）将外部机会和威胁与商品内部的优势和劣势进行匹配，形成备选竞争策略与行动计划。

经过内外部的匹配，我们可以得到很多竞争策略的可选项，如扬长（发挥优势）、避短（规避劣势）、趋利（抓住机会）、避害（避开威胁）。

同时，我们可以把优势、劣势与机会、威胁进行组合，以得出更多的竞争策略：SO战略是依靠内部优势去抓住外部机会的战略；WO战略是利用外部机会来克服内部劣势的战略；ST战略就是利用企业的优势去避免或减少外部威胁的战略；WT战略是直接减少内部劣势和避免外部威胁的战略。

4. 竞品画布

竞品画布是一个做竞品分析的简易模板，用一页纸的内容完整地覆盖竞品分析的6个步骤，可以引导新人规范地进行竞品分析。竞品画布的核心要点如图6-38所示。

竞品画布

你的商品名称：		作者：
1. 竞品分析目标 为什么要做竞品分析？ 希望为商品带来什么帮助？ 你的商品所处的阶段： 目前你的商品面临的最大的问题与挑战： 竞品分析目标：	5. 优势 与竞品相比，你的商品有哪些优点？（提示：可以结合竞品分析维度）	6. 劣势 与竞品相比，你的商品有哪些缺点？
2. 选择竞品 竞品的名称、版本及选择理由：	7. 机会 有哪些外部机会？	8. 威胁 有哪些外部威胁？
3. 竞品分析维度 从哪几个维度来分析竞品？例如，功能、市场、策略等（提示：结合商品所处的阶段与竞品分析目标来确定竞品分析维度）	9. 建议与总结 通过竞品分析，你能对自己的商品提出什么建议？ 你采取什么竞争策略？ 你得出了哪些结论？（提示：要考虑可操作性）	
4. 收集竞品信息 你打算从哪些渠道收集竞品信息？		

图6-38 竞品画布的核心要点

竞品画布看起来很简单,只有一页纸,但是要用好它并不简单。我们在梳理竞品画布的要点时,需注意以下细节。

(1)竞品分析目标要明确,最好能够解决企业的商品当前面临的问题。

(2)在选择竞品时先发散后收敛:在初选阶段可以把眼界放宽,避免遗漏重要的竞品;在精选阶段要收敛,聚焦到 3 个左右的竞品,进行重点分析。

(3)竞品分析维度取决于竞品分析目标,最好写出竞品分析维度的选择理由。

(4)在收集竞品信息时,除了常规渠道,还可以考虑合法的非正式渠道。在找不到关键信息时,可以尝试从企业内部寻求帮助。

(5)优势、劣势是企业内部的,最好每种都不超过 5 个。

(6)机会、威胁是外部环境,最好每种都不超过 5 个。

(7)建议与总结要具体,不要泛泛而谈,同时要考虑可操作性。

5. 竞品分析报告的结构

竞品分析报告是竞品分析的重要输出物,是竞品分析的总结与成果。竞品分析报告的本质是沟通与交流的一种形式,通过报告将竞品分析的结论、对商品的建议及其他有价值的信息传递给用户,帮助他们做决策并制订行动计划。

竞品分析报告属于特殊的数据分析报告,结构一般较为简单,最经典的报告结构是"总—分—总"结构,包括总述、分述和总结三大部分。其中,总述部分需要包括竞品分析的背景、目标、思路,报告的目录,关键发现(类似论文前面的摘要)等;分述部分主要按竞品分析维度划分章节,介绍每个竞品分析维度的具体分析过程与小结;而总结部分应该包括结论、对商品提出的建议、行动计划、附录等。

6. 竞品分析报告的撰写原则

竞品分析人员在撰写竞品分析报告时,还应该遵守下列基本原则。

(1)根据用户特点选择报告形式。

竞品分析报告的内容和形式相辅相成,良好的呈现形式可以使内容得以有效传递。

不同的用户对报告的形式可能有不同的偏好,竞品分析人员可以通过与用户进行沟通,及时了解用户对报告形式的偏好。竞品分析人员要根据竞品分析报告的用户、使用场景选择合适的报告形式,以用户乐于接受的形式提供竞品分析报告,并以用户乐于接受的方式对竞品分析报告进行包装。

(2)提出可执行和可落地的结论、建议、下一步行动计划。

竞品分析报告得出的结论、给出的建议、提出的下一步行动计划必须是可执行和可落地的,也就是具备可操作性,泛泛而谈、不能落地的结论、建议、下一步行动计划没有意义。

(3)竞品分析报告要经常迭代更新。

为了监测外部环境的变化,竞品分析人员应定期做竞品分析,或者随着竞品的版本更新,及时更新竞品分析报告。因此,竞品分析人员要保存好竞品分析报告的 PPT 文件、原始数据、分析的过程数据等,以便在下次做竞品分析时使用。

（4）注意标注竞品分析报告中的素材和数据。

竞品分析报告引用的素材和数据等都应被标注出来源。明确标注资料的来源，体现了工作的严谨性。此外，资料的来源也可以从侧面说明数据的可信度和价值。

对于无法获取的竞品数据，如果这些数据会影响决策与结论，就可以在竞品分析报告中进行说明，而不能臆造数据。无法获取竞品数据是可以理解的，但编造假数据会误导决策，产生不良后果。

在引用外部数据时，竞品分析人员可以在图表中标注数据来源，也可以在PPT页面的备注中标注数据来源。

任务实施

1. 利用比较法对竞品进行对比

根据我们在本项目任务1中确定的商品、运营、销售、服务4个维度的指标，我们用比较法（打钩比较法、评分比较法和描述比较法）对竞品进行对比，如表6-3～表6-6所示。

表6-3 商品指标对比分析表

商品指标	竞品1	竞品2	竞品3
商品主图			
主打卖点	90天试吃中华老字号 3分钟速冲检测报告	大品牌破壁技术	草本配方无添加 检测报告
所属类目	茶 >> 代用/花草/水果/再加工茶 >> 代用/花草茶	传统滋补品 >> 养生茶 >> 养生茶	茶 >> 代用/花草/水果/再加工茶 >> 代用/花草茶
创建时间	2020-05-27-00:03:16	2020-08-18-20:12:53	2020-09-19-0:35:37
质量	质量很好（28） 正品（31）		
口感和味道	味道很好（107） 香气足（31）	口感很好（12）	
功效	效果非常好（62）		
价格	实惠（43）		
店铺数据	商品数量：2 收藏人数：1485 历史销量：10万盒	商品数量：12 收藏人数：13 历史销量：10万盒	商品数量：4 收藏人数：121 历史销量：10万盒

表 6-4 运营指标对比分析表

运营指标	竞品 1	竞品 2	竞品 3
直通车	√	√	
多多进宝	√		√
满减	√	√	√
关注送	√	√	√
限时秒杀			
品牌秒杀			

表 6-5 销售指标对比分析表

销售指标	竞品 1	竞品 2	竞品 3
总销量 / 万盒	10	10	10
7 天销量 / 盒	59	0	0
昨日销量 / 盒	19	0	0
SKU / 个	4	3	2
价格 / （元·盒$^{-1}$）	19.79～98.94	59～177	39.8～79.6

表 6-6 服务指标对比分析表

服务指标	竞品 1	竞品 2	竞品 3
商品服务承诺	全场包邮 7 天无理由退货 极速退款	全场包邮 7 天无理由退货 假一赔十 极速退款	坏了包赔 全场包邮 7 天无理由退货 极速退款
物流评价	物流很快（64）		
服务态度评价	态度好（17）		
包装评价	包装很好（97）	包装很好（8）	

2. $APPEALS 评分

通过比较法，我们得到了 3 个竞品的 4 个维度的数据，下面可以根据 $APPEALS 的具体要素进行评分。评分标准可以参考表 6-7。

表 6-7 $APPEALS 评分标准

评 分	标 准 解 释
10 分	绝对最好
9 分	明显是领导者
8 分	在前两名内
7 分	位于前 3～5 名
6 分	在市场中被普遍认为是"好的"
5 分	大多数客户能接受
4 分	有 25%～35% 的客户不能接受
3 分	大多数客户不能接受
2 分	极不满意
1 分	不合格

根据拼多多竞品分析的特点和 $APPEALS 要素，我们做了简单的对应，对各指标进行评分，评分结果如表 6-8 所示（评分结果被保存在 Excel 文件中）。

表 6-8 评分结果

评 分 要 素	竞品 1	竞品 2	竞品 3
$-商品价格	7	8	8
A-物流	9	8	7
P-包装	9	7	5
P-功效	8	7	6
E-SKU	8	7	7
A-保证	8	8	6
L-服务	8	8	8
S-口碑	8	7	6

在完成评分后，选中数据，插入雷达图，构建竞品分析评分雷达图，如图 6-39 所示。

3. SWOT 分析

根据梳理的竞品的相关信息，我们可以简单绘制小食匠好梦奶茶的 SWOT 分析图，如图 6-40 所示。

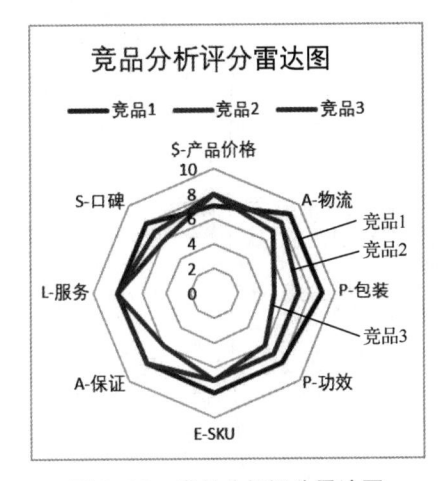

图 6-39 竞品分析评分雷达图

图 6-40 小食匠好梦奶茶的 SWOT 分析图

4. 制作简单的竞品画布

根据采用比较法和 $APPEALS 方法得出的竞品数据，以及本项目任务 1、2 的数据分析结果，我们可以完成小食匠好梦奶茶的竞品画布，如图 6-41 所示。

5. 构建竞品分析报告的框架

对大多数电商类竞品分析来说，按照前文提到的竞品分析的步骤，做好竞品的选择、监控、数据积累、分析和总结，最后输出竞品分析评分雷达图、SWOT 分析图及竞品画布等分析文档已经足够，但我们可以给自己提出更高的要求，从商品思维的角度，构建一个更专业的竞品分析报告的框架，如图 6-42 所示。

1. 竞品分析目标 帮助怡和小店分析拼多多平台上的与其小食匠好梦奶茶类型相同的商品的特征、定价策略、销量及运营策略等，为改进该商品的运营策略提供参考	5. 优势 传统药企背书 成本优势 研发优势	6. 劣势 缺乏运营经验 品牌知名度不高 物流成本高
2. 选择竞品 根据类目热销排行榜中的关键词并剔除品牌词选定竞品，利用第三方工具进行竞品监控	7. 机会 助眠产业增长迅速 品牌认知度一般	8. 威胁 替代性商品较多 大品牌加大投入力度
3. 竞品分析维度 商品维度、运营维度、销售维度、服务维度		
4. 收集竞品信息 竞品信息可从拼多多商家后台的"搜索行业分析"中获取，也可从第三方工具（如多多查）中获取	9. 建议与总结 怡和小店是朝花药业的拼多多企业店铺，就其内在因素而言，其小食匠好梦奶茶的目标客户是失眠或睡眠质量差的群体。该商品具有传统药企背书、成本及研发优势；但也存在明显的劣势——缺乏运营经验、品牌知名度不高、物流成本高（货源地在东北地区）。相对于外在因素而言，现代人的压力越来越大，有睡眠障碍的人群覆盖各年龄阶段，而拼多多的社交电商模式逐渐渗入人们的日常生活中，这是一种机遇，更是一种挑战，重新定义中药助眠茶饮将决定该商品未来的兴衰。小食匠好梦茶目前面临 3 个典型的竞品的挑战，其中威胁程度最大的是竞品 1，该竞品的 4 个维度的指标评分均最高。怡和小店可以在会员制度、包邮和新商品 3 个方向努力，争取稳住并扩大其市场份额。拼多多品牌旗舰店可以作为怡和小店未来的发展趋势，怡和小店可以多多借鉴其竞争店铺的设计、商品展示，并结合其商品本身的特点，进一步升华其商品	

图 6-41 小食匠好梦奶茶的竞品画布

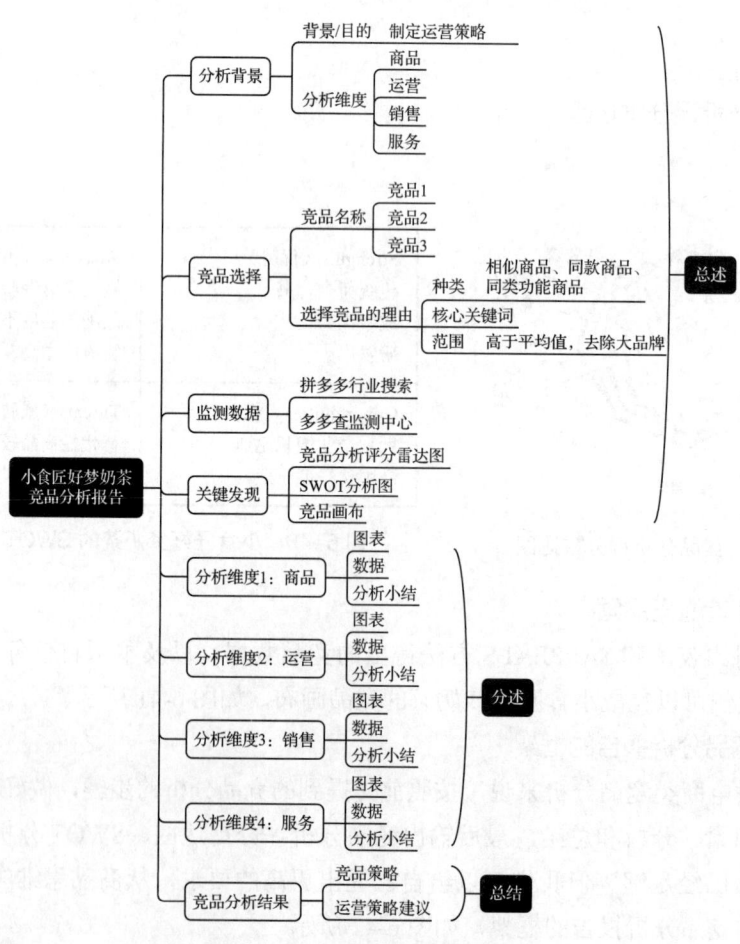

图 6-42 竞品分析报告的框架

依据竞品分析报告的框架，我们可以着手撰写一份较为专业的竞品分析报告。

课后习题

一、单选题

1. 正确的竞品分析步骤是（　　）。

① 选择竞品：选择你要分析的竞品。

② 明确竞品分析目标：明确为什么要做竞品分析、想解决什么问题。

③ 整理与分析竞品信息：对收集到的竞品信息进行整理与分析。

④ 收集竞品信息：从各种渠道收集竞品信息。

⑤ 确定竞品分析维度：根据竞品分析目标，确定从哪些维度分析竞品。

⑥ 撰写竞品分析报告：得到竞品分析的结果，撰写竞品分析报告。

A. ②①⑤④③⑥　　B. ④③②⑤①⑥　　C. ②⑤①④③⑥　　D. ④②①⑤③⑥

2. 不能作为竞品分析维度的是（　　）。

A. 商品功效、成分　　B. 商品包装设计　　C. 物流、客服　　D. 广告词

3. 商家在制定商品价格体系时要遵守的规则之一是"在发布时要遵守商品定价规则"，下列说法正确的是（　　）。

A. 单买价 > 拼单价 > 市场价　　　　　　B. 市场价 > 单买价 > 拼单价

C. 拼单价 > 单买价 > 市场价　　　　　　D. 单买价 > 市场价 > 拼单价

4. 下列关于 SKU 的说法，错误的是（　　）。

A. SKU 即库存的基本计量单元，可以是件、盒、托盘等

B. SKU 是对大型连锁超市的配送中心进行物流管理的一种必要方法，已经被引申为商品统一编号的简称，每种商品均对应唯一的 SKU

C. SKU 是指一款商品，每款商品都有一个 SKU，便于电商平台识别商品

D. 一款商品多色，也只有一个 SKU

5. （　　）是指将在不同数据源的数据进行采集、整理、清洗并转换后加载到一个新的数据源中，为数据消费者提供统一数据视图的数据集成方式。

A. 纵向合并　　　　B. 横向合并　　　　C. 数据合并　　　　D. 竞品分析

二、多选题

1. 关于竞品分析的作用，下列表述正确的是（　　）。

A. 有利于进一步开拓市场

B. 可以谋取发展

C. 做好竞品分析可以助力企业制定预防性的策略

D. 竞争分析是对某个领域的客观分析，从多个维度对竞品进行分析，可以为企业切入市场找准方向和角度

2. 常见的竞品分析目标有（　　）。

A. 微观环境判断　　B. 宏观环境预警　　C. 行业环境预警　　D. 竞争对手监测

3. 下列标准可以帮助运营人员确定竞品范围的是（　　）。

A. 目标客户群体一致，要解决的"痛点"一致，这类竞品可能会引起你的客户流失，

是直接的竞争对手

B. 销量比你多、荣登 Top 销量榜单、最近销量飙升的同款商品

C. 解决同样"痛点"但不是同类目的商品

D. 解决同样"痛点"但价格差距较大的商品

4. 一般来讲，竞品分析需要完成的任务是（　　）。

A. 对收集到的竞品信息进行整理与分析

B. 确定竞品分析范围和竞品分析维度

C. 竞品价格和 SKU 分析

D. 竞品评价分析

三、实训题

类目：女装/牛仔裤。

背景：某企业主营女士牛仔裤，已在天猫运营多年。该企业的牛仔裤的销售价格主要为 120～160 元，现在有一批库存准备在拼多多平台上走量销售，计划定价在 60 元左右，要求运营部尽快针对企业现状，完成一份竞品分析报告，并以此来确定这批商品的运营策略。

目标：用 PPT 做一份报告，并向运营主管汇报。

数据：练习数据 6.1。

要求：

（1）PPT 不少于 10 页（标题页和目录页除外）。

（2）有图形展示（如折线图、柱形图、饼图等）。

（3）有明确的分析结果（可设置分析结果页）。

项目 7
产品分析

思政与素质目标

　　创新是引领发展的第一动力。抓创新就是抓发展，谋创新就是谋未来。要走特色化、差异化发展之路，在"专"和"精"上下功夫，克服低水平、同质化的现象。

　　产品是运营的载体。在了解竞争对手的基础上，教师还要培养学生尽职尽责的职业精神，使学生基于对职业的热爱和敬畏，深入分析自身的产品并优化产品策略，从而为企业提供有价值的信息；同时，梳理运营思路，建立有效的运营方式。

引例

　　小乐刚刚接手一个美妆店铺，他的主要工作就是帮助店长整理店铺的各种数据和报表，并每天向店长汇报。面对众多的产品分析指标，如价格折扣、销量、客单价、动销率、滞销产品、缺货产品、积压产品等，小乐不知道如何从中提炼重点、发现问题并进行汇总和汇报。

任务拆解

　　产品分析是电商数据分析中的重要模块，电商企业的运营人员通过产品分析调整销售策略，从而保证店铺业绩平稳上升。产品分析一般分为产品结构分析、产品生命周期分析、产品矩阵分析3个维度，如表7-1所示。

表 7-1 产品分析的任务拆解表

项目	任务	任务需求	核心指标
产品分析	产品结构分析	了解产品策略是否正确	价格带占比、品类结构占比、连带率
	产品生命周期分析	根据不同的产品生命周期采取不同的运营策略	产品生命周期曲线
	产品矩阵分析	明确产品的优劣性，帮助企业明确产品的定位	波士顿矩阵

任务 1　产品结构分析

分析思路

产品结构分析是针对产品的价格、品类结构及销售情况的分析。通过产品结构分析，企业可以了解自己的产品策略是否正确。

企业可以从拼多多商家后台导出自己的销售订单数据及产品信息，通过统计分组法分析产品的价格带、品类，可快速发现企业在产品端的布局策略。

知识准备

1. 价格带分析

分析产品在不同价格带的数量、销售额及利润，可以为运营人员调整产品运营方向提供参考依据。拼多多平台上有产品的数量和销售额统计数据，但数据有一定的误差。如果想要更准确的数据，就需要对订单数据进行整理，或者通过 ERP（Enterprise Resource Planning，企业资源计划）软件提取数据。

常用的分析公式如下：

价格带占比 = 某价格带的销售额 / 总销售额 ×100%

价格带分析可以帮助运营人员找出主力价格带，并在主力价格产品线上投入更多运营资源，以使品类的产品销售最大化。

价格带分析可以让决策者明白产品品类的价格带是否能覆盖所有潜在消费者的消费需求、每个价格带内的产品品项数是否合理、品类主力价格带是否合理、产品定位的档次是否合理。

2. 品类分析

品类分析是指分析不同品类的数量、销售额及利润，可为运营人员调整产品运营方向提供参考依据。拼多多平台上有产品的数量和销售额数据，但数据有一定的误差。如果想要更准确的数字，就需要对订单数据进行整理，或者通过 ERP 软件提取数据。

常用的分析公式如下：

品类结构占比 = 某品类的销售额 / 总销售额 ×100%

通过对品类的销售额进行分析，运营人员可以了解如下内容。

（1）了解本店或本地区的消费者的消费取向，以便及时做出补货、调货的决策，有针对性地调整产品陈列，优化库存，促使店铺利益最大化。对于销售额低的品类，考虑在店铺增大促销力度。

（2）了解各分类产品的实际销售情况及所占比例是否合理，为店铺的订货、组货及促销提供参考依据，从而做出更完善的产品调整，使产品组合更加符合店铺的实际情况。

（3）比较本店产品销售品类结构与同行品类结构的差异，得出本店的销售特性，对慢流品类多加展示，与此同时，提高导购人员对慢流品类的重点推介及搭配销售能力。

3. 畅滞销占比分析

分析产品销售分布是辅助产品销售的一个重要手段。销售分析可以帮助运营人员了解产品的动销情况、分析市场变化、提高对经营状况的掌控能力、培养个人对市场的预见能力。

通过了解店铺畅销、滞销产品占比和连带率，运营人员可以及时调整产品运营策略。

（1）前十大畅销产品占比分析。

前十大畅销产品就是在所有产品中销售额或销量最好的 10 款商品，前十大畅销产品占比就是它们的销售额或销量占总销售额或总销量的比例。这是一个常规分析指标和追踪指标，除了对总销售额或总销量进行前十大排名分析，还可以对具体的类别进行同样的分析。

前十大畅销产品占比越大，产品销售就越集中，销售管理就越容易，但是销售风险也会增大。前十大畅销产品占比分析可以帮助运营人员解决下列问题。

① 根据销售速度及周期对前十大畅销产品设立库存安全线，适当地做出补货或寻找替代品的决策。

② 指导员工以畅销产品搭配平销产品或滞销产品进行销售，从而带动店铺产品整体的流动。

③ 定期对前十大畅销产品进行统计，可以了解畅销的原因及库存情况。

（2）前十大滞销产品占比分析。

运营人员应对滞销产品进行定期统计，了解滞销的原因及库存情况。除此之外，还要对滞销产品做出调货/退货决策，或者进行促销。

运营人员也应调整滞销产品的陈列方式及陈列位置，避免滞销产品一直被遗落在店铺的某个角落，并配合销售人员进行重点推介。

运营人员还应寻找滞销产品的卖点，加强对导购人员的产品培训，提高导购人员对滞销产品的销售技巧。

（3）连带率。

连带率的计算公式如下：

$$连带率 = 销售件数 / 销售单数$$

连带率是衡量店铺员工的产品搭配销售能力的重要依据。当连带率低时，运营人员应调整关联产品的陈列，检查店铺所采取的促销策略；当连带率低于 1.3，运营人员应立即提高店铺员工的附加推销力度，并给店铺员工做附加推销培训，以提高其连带销售能力。

任务实施

1. 构建合并查询

步骤1：将从拼多多商家后台中心下载好的"订单表"（删除"订单表"中与产品无关的列）和商家自己整理的"产品表"放在一个Excel文件中，如图7-1所示。

产品结构分析之数据准备

图7-1 整理产品数据

步骤2：新建一个名为"合并查询"的Excel文件，选择"数据"选项卡，单击"获取数据"按钮，在弹出的下拉列表中选择"来自文件"→"从工作簿"选项，如图7-2所示。

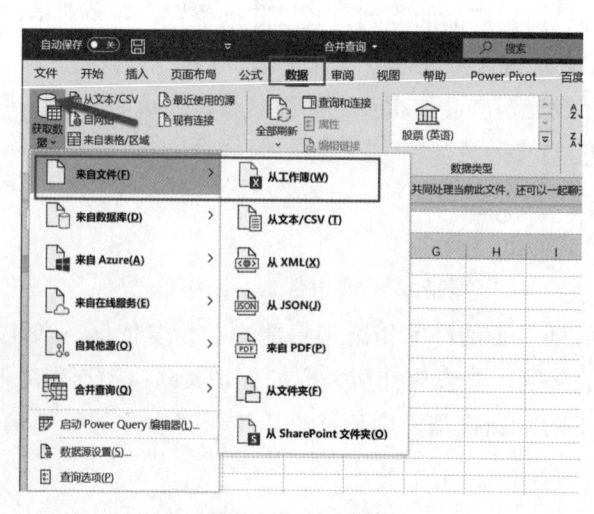

图7-2 连接数据

步骤3：弹出"导航器"对话框，勾选"选择多项"复选框，在"显示选项"中，勾选"产品表"和"订单表"复选框，单击"转换数据"按钮，如图7-3所示。

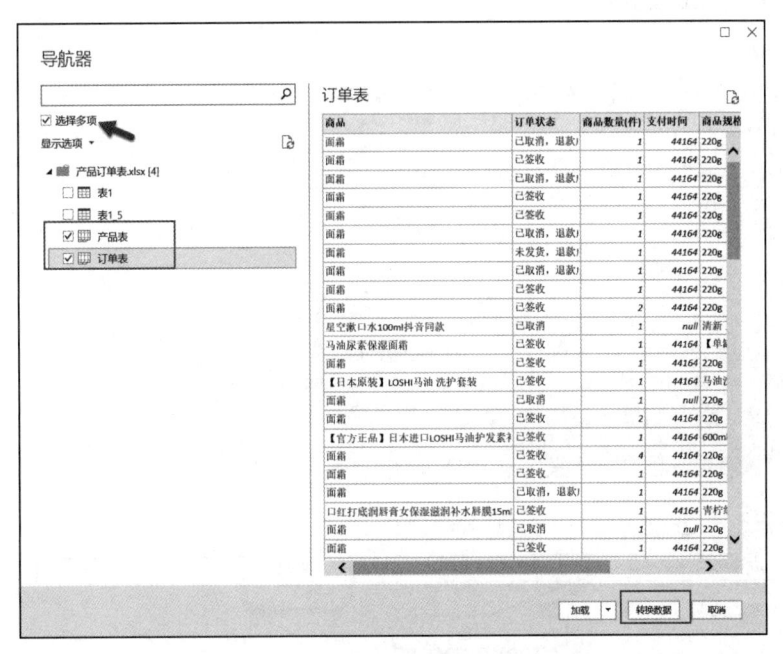

图7-3 "导航器"对话框的参数设置

步骤4：打开Power Query编辑器，选中"订单表"选项（以"订单表"为母表进行合并查询），选择"主页"选项卡，单击"合并查询"下拉按钮，在弹出的下拉列表中选择"将查询合并为新查询"选项，如图7-4所示。

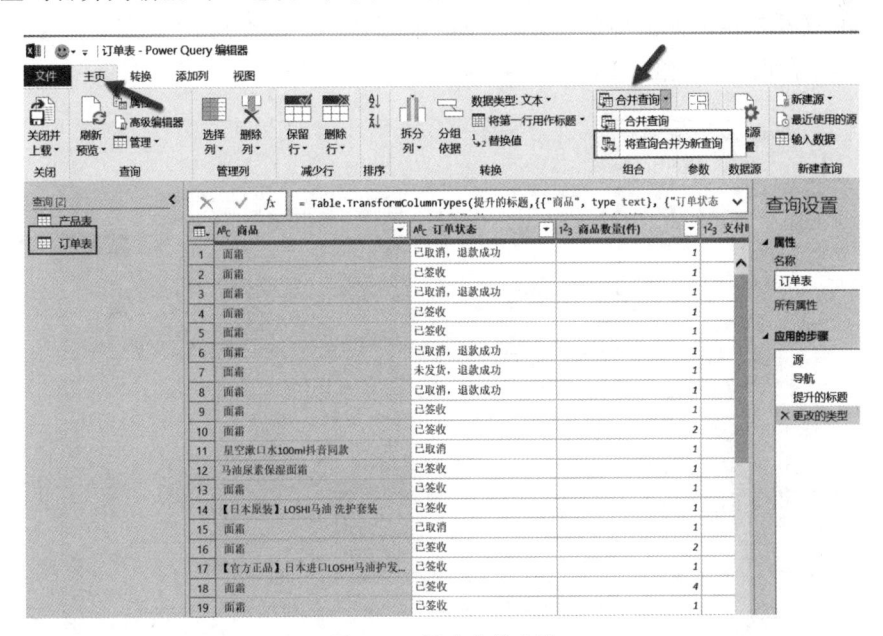

图7-4 新建合并查询

步骤5：弹出"合并"对话框，按图7-5所示进行设置，单击"确定"按钮。

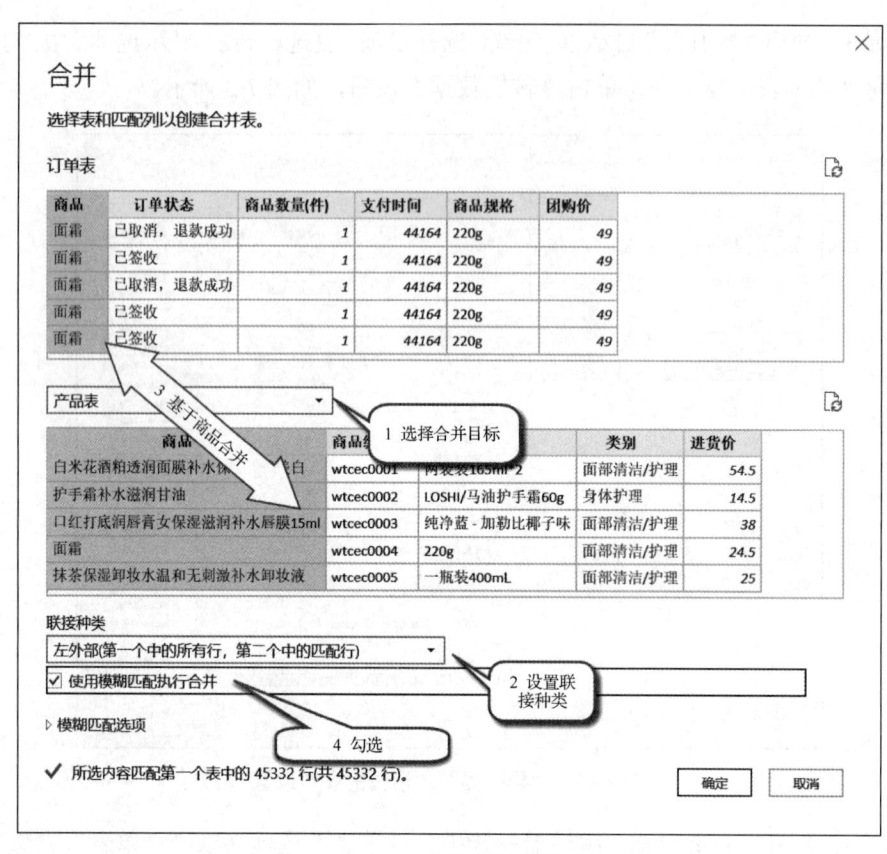

图 7-5 合并查询操作

步骤 6：数据表区域会增加"产品表"列，并出现"Table"字段，单击"产品表"列右上角的展开按钮，如图 7-6 所示，勾选"商品编码""类别""进货价"复选框（商品编码是商家在后台设定的 SKU 唯一编码）。

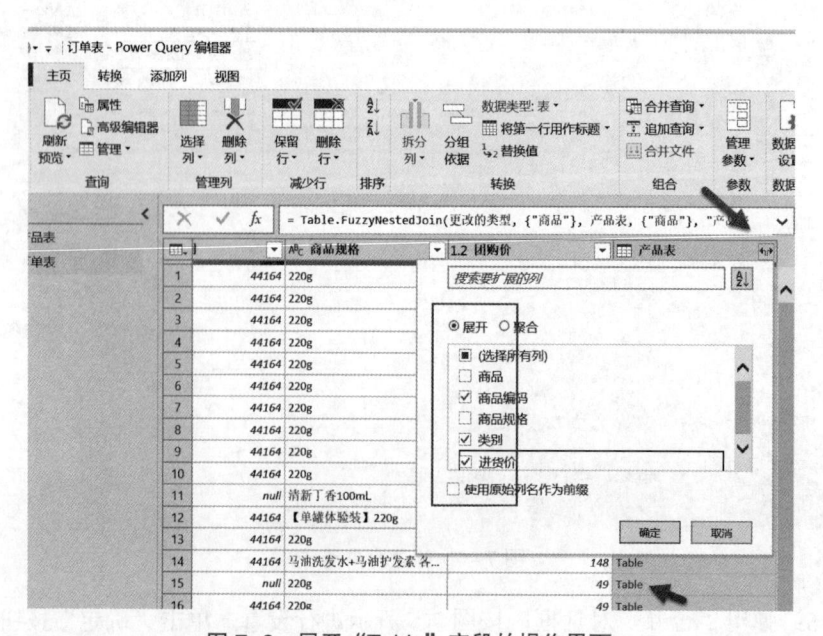

图 7-6 展开"Table"字段的操作界面

步骤7：在完成数据合并后，需要筛选有效订单数据。我们需要在"订单状态"列中利用筛选功能勾选"已签收"复选框，如图7-7所示。

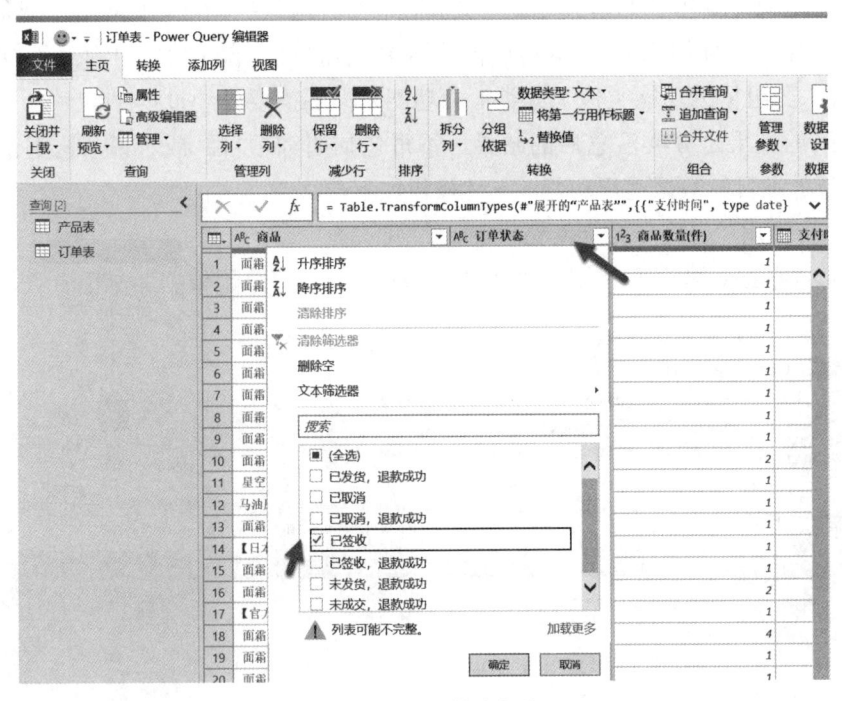

图 7-7 设置筛选条件

2. 设置计算字段

在筛选有效订单数据后，我们需要计算订单的成本。选择"添加列"选项卡，单击"添加自定义列"按钮，在弹出的"自定义列"对话框中输入新列名"订单货品成本"和自定义列公式"=[#"商品数量(件)"]*[进货价]"，如图7-8所示。

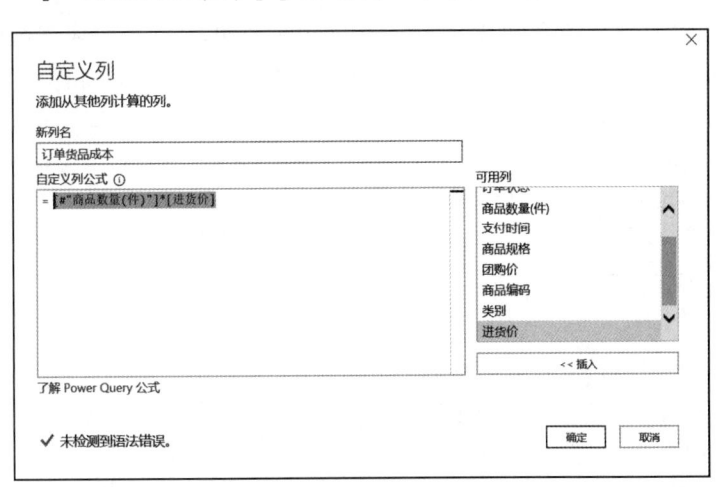

图 7-8 自定义列

继续添加两个自定义列：一个列名为"订单货品销售金额"，公式为"=[团购价]*[#"商品数量(件)"]"；另一个列名为"订单毛利"，公式为"=[订单货品销售金额]-[订单货品成本]"。

3. 价格带分析

在完成计算字段的设置之后，我们需要按订单表、按商品编码进行汇总计算，这就需要用到 Power Query 编辑器中的分组依据功能。Power Query 编辑器中的分组依据功能实现的是 SQL 中的 Groupby 功能。对 Excel 来说，分组依据功能类似于分类汇总功能，但不需要先经过排序等操作，得到的结果是分类汇总后的结果，不再包括明细项目。或者说，这更像是 Excel 中只有"行"项目的数据透视功能。具体操作如下。

步骤 1：调用"分组依据"对话框。

在 Power Query 编辑器中，选择"转换"选项卡，单击"分组依据"按钮，如图 7-9 所示。

图 7-9 调用"分组依据"对话框

步骤 2：设置分组依据。

在弹出的"分组依据"对话框中选中"高级"单选按钮，在字段列表中选择"商品编码"选项，单击"添加聚合"按钮，分别添加 3 列，并进行相应设置，如图 7-10 所示。

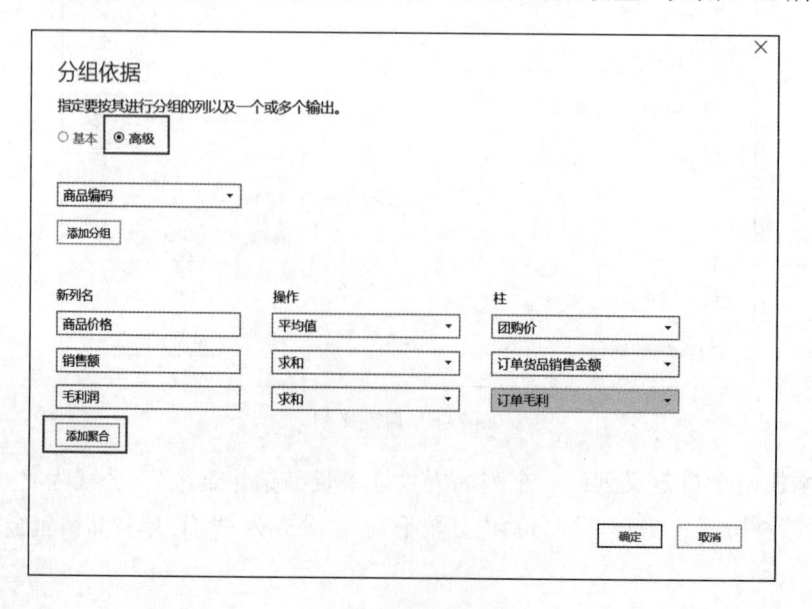

图 7-10　设置分组依据

在设置完成后，单击"确定"按钮。Power Query 编辑器在运行一段时间后会完成分组汇总，结果如图 7-11 所示。在分组完成后，单击 Power Query 编辑器中的"关闭并上载"按钮，返回 Excel 工作表界面。

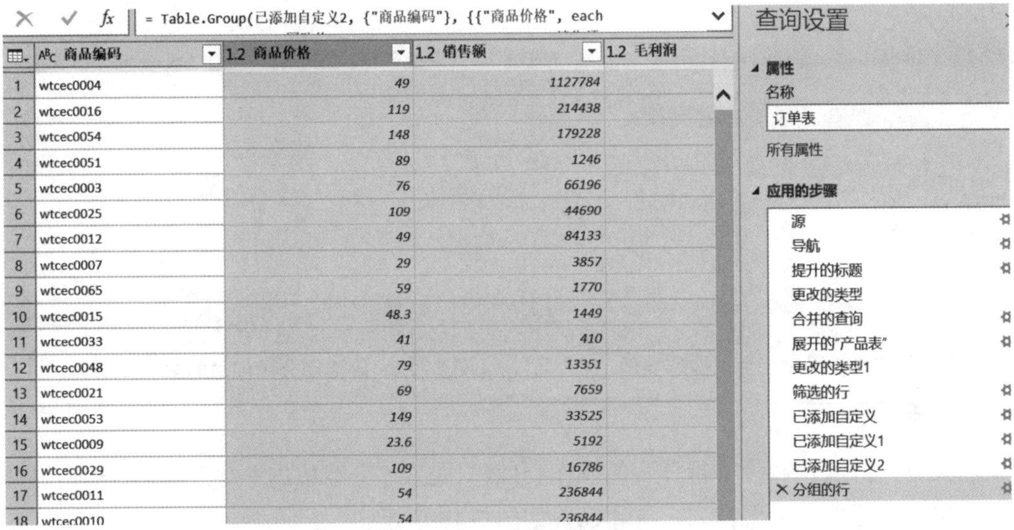

图 7-11　分组汇总结果

步骤 3：创建数据透视表。

插入数据透视表，将"商品价格"字段拖动到"行"区域中，将"商品编码""销售额""毛利润"字段拖动到"值"区域中，如图 7-12 所示。

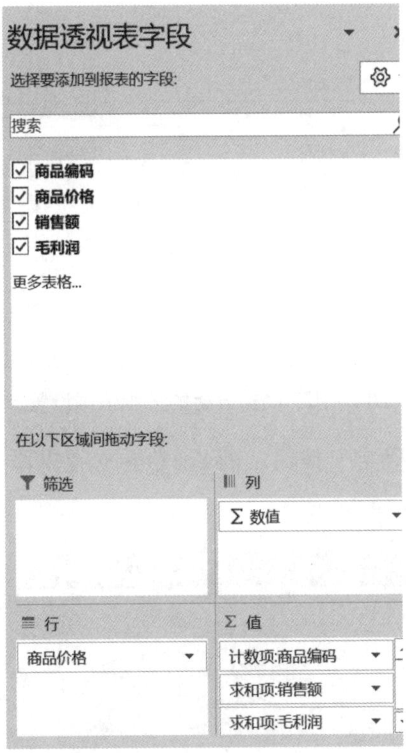

图7-12 数据透视表字段设置

右击"行标签",在弹出的快捷菜单中选择"组合"命令,在弹出的"组合"对话框中设置"步长"为"20",如图7-13所示。

在设置完成后,单击"确定"按钮,数据透视表中会显示价格带分组汇总结果,如图7-14所示。

行标签	计数项:商品编码	求和项:销售额	求和项:毛利润
23.6		5192	2772
26.6	1	1010.8	505.4
29	4	17545	8772.5
		149	79
		149.5	74.75
		67.98	33.99
		36	18
		507	253.5
		410	205
		90	45
		47.2	23.6
		1738.8	873.9
		1213191	607454
		151.2	75.6

组合对话框:
自动
☑ 起始于(S): 23.6
☑ 终止于(E): 318
步长(B): 20

行标签	计数项:商品编码	求和项:销售额	求和项:毛利润
23.6-43.6	13	25067.28	12714.14
43.6-63.6	21	1710282.7	884514.85
63.6-83.6	13	97042	48560
83.6-103.6	5	2205	1102.5
103.6-123.6	6	288677	144338.5
123.6-143.6	1	2224	1112
143.6-163.6	3	213200	106600
283.6-303.6	1	17342	8671
303.6-323.6	1	18444	9222
总计	64	2374483.98	1216834.99

图7-13 创建价格带(组合)操作界面　　图7-14 价格带分组汇总结果

4. 品类分析

品类分析的操作和价格带分析的操作类似,只是在"分组依据"对话框中,选择按"类比"分组,并增加3个聚合列,具体设置如图7-15所示。

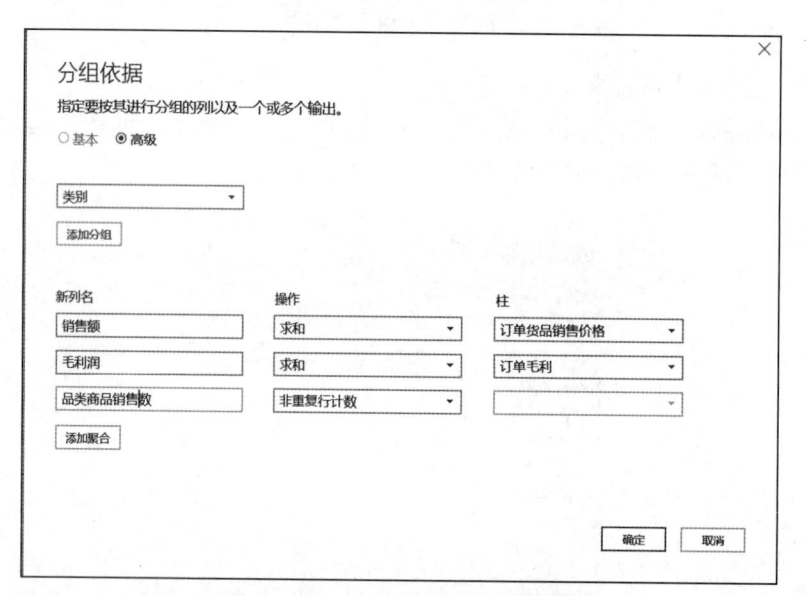

分组依据
指定要按其进行分组的列以及一个或多个输出。
○基本 ●高级

类别
添加分组

新列名	操作	柱
销售额	求和	订单货品销售价格
毛利润	求和	订单毛利
品类商品销售数	非重复行计数	

添加聚合

图7-15 品类分析的分组依据设置

在设置完成后,单击"确定"按钮。Power Query编辑器在运算一段时间后会完成分组汇总,结果如图7-16所示。

	类别	1.2 销售额	1.2 毛利润	1²₃ 品类商品销售数
1	面部清洁/护理	1499348.8	749711.9	1281
2	头发清洁/护理	205729.18	102867.59	557
3	身体护理	105146.2	52753.6	510
4	口腔清洁	564259.8	311501.9	1178

图 7-16　品类分析分组汇总结果

5. 分析结果

由价格带分组汇总结果和品类分析分组汇总结果，我们可以得出下列分析结果。

从该店铺的价格带分组汇总结果来看，目前该店铺的产品价格带以 43.6～63.6、23.6～43.6、63.6～83.6 这 3 个为主，共有 47 个 SKU；利润最高的价格带是 43.6～63.6；103.6～123.6 这个价格带的毛利润位居第二梯队，目前只有 6 款产品，采购人员和运营人员可以考虑调整产品结构，重点运营位于这个价格带的产品，以获取更高的利润。

从该店铺的品类分析分组汇总结果来看，头发清洁/护理品类产品的毛利润最高，运营人员可以主推这类产品。

任务 2　产品生命周期分析

分析思路

电商企业在制定产品策略时，会遇到方案还没有执行完但是市场需求点已经过去的情况，因此希望通过产品生命周期分析来确定入场时间。

和每个人的生命一样，社交电商平台上的每款产品都会经历从"生"到"死"的过程。不同的产品具有不同的生命周期，有些产品的生命周期较短，如节日性产品，而有些产品的生命周期比较长，如眼镜。了解产品的生命周期，有利于电商企业在产品生命周期的不同阶段做出正确的决策。

知识准备

1. 产品生命周期

产品生命周期是指产品从投入市场到更新换代或退出市场所经历的全过程。它是产品在市场运动中的经济寿命，也即在市场流通过程中，由于消费者的需求变化及影响市场的其他因素所造成的产品由盛转衰的周期。产品生命周期主要由消费者的消费方式、消费水平、消费结构和消费心理的变化决定。产品生命周期一般分为导入期、成长期、成熟期、衰退期 4 个阶段，如图 7-17 所示。

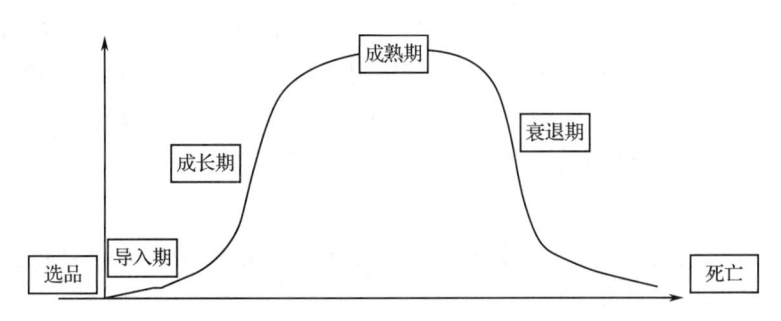

图 7-17　产品生命周期

电商企业可以使用产品的销售数据进行分析，将产品生命周期的4个阶段分离出来，并根据不同的阶段制定不同的策略。

（1）导入期：在导入期进入市场，可以优先在销量增长期到来之前提高产品的基础销量和评价，从而快人一步抢占市场份额。

（2）成长期：此时需求开始快速增加，销量也随之快速增长；电商企业也可以在这个阶段进入市场，此时竞争环境良好。

（3）成熟期：进入成熟期以后，产品的销量增长缓慢，逐步达到最高峰，并缓慢下降；产品的销售利润也从成长期的最高点开始下降；市场竞争非常激烈，各种品牌、各种款式的同类产品不断出现。

（4）衰退期：此时需求开始减少，电商企业开始清理库存，竞争环境恶劣。

2. 产品生命周期各阶段的运营策略

电商企业可针对产品生命周期各阶段的特点采取不同的运营策略。

（1）导入期：通过数据挖掘老客户。

当一款新产品没有销量和评价，很难通过自然搜索被搜索到，且付费推广也不会有效果时，电商企业就需要通过数据挖掘老客户。

首先，找到所有购买过类似产品的客户，尤其是在这些产品上新后的第一周内购买的客户，通过数据挖掘这些客户的自然属性（所在地域、性别、年龄等）、购物行为（下单时间、RFM指标、活动偏好、浏览记录等）、需求（购买过的产品）等。这样就可以得到一系列精准的老客户营销方案：哪些客户会在什么时间通过什么样的活动购买企业的新产品。

然后，通过CRM（Customer Relationship Management，客户关系管理）软件向客户发送活动通知，并给予客户一定的让利，从而快速完成基础销量的积累。

最后，做好个性化的售后维护，如利用好评送礼、评价抽大奖等活动刺激这些客户快速评价，从而快速地实现基础销量和好评的积累。

（2）成长期：把握时机，快速拉动销量。

在这个阶段，电商企业需要利用优势，快速拉动销量。这个阶段的运营策略可以选择在联合页面加大流量投入、进行精准的付费推广、让利老客户及爆款搭配销售等。电商企业需要在店铺的页面流量上为产品提供合适的入口，为将来的爆款提供流量。电商企业还需要做好数据分析，不同的入口在流量和转化率上会有差异，电商企业需要做好平衡，尽量在不浪费流量的情况下使销量最多。

电商企业可根据上面的数据分析定向投放广告，低成本、高效率地拉动销量。电商企业可给予老客户专属优惠，通过CRM软件定向通知合适的客户（有了基础销量和好评，客户响应率会更高），并通过活动继续积累好评。电商企业可根据数据分析结果匹配现有的爆款产品，在爆款产品页面做好搭配套餐和关联销售引导。

（3）成熟期：维护爆款产品和开发价值。

在经历了成长期之后，产品的销量增长会逐渐放缓并维持平稳，这时电商企业需要做好战略防御和爆款价值的开发。

一款热销产品可能会被竞争对手抄袭，从而引发"价格战"，因此电商企业需要提前构建战略防御体系，保卫自己的劳动果实：首先，及时做好购买过客户的自然属性、购物行为、需求分析及客户评价反馈，结合竞争对手的动向和市场变化做好产品页面的优化；其次，每天做好产品的流量、销量和库存统计，一旦发现异常，就及时调整策略。

爆款产品带来的不仅仅是自身的销量，电商企业利用爆款产品的关联销售，做好价值开发，可以带来两倍甚至更多的收益。电商企业可以通过数据分析找到与爆款产品联系最紧密的 3～5 款产品，做好搭配套餐和关联销售，以提升客单价，从而提升店铺的销售额。此外，选择与之相关度较高的爆款产品进行强强联合，还可以构建强大的防御体系；选择拟推广的爆款产品进行搭配销售，还可以协助打造新的爆款产品。

电商企业通过挖掘客户需求及相应的老客户营销方案，有针对性地推荐相应的产品，既能实现客户的二次开发，又能满足客户需求，从而提升客户的满意度。

（4）衰退期：孕育下一代爆款产品。

当一款产品的日成交量连续下降且幅度较大时，就说明该产品进入了衰退期。此时，电商企业要做的就是顺应规律，按照产品生命周期的规划，做好产品的清仓和下一代爆款产品的孕育工作。

电商企业在整个产品生命周期中都需要密切关注库存情况，在产品进入衰退期后，要根据之前的销量曲线预测销量，争取在产品退出市场前清理完库存。但是，很多时候我们会发现库存远远大于可能的销量，这时我们就要清仓甩卖。若客户对折扣促销不买账，则可以反其道而行之，用提价来最大化利润。

在保证清完库存的情况下，处于衰退期的产品要在流量、关联销售、价格上为下一代爆款产品让步，从而完成店铺 SKU 的整体布局。

任务实施

电商产品生命周期是指产品销售的总时间跨度及产品在该时间段内的销售状况。电商企业在进行产品生命周期分析时，一般应选择重点产品（订货量和库存量较多的产品），以判断是否缺货或产生库存压力，从而及时做出对策。产品的销售周期主要受季节和气候、自身的销售特点、店铺内相近产品之间的竞争等因素的影响。电商企业在进行产品生命周期分析时，一般先选中产品在销售周期内的周销量数据，再通过插入折线图等图表的方式判断其销售走势，从而判断其生命周期。

产品生命周期分析

1. 构建"订单表"的周统计维度

步骤 1：创建表。

在 Excel 中打开"订单表"，并在"订单状态"列中筛选出已签收的订单。选择筛选后的数据，选择"插入"选项卡，单击"表格"按钮，弹出"创建表"对话框，进行相应设置，单击"确定"按钮，如图 7-18 所示。

步骤 2：导入数据。

选择"数据"选项卡，单击"来自表格/区域"按钮，将数据导入 Power Query 编辑器中，如图 7-19 所示。

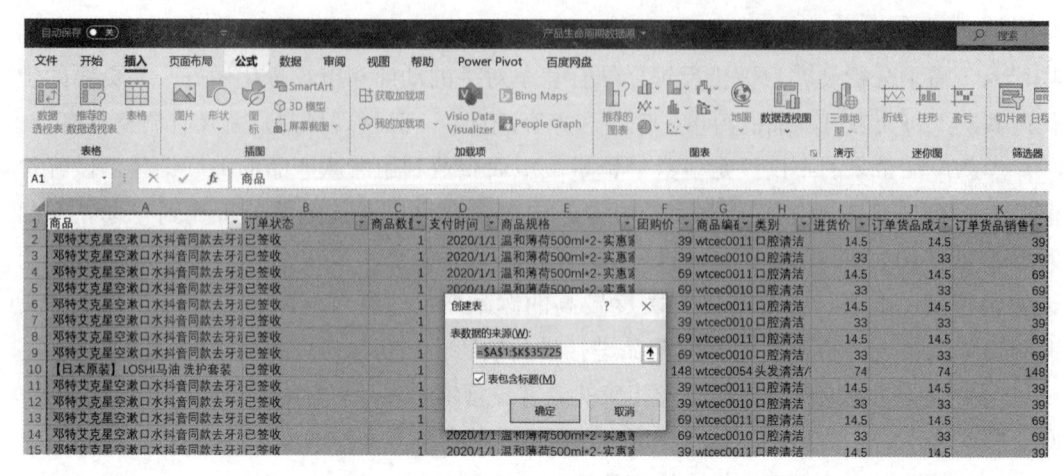

图 7-18 创建表

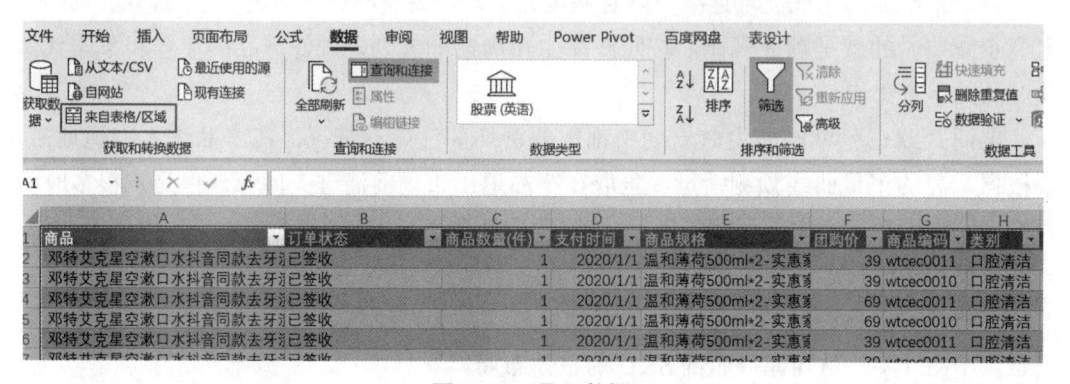

图 7-19 导入数据

步骤 3：添加 "周" 列。

在 Power Query 编辑器中，选中 "支付时间" 列，选择 "添加列" 选项卡，单击 "日期" 按钮，在弹出的下拉列表中选择 "周" → "一年的某一周" 选项，如图 7-20 所示。

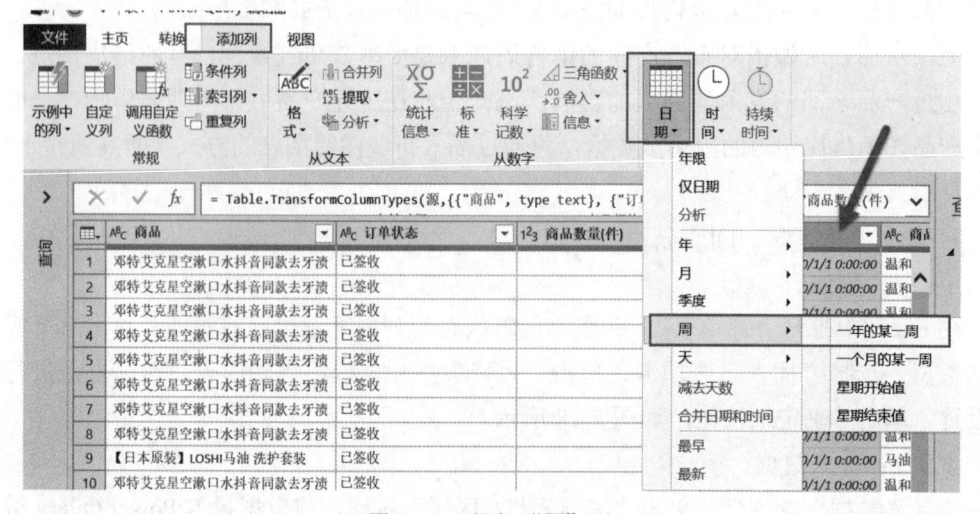

图 7-20 添加 "周" 列

在添加完毕后，单击 "关闭并上载" 按钮，返回 Excel 工作表界面。

2. 创建周销量数据透视表

步骤 1：创建数据透视表。

在 Excel 工作表界面中，选中数据，选择"插入"选项卡，单击"数据透视表"按钮，弹出"创建数据透视表"对话框，按图 7-21 所示进行设置，在设置完成后单击"确定"按钮。

图 7-21 创建数据透视表

步骤 2：设置数据透视表字段。

在创建好数据透视表后，在"数据透视表字段"窗格中进行设置：将"一年的某一周"字段拖动到"行"区域中，将"商品编码"字段拖动到"列"区域中，将"商品数量（件）"字段拖动到"值"区域中，如图 7-22 所示。

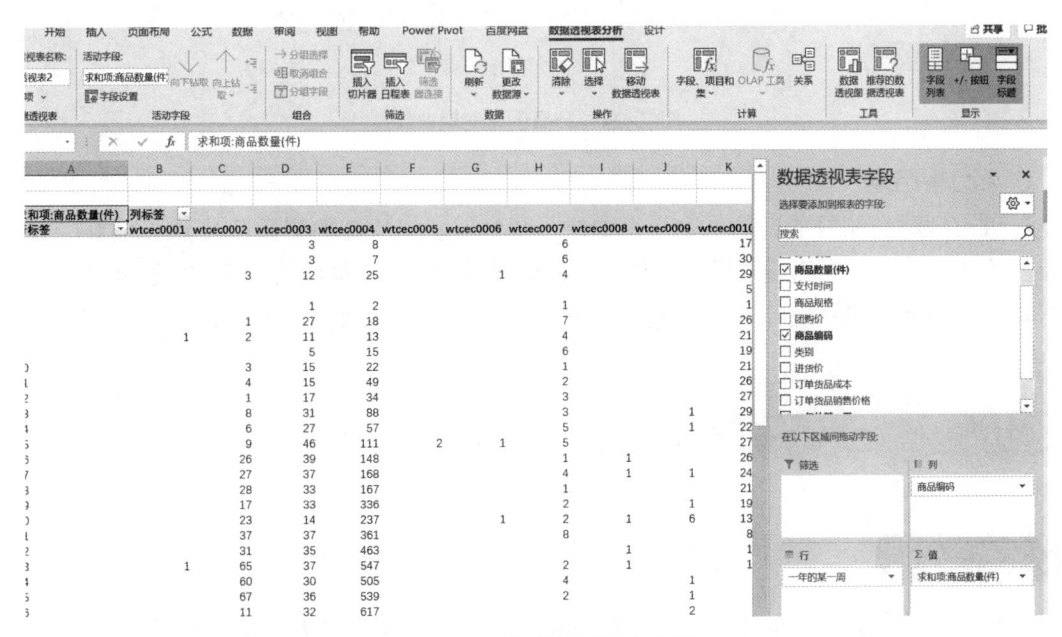

图 7-22 设置数据透视表字段

3. 绘制产品生命周期图

选中数据透视表,选择"插入"选项卡,单击"折线图"按钮,在弹出的下拉列表中选择要插入的折线图的类型,如图 7-23 所示。

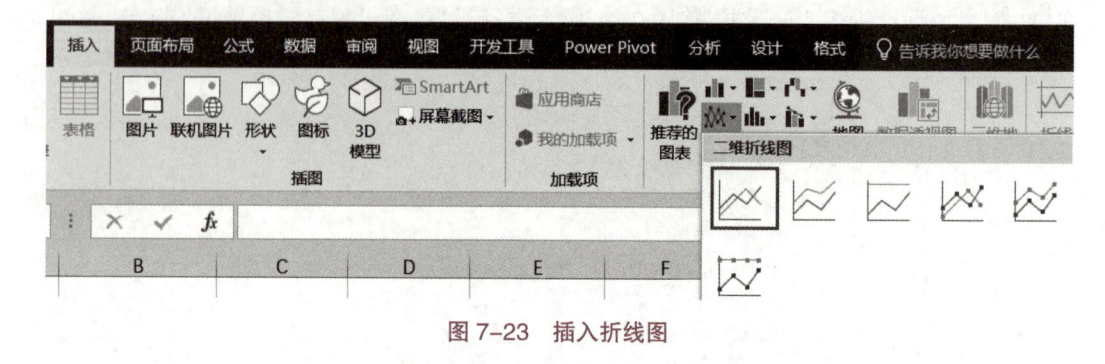

图 7-23　插入折线图

通过折线图,我们可以直观地观察产品生命周期,如图 7-24 所示。

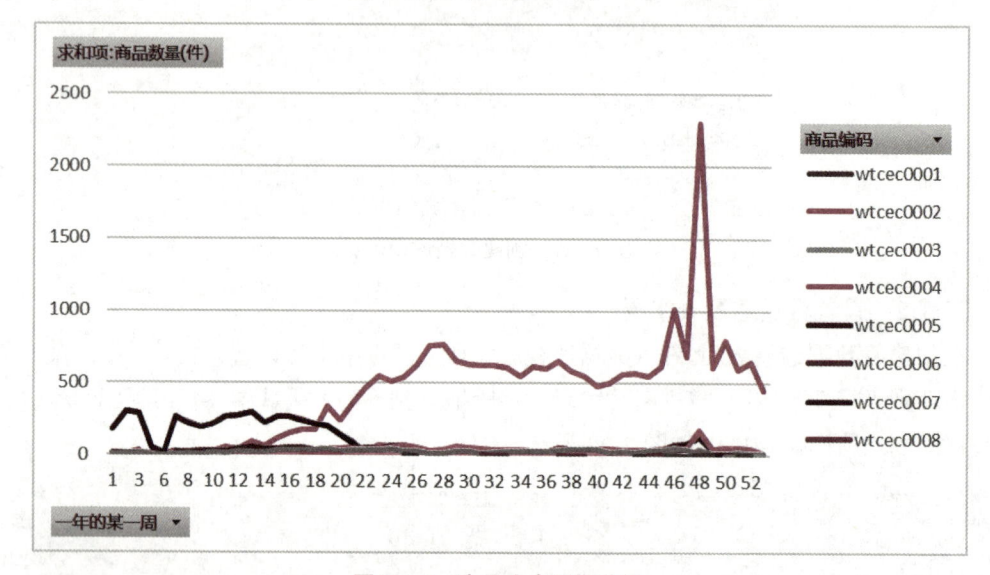

图 7-24　产品生命周期曲线

4. 分析结果

通过观察绘制好的产品生命周期曲线,我们发现该店铺的爆款产品 wtcec0004 的产品生命周期曲线是抛物线的模型,从进入市场到开始逐渐火爆经历了约 18 周的时间,在年底促销活动达到峰值后,销量逐渐减少,出现进入生命周期尾声的征兆。

任务 3　产品矩阵分析

分析思路

电商企业要制定产品策略让企业利润最大化,就需要对产品的定位进行分析。利用矩阵分析思维进行产品矩阵分析,通过相对市场占有率和市场增长率这两个指标量化电商企业的产品线，明确产品的优劣，可以帮助电商企业明确产品的定位，为电商企业制定产品策略提供指导。

知识准备

1. 波士顿矩阵

波士顿矩阵是由美国大型商业咨询公司——波士顿咨询集团（Boston Consulting Group）首创的一种规划企业产品组合的方法。问题的关键在于要解决如何使企业的产品品种及其结构适应市场需求的变化，因为只有这样，企业的生产才有意义。

波士顿矩阵的两个重要指标分别为相对市场占有率和市场增长率。通过这两个指标的组合，我们可以把企业的产品分为4类，如图7-25所示。

（1）明星类产品。从该类产品的财务报告上看，它总是能产生利润，但是高市场增长率往往意味着高投资。明星类产品可以被视为高速成长市场中的领导者，它将成为企业未来的金牛类产品。但这并不意味着明星类产品一定可以给企业带来源源不断的现金流，因为市场还在高速成长，企业必须继续投资，以保持与市场同步增长，并击退竞争对手。企业如果没有明星类产品，就失去了希望。

（2）为金牛类产品。金牛类产品的特点是相对市场占有率高，但市场增长率低。金牛类产品已经进入成熟期，能够产生大量的现金收入，数额远大于维持市场占有率所需投入的资金，是其他产品的后盾。

图7-25 波士顿矩阵

（3）瘦狗类产品。这类产品对企业来说是鸡肋，其利润率低，处于保本或亏损状态。企业往往会对这类产品实行撤退或者整顿的战略。

（4）问题类产品。这类产品吸纳的资金总是多于其产生的资金。虽然高市场增长率意味着市场未来潜力好，但是相对市场占有率低是一个问题。不投入资金，这类产品就会衰亡；即使投入资金，这类产品也只能勉强维持其市场占有率。

在波士顿矩阵中，产品象限是动态的，明星类产品的目标是成为金牛类产品；问题类产品需要摆脱泥沼，提高相对市场占有率；而所有的产品都可能衰退为瘦狗类产品。波士顿矩阵的动态性质如图7-26所示。

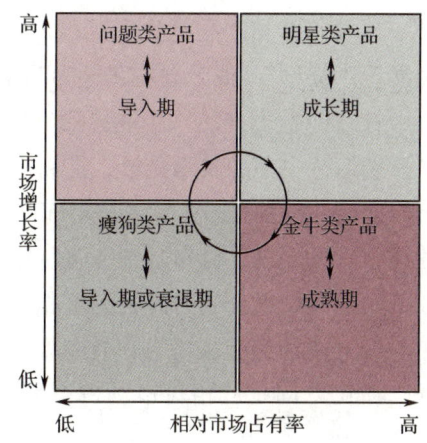

图7-26 波士顿矩阵的动态性质

2. 不同位置产品的运营策略

由于4个象限中的产品并不是固化的，而是会随着市场、监管、客户和企业资源的调整而变化的，因此从运营的角度考虑，企业有时需要引导和促成这种变化，而有时需要延缓这种变化。企业需要通过运营手段促成产品布局的优化。

根据波士顿矩阵，企业最理想的产品布局是"成功的月牙环"，即企业拥有多款明星类产品和金牛类产品，仅有少量的问题类产品和瘦狗类产品，如图7-27所示。

与"成功的月牙环"相反的是"黑球失败法则"（见图7-28），即没有金牛类产品，或者即使有金牛类产品，其销售收入也几乎为零，可用一个大球表示。这种情况说明企业没有任何利润高的产品，企业应当对其现有产品实施撤退、缩小的战略调整，考虑开发新产品。

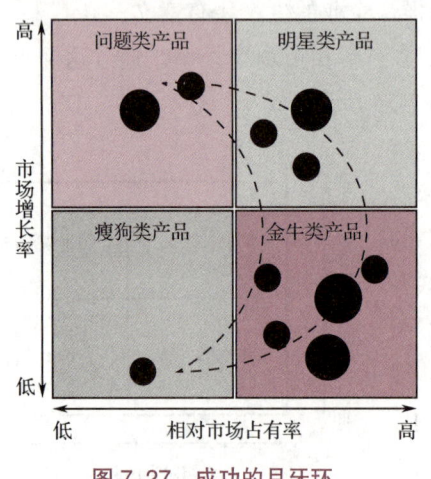

图 7-27 成功的月牙环　　　　　图 7-28 黑球失败法则

陷入"黑球失败法则"困境中的企业需要实施以下两种运营策略。

（1）问题类产品→明星类产品。

演化方向：从相对市场占有率低、市场增长率高到相对市场占有率和市场增长率双高。

演化路径：提高相对市场占有率、保持并进一步提高市场增长率。

其实问题类产品是处于亚稳定状态下的产品，从趋势上看，一般会在3个月以内发生显著"位移"：或者向右跃迁为明星类产品，或者向下衰退为瘦狗类产品。

针对问题类产品，企业应通过组合优惠活动促进成交；对于潜力产品，企业还可以在后期运营中增加其曝光量、提高其搜索权重。

需要注意的是，在计划和实施该策略之前，企业务必明确该产品是否为小众产品（专业性强、风险高、操作复杂、有特定的使用条件等）。如果是，就要考虑投入产出比可能较低，进而采用长期的内容运营和社群运营等策略。

（2）瘦狗类产品→问题类产品。

演化方向：从相对市场占有率和市场增长率双低到相对市场占有率低、市场增长率高。

演化路径：提高市场增长率。

瘦狗类产品到问题类产品的转变往往需要长时间的持续运营，切忌急功近利地狂"砸钱"。如果企业能与产品使用介绍、产品相关热点等进行结合，往往就能收获不错的效果。

任务实施

1. 构建分析字段列

步骤1：添加"季度"列。

参考本项目任务2的实施过程，将"订单表"导入Power Query编辑器中。在Power Query编辑器中，选中"支付时间"列，选择"添加列"选项卡，单击"日期"按钮，在弹出的下拉列表中选择"季度"→"一年的某一季度"选项，添加"季度"列，如图7-29所示。

图7-29 添加"季度"列

步骤2：选择必要的分析字段。

保留"商品数量（件）""支付时间""商品编码""订单货品销售金额""季度"列，关闭Power Query编辑器并把数据上载到一个新Excel文件中，如图7-30所示。

图7-30 选择必要的分析字段

2. 按季度计算产品的相对市场占有率和市场增长率

步骤1：插入数据透视表，设置相应字段。

插入数据透视表，在"数据透视表字段"窗格中，将"商品编码"字段拖动到"行"区域中，将"订单货品销售金额"字段拖动两次到"值"区域中，将"季度"字段拖动到"列"区域中，如图7-31所示。

步骤2：调整数据透视表选项。

在生成的数据透视表中右击，在弹出的快捷菜单中选择"数据透视表选项"命令；在弹出的"数据透视表选项"对话框中选择"汇总和筛选"选项卡，取消勾选"显示行总计"和"显示列总计"复选框，如图7-32所示。

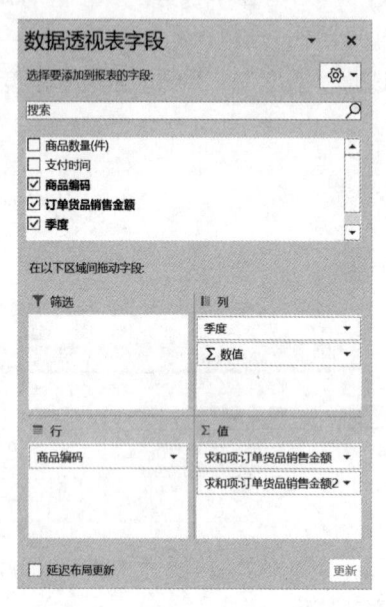

图7-31　设置数据透视表字段 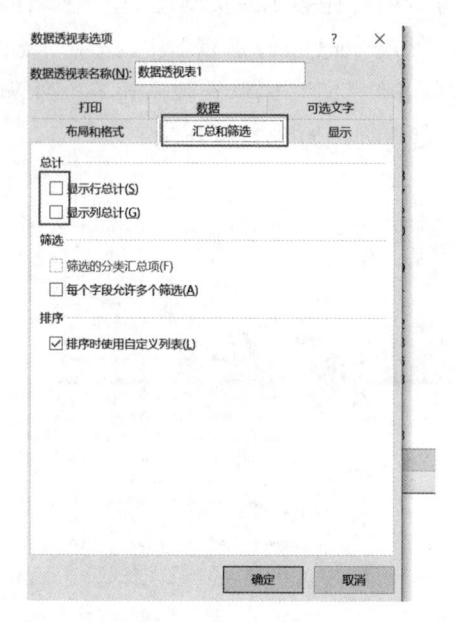　　　　图7-32　调整数据透视表选项

步骤3：计算产品的相对市场占有率。

选中数据透视表中的第一列"求和项：订单货品销售金额"，右击，在弹出的快捷菜单中选择"值显示方式"→"列汇总的百分比"命令，如图7-33所示，计算产品的相对市场占有率。

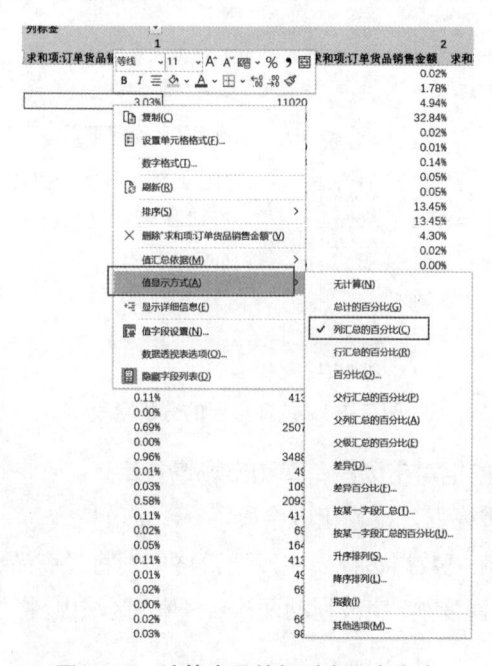

图7-33　计算产品的相对市场占有率

步骤4：计算产品的市场增长率。

选中数据透视表中的第二列"求和项：订单货品销售金额2"，右击，在弹出的快捷菜单中选择"值显示方式"→"差异百分比"命令；在弹出的对话框中设置"基本字段"为"季度"、"基本项"为"（上一个）"，如图7-34所示。

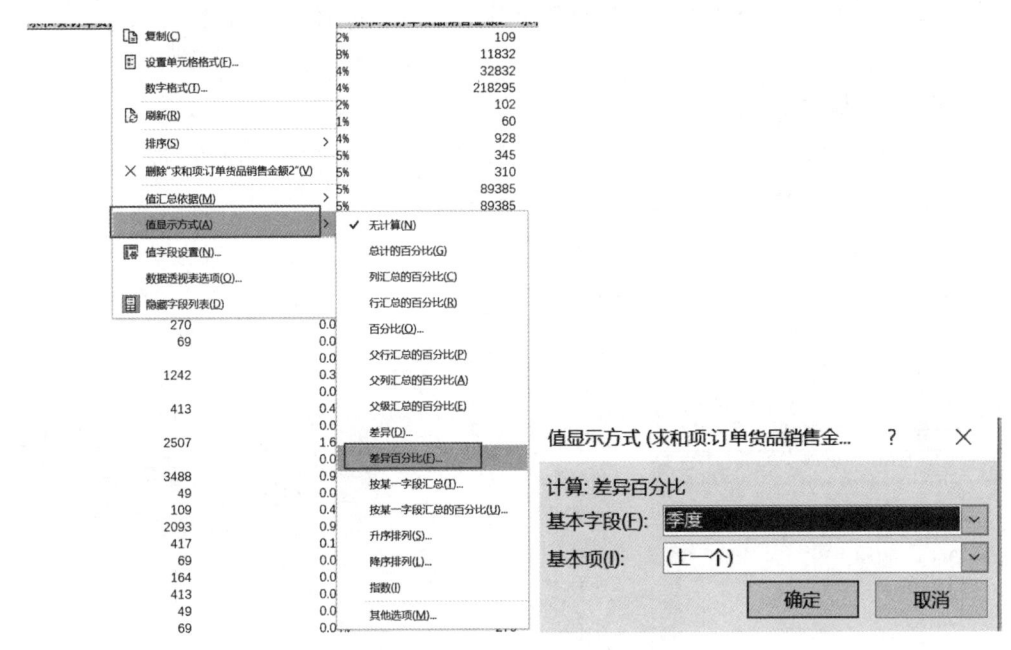

图7-34 计算产品的市场增长率

步骤5：复制数据，完成产品矩阵分析的数据初始化工作。

由于数据透视表中的数据无法被直接用于绘制矩阵图，因此我们需要将整理完毕的数据复制到新表（见图7-35）中，以完成产品矩阵分析的数据初始化工作。

商品编码	2020年Q4相对市场占有率	2020年Q4市场增长率
wtcec0001	0.08%	25.00%
wtcec0002	0.00%	-90.91%
wtcec0003	1.33%	-23.95%
wtcec0004	68.27%	23.92%
wtcec0005	0.00%	#NULL!
wtcec0006	0.00%	#NULL!
wtcec0007	0.13%	45.45%
wtcec0008	0.10%	11.11%
wtcec0009	0.41%	51.22%
wtcec0010	0.70%	95.83%
wtcec0011	0.70%	95.83%
wtcec0012	3.37%	36.71%
wtcec0013	0.02%	-33.33%
wtcec0014	0.00%	#NULL!
wtcec0015	0.15%	214.88%
wtcec0016	11.20%	31.60%
wtcec0017	0.39%	-52.48%
wtcec0018	0.11%	-25.00%

图7-35 不同产品的相对市场占有率和市场增长率数据

3. 利用散点图制作波士顿矩阵

步骤1：筛选相对市场占有率排名前10的产品数据。

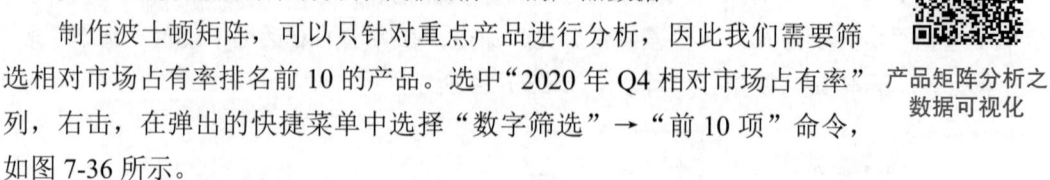

制作波士顿矩阵，可以只针对重点产品进行分析，因此我们需要筛选相对市场占有率排名前10的产品。选中"2020年Q4相对市场占有率"列，右击，在弹出的快捷菜单中选择"数字筛选"→"前10项"命令，如图7-36所示。

步骤2：绘制散点图。

在产品数据筛选完成后，选中数据，选择"插入"选项卡，单击"散点图"按钮，在弹出的下拉列表中选择第一个散点图，如图7-37所示。

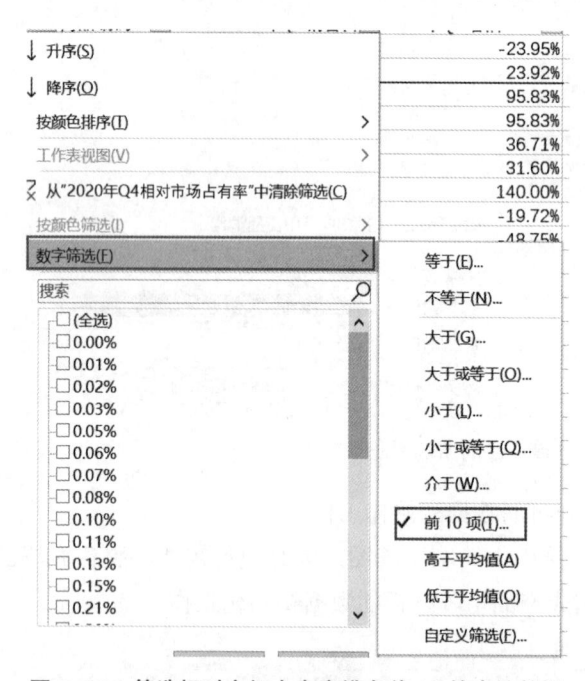

图7-36 筛选相对市场占有率排名前10的产品数据

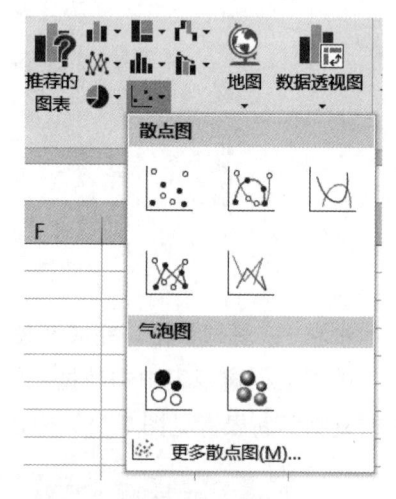

图7-37 选择散点图的操作界面

步骤3：设置坐标轴格式。

在散点图绘制成功后，分别选中横、纵坐标轴并右击，在弹出的快捷菜单中选择"设置坐标轴格式"命令，打开"设置坐标轴格式"窗格。此时横坐标轴是"相对市场占有率"，纵坐标轴是"市场增长率"。在"设置坐标轴格式"窗格中，将"纵坐标轴交叉"中的"坐标轴值"设置为增幅的均值；将"横坐标轴交叉"中的"坐标轴值"设置为相对市场占有率的均值（见图7-38）。

步骤4：隐藏坐标轴标签。

分别选中横、纵坐标轴，在"设置坐标轴格式"窗格中设置坐标轴的"标签位置"为"无"，隐藏坐标轴标签，如图7-39所示。

步骤5：添加商品编码。

右击散点图上的点，在弹出的快捷菜单中选择"添加数据标签"命令，如图7-40所示。

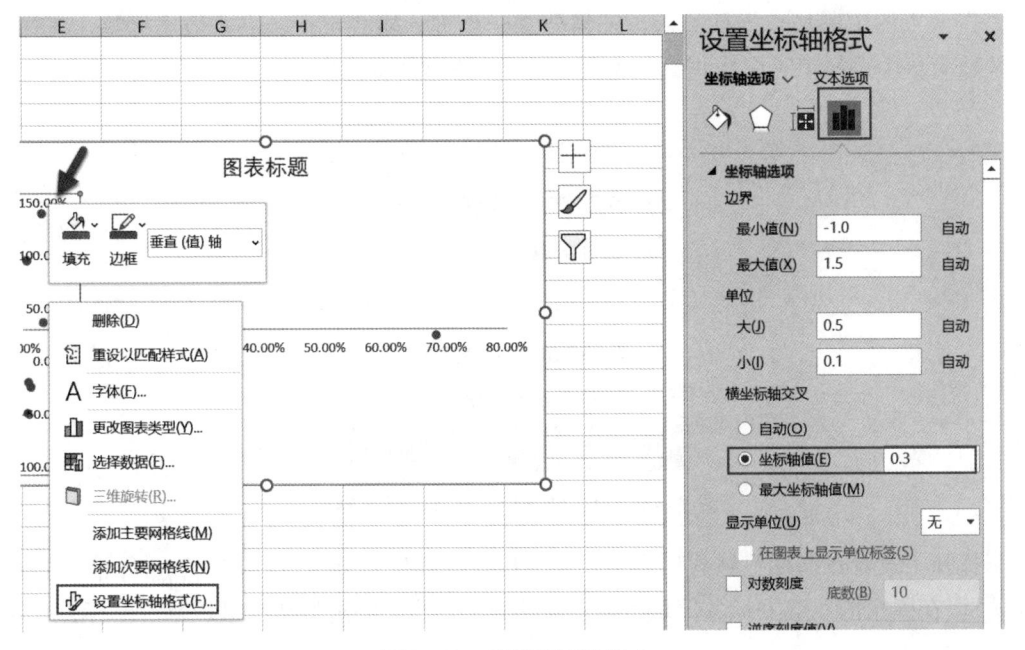

图 7-38　设置坐标轴格式

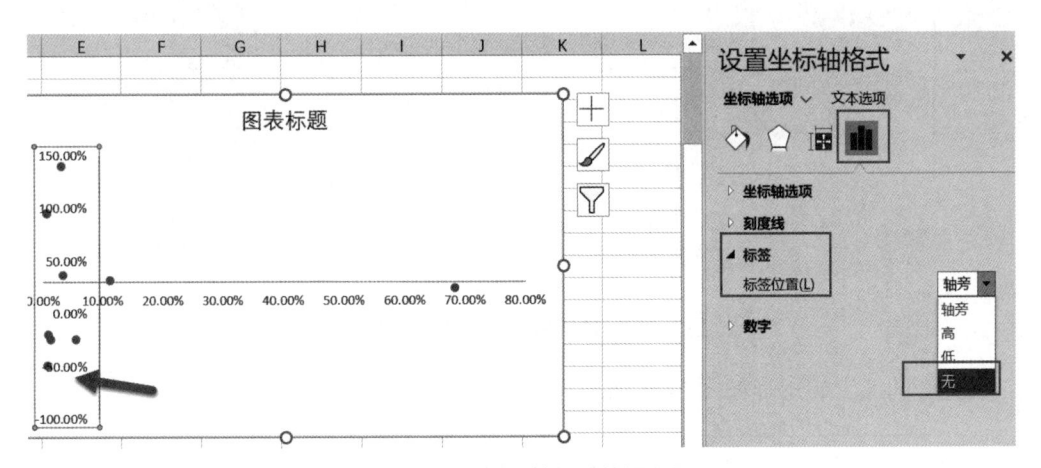

图 7-39　隐藏坐标轴标签的操作界面

图 7-40　添加数据标签的操作界面

在散点图中添加数据标签后，还需要进一步进行格式优化。右击数据标签，在弹出的快捷菜单中选择"设置数据标签格式"命令，如图7-41所示。

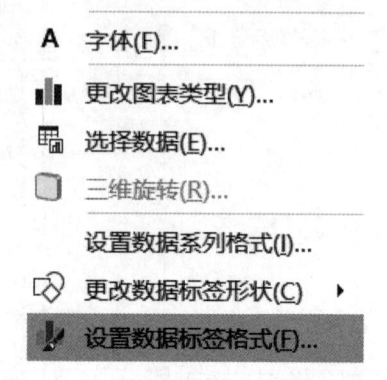

图7-41 设置数据标签格式的操作界面

打开"设置数据标签格式"窗格，在"标签选项"选项卡中，勾选"单元格中的值"复选框，在弹出的"数据标签区域"对话框中选择"商品编码"数据区域，如图7-42所示。

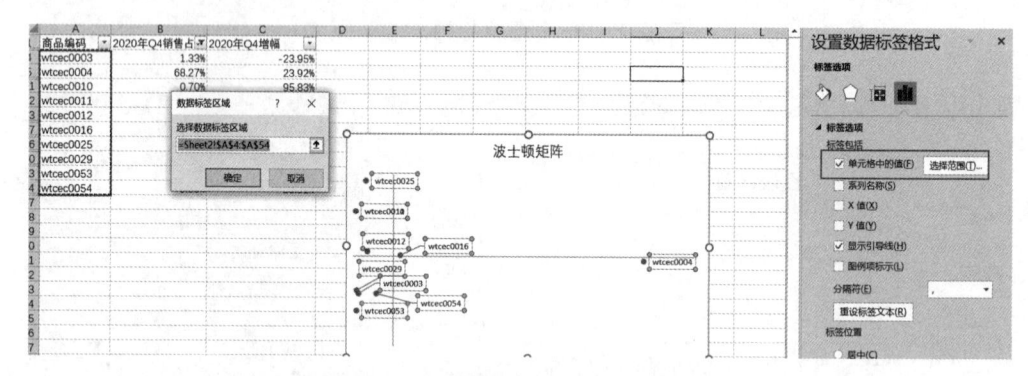

图7-42 数据标签格式的设置界面

设置好的波士顿矩阵如图7-43所示。

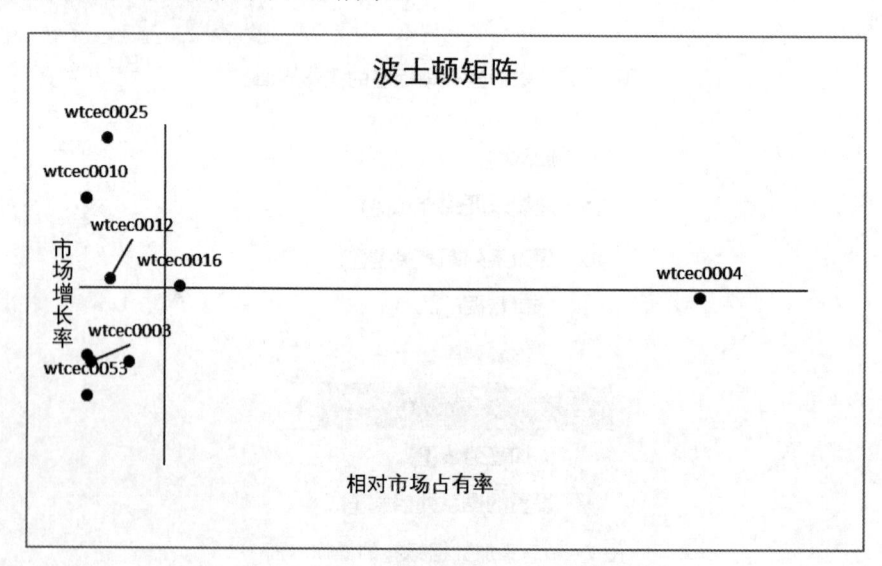

图7-43 设置好的波士顿矩阵

4. 分析结果

由图 7-43 可知，该店铺目前只有一款金牛类产品——wtcec0004，wtcec0016 产品有希望成为明星类产品，而且问题类产品和瘦狗类产品居多。该店铺的运营重点应该是尽快让问题类产品向明星类产品过渡，并在明星类产品中再打造一款金牛类产品。

课后习题

一、单选题

1. 通过了解店铺畅销、滞销产品占比和连带率，运营人员可以及时调整产品运营策略。下列关于畅销产品和滞销产品的表述，错误的是（　　）。

　　A. 前十大畅销产品占比越大，产品销售就越集中，销售管理就越容易，销售风险也会越小

　　B. 运营人员要对滞销产品进行定期统计，了解滞销的原因及库存情况。除此之外，还要对滞销产品做出调货/退货决策，或者进行促销

　　C. 运营人员定期对前十大畅销产品进行统计，可以了解畅销的原因及库存情况

　　D. 运营人员可根据销售速度及周期对前十大畅销产品设立库存安全线，适当地做出补货或寻找替代品的决策

2. 下列关于连带率的表述，错误的是（　　）。

　　A. 连带率是衡量店铺员工的产品搭配销售能力的重要依据

　　B. 当连带率低时，运营人员应调整关联产品的陈列，检查店铺所采取的促销策略

　　C. 当连带率高于 1.3 时，运营人员应立即提高店铺员工的附加推销力度，并给店铺员工做附加推销培训，以提高其连带销售能力

　　D. 连带率等于销售件数除以销售单数

3. 产品生命周期包括 4 个阶段，企业可针对各阶段不同的特点采取不同的运营策略。下列说法错误的是（　　）。

　　A. 导入期：通过数据挖掘新客户

　　B. 成长期：把握时机，快速拉动销量

　　C. 成熟期：维护爆款产品和开发价值

　　D. 衰退期：孕育下一代爆款产品

4. 下列关于波士顿矩阵的说法，错误的是（　　）。

　　A. 波士顿矩阵的两个重要指标分别为相对市场占有率和市场增长率

　　B. 通过两个指标的组合，我们可以把企业的产品分为 4 类：明星类产品、金牛类产品、瘦狗类产品和问题类产品

　　C. 4 个象限中的产品并不是固化的，它们会随着市场、监管、客户和企业资源的调整而变化

　　D. 根据波士顿矩阵，企业最理想的产品布局是有多款明星类产品和瘦狗类产品

5. 下列关于波士顿矩阵中 4 类产品的说法，正确的是（　　）。

　　A. 金牛类产品能产生利润，但高市场增长率往往意味着高投资

　　B. 明星类产品的特点是高相对市场占有率和低市场增长率

C. 瘦狗类产品对企业来说是鸡肋，其利润率低，处于保本或亏损状态

D. 问题类产品吸纳的资金总是少于其产生的资金

二、多选题

1. 下列关于价格带分析的说法，错误的是（　　）。

A. 价格带分析可以使主力价格产品线上的产品销售最大化

B. 价格带分析可以帮助运营人员找出主力价格带，并在主力价格产品线上投入更多运营资源

C. 价格带分析可以让决策者明白产品品类的价格带是否能覆盖所有潜在消费者的消费需求

D. 价格带分析可以让决策者掌握每个价格带内的产品品项数是否合理、品类主力价格带是否合理、产品定位的档次是否合理

2. 通过对品类的销售额进行分析，运营人员可以了解的内容有（　　）。

A. 了解本店或本地区的消费者的消费取向，以便及时做出补货、调货的决策，有针对性地调整产品陈列，优化库存，促使店铺利益最大化

B. 了解各分类产品的实际销售情况及所占比例是否合理，为店铺的订货、组货及促销提供参考依据，从而做出更完善的产品调整，使产品组合更加符合店铺的实际情况

C. 比较本店产品销售品类结构与同行品类结构的差异，得出本店的销售特性，对慢流品类多加展示，与此同时，提高导购人员对慢流品类的重点推介及搭配销售能力

D. 对于销售额低的品类，考虑在店铺增大促销力度

3. 下列关于畅滞销占比分析的说法，正确的是（　　）。

A. 分析产品销售分布是辅助产品销售的一个重要手段

B. 销售分析可以帮助运营人员了解产品的动销情况、分析市场变化、提高对经营状况的掌控能力、培养个人对市场的预见能力

C. 运营人员应寻找滞销产品的卖点，加强对导购人员的产品培训，提高导购人员对滞销产品的销售技巧

D. 运营人员应调整滞销产品的陈列方式及陈列位置，避免滞销产品一直被遗落在店铺的某个角落，并配合导购人员进行重点推介

4. 产品生命周期不同阶段的特点是（　　）。

A. 在进入成熟期以后，需求开始快速增长，销量也随之快速增长，电商企业可以在这个阶段进入市场，此时竞争环境良好

B. 进入成长期以后，产品的销量增长缓慢，逐步达到最高峰，并缓慢下降；产品的销售利润也开始下降；市场竞争非常激烈，各种品牌、各种款式的同类产品不断出现

C. 进入衰退期以后，需求开始减少，电商企业开始清理库存，竞争环境恶劣

D. 电商企业在导入期进入市场，可以优先在销量增长期到来之前提高产品的基础销量和评价，从而快人一步抢占市场份额

三、实训题

背景：你是企业产品部的产品管理员，由于下个季度的备货期即将到来，老板需要考虑新的备货策略，因此老板让你做一份企业产品的分析报告。

目标：用 PPT 做一份报告，并向老板汇报。

数据：练习数据 7.1。

要求：

（1）PPT 不少于 10 页（标题页和目录页除外）。

（2）有图形展示（如折线图、柱形图、饼图等）。

（3）有明确的分析结果（可设置分析结果页）。

项目 8
客户分析

思政与素质目标

"图难于其易,为大于其细。"脱贫攻坚贵在精准、重在精准,成败之举在于精准。"天下大事,必作于细。"隔行不隔理,干成任何事皆是如此。

无论是引流,还是推广,企业的运营工作都离不开客户这一关键因素。对客户进行认真的分析、梳理,是运营工作的重要内容。数据分析人员要基于对职业的敬畏和热爱,以尽职尽责的职业精神全身心投入,帮助企业了解客户、为客户提供良好的服务,从而实现精准营销的效果。

引例

青青在某店铺的运营岗位实习半年后,某日被运营主管叫到了办公室。运营主管告诉青青:店铺马上要安排一场大促活动,现在需要采集和整理客户的数据,并形成一份详细的客户分析报告,以便实现精准营销;还需要收集客户评价信息,以便了解客户对店铺产品和品牌的认可状况,为店铺的品牌宣传做好准备。

任务拆解

客户分析是社交电商数据分析中的重要模块,电商企业的运营人员通过对客户数据的挖掘与分析,生成客户画像,掌握客户行为特征,根据特定的分析方法,将客户合理分层,展开精准营销。一般来讲,客户分析可被拆解为客户特征分析、RFM 模型分析及客户舆情分析 3 个任务,如表 8-1 所示。

表 8-1　客户分析的任务拆解表

项目	任务	任务需求	核心指标
客户分析	客户特征分析	了解客户的属性特征，为精准营销做好数据准备	客户的基本属性、消费能力、行为特征
	RFM 模型分析	做好客户细分，为客户关系维护提供数据支持	最近一次消费、消费频率、消费金额
	客户舆情分析	了解客户评价情感，了解客户对产品的喜好程度	词频情感评分

任务 1　客户特征分析

分析思路

现阶段，电商企业获取客户的成本极高，获取一个新客户的成本甚至高达数百元，提高客户的价值和预防客户流失对电商企业来讲非常重要。对客户的价值进行分析并进行客户细分，有助于提高电商企业的客户运营能力。

客户的地域分布数据可基于商家后台的订单报表进行整理，此数据可用于指导品牌商或者大型电商企业线下门店的布局。了解客户的地域分布有助于电商企业制定运营策略。客户的行为习惯可基于下单的时间特征进行分析，此信息可用于研究客户下单的时间，如在星期几和哪个时间段下单。

知识准备

1. 客户分析的价值

客户分析就是根据各种关于客户的数据来了解客户的需求、分析客户的特征、评估客户的价值，从而制定相应的营销策略与资源配置计划。对电商企业来说，客户分析有以下几个方面的价值。

（1）可用于精准营销。精准营销依托现代信息技术手段，在精准定位的基础上建立个性化的客户沟通服务体系，最终实现可度量的、低成本的可扩张之路。精准营销相对于一般的电商网络营销，更加注重精准、可衡量和高投资回报。例如，精准直邮、短信、App 消息推送、个性化广告等，都是电商精准营销的例子。

（2）可用于客户研究。客户研究就是根据大量的客户行为数据，进行行业或人群现象的描述。例如，通过口罩、空气净化器等类目的订单数据和客户数据，可以得到不同人群的雾霾防范指数。在电商企业中，客户研究可用于指导产品优化，甚至可以用于指导产品功能的私人定制等。

（3）可辅助业务决策。电商企业可从客户的数据中挖掘出一些有用的规律，以辅助决策。数据挖掘就是通过属性筛选、聚类算法、关联分析、回归算法等方法，发现人群与人群、人群与产品、产品与产品、产品与品牌等之间的差异与联系，从而发掘更大的商机。

2. 客户分析的主要内容

客户分析涉及的内容很多。根据客户关系管理的内容，我们将客户分析的内容概括为以下 6 个方面。

（1）商业行为分析。

商业行为分析指通过客户的资金分布情况、流量情况、历史记录等方面的数据来分析客户使用产品的综合状况。商业行为分析主要包括以下内容。

① 产品分布情况分析：分析客户在不同地区、不同时段所购买的不同类型的产品数量，可用于获取当前营销系统的状态、各地区的市场状况，以及客户的运转情况。

② 客户保持力分析：通过分析详细的交易数据，细分那些企业希望保持的客户，并将这些客户名单发布到各分支机构，以确保这些客户能够享受到最好的服务和最大的优惠。细分标准可以是单位时间的交易次数、交易金额、结账周期等。

③ 客户损失率分析：通过分析详细的交易数据来判断客户是否准备结束商业关系，或正在转向另外一个竞争者。其目的在于对那些被识别为准备结束商业关系的客户进行评价，寻找他们结束商业关系的原因。

④ 升级／交叉销售分析：对那些即将结束交易周期或有良好贷款信用的客户，或者有其他需求的客户进行分类，以便于企业识别不同的目标对象。

（2）客户特征分析。

客户特征分析实际上就是分析客户是什么样的人、需要什么、喜欢什么，通俗地说，就是分析客户的付费点，以及什么样的内容可以占用客户更多的时间。客户特征分析实际上是信息分析的一个细类。

客户特征分析的目的主要有 3 个：一是让企业明确知道客户真实的诉求点；二是为企业的产品设计（如卖点提炼）提供核心依据；三是为将来的数据挖掘与客户推荐提供支持。

客户特征分析一般分析以下几个方面的内容。

① 基本属性（较为稳定）：年龄、性别、星座、受教育程度、身高、职业等。

② 家庭关系（数据获取难度较大）：是否有父母、兄弟姐妹、配偶、孩子等。

③ 消费能力（涉及客户隐私，极难获取）：月收入、月消费额、有无支付宝账号、有多少张信用卡、有无房贷、是否开通网络微贷业务等。

④ 行为特征（分析的结果）：是否经常参与团购、是否经常加班、是否在工作时间"刷"微博、是否讨厌不准时、是否经常上网等。行为特征分析基本上都是拿数据说话的，通过数据分析得到行为特征，是客户特征分析中的重点。

⑤ 心理特征（根据行为特征分析心理特点）：是否对价格敏感、是否对品牌有偏好、是否好攀比、是否果断、是否有较高的健康诉求等。

（3）客户忠诚度分析。

客户忠诚度是客户对企业的信任度、使用产品的频率、对产品或服务的满意程度及复购可能性的综合评估值，可根据具体的指标进行量化。维持老客户比寻求新客户更加经济，保持与老客户之间的不断沟通、长期联系，维持和增强与老客户之间的感情，是企业间的新竞争手段。而且巩固客户忠诚度的竞争具有隐蔽性，竞争对手往往看不到竞争策略的变化。

（4）客户注意力分析。

① 客户意见分析：根据客户提出的意见类型、涉及的产品，问题发生和解决的时间，销售代表和区域等指标来识别与分析一定时期内的客户意见，并指出哪些问题能够被成功解决，而哪些问题不能（并分析原因）。

② 客户咨询分析：根据客户咨询的产品、服务，受理咨询的部门，咨询发生和解决的时间来分析一定时期内的客户咨询活动。

③ 客户接触评价：根据企业的部门、产品、时间区段来评价一定时期内各部门主动接触客户的数量，并了解客户是否在每个星期都收到多个组织单位的多种信息。

④ 客户满意度分析与评价：根据产品、区域来识别一定时期内感到满意的 20% 的客户和感到不满意的 20% 的客户，并描述这些客户的特征。

（5）客户营销分析。

为了对潜在的趋势和销售数据模型有比较清楚的理解，企业需要对整个营销过程进行全面的观察。

（6）客户收益率分析。

对每个客户的成本和收益进行分析，可用于判断哪些客户能为企业带来利润。

任务实施

1. 采集和整理客户数据

客户分析的第一步是采集和整理客户数据。拼多多商家后台并没有提供专门的客户数据模块，因此我们需要在"订单查询"模块中下载并整理订单报表数据。具体操作如下。

步骤 1：登录拼多多商家后台，在"发货管理"→"订单查询"中选择"近 3 个月订单"选项，单击"批量导出"按钮，如图 8-1 所示。

图 8-1 批量导出订单报表数据的操作界面

步骤2：在弹出的"批量导出"对话框中，选择"自定义报表"选项；在弹出的"自定义报表"对话框中进行字段配置，按需配置下载字段；在配置完成后，单击"下载报表"按钮，如图8-2所示。

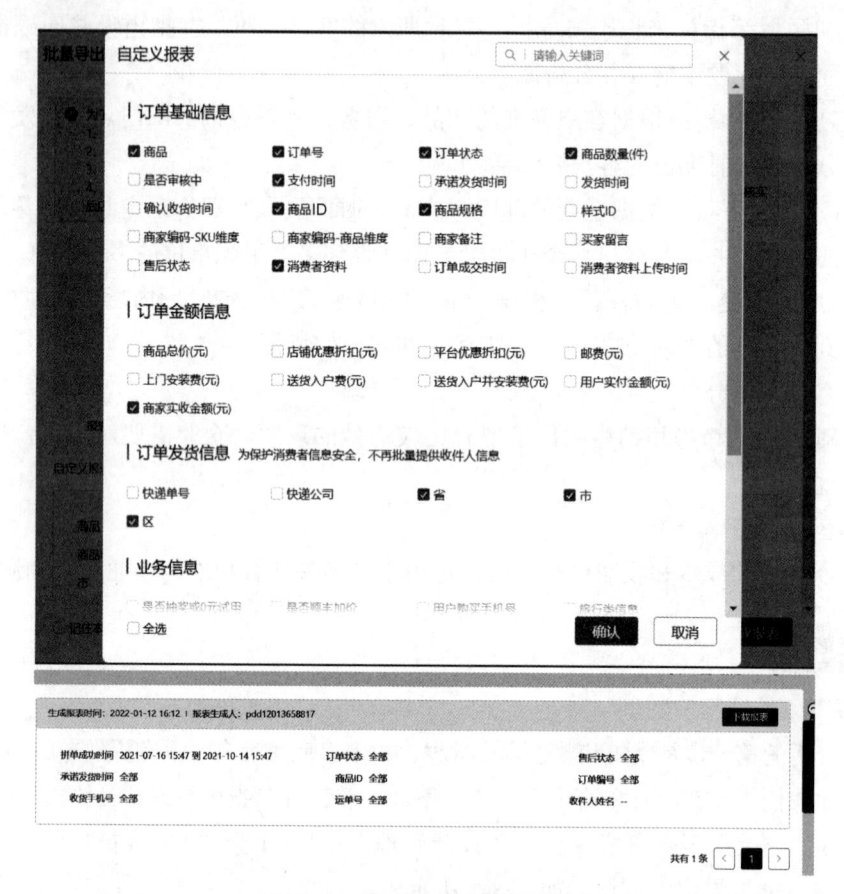

图8-2 自定义报表字段设置

提示：拼多多平台为了保护客户的隐私，在订单中不再提供收件人信息，因此商家需要在平时的运营中，及时将客户信息添加在备注中（见图8-3），以便在批量导出订单报表数据时导出客户信息。

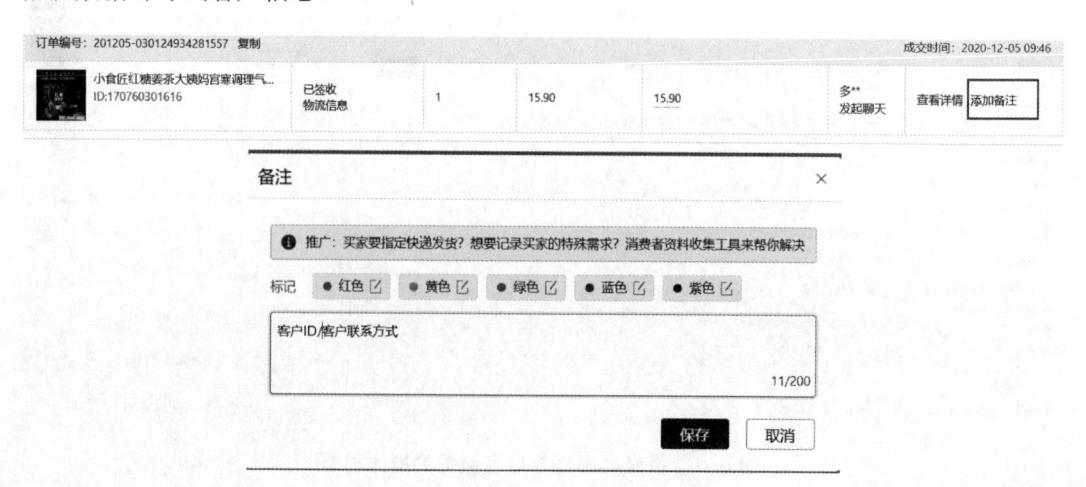

图8-3 添加备注

2. 分析客户的地域分布

步骤1：从 Power Query 编辑器中获取数据。

由于拼多多订单报表保存的文件格式是 CSV，因此要建立数据连接，就需要在 Excel 文件的"数据"选项卡中单击"从文本/CSV"按钮，启动 Power Query 编辑器，如图 8-4 所示。

客户特征分析之
地域分布

图 8-4 从 Power Query 编辑器中获取数据

步骤2：筛选有效数据。

订单报表中的"订单状态"列中有 7 种不同的订单状态，我们在进行客户分析时，只选择"已签收"状态的客户，因此需要进行筛选，如图 8-5 所示。

步骤3：基于省份信息进行分组。

这一步骤的重点是基于统计的不同省、自治区、直辖市（注：拼多多后台将省、自治区、直辖市的字段名自动命名为"省"，也就是说，在订单信息中的"省"列中包括自治区和直辖市）的客户汇总数据，在"主页"选项卡中单击"分组依据"按钮，在弹出的"分组依据"对话框中进行相应设置，如图 8-6 所示。

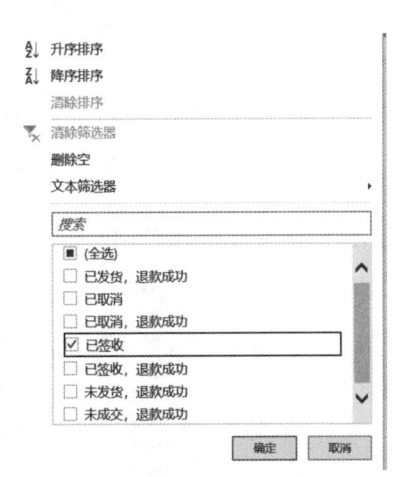

图 8-5 数据筛选的操作界面

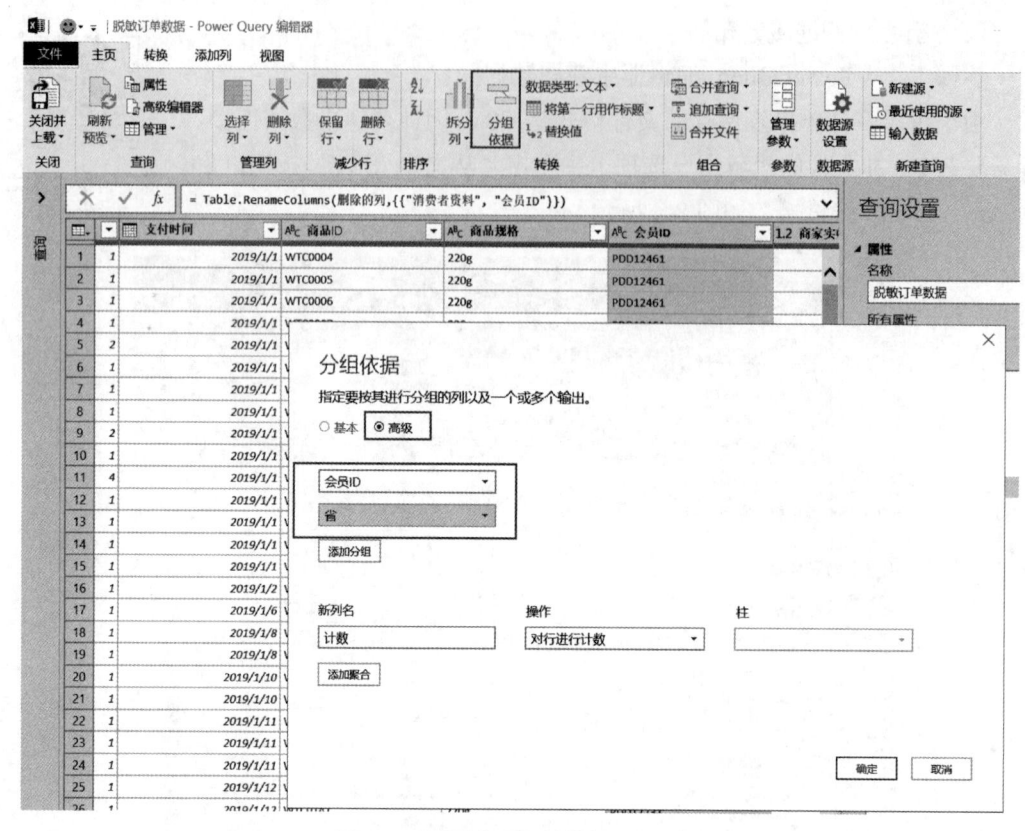

图 8-6 设置分组依据的操作界面 1

在设置完成后单击"确定"按钮。观察分组结果（见图 8-7），发现有的客户被重复计数了，这是由于存在同一客户多次下单的情况，因此我们需要通过进一步的分组操作将这些客户合并，以避免重复计数。但可能会有小部分客户在多次下单时写的收件地址不同，因而出现跨省份的订单，此时可以忽略此情况，因为这种客户所占比例很小。如果要精准判断，就只能根据收件地址出现的频次选择频次高的，但会出现部分收件地址的频次相同的情况，这时就无法准确判断了。

	会员ID	省	计数
1	PDD11176	广东省	11
2	PDD13187	广东省	6
3	PDD11176	上海市	6
4	PDD17398	广东省	5
5	PDD12279	江苏省	5
6	PDD14367	广东省	5
7	PDD17441	广东省	4
8	PDD11449	广东省	4
9	PDD18005	山东省	4
10	PDD14482	广东省	4
11	PDD13118	广东省	4
12	PDD13350	广东省	4
13	PDD12249	上海市	4
14	PDD11176	江苏省	4
15	PDD13379	广东省	4
16	PDD11137	上海市	4
17	PDD11862	上海市	4
18	PDD13757	浙江省	4

图 8-7 第一次分组的结果

再一次进行分组，按照图 8-8 所示进行设置。

图 8-8 设置分组依据的操作界面 2

第二次分组的结果就是每个省份的客户数量，如图 8-9 所示。

省	计数
湖北省	899
北京市	1228
湖南省	702
江苏省	1759
上海市	1941
山东省	1235
河北省	544
浙江省	1530
广东省	2380
重庆市	319
黑龙江省	365
江西省	545
四川省	726
安徽省	706
贵州省	246
云南省	299
河南省	706
福建省	693

图 8-9 第二次分组的结果

步骤 4：制作客户地域分布图。

在第二次分组结束后，可以在"主页"选项卡中单击"关闭并上载"按钮，将数据导入 Excel 工作表中。

在 Excel 工作表中，选中数据，选择"插入"选项卡，单击"数据透视表"按钮，插入数据透视表。在"数据透视表字段"窗格中，将"省份"字段拖动到"行"区域中，将"计数"字段拖动到"值"区域中。在出现的数据透视表中选中"计数"列并右击，在弹出的快捷菜单中选择"排序"→"降序"命令。插入柱形图，以便更加直观地分析客户的地域分布。由图 8-10 可知，广东省、上海市和江苏省是主要的客户集中地，推广策略可以偏向这些地域。

3. 分析客户的行为习惯

步骤 1：添加"星期几"列。

重复分析客户的地域分布中的步骤 1 和步骤 2。在 Power Query 编辑器中，选择"添加列"选项卡，选中"支付时间"列，单击"日期"按钮，在弹出的下拉列表中选择"天"→"星期几"选项，添加"星期几"列，如图 8-11 所示。

客户特征分析之行为习惯分析

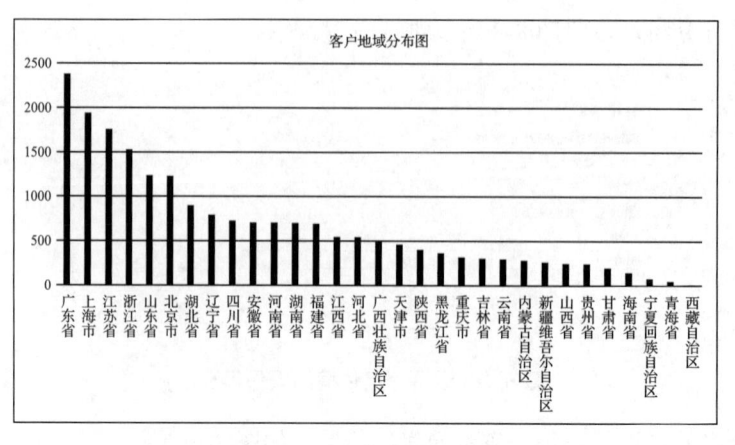

图 8-10 客户地域分布图

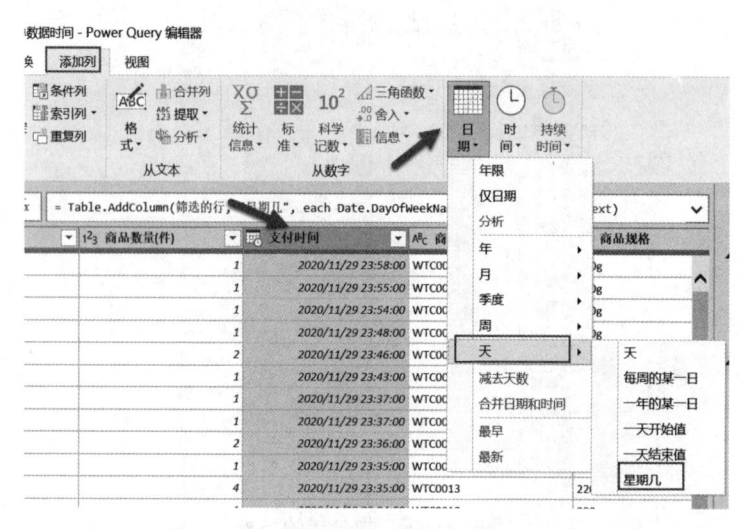

图 8-11 添加"星期几"列的操作界面

步骤 2：添加"小时"列。

在"添加列"选项卡中，选中"支付时间"列，单击"时间"按钮，在弹出的下拉列表中选择"小时"→"小时"选项，添加"小时"列，如图 8-12 所示。

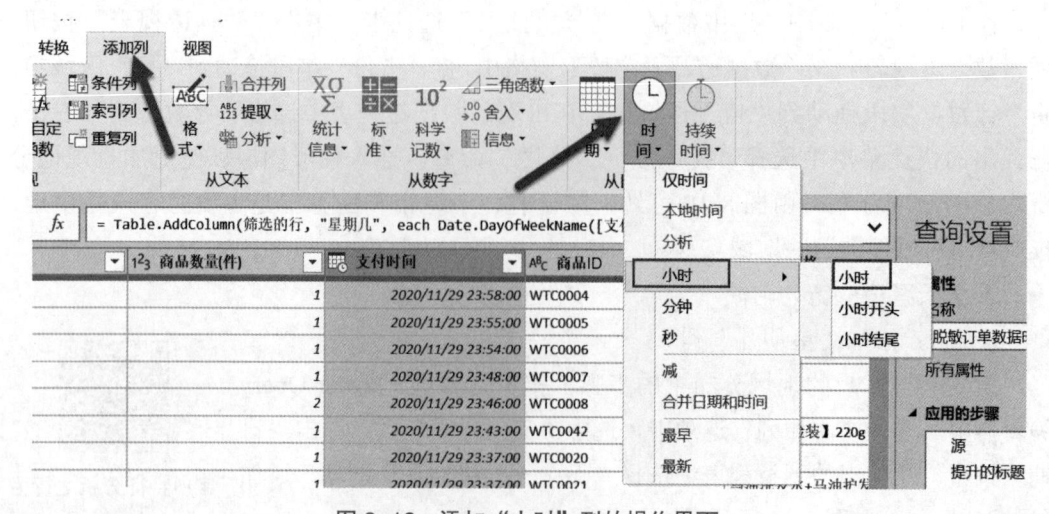

图 8-12 添加"小时"列的操作界面

修改对应字段的名称，如图 8-13 所示。

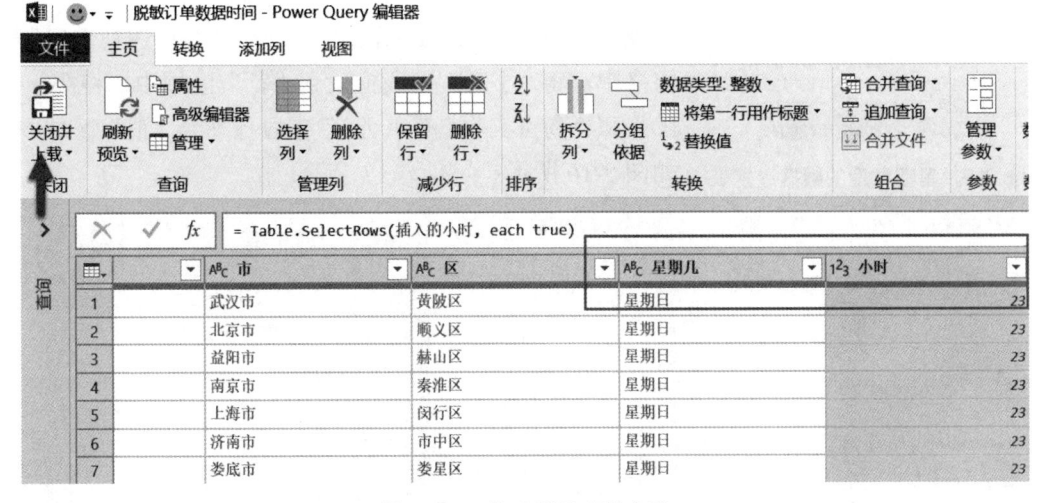

图 8-13 修改后的字段名称

单击"关闭并上载"按钮，返回 Excel 工作表界面。

步骤 3：创建星期和小时维度的数据透视表。

先创建一个星期维度的数据透视表。在 Excel 工作表中，选中数据，选择"插入"选项卡，单击"数据透视表"按钮，插入数据透视表。在"数据透视表字段"窗格中，将"星期几"字段拖动到"行"区域中，将"会员 ID"和"商家实收金额（元）"字段拖动到"值"区域中，如图 8-14 所示。

图 8-14 星期维度的数据透视表字段设置

将数据透视表中的字段名分别重新命名为"星期""客户数""交易金额"，以便于理解和统计分析，如图 8-15 所示。

星期	客户数	交易金额
星期日	4288	1597491
星期一	2254	926198.7
星期二	4060	1556796
星期三	3036	1184334
星期四	2268	875579
星期五	3182	1190122
星期六	3948	1398522
总计	23036	8729042

图 8-15 星期维度的数据透视表

再创建一个"小时"维度的数据透视表。在 Excel 工作表中，选中数据，选择"插入"选项卡，单击"数据透视表"按钮，插入数据透视表。在"数据透视表字段"窗格中，将"小时"字段拖动到"行"区域中，将"会员ID"和"商家实收金额（元）"字段拖动到"值"区域中，如图 8-16 所示。

行标签	计数项:会员ID	求和项:商家实收金额(元)
0	996	379789.5
1	452	185359.1
2	263	106311.5
3	231	89452.5
4	315	119205.9
5	557	202034.5
6	941	313705.1
7	1183	444806.7
8	1256	441356.6
9	1301	467613.1
10	1246	457179.9
11	1081	411938.5
12	1069	429071.5
13	1078	426752.4
14	989	385489.7
15	1010	383402.1
16	910	344098.1
17	748	292176.4
18	874	327745.6
19	1171	436867.7
20	1281	491908.4
21	1465	564253.3

图 8-16 小时维度的数据透视表字段设置

将数据透视表中的字段名分别重新命名为"小时""客户数""交易金额"，以便于理解和统计分析，如图 8-17 所示。

小时	客户数	交易金额
0	996	379789.5
1	452	185359.1
2	263	106311.5
3	231	89452.5
4	315	119205.9
5	557	202034.5
6	941	313705.1
7	1183	444806.7
8	1256	441356.6
9	1301	467613.1
10	1246	457179.9
11	1081	411938.5
12	1069	429071.5
13	1078	426752.4
14	989	385489.7
15	1010	383402.1
16	910	344098.1
17	748	292176.4
18	874	327745.6
19	1171	436867.7
20	1281	491908.4
21	1465	564253.3
22	1425	563062.2
23	1194	465461.6
总计	23036	8729041.9

图 8-17 小时维度的数据透视表

步骤 4：创建数据透视图。

为了更直观地显示数据，我们将上述两个数据透视表转变为数据透视图。因为这两个数据透视表中都包括"客户数"和"交易金额"两个数值，所以我们选用组合图来展示，这样更加直观，并可被应用于客户分析报告中，如图 8-18 和图 8-19 所示。

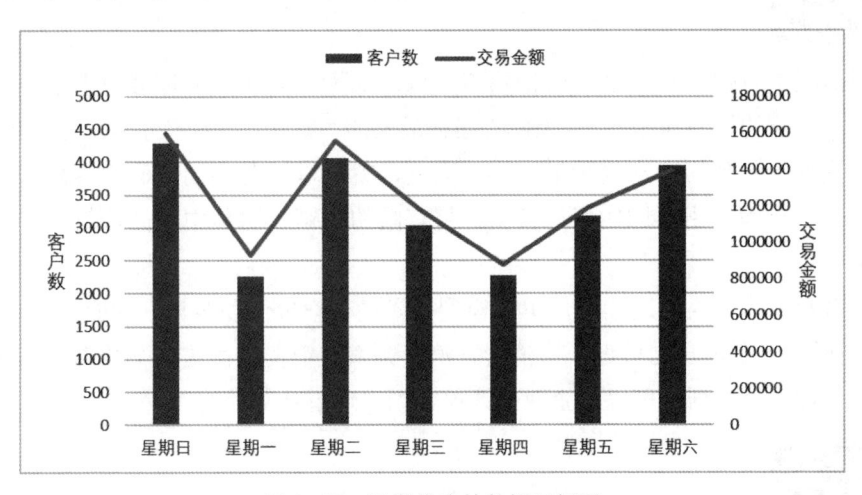

图 8-18　星期维度的数据透视图

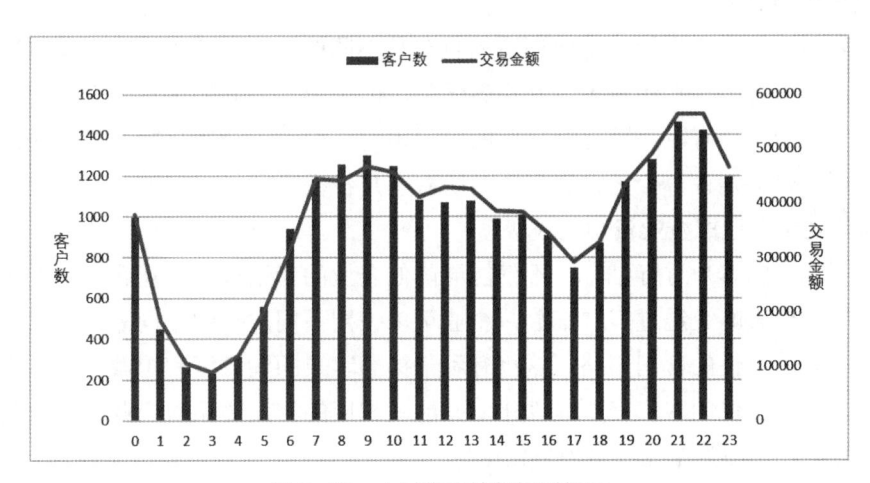

图 8-19　小时维度的数据透视图

4. 分析结果

（1）本项目引例中的店铺的客户主要集中在广东省、上海市、江苏省，该店铺可针对这几个地域的人群加大推荐力度。

（2）该店铺的客户喜欢在星期二、星期六、星期日下单，因此该店铺在投放广告时，应在这 3 天准备充足的广告预算。

（3）客户成交高峰期在 21—22 点，8—10 点也是一个小高峰，因此该店铺可以减少成交量少时段的广告投入。

任务 2　RFM 模型分析

分析思路

信息时代的到来使得企业的营销焦点从以产品为中心转变为以客户为中心，维系客户关系成为企业的核心问题，而这个核心问题最大的"痛点"是客户分类。通过客户分类，企业能够完成无价值客户和高价值客户的区分，就可以针对不同价值的客户制定优化的个性化方案，进而采用不同的营销策略，将有限的营销资源集中于高价值客户，实现企业利润最大化。

在将客户进行分类的过程中，RFM 模型是衡量客户价值和客户创利能力的重要工具。RFM 模型通过一个客户的最近一次消费、消费频率及消费金额这 3 个数据来描述该客户的价值，而这 3 个数据都可以从企业的订单数据中通过计算获得。

知识准备

1. 客户价值分析的意义

经验表明，每个客户能给企业创造的收益是不同的。对企业来讲，不同客户的价值是不同的。尽管每个客户的重要性都不容低估，但是由于不同的客户为企业创造的价值不同，而企业的资源有限，因此把企业的资源平均分配到每个客户身上的做法既不经济又不切实际。也就是说，企业没有必要为所有客户都提供同样卓越的产品或服务，否则往往会事倍功半，造成企业资源的浪费。

将企业现有的客户进行细分，不仅能够降低企业的营销成本，还有利于企业采取更有利的市场渗透策略。通过客户细分，企业可以识别不同客户的不同需求，从而针对不同客户采取有针对性的营销策略，这将有利于提高客户的满意度和忠诚度。客户细分能使企业拥有的高价值的客户资源显性化，并能就相应的客户关系对企业未来盈利的影响进行量化分析，从而为企业决策提供依据。

2. 客户分析指标

客户分析指标有利于企业进一步了解客户的得失率和客户的动态信息。常用的客户分析指标如下。

1）客户价值指标

（1）新客户指标。常见的新客户指标包括一定统计周期内的新客户数量、新客户获取成本和新客户客单价。其中，新客户客单价是指第一次在店铺中产生消费行为的客户所产生的交易额与新客户数量的比值。影响新客户客单价的因素除了推广渠道的质量，还有电商店铺活动及关联销售。

（2）有价值的客户数。客户包括潜在客户、忠诚客户和流失客户。对企业的店铺来说，忠诚客户是最有价值的客户，因为他们会不定期地来店铺购买产品，而不会出现长时间不购买店铺产品的现象。一般来说，可将在 1 年内购买店铺产品不少于 3 次的客户数视为有价值的客户数,这是客户分析的重点。那些浏览了店铺的产品却没有购买的客户,给店铺创造的价值很小,其在客户分析中的重要性就很小。

(3)最近一次消费。最近一次消费是指客户最近一次购买产品的时间距分析时点的天数。

(4)消费频率。消费频率是指客户在一定时间内消费的次数。

(5)消费金额。消费金额是指客户在一定时间内消费的金额。

最近一次消费距分析时点越近、消费频率越高、消费金额越高的客户越有价值。

2)活跃指标

(1)活跃客户。活跃客户是相对于流失客户的一个概念,是指那些经常光顾企业的店铺,并能为企业创造一定价值的客户。客户的活跃度是非常重要的,一旦客户的活跃度下降,就意味着客户要流失。根据产品的不同特性,活跃客户数有不同的定义,一般是指在一定时间(如30天、60天等)内,有消费或者登录行为的客户总数。

(2)活跃客户率。活跃客户率即活跃客户数与客户总数的比值。通过计算活跃客户率,企业可以了解客户的整体活跃率。一般来说,随着时间周期的加长,活跃客户率会逐渐下降。如果经过一个长生命周期(如3个月或半年),活跃客户率还能稳定保持在5%～10%,这就是一个非常好的客户活跃的表现。

(3)客户留存率。客户在某段时间内开始访问企业的店铺,在经过一段时间后,仍然会继续访问企业的店铺,这部分客户被认作留存客户,留存客户数占当时新增客户数的比例就是客户留存率。这种计算客户留存率的方法是按照活跃来计算的,另外一种计算客户留存率的方法是按消费来计算的,即在某段时间内的新增消费客户中,在往后一段时间周期(时间周期可以是日、周、月、季度和半年)内继续消费的客户所占的比例。客户留存率一般看新客户留存率,也可以看活跃客户留存率。客户留存率反映的是企业留住客户的能力。客户留存率也可以反映不同时期的转化率,即由初期的不稳定客户转化为活跃客户、稳定客户、忠诚客户的过程。随着客户留存率统计过程的不断延伸,我们可以看到不同时期客户的变化情况。

(4)客户流失率。流失客户是指那些曾经访问过企业的店铺,但由于对企业的店铺渐渐失去兴趣而逐渐远离企业的店铺,进而彻底脱离企业的店铺的客户。客户流失率是在一段时间内没有消费的客户数与客户总数的比值。客户流失的定量表述是判断客户流失情况的主要指标,直接反映店铺经营与管理的现状。

3)客户行为指标

(1)客户复购率。客户复购率也称客户回购率或重复购买率,是指在统计周期内产生二次及二次以上购买行为的客户占购买客户的比例。客户复购率越高,说明客户对品牌的忠诚度越高,反之则越低。决定客户复购率的是回头客。客户复购率是衡量客户忠诚度的一个重要指标。

(2)客户平均购买次数。客户平均购买次数是指在统计周期内每个客户进行购买的平均次数,即订单总数/购买客户总数。客户复购率高的店铺,其客户平均购买次数也高。

(3)客单价。客单价是指每个客户购买产品的平均金额,即平均交易金额,它是成交金额与成交客户数的比值。

3. RFM 模型

RFM 模型是依据一定的细分变量，对客户进行分类的方法。RFM 模型通过客户购买行为中的最近一次消费、消费频率、消费金额这 3 个数据，来分析客户的层次和结构、客户的质量和价值，以及客户流失的原因，从而为企业制定营销策略提供支持。RFM 模型针对不同的客户采取不同的策略，同时识别其中的行为差异，对不同的客户进行消费预测。

RFM 模型的解释如下。

1）最近一次消费

最近一次消费（Recency）是指客户最近一次购买产品的时间距分析时点的天数。天数越少，说明客户最近一次购买产品的时间距分析时点越近。理论上，最近一次消费时间比较近的客户对企业提供的产品更为关注，再次购买的可能性比较大。营销人员如果想让自己的业绩有所增长，就要利用好最近一次消费这个数据。分析显示，如果企业能让客户购买其产品，客户就会持续购买。这也是最近一次消费为 0～6 个月的客户收到营销人员的沟通信息多于最近一次消费为 31～36 个月的客户的原因。最近一次消费指标是持续变动的。在客户距上一次购买时间满 1 个月之后，他在数据库中就成为最近一次消费为 2 个月的客户。反之，在同一天，最近一次消费为 3 个月的客户购买了企业的产品，他就成为最近一次消费为 1 天的客户，也就有可能在很短的时间内收到新的促销信息。

最近一次消费指标可以提供促销信息，营销人员的最近一次消费报告也可以用于监督营销业务的健全度。优秀的营销人员会定期查看最近一次消费报告，以掌握趋势。如果月报告显示最近一次消费为 1 个月的客户数增加，就表示该企业是一个稳健成长的企业；反之，如果最近一次消费为 1 个月的客户越来越少，就说明该企业出现了迈向不健全之路的征兆。最近一次消费是维系客户需要关注的一个重要指标。最近才购买企业的产品或者光顾企业店铺的客户，是最有可能再次购买企业的产品的客户。再则，要吸引一个几个月前购买过企业的产品的客户再次购买企业的产品，比吸引一个一年以前购买过企业的产品的客户要容易得多。营销人员如能接受这种强有力的营销哲学——与客户建立长期的关系而不仅仅是销售产品，就能提高客户忠诚度。

2）消费频率

消费频率（Frequency）是指客户在一定时间内消费的次数。消费频率越高，说明客户忠诚度及客户价值越高。在不同的行业，客户的平均消费频率是不同的。企业要根据自身的特点，制定客户消费频率的评价标准。增加客户购买的次数意味着从竞争对手处挤占市场份额。

根据消费频率，企业可以对客户进行细分，这就相当于建立一个"忠诚度的阶梯"，其目的在于让客户顺着"阶梯"往上爬，即将购买过一次的客户转变成购买两次的客户，将购买过两次的客户转变成购买三次的客户……

3）消费金额

消费金额（Monetary）是指客户在一定时间内消费的金额。客户的消费金额指标可用于衡量客户对企业的贡献程度。消费金额指标是所有商业数据分析报告的支柱之一，也可以验证帕累托法则——企业 80% 的收入来自 20% 的客户。

4. RFM 模型的关键计算步骤

RFM 模型动态展示了现有客户在企业的消费信息，为企业营销策略的制定提供了依据，便于企业对现有客户进行分类与管理。

（1）计算 R 值：计算现在与最近一次购买日期之间的间隔天数。

（2）计算 F 值：对客户的订单数据进行统计。

（3）计算 M 值：将客户的消费金额进行汇总。

对客户进行分组，即将 R、F、M 这 3 个指标分别分为"高"和"低"两种：大于均值的为"高"，小于均值的为"低"。

R 值的判定步骤：①分别计算每个客户的 R 值；②计算 R 的均值；③将每个客户的 R 值与 R 的均值进行比较，小于 R 的均值即为"低"，大于 R 的均值即为"高"。

F 值的判定步骤：①计算每个客户的 F 值；②计算 F 的均值；③将每个客户的 F 值与 F 的均值进行比较，小于 F 的均值即为"低"，大于 F 的均值即为"高"。

M 值的判定步骤：①计算每个客户的 M 值；②计算 M 的均值；③将每个客户的 M 值与 M 的均值进行比较，小于 M 的均值即为"低"，大于 M 的均值即为"高"。

以此为标准将客户划分为八大类，如表 8-2 所示。

表 8-2　RFM 模型分组表

R 值	F 值	M 值	客户类型
低	高	高	高价值客户
高	高	高	重点保持客户
低	低	高	重点发展客户
高	低	高	重点挽留客户
低	高	低	一般价值客户
高	高	低	一般保持客户
低	低	低	一般发展客户
高	低	低	潜在客户

任务实施

拼多多平台上的某店铺 2019 年 1 月—2020 年 7 月的客户购买数据如图 8-20 所示（已脱敏处理）。为了实现精准营销并降低推广成本，该店铺需要对现有客户进行分类。下面使用 Power Query 编辑器进行客户分类，操作步骤如下。

图 8-20　客户购买数据

1. 将数据加载至 Power Query 编辑器中

打开"脱敏客户数据"文件，选择"数据"选项卡，单击"来自表格/区域"按钮，将数据加载至 Power Query 编辑器中，如图 8-21 所示。

RFM 模型分析

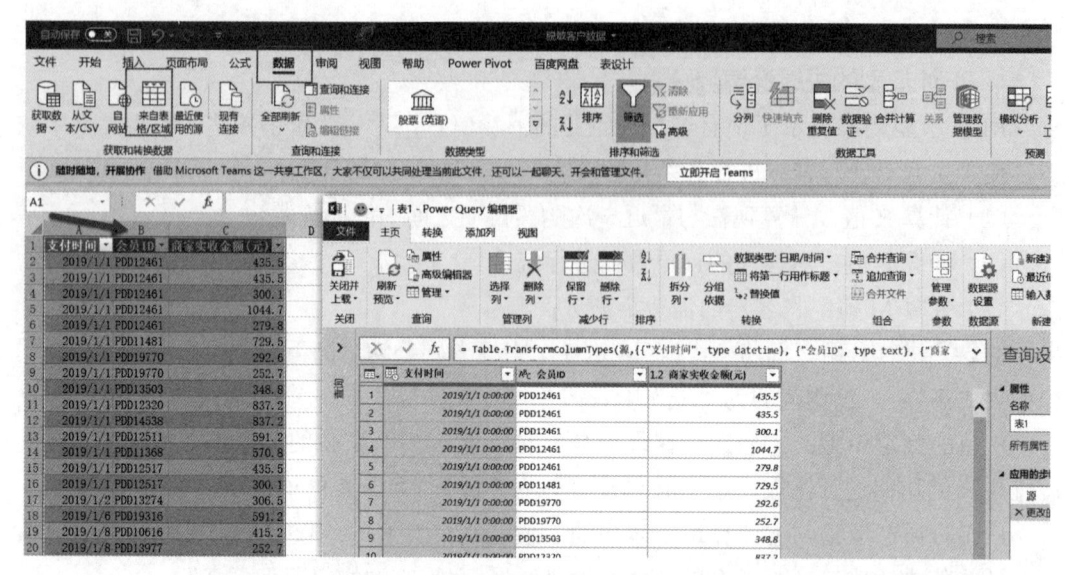

图 8-21 将数据加载至 Power Query 编辑器中

2. 计算 R 值

根据最近一次消费指标的定义，要计算 R 值，就要确定客户下单时间和统计时间的差值。对同一客户来说，最小的间隔时间就是其 R 值。

步骤 1：添加"统计日期"列。

选择"添加列"选项卡，单击"自定义列"按钮，在弹出的"自定义列"对话框的"新列名"文本框中输入"统计日期"，在"自定义列公式"文本框中输入"=DateTime.Date(#datetime(2020, 11, 1, 0, 0, 0))"（这里设计统计日期为 2020 年 11 月 1 日），单击"确定"按钮，添加"统计日期"列，如图 8-22 所示。

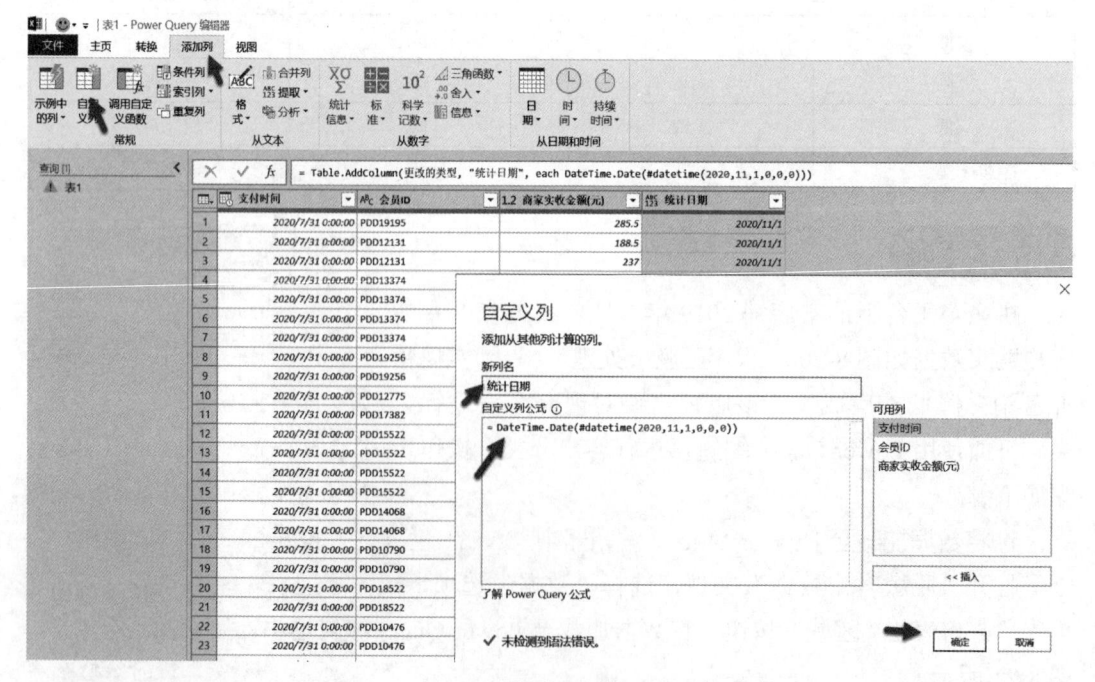

图 8-22 添加"统计日期"列的操作界面

步骤2：将"统计日期"列的数据类型与"支付时间"列的数据类型统一。

选中"统计日期"列，选择"主页"选项卡，单击"数据类型"按钮，在弹出的下拉列表中选择"日期/时间"选项，结果如图8-23所示。

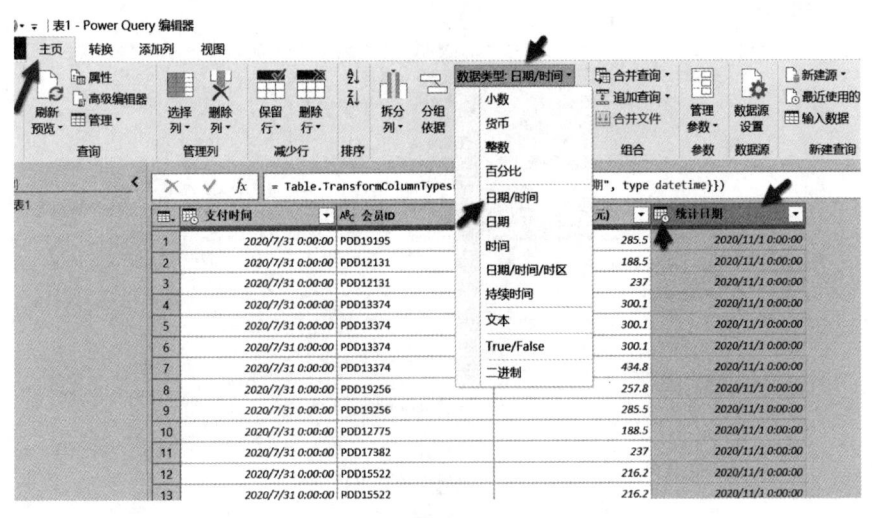

图8-23 设置数据类型后的数据结果

步骤3：添加"R"列。

"R"列为"统计日期"与"支付时间"的差值列。选择"添加列"选项卡，单击"自定义列"按钮，在弹出的"自定义列"对话框的"新列名"文本框中输入"R"，在"自定义列公式"文本框中输入"=[统计日期]-[支付时间]"，单击"确定"按钮，添加"R"列，如图8-24所示。

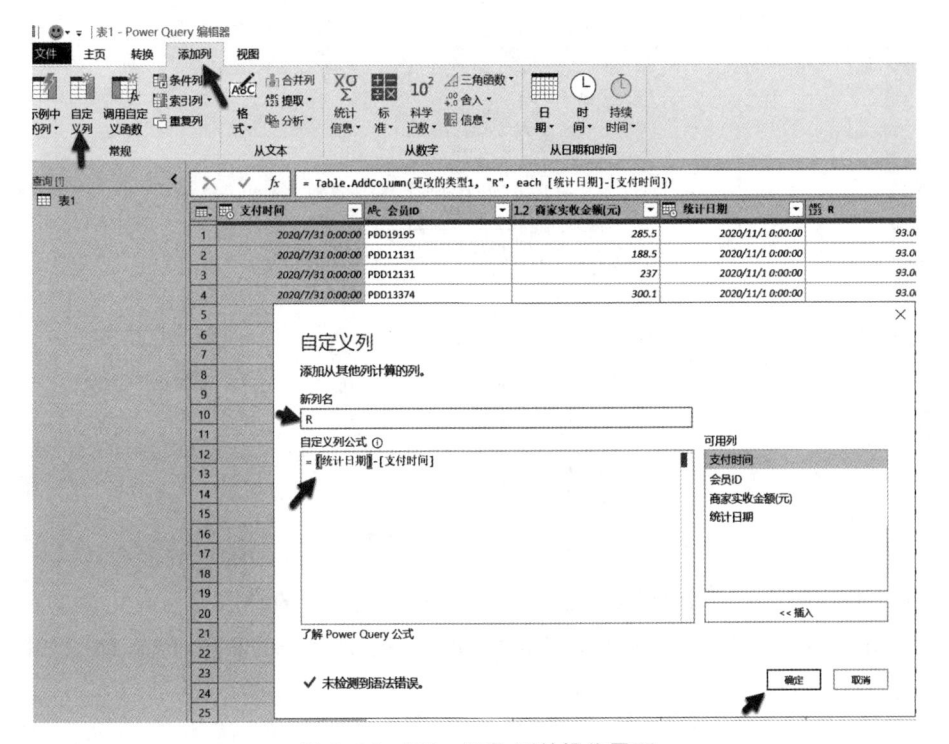

图8-24 添加"R"列的操作界面

步骤4：删除"支付时间"和"统计日期"列，并将"R"列的数据类型改为"整数"，结果如图8-25所示。

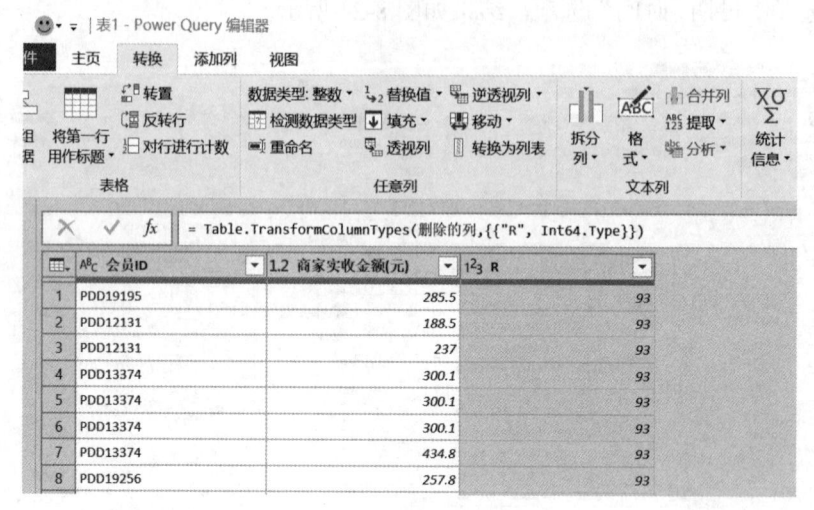

图8-25 设置好的"R"列

3. 利用分组依据，计算每个客户的R值、F值、M值

步骤1：选择"主页"选项卡，单击"分组依据"按钮，在弹出的"分组依据"对话框中进行相应设置，如图8-26所示。

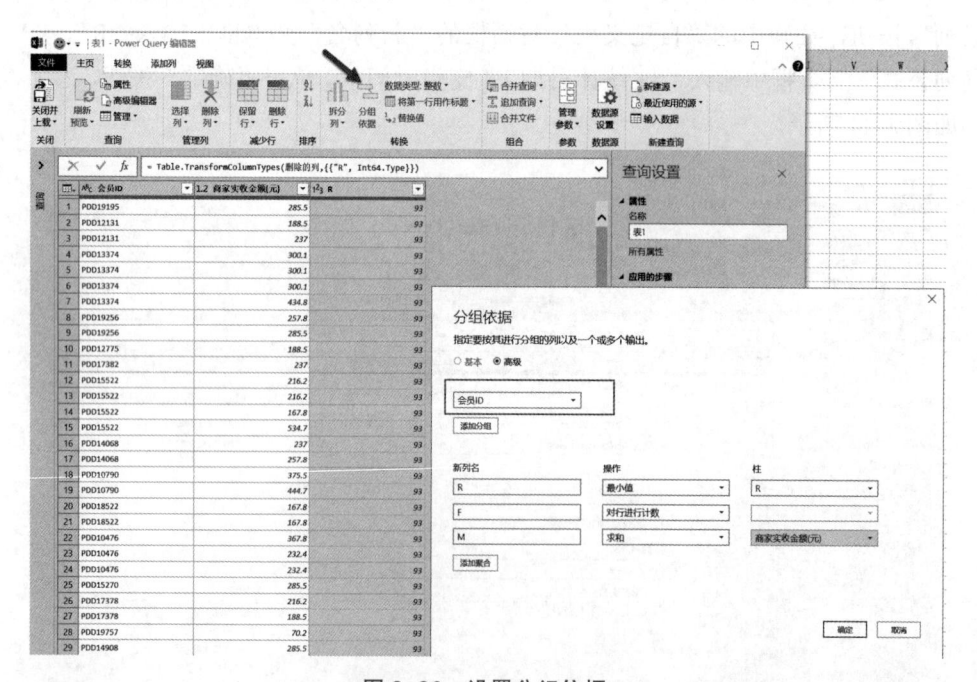

图8-26 设置分组依据

注意：根据最近一次消费的定义，R值的操作依据为"最小值"。

步骤2：在分组依据设置完成后，单击"确定"按钮，计算好的R值、F值、M值如图8-27所示。

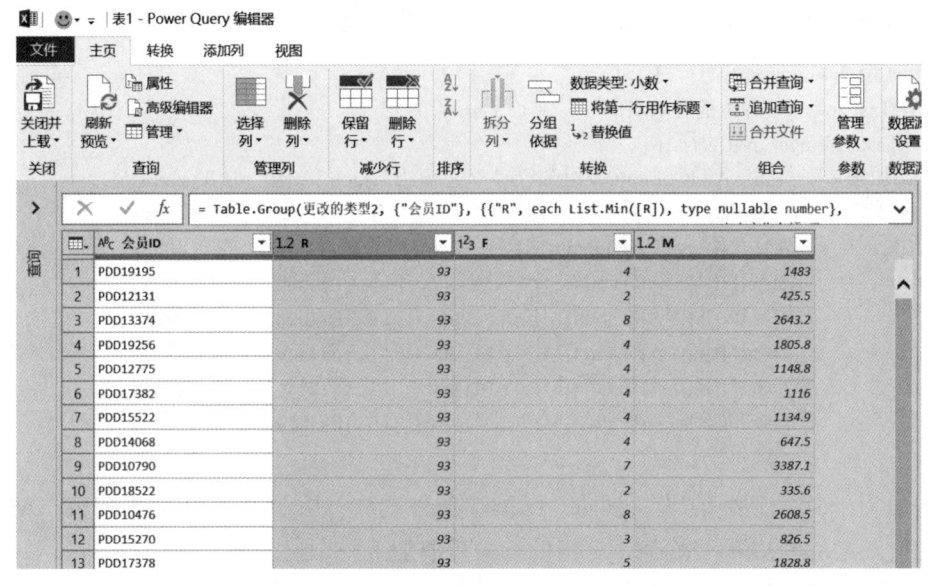

图 8-27 计算好的 R 值、F 值、M 值

4. 建立客户分类标签

下面需要通过条件判断，为每个客户打上相应的分类标签。要在 Power Query 编辑器中实现这个功能，就需要通过构建 M 函数建立逻辑判断，实现客户分级。

选择"主页"选项卡，单击"高级编辑器"按钮，打开"高级编辑器"窗口，如图 8-28 所示。

图 8-28 打开"高级编辑器"窗口

在图 8-28 中的"in"前添加关于客户等级判断的条件语句：

AR=List.Average(分组的行 [R]),
AM=List.Average(分组的行 [M]),
AF=List.Average(分组的行 [F]),
已添加条件列=Table.AddColumn(分组的行 ," 客户等级 ",each if ([R] < AR) and ([M] > AM) and ([F] > AF) then " 高价值客户 "
      else if ([R] > 2 AR) and ([M] > AM) and ([F] > AF) then " 重点保持客户 "
      else if ([R] < AR) and ([M] > AM) and ([F] < AF) then " 重点发展客户 "
      else if ([R] > AR) and ([M] > AM) and ([F] < AF) then " 重点挽留客户 "
      else if ([R] < AR) and ([M] < AM) and ([F] > AF) then " 一般价值客户 "
      else if ([R] > AR) and ([M] < AM) and ([F] > AF) then " 一般保持客户 "
      else if ([R] < AR) and ([M] < AM) and ([F] < AF) then " 一般发展客户 "
      else " 潜在客户 ")

将最后一行"分组的行"改为"已添加条件列"（注：AR 是 R 的平均值，AF 是 F 的平均值，AM 是 M 的平均值，分组的行最后要加上一个逗号）。

修改后的代码如图 8-29 所示。

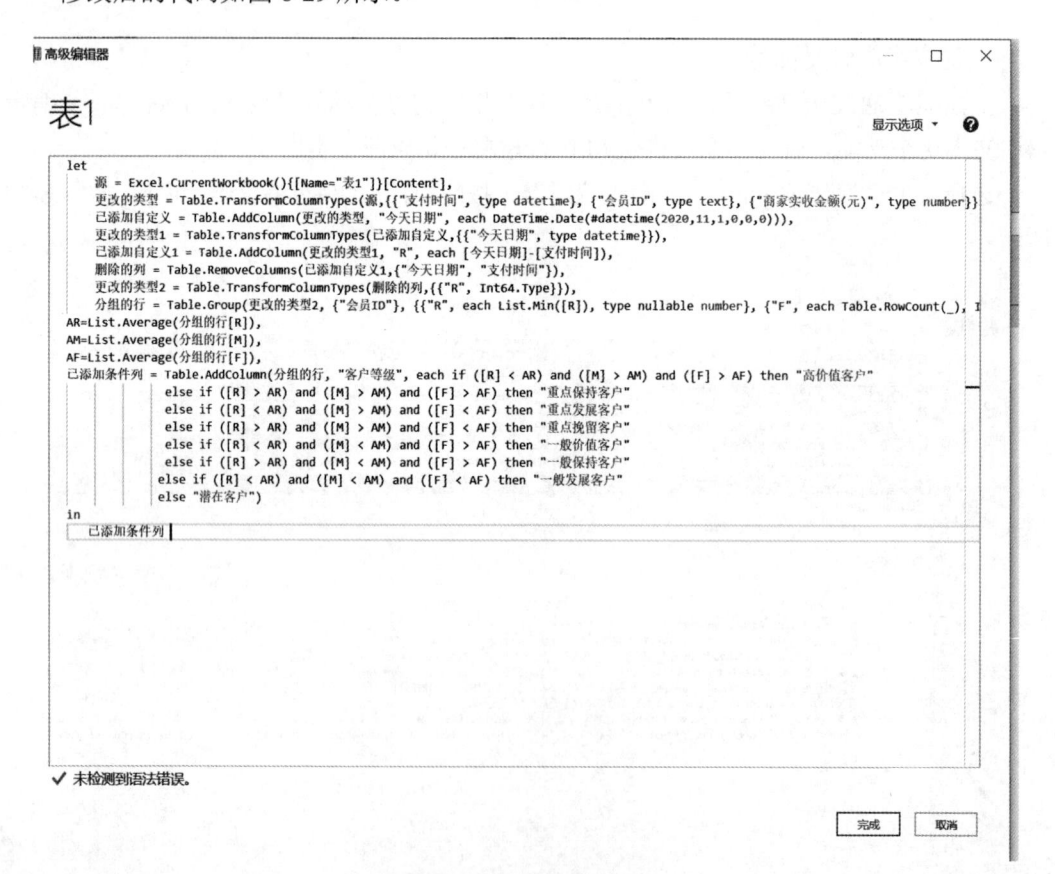

图 8-29 修改后的代码

运行代码后即可得到客户分类结果，如图 8-30 所示。

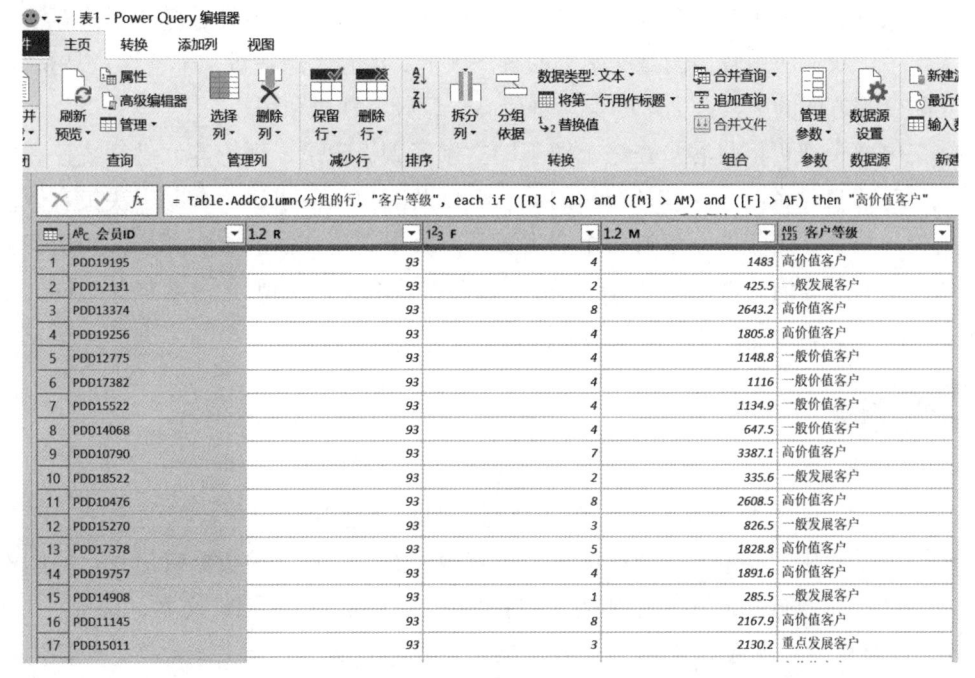

图 8-30　客户分类结果

5. 分析结果

在将客户用 RFM 模型分类后，企业可以针对不同类型的客户做出相应的业务决策。不同类型的客户对应的典型的业务决策如表 8-3 所示。

表 8-3　不同类型的客户对应的典型的业务决策

客 户 类 型	典型的业务决策
高价值客户	进行 DM（Direct Mail，直接邮寄）营销，提供有用的资源，通过更新的产品赢回客户
重点保持客户	向其倾斜更多资源、提供个性化服务，以提高其消费频率和满意度
重点发展客户	重点联系和回访，以提高客户留存率
重点挽留客户	进行交叉销售，提供会员/忠诚计划，推荐其他产品
一般价值客户	通过折扣推荐热销产品，与其重新建立联系
一般保持客户	向其销售价值更高的产品，用好评和更好的品质吸引他们
一般发展客户	恢复他们的兴趣，或者暂时放弃他们
潜在客户	向其提供免费试用产品的机会，提高其兴趣，以提高品牌知名度

任务 3　客户舆情分析

分析思路

在客户分析工作中，客户舆情分析能让我们在特定的研究背景下，以更小的代价了解产品的市场反馈、客户的态度和需求"痛点"，从而有效地实现客户分析的目的。客户对企业、品牌、产品的舆情信息以文本、音频、视频、图片等各种各样的形式存在。在实际工作中，我们应用较多的是文本类的客户舆情。综合考虑数量、丰富性、易获得性、信息匹配度等方面的因素，文本的信息价值高于音频、视频和图片。

社交电商企业可以将客户在线上留下的文字（聊天记录、评论等）进行统计和模型分析，了解客户对企业、品牌、产品的看法，以及客户的需求，这有助于决策者做出正确的决策。从数据采集的角度讲，企业需要从网页上采集产品的客户评价，利用词频分析找到评论的关键词（可以用 Power Query 编辑器调取接口实现），并对词频高的文本进行观察，从而了解大部分客户的反馈情况。

知识准备

1. 文本分析

简单地说，文本分析就是一种把非结构化数据转化为结构化数据的方法，即从之前被认为难以量化的海量文本中抽取出大量有价值的、有意义的数据或信息。非结构化数据是与结构化数据相对的一个概念，包括所有格式的办公文档、文本、图片、XML、HTML、各类报表、图像和音频/视频信息等。非结构化数据特指文本数据，包括但不限于客户在社交平台或软件（微博、微信、QQ 等）、短视频网站（抖音、快手等）上留下的互动文字、客户反馈信息（如抱怨邮件、社交媒体上的帖子和开放式调查问卷等），以及销售人员的拜访记录等。

文本数据的来源非常广泛且多样，很多时候我们需要处理海量的数据。当然，只有拥有了体量极大的文本数据并进行分析，才有可能得出比较可靠、有说服力的商业洞察。因此，"文本分析"常常被冠以"大数据文本分析"的全名。

通过分析海量的非结构化文本数据，得出的结果不仅是关于"是什么"的描述性分析，还回答了"为什么"的问题，即目标客户购买和使用产品的潜在动机/真实需求。

在商业实践中，基于大数据的文本分析被广泛应用于各行各业，利用认知技术获得全新的商业洞察，解决关键的知识性问题，这被 IBM 称为认知商业。例如，企业可以从社交平台或软件、新闻网站和购物网站的评论等渠道获取文本数据，进而通过计算机进行自然语言处理，从而揭示出在任何非结构化文本数据中的"4W"要素，即人物（Who）、事件（What）、时间（When）、地点（Where），并结合其中隐藏的"Why"（为什么）进行关联分析，最终得到贯穿所有业务的全新层面的商业洞见。

2. 文本分析的应用场景

文本分析的应用场景一般有以下几种。

1）开放式作答文本分析

调查问卷中的开放式问题的答案以电子文档的形式被存储，使利用计算机进行文本分析成为可能。利用文本分析，对开放式问题进行属性划分，可以在短时间内从数以万计的答案中提取出有价值的分析维度，获得对（潜在）客户的需求的洞察。

2）内容运营优化

通过分析优秀内容运营者的网络作品，运营人员可以提炼内容运营者的行文脉络及其在遣词造句上的套路。让运营新人研究和模仿这些优秀内容运营者的写作手法和套路很有必要，因为学习他们的写作手法和套路可以使运营新人的文案写作能力得以快速提升。

通过文本分析，运营人员可以快速获取全网具有传播趋势的关键词，可以实时监测传播趋势（包括阅读数、评论数、分享量），并且通过分析内容属性和成功原因，预测内容在未来的传播潜力，从而完成运营工作中的热点采集、追踪及预测工作。

3）口碑管理

通过文本分析，我们可以快速且准确地识别出企业/品牌/产品自身及竞争对手在互联网上的口碑变化，深度挖掘文本数据的价值，从而在客户洞察、产品研发、运营管理、市场营销、品牌战略方面为决策者做出决策提供科学的依据。

4）舆情监测及分析

基于对社交媒体上企业品牌舆情的监测，运营人员可以清晰地知晓事件从始发到发酵期、发展期、高涨期、回落期和反馈期等阶段的演变过程，分析舆情的传播路径、传播节点、发展态势和受众反馈等情报。

5）了解客户反馈

通过文本分析，企业可以直接读懂客户的想法，挖掘客户对其产品/服务的看法和态度。

3. 中文分词

中文分词（Chinese Word Segmentation）是指将一个汉字序列切分成一个个单独的词。分词是文本分析中的关键步骤，只有分词准确，才能生成正确的词频矩阵。

中文分词的难点在于，在书写中文时，字词之间并没有明显的间隔或划分，不像英文那样可以根据自然书写的间隔实现基本的分词（如从"I am a freshman"中可以直接拆分出"I""am""a""freshman"这4个词）。然而，相对于英文来说，由于在中文的一句话内，词与词之间并没有清晰的空格划分，因此很多人研究了许多算法来解决这一问题。

常见的中文分词方法有以下3种。

1）基于字符串匹配的分词方法

这是一种基于词典的中文分词方法，核心是建立统一的词典。当需要对一个句子进行分词时，先将句子拆分成多个部分，再将每个部分与词典一一比对，如果该词语在词典中，那么分词成功，否则继续拆分、匹配，直到成功。

该方法的优点是速度快，时间复杂度可以保持为O（n），实现简单，效果尚可，但对有歧义和未收录词的处理效果不佳。

2）基于理解的分词方法

基于理解的分词方法是指通过让计算机模拟人对句子的理解，达到识别词的效果。其基本思想是在分词的同时进行句法、语义分析，利用句法信息和语义信息来处理歧义现象。它通常包括3个部分：分词子系统、句法语义子系统、总控部分。在总控部分的协调下，分词子系统可以获得有关词、句子等的句法和语义信息来对分词歧义进行判断，即它模拟了人对句子的理解过程。这种分词方法需要使用大量的语言知识和信息。由于汉语语言知识的笼统、复杂性，人们难以将各种语言信息组织成机器可直接读取的形式，因此目前基于理解的分词系统还处在试验阶段。

3）基于统计的分词方法

统计学认为分词是一个概率最大化的问题，即拆分句子，基于语料库，统计相邻的字组成的词语出现的概率，相邻的词出现的次数多，出现的概率就大，按照概率值进行分词。所以一个完整的语料库很重要。

主要的统计模型有 N 元文法模型、隐马尔可夫模型、最大熵模型、条件随机场模型等。

4. 词频和停用词

词频是指某个词在文本中出现的频次。简单来说，如果一个词在文本中出现的频次越多，这个词在文本中就越重要，就越有可能是该文本的关键词。

这个逻辑本身没有问题，但其中有一些特殊情况需要留意。例如，在一篇文章中，往往出现次数最多是"的""是""在"等，这些词称为停用词，是指对结果毫无意义，必须过滤掉的词。停用词还包括实际意义不大但使用频率高的功能性词汇，如"啊""在""而且"这样的语气词、介词、连词等。过滤停用词也是为了减少信息冗余，提高分析的效率和准确性。过滤停用词需要的停用词表可以从网上下载。在实际应用的过程中，我们还可以在停用词表中添加或删除特定的词汇，使之更加完善或具有针对性，以符合当前研究的实际需要。

5. 关键词提取

关键词提取就是从文本中把与文本内容和意义最相关的一些词语抽取出来。进行关键词提取时，不能完全直接地基于词频来判断舆情文本中的哪些词是重要的关键词，因为词频最高的往往是中文中的常用字，而非对当前文本最有代表性的关键词。

关键词提取方法主要有两种。

第一种方法是关键词分配：给定一个已有的关键词库，对于新文档，从该词库中匹配几个词语，作为该文档的关键词。

第二种方法是关键词提取：针对新文档，通过算法分析，提取文档中的一些词语作为该文档的关键词。

目前，大多数应用领域的关键词抽取算法都是基于第二种方法实现的，从逻辑上说，第二种方法比第一种方法在实际应用中更准确。

从算法的角度来看，关键词抽取算法主要有两类。

第一类是有监督学习算法：将关键词抽取过程视为二分类问题，先抽取出候选词，然后对每个候选词划定标签，要么是关键词，要么不是关键词，最后训练关键词抽取分类器。对于新文档，先抽取出所有候选词，然后利用训练好的关键词抽取分类器，对各候选词进行分类，最终将标签为关键词的候选词作为关键词。

第二类是无监督学习算法：先抽取出候选词，然后对各候选词进行打分，最后输出 K 个分值最高的候选词作为关键词。我们可以根据不同的打分策略，采用不同的算法，如 TF-IDF、TextRank 等算法。

6. 情感分析

对客户舆情进行情感分析，主要是分析具有情感成分的词汇的情感极性（情感的正性、中性、负性）和情感强烈程度，并计算出每个语句的总值，以判定其情感类别。情感分析还可用于综合全文本中的所有语句，判定总舆情数据样本的整体态度和情感倾向。

目前，不少文献、研究认为中文情感分析的准确性不够高，因为中文除了有直接表达各种极性情感的形容词（如"高兴""生气"等），还有用于修饰情感程度的副词（如"很好""非常""太"等），有时候其中还会夹杂表示否定的词（如"非常不好用""很不方便"等）。

在处理文本时，我们首先要对形容词、副词、否定词有正确的分词；然后，基于情感词库、否定词库、程度副词库对这些情感词汇进行正确的赋值；最后，进行情感值加权计算，分析出总的情感类别。

需要注意的是，客户舆情数据可能来自电商平台、应用市场、社区论坛等，这些渠道本身就对整体数据的情感倾向有筛选，具有某些属性的情感表达可能被这些渠道过滤掉了。

任务实施

电商企业需要时刻了解客户舆情，因为客户舆情数据可用于更新产品、优化页面的设计、提高电商企业的决策能力。

1. 使用系统采集评价数据

步骤1：打开第三方工具，如多多查，在首页的"商品分析"中选择"商品评价下载"选项，如图8-31所示。

图8-31 选择"商品评价下载"选项

步骤2：进入评价数据采集页面，输入商品ID，单击"查询"按钮；在数据加载完毕后，单击"下载评论"按钮，将数据下载到本地，进行系统性的舆情分析，如图8-32所示。

2. 使用Power BI制作舆情词云图

词云图所对网络文本中出现频率较高的关键词予以视觉上的突出，通过关键词云层或关键词渲染，过滤掉大量的文本信息，使浏览者只要一眼扫过就可以领略文本的主旨。

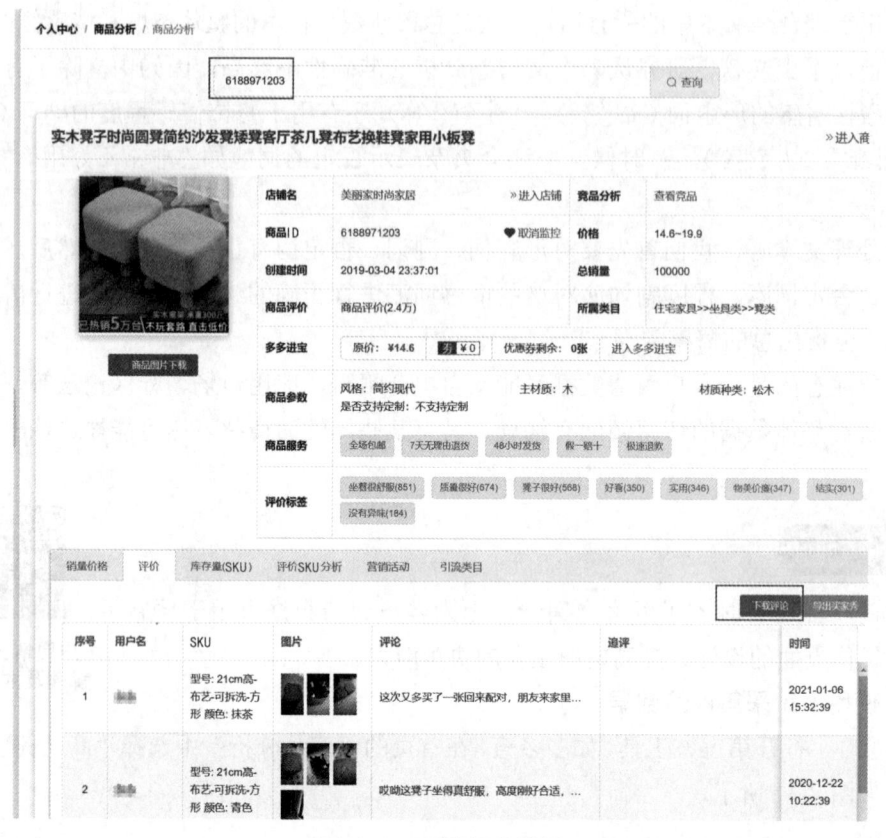

图 8-32 采集评价数据

步骤 1：导入数据。

打开商业智能软件 Power BI，选择"主页"选项卡，单击"Excel 工作簿"按钮，或者选择"从 Excel 导入数据"选项，如图 8-33 所示。

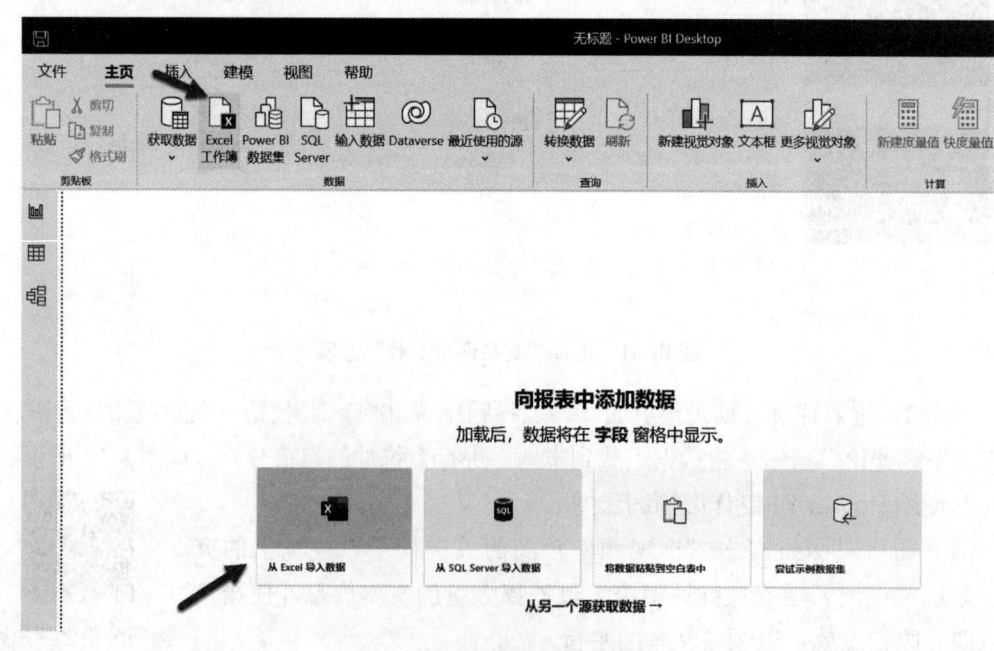

图 8-33 获取数据的操作界面

导入利用第三方工具（多多查）下载的评价数据文件，单击"转换数据"按钮，如图8-34所示。

图8-34 导入数据

此时Power Query编辑器被打开，如图8-35所示。

图8-35 Power Query编辑器

步骤2：清洗数据。

我们需要对评价数据进行简单的清洗。清洗任务包括将第一行转化为标题、删除不需要的字段列、删除无效评价[评价字数少于3个、数字流行语（如666）及大段的无效评价（如哈哈哈……）]等。另外，我们也可以根据自己的情况选择具体要筛选掉哪些数据。

选择"转换"选项卡,单击"将第一行用作标题"按钮,在弹出的下拉列表中选择"将第一行用作标题"选项,将第一行转化为标题,如图8-36所示。

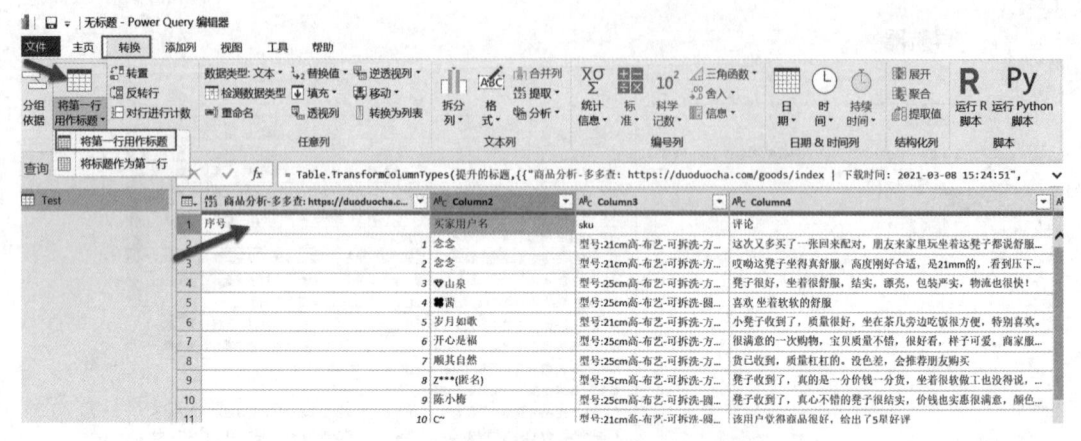

图8-36 将第一行转化为标题的操作界面

选中"评论"列,右击,在弹出的快捷菜单中选择"删除其他列"命令,如图8-37所示。

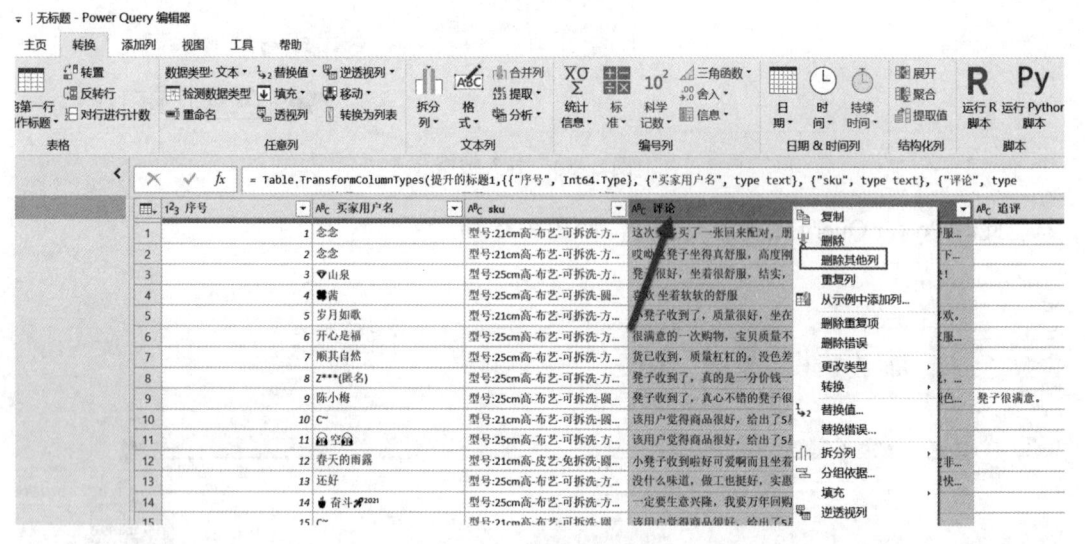

图8-37 删除其他列

为了提取评价内容的长度数据,我们需要添加"长度"列。具体操作如下。

选中"评论"列,选择"添加列"选项卡,单击"提取"按钮,在弹出的下拉列表中选择"长度"选项,如图8-38所示。

单击"长度"列右侧的下拉按钮,对"长度"列的内容进行筛选,根据情况过滤掉字数过多或过少的评论数据,如图8-39所示。

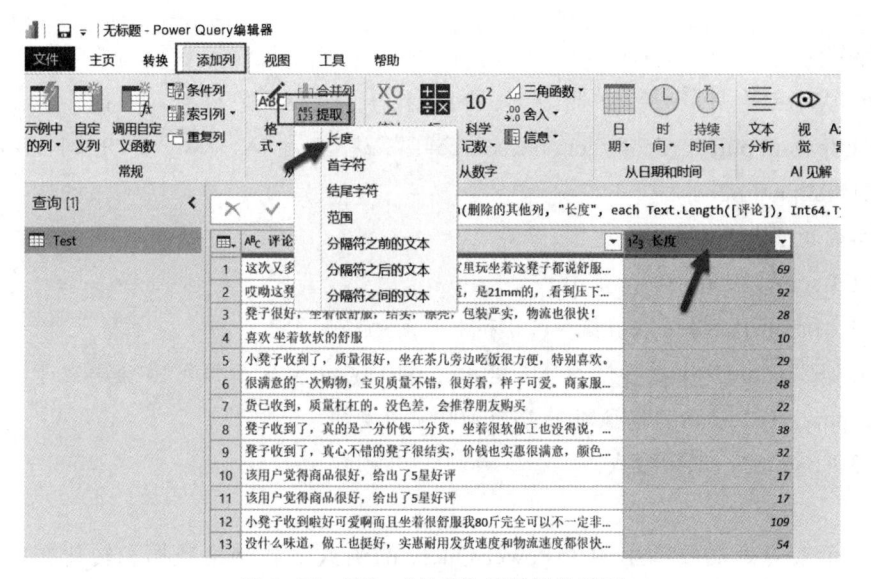

图 8-38 添加"长度"列的操作界面

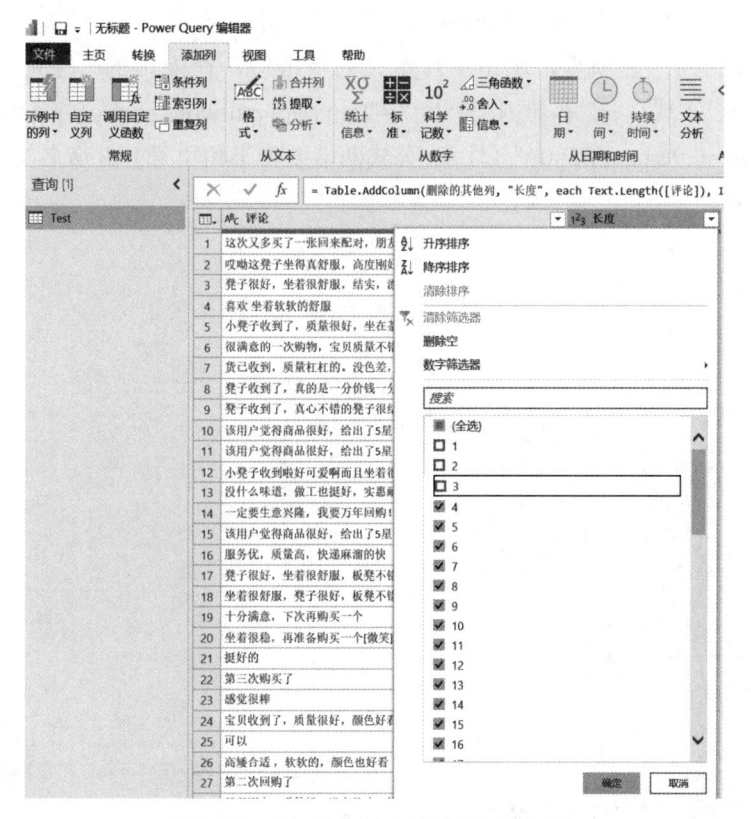

图 8-39 对"长度"列的内容进行筛选

步骤 3：分词。

接下来，我们需要对评价语句进行分词，目的是将成句、成段的评价内容断开为单个的关键词。这里的操作有两个要点。

第一个要点是需要使用 API（Application Programming Interface，应用程序接口）进行分词，我们调用的是一款免费的中文分词 API。

拓展知识

PullWord 是一款免费的中文分词 API，这里使用的是 GET 方法，代码为 http://api.pullwordcom/get.php?source=(在这里输入你需要分词的句子)&param1=0&param2=1。

参数说明如下。

（1）source：要分词的语句。

（2）param1：保留准确概率（0 和 1 之间的小数）。

例如，param1=0 表示保留所有单词，param1=0.5 表示保留准确率大于 50% 的单词，param1=1 表示只保留准确率为 100% 的单词。

（3）param2：调试模式。

第二个要点是需要调用两个 Power Query 的函数下载网络数据和转化文本。其中，Web.Contents 函数用于下载数据，但 Web.Contents 函数获取的是二进制数据，我们要用 Text.FromBinary 函数将二进制数据转换为文本。具体操作如下。

选择"添加列"选项卡，单击"自定义列"按钮，在弹出的"自定义列"对话框的"自定义列公式"文本框中输入"="http://api.pullword.com/get.php?source="&[评论]&"&param1=0.9&param2=0""（注意，公式两端要带半角引号），并命名新列为"URL"，如图 8-40 所示。

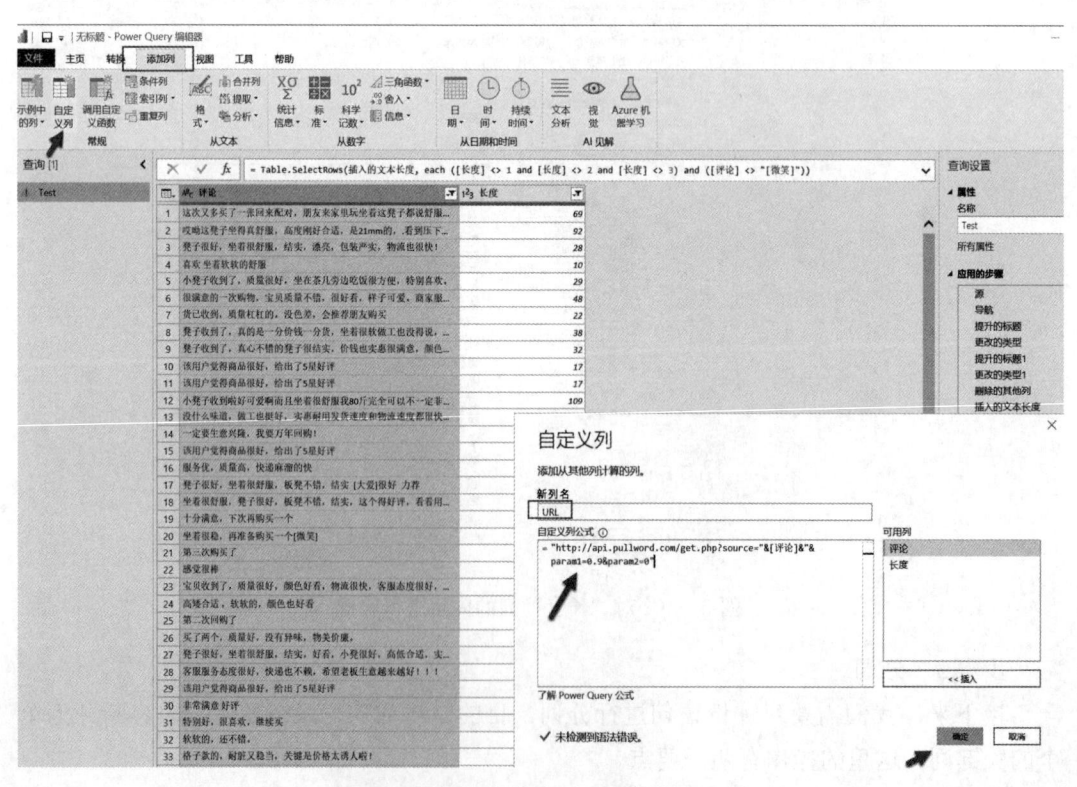

图 8-40　添加自定义列，调用分词 API

继续添加自定义列，输入自定义列公式"=Text.FromBinary(Web.Contents([URL]))"，根据自己的喜好命名，如图 8-41 所示。

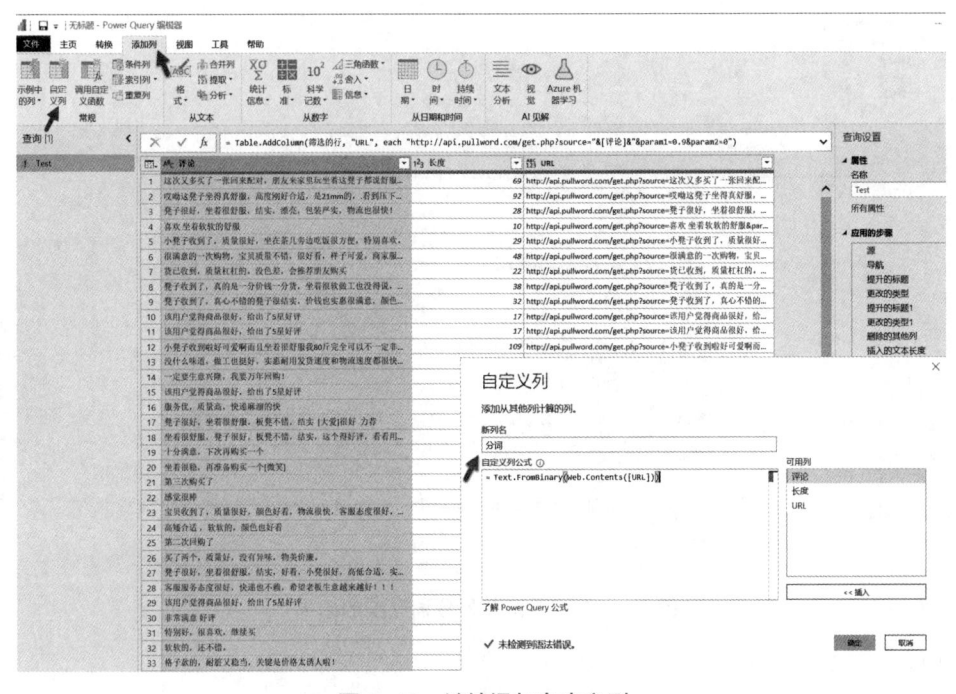

图 8-41 继续添加自定义列

单击"确定"按钮，Excel 开始执行数据采集操作，这时可能会出现有关隐私的提示，单击"继续"按钮，如图 8-42 所示。

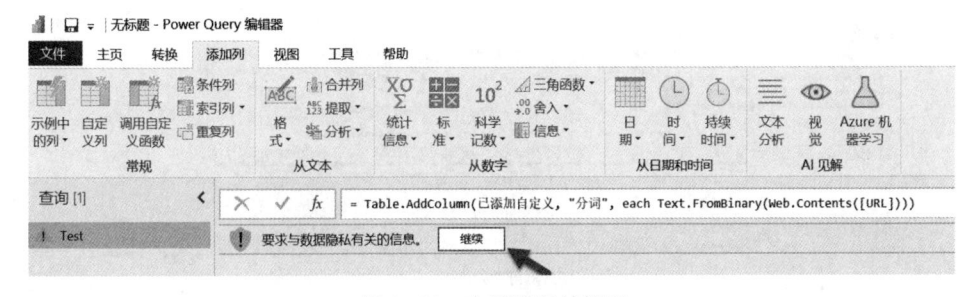

图 8-42 有关隐私的提示

勾选"忽略此文件的隐私级别检查。忽略隐私级别可能会向未经授权的用户公开敏感数据或机密数据。"复选框，如图 8-43 所示。

图 8-43 选择忽略隐私级别检查

"评论"列分词完成的结果如图 8-44 所示，可以看到，原本成段、成句的评价内容被拆分成了一个个短词。

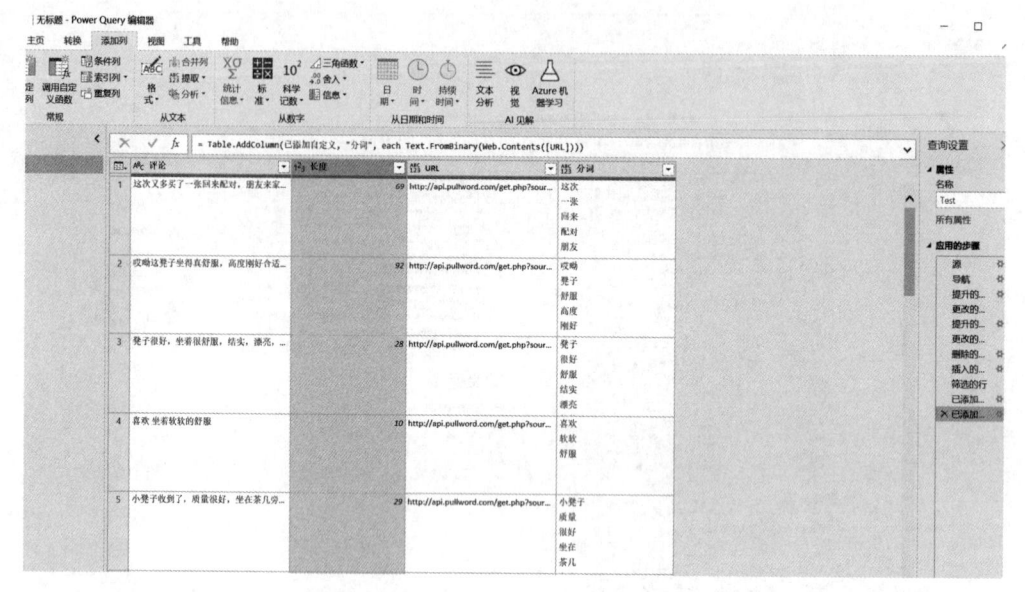

图 8-44 "评论"列分词完成的结果

步骤 4：拆分"分词"列。

接下来，我们需要拆分"分词"列。选择"主页"选项卡，单击"拆分列"按钮，在弹出的下拉列表中选择"按分隔符"选项；在弹出的"按分隔符拆分列"对话框中，选中"每次出现分隔符时""行"单选按钮，单击"确定"按钮，如图 8-45 所示。

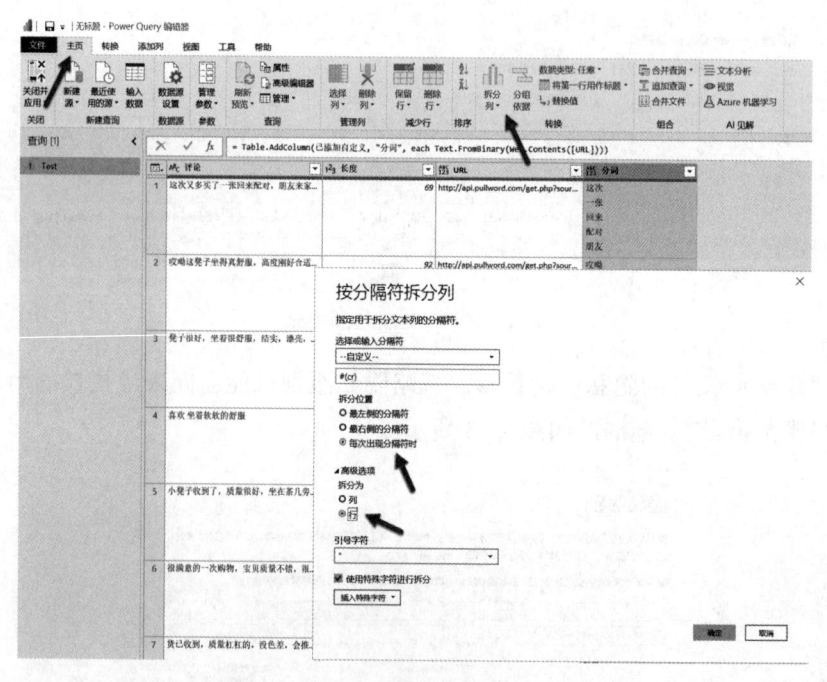

图 8-45 按分隔符拆分列的操作界面

拆分结果如图 8-46 所示。

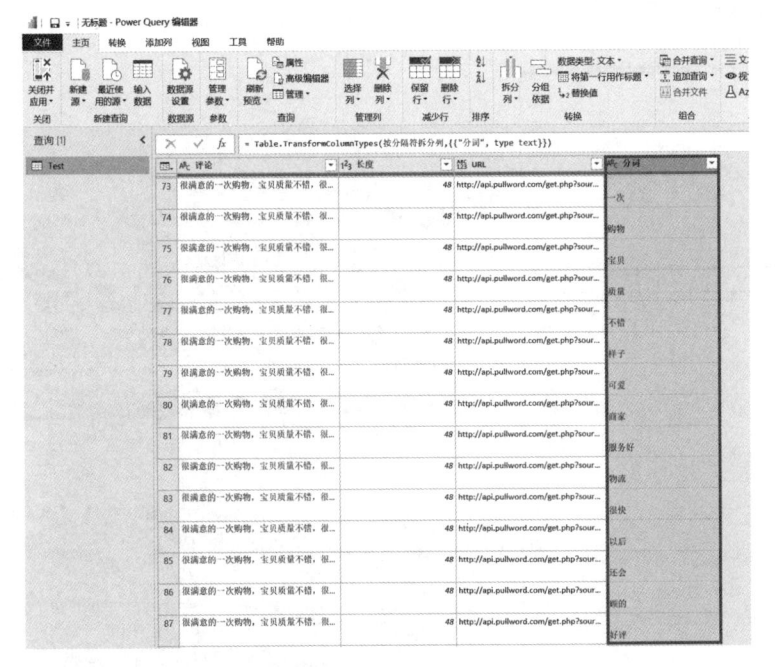

图 8-46 拆分结果

步骤 5：分组统计词频。

接下来，我们需要对"分词"列进行分组。选择"主页"选项卡，单击"分组依据"按钮，在弹出的"分组依据"对话框的"新列名"文本框中输入"计数"，在"操作"下拉列表中选择"对行进行计数"选项，如图 8-47 所示。

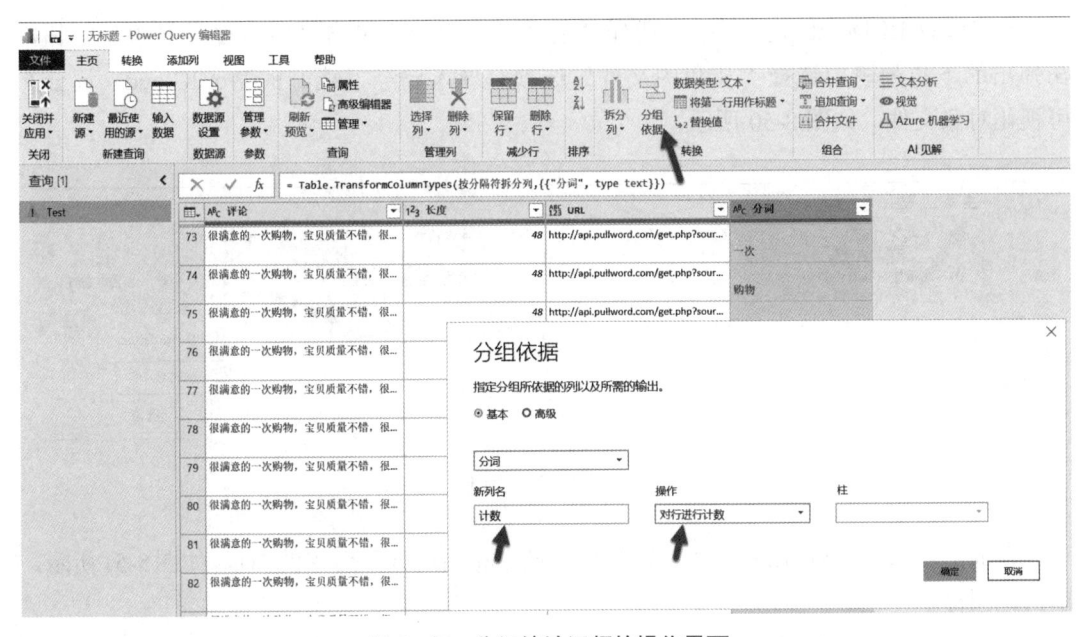

图 8-47 分组统计词频的操作界面

我们需要在分组结果中继续对"评论"列的数据进行筛选，去掉代词、语气词等停用词，如"亲们"等，如图 8-48 所示。

单击"关闭并应用"按钮（见图 8-49），将自动关闭 Power BI 编辑器，进入 Power

BI Desktop 界面。

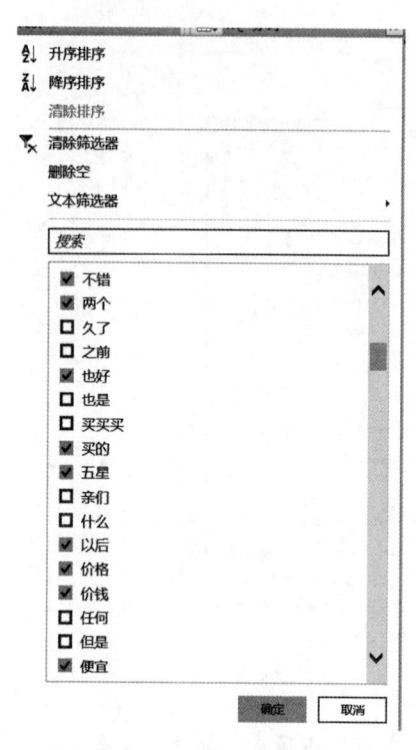

图 8-48 筛选分组结果

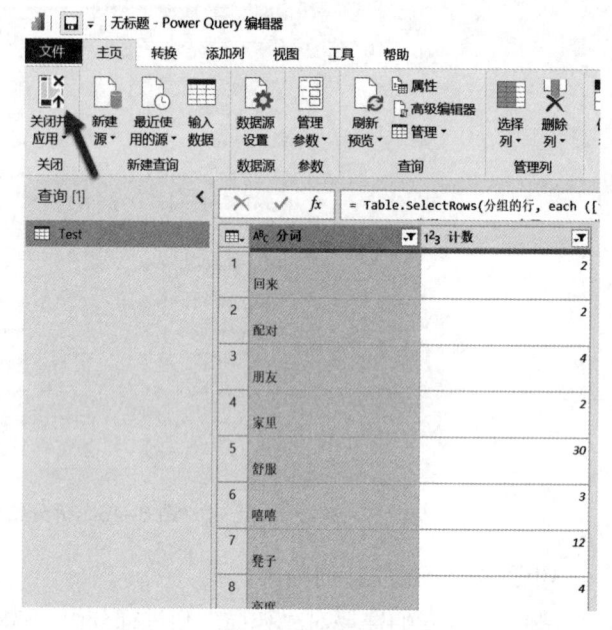

图 8-49 单击"关闭并应用"按钮

步骤 6：制作词云图。

在 Power BI Desktop 界面中，选择"主页"选项卡，单击"更多视觉对象"按钮，在弹出的下拉列表中选择"从我的文件"选项，导入已经下载好的 WordCloud（词云）可视化对象文件，如图 8-50 所示。

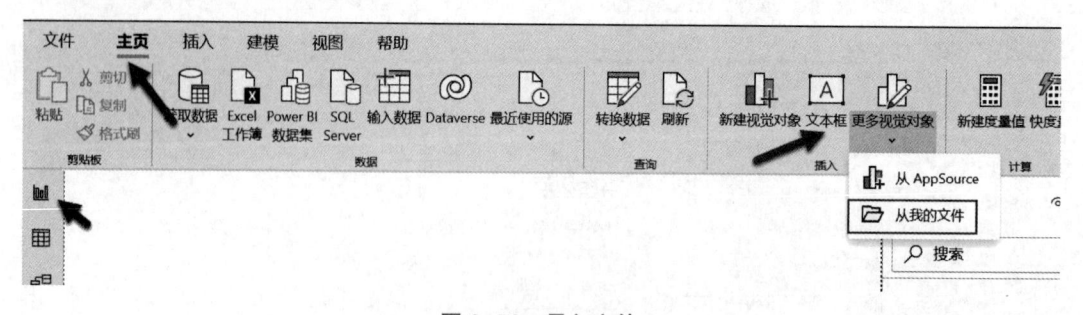

图 8-50 导入文件

在成功导入文件后，在右侧的"可视化"区域中将出现词云对象的图标，如图 8-51 所示，单击该图标。

在"类别"中设置词云对象字段：将"分词"字段拖动到"类别"区域中，将"计数"字段拖动到"值"区域中，如图 8-52 所示。

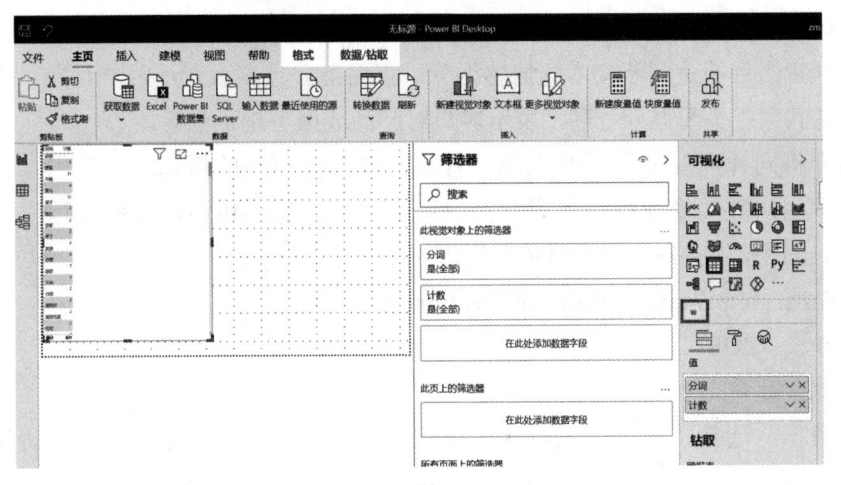

图 8-51 选择词云对象

图 8-52 设置词云对象字段

设置完成后，生成的评价词云图如图 8-53 所示，出现次数越多的词，字号就会越大。由图 8-53 可以看出，"很好""舒服""凳子""质量""购买"等词的字号较大，说明客户比较重视凳子的质量、舒适度及购物体验。

图 8-53 评价词云图

3. 情感分析

情感分析的目的是判断文本的情感得分：正面得分越高，表示客户对产品或服务越满意；负面得分越高，表示客户对产品或服务越不满意。

情感分析同样需要使用 API 实现。目前，没有纯免费的接口，可使用限制免费调用次数的商业接口。商业接口可以在 API 集市申请，本例使用 bosonnlp.com 网站的接口，每天可免费调用 500 次。

接口地址：http://api.bosonnlp.com/sentiment/analysis。

调用方法：POST。

操作步骤如下。

选中数据，选择"数据"选项卡，单击"自表格/区域"按钮，将评价数据导入 Power Query 编辑器中。

由于接口的免费调用次数限制，我们需要在 Power Query 编辑器中进行筛选，只保留前 5 行，每次只消耗 5 次 API 调用次数。选择"主页"选项卡，单击"保留行"按钮，在弹出的"保留最前面几行"对话框中指定保留 5 行，如图 8-54 所示。

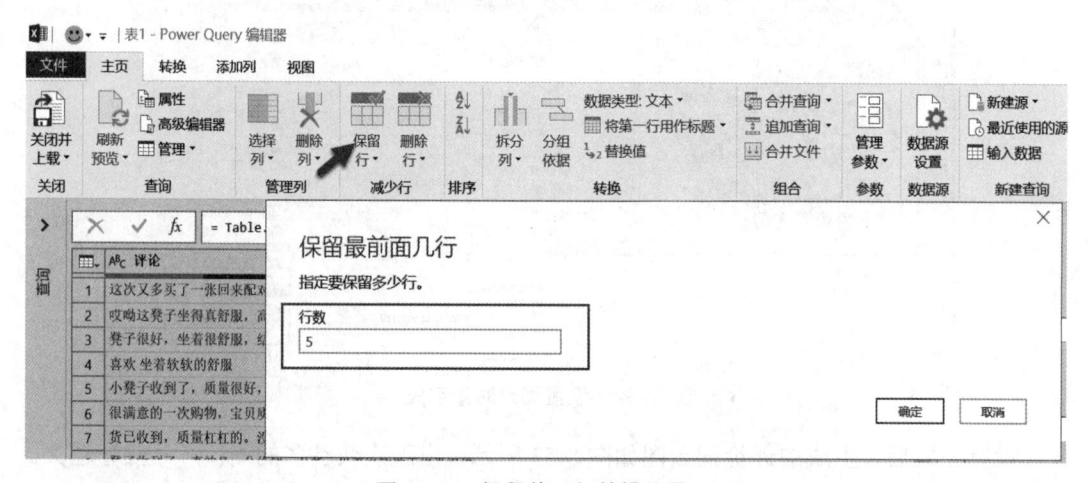

图 8-54 保留前 5 行的操作界面

选择"添加列"选项卡，单击"自定义列"按钮，在弹出的"自定义列"对话框中输入自定义列公式"=Json.Document(Web.Contents("http://api.bosonnlp.com/sentiment/analysis", [Headers=[#"Content-Type"="application/json",#"Accept"="application/json",#"X-Token"="XIzr_9ss.33966.-hwUmtyT7BB5"], Content=Text.ToBinary("["""&[评论]&"""]")]))"，如图 8-55 所示。

拓展知识

函数说明

Json.Document 是将二进制文件以 Json 格式解析成表格。

Web.Contents 是将网页以二进制文件的格式进行下载。

由于采用的调用方法是 POST，因此我们需要添加表头和请求正文，即 Web.Contents(网址, 表头, 正文)。

表头的格式：[Headers=[#" 表头 1"=" 参数 ",#" 表头 2"=" 参数 ",…]]。

本例由于只有一个必要表头参数，因此格式为 [Headers=[#"X-Token"="API 密钥"]]，其中#起声明参数字段的作用，在 "X-Token" 前加上#，表示这是一个参数字段。

正文的格式：Content=Text.ToBinary(" 请求正文 ")。

本例接口要求请求正文是一个字典格式的文本，因此格式为 Content=Text.ToBinary(" [""""&[评论]& """"]")。其中，双引号中的两个连续的双引号起到转义的作用，表示一个双引号；& 是连接两端文本的胶水符号，如果文本是"清华大学是一所好学校"，那么导入公式的写法为 " [""""&" 清华大学是一所好学校 "&""""]"。

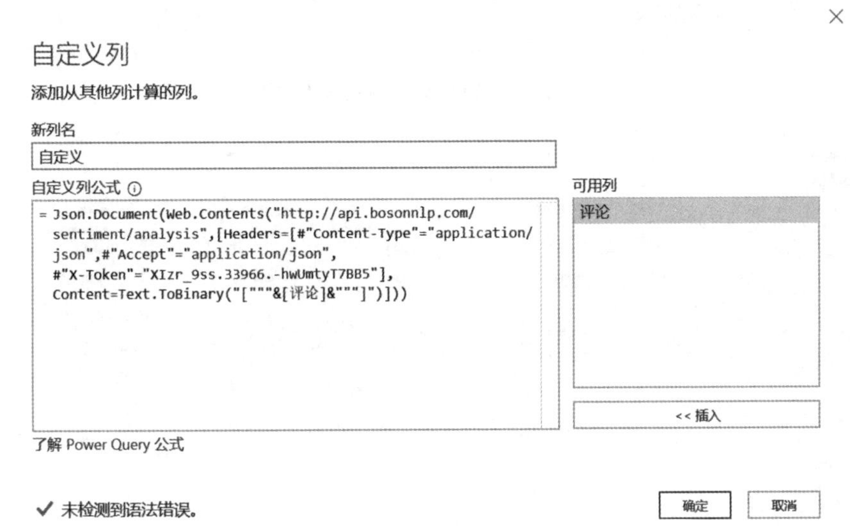

图 8-55　添加自定义列的操作界面

访问互联网数据需要设置隐私级别，为了方便练习，我们可直接选择忽略隐私级别检查。在设置完成后，"自定义"列中出现"List"字段，如图 8-56 所示。

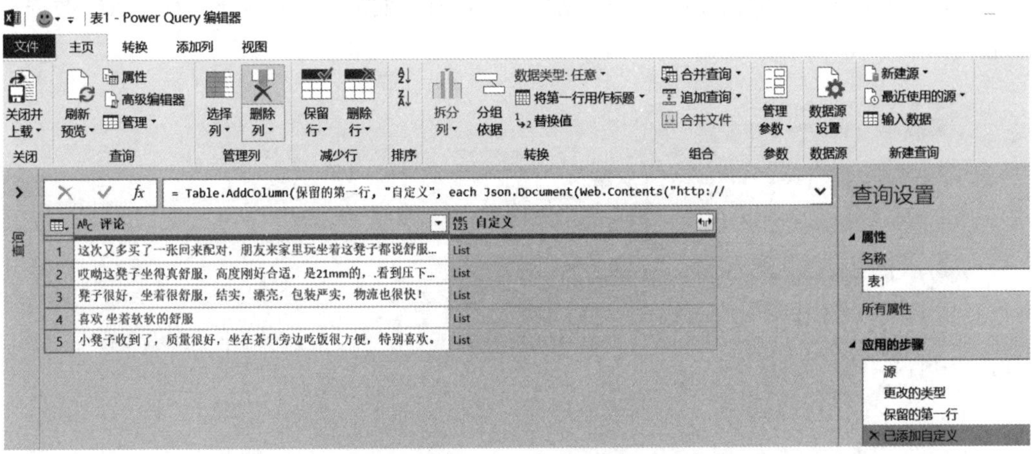

图 8-56　数据采集结果

单击"自定义"列右侧的扩展按钮,先选择"扩展到新行"选项,再选择"提取值"选项,如图 8-57 所示。在"从列表提取值"对话框中选择使用的分隔符为"冒号",如图 8-58 所示。

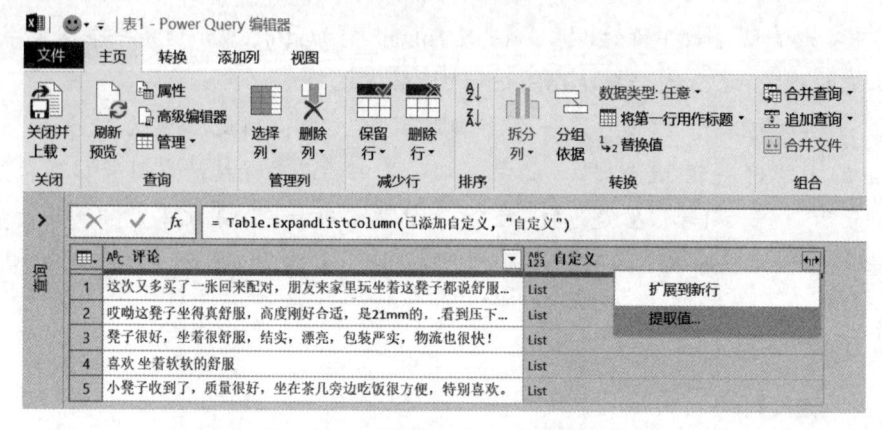

图 8-57　"自定义"列的编辑界面

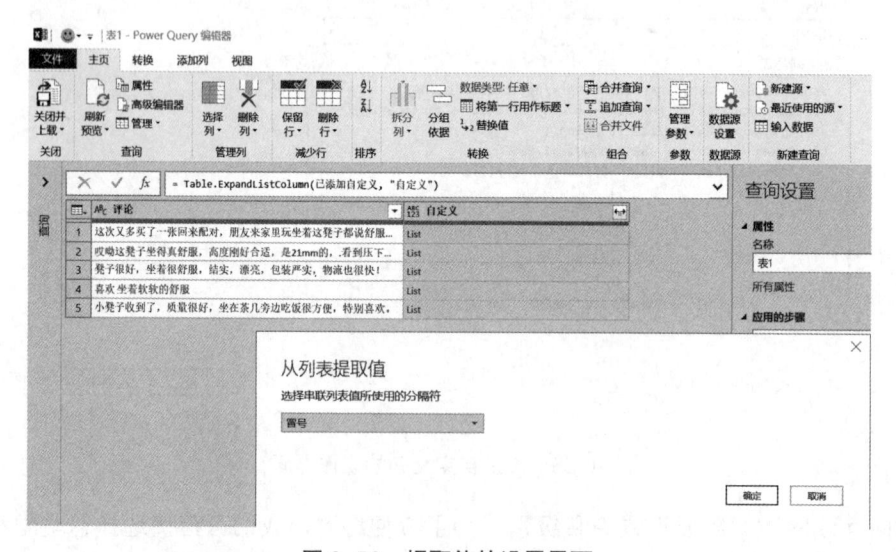

图 8-58　提取值的设置界面

提取情感得分后的数据如图 8-59 所示,冒号前的数据是正面得分,冒号后的数据是负面得分。

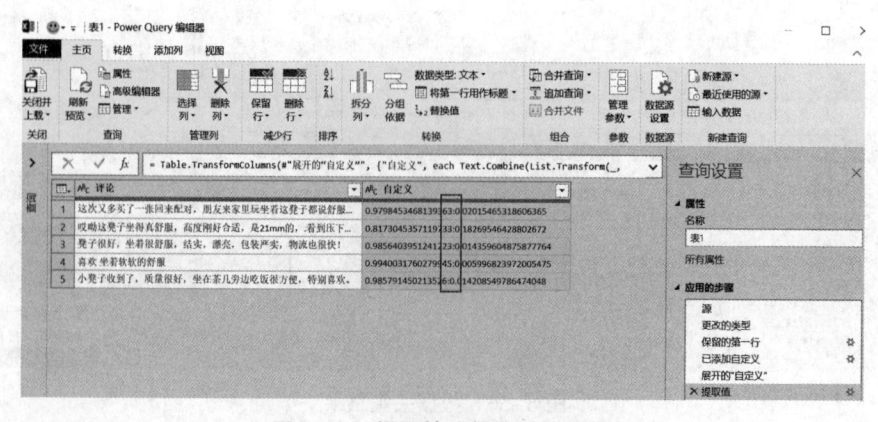

图 8-59　提取情感得分后的数据

选中"自定义"列（情感得分列），在"主页"选项卡中单击"拆分列"按钮，在弹出的下拉列表中选择"按分隔符"选项，在弹出的"按分隔符拆分列"对话框中设置分隔符为"冒号"，如图8-60所示。

图8-60 按分隔符拆分列的设置界面

修改数据类型和字段名，结果如图8-61所示。后续我们可以结合词频分析来了解客户的正面评价内容。一般负面评价数量较少，我们需要将其单独筛选出来逐条分析。当负面评价数量太多时，我们才需要结合词频分析。

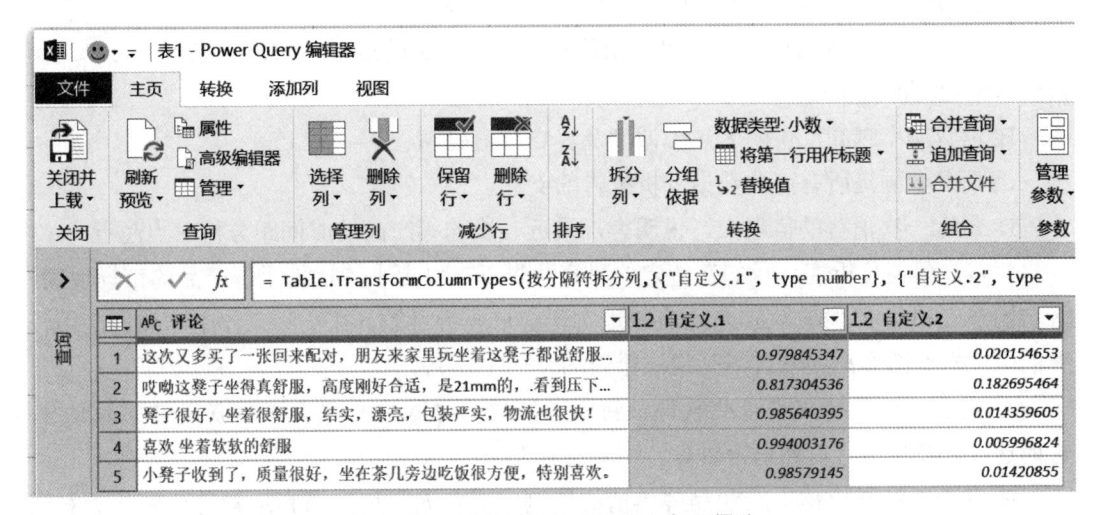

图8-61 处理好的正面得分和负面得分

4. 分析结果

（1）从评价词云图来看，"很好""不错""满意"这些正向标签都被突出显示了，这说明客户对该产品比较满意。

（2）从产品功能描述词来看，客户比较关注"舒服""结实"等功能。

（3）评价词云图中也出现了一些关于价格的词，说明客户对价格比较敏感。

（4）通过情感分析，我们可以看出该产品的客户评价以正面评价为主，这也是该产品能够热卖的主要原因之一。

课后习题

一、单选题

1. 下列关于客户注意力分析的说法，正确的是（　　）。

A. 客户意见分析：根据企业的部门、产品、时间区段来评价一定时期内各部门主动接触客户的数量，并了解客户是否在每个星期都收到多个组织单位的多种信息

B. 客户咨询分析：根据客户咨询的产品、服务，受理咨询的部门，以及咨询发生和解决的时间来分析一定时期内的客户咨询活动

C. 客户接触评价：根据产品、区域来识别一定时期内感到满意的 20% 的客户和感到不满意的 20% 的客户，并描述这些客户的特征

D. 客户满意度分析与评价：根据客户提出的意见类型、涉及的产品，问题发生和解决的时间，销售代表和区域等指标来识别与分析一定时期内的客户意见，并指出哪些问题能够被成功解决，而哪些问题不能（并分析原因）

2. 通过客户的资金分布情况、流量情况、历史记录等方面的数据来分析客户的综合利用状况，属于客户分析中的（　　）。

A. 客户特征分析　　　B. 客户忠诚度分析　　　C. 商业行为分析　　　D. 客户营销分析

3. （　　）指标有利于企业进一步了解客户的得失率和客户的动态信息。

A. 客户分析指标　　　B. 客户价值指标　　　C. 活跃指标　　　D. 客户行为指标

4. 下列关于 RFM 模型的解释，错误的是（　　）。

A. 最近一次消费指标可以提供促销信息，营销人员的最近一次消费报告也可以用于监督营销业务的健全度

B. 消费频率越高，说明客户忠诚度及客户价值越高

C. 消费金额是所有商业数据分析报告的支柱

D. 最近一次消费的值越大，说明客户最近一次购买产品的时间距分析时点越近

5. 客户舆情分析能让我们在特定的研究背景下，以更小的代价了解产品的市场反馈、客户的态度和需求"痛点"，从而有效地实现客户分析目的。在实际工作中，我们应用较多的是文本类的客户舆情。下列说法错误的是（　　）。

A. 企业可以从社交平台或软件、新闻网站和购物网站的评论等渠道获取文本数据，进而通过计算机进行自然语言处理，得到商业洞见

B. 基于对社交媒体上企业品牌舆情的监测，运营人员可以清晰地知晓事件从始发到发酵期、发展期、高涨期、回落期和反馈期等阶段的演变过程，分析舆情的传播路径、

传播节点、发展态势和受众反馈等情报

C. 如果一个词在文本中出现的频次越多，这个词在文本中就越重要，就越有可能是该文本的关键词

D. 进行关键词提取时，可以完全直接地基于词频来判断舆情文本中的哪些词是重要的关键词

二、多选题

1. 客户分析涉及的内容很多，根据客户关系管理的内容，客户分析的主要内容包括（　　）。

A. 商业行为分析　　　　　　　　B. 客户特征分析
C. 客户忠诚度及注意力分析　　　D. 客户营销及收益率分析

2. 客户特征分析的目的主要有（　　）。

A. 让企业明确知道客户真实的诉求点
B. 让企业进一步了解客户的得失率和客户的动态信息
C. 为企业的产品设计（如卖点提炼）提供核心依据
D. 为将来的数据挖掘与客户推荐提供支持

3. RFM模型是依据一定的细分变量，对客户进行分类的方法。该模型包括的数据是（　　）。

A. 最近一次消费　　B. 购买种类　　C. 消费频率　　D. 消费金额

4. 文本分析的应用场景及研究价值有（　　）。

A. 口碑管理　　　　　　　　　　B. 内容运营优化
C. 开放式作答文本分析　　　　　D. 舆情监测及分析

三、实训题

背景：你是某企业的客户运营人员，老板想了解现有客户的具体情况，让你做一份客户分析报告。

目标：用PPT做一份报告，并向老板汇报。

数据：练习数据8.1。

要求：

（1）PPT不少于10页（标题页和目录页除外）。

（2）有图形展示（如折线图、柱形图、饼图等）。

（3）有明确的分析结果（可设置分析结果页）。